Winfried Ulrich (Hrsg.)
Wort Satz Text

westermann

Der vorliegende Band für das 8.–11. Schuljahr
wurde erarbeitet von

Jutta Brennecke
Joachim Garbe
Dr. Günter Rudolph
Prof. Dr. Winfried Ulrich

Illustrationen: Soenke Hollstein, Berlin

Bei Texten, die in der bisherigen Rechtschreibung abgedruckt sind,
haben die Rechteinhaber einer Umstellung nicht zugestimmt.

1. Auflage Druck   6   5   4   3   2
Herstellungsjahr   2008   2007   2006   2005   2004
Alle Drucke dieser Auflage können im Unterricht
parallel verwendet werden.

© Westermann Schulbuchverlag GmbH, Braunschweig 1998

Verlagslektorat: Heiko Judith, Birgitt Maaß
Typografie: Thomas Schröder
Herstellung und Lay-out: Christian Schmidt, Hamburg
Druck und Bindung: westermann druck GmbH, Braunschweig

ISBN 3-14-120510-8

Vorwort des Herausgebers

Dieses Buch ist zugleich ein **Nachschlagewerk** für Schüler und Schülerinnen und ein **Lehr- und Übungsbuch** für den Deutschunterricht des 8. bis 11. Schuljahrs an Realschulen und Gymnasien. Es ist damit eine Alternative zu den entsprechenden Jahrgangsbänden eines herkömmlichen Sprachbuches und orientiert sich an den Anforderungen und Empfehlungen der Rahmenrichtlinien und Lehrpläne für die Sekundarstufe I der verschiedenen Bundesländer. Dabei sind die Themen und Inhalte der Arbeitsbereiche »Sprachbetrachtung«, »Rechtschreiben und Zeichensetzung« sowie »Texte verfassen« systematisch geordnet und übersichtlich dargestellt, sodass Entscheidungen über Stoffverteilung und Schwerpunktsetzung durch den Unterrichtenden nach den jeweiligen Bedürfnissen leicht möglich sind.

Konzeptionell geht dieses Sprachwerk für den Unterricht neue Wege: Ziel ist es, sprachliche Strukturen durch probierendes Sprachhandeln zu vermitteln und dadurch Erkenntnisse nachprüfbar und anwendbar zu machen. So gewonnene Einsichten vermehren nicht nur das sprachliche Wissen, sondern verbessern das sprachliche Können durch Sensibilisierung für Ausdrucksalternativen und ihre kommunikativen Funktionen. Diesem Ziel dient das Konzept einer textorientierten Grammatik: Sprachbetrachtung beschränkt sich nicht mehr auf die traditionellen Bereiche »Wort« und »Satz«, sondern bezieht sich auf den »Text«, also auf die natürliche Erscheinungsform von geschriebener Sprache. Nur innerhalb eines Textes sind die jeweils zu untersuchenden sprachlichen Elemente in ihrer kommunikativen Funktion erkennbar. Grammatik bleibt – so gesehen – nicht formal, sondern wird funktional durch die Bewusstmachung der Leistungsfähigkeit sprachlicher Ausdrücke. Gleichzeitig lässt sich auf diese Weise der Graben zwischen Sprachreflexion und Sprachhandeln überbrücken: Durch Textanalyse kommt man zur Erkenntnis von Sprachstrukturen, diese Erkenntnis wiederum leitet die sich anschließende Textproduktion (»Vom Text zum Text!«). So ergibt sich eine enge Verbindung von Grammatikunterricht und Aufsatzunterricht.

Dieses Konzept legt für den Aufbau der thematischen Einheiten des Buches eine induktive Vorgehensweise nahe: Stets führt ein Einstiegstext zur behandelten Thematik hin und lässt die wichtigsten Funktionen der sprachlichen Erscheinung im sprachlichen und situativen Kontext deutlich werden. Erst dann wird die Erscheinung »auf den Begriff gebracht«, definiert, beschrieben und mit Beispielen belegt. Vertiefende und weiterführende Übungsaufgaben schließen sich an. Durch den übersichtlichen Aufbau und durch die grafische Hervorhebung der »Erkenntnisse«, schließlich auch durch »Tipps« für die Bewältigung besonderer Schwierigkeiten begünstigt dieses Buch die selbstständige Erarbeitung oder Wiederholung der zentralen Lerninhalte des Faches Deutsch durch den Schüler.

Terminologisch folgt das Buch dem im Auftrag der Ständigen Konferenz der Kultusminister der Länder veröffentlichen »Verzeichnis grundlegender grammatischer Fachausdrücke«. Berücksichtigt ist die 1996 beschlossene amtliche Regelung der deutschen Rechtschreibung (Rechtschreibreform).

Kiel, 1998

Winfried Ulrich

Inhalt

Vorwort des Herausgebers   3

Wort

1. **Grammatik des Wortes**
   - 1.1 Wortarten im Überblick   10
   - 1.2 Verb   13
     - a) Tempus   16
     - b) Modus   20
     - c) Modus in der indirekten Rede   25
     - d) Aktiv – Passiv (Genus verbi)   28
   - 1.3 Nomen (Substantiv)   32
     - a) Genus   34
     - b) Numerus   36
     - c) Kasus   37
   - 1.4 Pronomen   41
     - a) Personalpronomen   42
     - b) Reflexivpronomen   43
     - c) Possessivpronomen   44
     - d) Demonstrativpronomen   45
     - e) Relativpronomen   46
     - f) Interrogativpronomen   47
     - g) Indefinitpronomen   48
   - 1.5 Artikel   49
   - 1.6 Adjektiv   51
   - 1.7 Adverb   57
   - 1.8 Präposition   60
   - 1.9 Konjunktion   64
   - 1.10 Das Zusammenspiel verschiedener sprachlicher Mittel (Ausdrucksfelder)   67
     - a) Temporalfeld   68
     - b) Modalfeld   72
     - c) Aufforderungsfeld   75

2. **Rechtschreibung**
   - 2.1 Benutzung des Wörterbuchs   77
   - 2.2 Langvokale, Längezeichen   81
   - 2.3 Doppelkonsonanten   83
   - 2.4 s-Laute   84
   - 2.5 Verwandte Wörter   87
   - 2.6 Häufige Fremdwörter   89

- 2.7 Getrennt- und Zusammenschreibung — 91
  - a) Getrennt- und Zusammenschreibung bei Verben — 92
  - b) Getrennt- und Zusammenschreibung bei Adjektiven — 98
  - c) Fehler durch Verwechslung — 99
  - d) Schreibung von Straßennamen — 102
- 2.8 Großschreibung – Kleinschreibung — 104
  - a) Großschreibung der Satzanfänge — 104
  - b) Großschreibung von Nominalisierungen — 105
  - c) Kleinschreibung ehemaliger Nomen — 109
  - d) Anredepronomen — 111
  - e) Eigennamen — 112
- 2.9 Abkürzungen und Kurzwörter — 115

3. Wortschatz und Wortbildung
- 3.1 Sprachzeichen und Bedeutung — 118
- 3.2 Mehrdeutigkeit — 121
- 3.3 Metaphern — 123
- 3.4 Synonyme — 126
- 3.5 Antonyme/Gegenwörter — 129
- 3.6 Oberbegriffe und Unterbegriffe — 131
- 3.7 Fremdwörter – Lehnwörter — 133
- 3.8 Wortbildung — 137
  - a) Zusammensetzungen — 137
  - b) Ableitungen — 140
  - c) Präfixbildungen — 142
- 3.9 Wortfamilien — 145
- 3.10 Gruppensprachen — 148
- 3.11 Sprachgeschichte — 154
- 3.12 Namenkunde — 158

Satz

1. Grammatik des Satzes
- 1.1 Leistung des Satzes/Satzarten — 164
- 1.2 Satzglieder und Satzgliedteile — 169
  - a) Subjekt — 172
  - b) Prädikat — 174
  - c) Objekte — 177
  - d) Adverbialbestimmungen — 180
  - e) Attribute — 185
- 1.3 Komplexe (zusammengesetzte) Sätze — 191
  - a) Satzreihe — 194
  - b) Satzgefüge — 195
  - c) Erweiterter Infinitiv mit *zu*/Partizipalkonstruktionen — 202

2. Zeichensetzung

2.1	Satzschlusszeichen	206
2.2	Komma im einfachen Satz	208
	a) Aufzählung	208
	b) Nachgestelltes Attribut	211
	c) Anrede	215
	d) Ausruf	216
2.3	Komma in Satzreihen (Satzverbindungen)	217
2.4	Komma im Satzgefüge	220
2.5	Zeichen bei direkter Rede, bei indirekter Rede und beim Zitat	225

Text

1. Untersuchen von Texten

1.1	Text und Textsorte	230
1.2	Mittel der Textbildung	233
1.3	Textbildungsübungen	237
	a) Schreibsituation – Lesesituation	237
	b) Anordnungsübungen	240
	c) Ergänzungsübungen	241
	d) Ersetzungsübungen	243
	e) Übungen zum Erfassen und Entfalten eines Themas	245
	f) Verkürzungsübungen	248

2. Verfassen von Texten

2.1	Gegenstandsbeschreibung	251
2.2	Charakteristik	254
2.3	Vorgangsbeschreibung	265
2.4	Inhaltsangabe	269
	a) Inhaltsangabe eines literarischen Textes	269
	b) Inhaltsangabe von Sachtexten	277
2.5	Bericht	282
2.6	Protokoll	286
2.7	Leserbrief (Appell und Argumentation)	295
2.8	Erörterung	299
	a) Erörterung: steigernde Darstellung	301
	b) Erörterung: kontroverse (dialektische) Darstellung	311
2.9	Besondere Zweckformen: Bewerbung und Lebenslauf	316
	a) Bewerbung	316
	b) Lebenslauf	319
2.10	Das Referat	322

1. Grammatik des Wortes

1.1 Wortarten im Überblick

(...)
Aus der Wolke
170 Quillt der Segen,
Strömt der Regen;
Aus der Wolke, ohne Wahl,
Zuckt der Strahl!
(...)
185 Kochend wie aus Ofens Rachen
Glühn die Lüfte, Balken krachen,
Pfosten stürzen, Fenster klirren,
Kinder jammern, Mütter irren,
Tiere wimmern,
190 Unter Trümmern,
Alles rennet, rettet, flüchtet,
Taghell ist die Nacht gelichtet.

(...)
Holder Friede,
Süße Eintracht,
Weilet, weilet
325 Freundlich über dieser Stadt!
Möge nie der Tag erscheinen,
Wo des rauen Krieges Horden
Dieses stille Tal durchtoben,
Wo der Himmel,
330 Den des Abends sanfte Röte
Lieblich macht,
Von der Dörfer, von der Städte
Wildem Brande schrecklich strahlt.

(Aus: Friedrich Schiller, Das Lied von der Glocke)

1 a) Mit welchen beiden Wortarten gestaltet Schiller hauptsächlich
die Verse 169–173 und 185–192 seines Liedes von der Glocke?
b) In welchen Versen wird dies besonders deutlich?
2 Mit Hilfe welcher weiteren Wortart gelingt es Schiller in den Versen
322–333, seine Darstellung besonders eindrucksvoll und eindringlich
wirken zu lassen?

Drei Wortarten ermöglichen es vor allem, Informationen über die Welt zu
vermitteln. Hierbei bezeichnen
– die **Verben** Handlungen, Vorgänge oder Zustände:
 lesen, regnen, ruhen;
– die **Nomen** Lebewesen, Gegenstände oder Abstrakta:
 Elefant, Kerze, Träume;
– die **Adjektive** Eigenschaften oder Merkmale:
 lustig, rot, still.

Die Wörter dieser Wortarten sind **Inhaltswörter**, die auch ohne Verbindung zu
anderen Wörtern eine Information vermitteln.
Häufig werden diese drei Wortarten als Grundwortarten bezeichnet.

3 Welche Aufgabe hat das Wort *es* in der zweiten Frage des Mädchens?
4 Das *DAS* in der letzten Sprechblase gehört nicht zur gleichen Wortart wie »*das*« (oben) in der ersten. Erkläre den Unterschied.

Pronomen können in Texten an die Stelle von Nomen (einschließlich ihrer Attribute) treten. Sie stellen Bezüge im Text her, indem sie auf Nomen voraus oder zurück verweisen.

Pronomen können wie **Artikel** Nomen auch begleiten (z.B. *diese Tasche*, *mein Vater*).

Verben, Nomen, Adjektive, Pronomen und Artikel sind flektierbare (veränderliche) Wortarten.

Wenn du etwas nicht weißt, dann lies ein Buch.
Wenn du etwas nicht verstehst, dann frage einen Freund.

(Chinesische Weisheit)

5 a) Welche beiden Wörter stellen in beiden Sätzen den engen Zusammenhang zwischen den Aussagen von Haupt- und Nebensatz her?
   b) Zu welcher Wortart gehören sie?

Neben den veränderlichen Wortarten gibt es unveränderliche, die Verknüpfungen im Text schaffen, Zusammenhänge verdeutlichen und zur genaueren und logischen Darstellung von Sachverhalten beitragen.
Hierzu gehören:
– **Konjunktionen** (z.B. *und*, *aber*, *wenn*, *denn*), die Sätze, Satzteile oder Wörter verbinden,
– **Präpositionen** (z.B. *in*, *an*, *auf*, *zu*), die Beziehungen verdeutlichen,
– **Adverbien** (z.B. *heute*, *immer*, *dann*, *doch*, *jetzt*), die die Umstände des Geschehens genauer bestimmen.

In vielen Wortartgliederungen werden außer den hier genannten Wortarten auch noch **Interjektionen** (Ausrufewörter wie *ah*, *oh*, *au*) und **Numeralien** (Zahlwörter wie *eins*, *der Erste*, *dreimal*, *ein Fünftel*, *sechsfach*) als Wortarten aufgeführt.

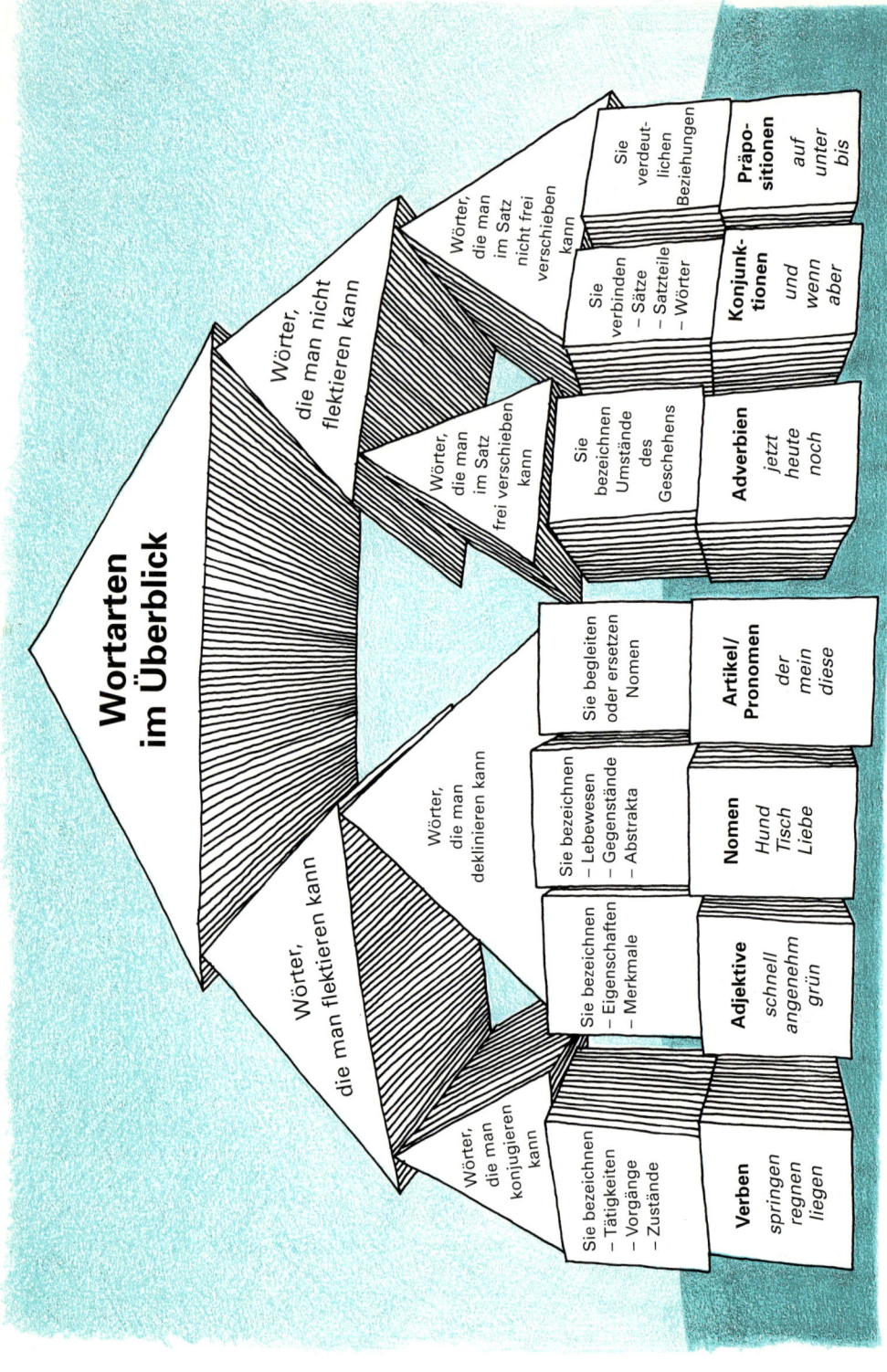

1.2 Verb

Text A
Von außen fiel kein Licht in den Raum. Im Flackerschein der auf dem Boden angeklebten Kerze lastete das Gewölbe des Kellers über den Mitgliedern der Bande und über Martin. (...) Martin stand, die Hände im Rücken verkrampft, an der Wand (...) und starrte in das Gesicht des Boss. (...)
Paul und Gerd (...) sprangen auf, packten Martin an den Handgelenken, stießen ihn mit den Knien gegen die Oberschenkel. (...) Während Paul und Gerd Martins Handgelenke umklammerten, schnürten Gerold und Hann mit einem Riemen seine Füße zusammen. Dann fassten sie sein Haar (...) zwischen Daumen und Zeigefinger und zogen nach oben. (...)
Der Straßenlärm schien näher zu kommen, die Schwärze vor seinen Augen hellte sich auf. (...) Die Schritte hallten wider. Sand knirschte unter Schuhsohlen. (...) Das Licht verblasste wieder. Eine Eisentreppe erklang. (...) Rot flutete aufs Neue über seine Augen.

(Aus: Theodor Weißenborn, Der Sprung ins Ungewisse)

1 a) Diese drei Abschnitte stammen aus derselben Geschichte, aber sie vermitteln dem Leser unterschiedliche Eindrücke. Welche?
   b) Die Verben haben daran einen besonderen Anteil. Untersuche sie.

Text B
»Du hast Schiss gehabt. Du bist ein Feigling«, sagte der Boss.
»Denk, was du willst!«, sagte Martin. (...)
»Schön«, sagte der Boss, »ich geb dir noch eine Chance.« Er holte Zigaretten und Streichhölzer aus der Tasche und sagte grinsend: »Wir werden die Mutprobe nachholen. Jetzt.«
Martin atmete tief ein. Er wusste nicht, was sie mit ihm vorhatten. Aber es war eine Chance. Er würde die Probe bestehen und sie würden keinen Grund haben ihn weiter zu quälen. (...)
Nein, sie würden es ihm nicht leicht machen. Aber er wollte es ihnen zeigen! Endlich würden sie ihn anerkennen. Es hatte alles damit angefangen, dass er Conny für die Berichtigung sein Deutschheft geliehen hatte, das Heft, in dem das Gedicht lag, das er in den Ferien bei Onkel Bernhard gemacht hatte (...).

 Das Tempus der Verben im Text A ist immer dasselbe; in Text B benutzt der Autor verschiedene Tempora (Zeitformen). Welche findest du?
3 Warum verwendet der Autor hier diese unterschiedlichen Tempora?
4 An welcher Stelle wird durch das Verb eine Aufforderung ausgedrückt?
5 Woran wird deutlich, dass von Martins Vermutungen die Rede ist?

Mit Hilfe von Verben gelingt es, Zeit und Zeitverlauf auszudrücken. Es gibt **drei Zeitstufen**: Gegenwart, Vergangenheit und Zukunft. Durch die **sechs Tempora** (Plural von Tempus), also die Zeitformen Präsens, Präteritum, Perfekt, Plusquamperfekt, Futur I und Futur II, wird erkennbar, ob wir über Gegenwärtiges, Vergangenes oder Zukünftiges sprechen.

Verben bezeichnen eine Tätigkeit, einen Vorgang oder einen Zustand.
Tätigkeitsverben benennen absichtsvolles Handeln (z. B. *packen, schnüren, springen)*;
Vorgangsverben bezeichnen etwas, das sich ohne menschlichen Willen ereignet (z.B. *strömen, regnen, brennen*);
Zustandsverben drücken eine gewisse Ruhe oder Nichtveränderung aus (z. B. *besitzen, liegen, stehen, sich fühlen*).

Die einzelnen Gruppen lassen sich nicht immer genau abgrenzen; in verschiedenen Textzusammenhängen kann ein Verb verschiedene Bedeutungen haben und einmal einen Vorgang, ein anderes Mal eine Tätigkeit ausdrücken:
Die Maschine läuft. = Vorgang;
Der Sprinter läuft. = Tätigkeit.

Im Wörterbuch stehen Verben im **Infinitiv** (Grundform), z. B. *erzählen, stehen, geben*. Die Formulierung eines Satzes bedingt, dass ein Verb **konjugiert** wird, also eine **finite Form** erhält. Konjugieren heißt, dass das Verb mit einer **Person** im **Numerus Singular** (*ich, du, er/sie/es*) oder **Plural** (*wir, ihr sie*) verbunden wird; zugleich erhält das Verb eine bestimmte **Tempusform** (z. B. Präsens, Präteritum).

An der finiten Verbform wird ebenso deutlich, in welchem **Modus** das Verb steht (Indikativ, Konjunktiv oder Imperativ) und ob es im **Aktiv** oder **Passiv** gebraucht wird (**Genus verbi**). Die finite Verbform ist also in fünf Hinsichten bestimmt:

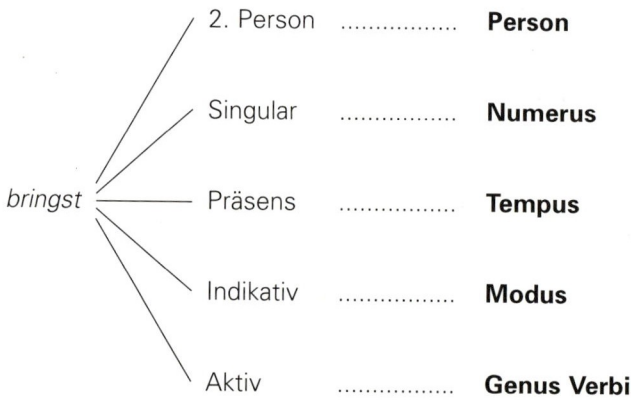

1 Lies das Gedicht laut vor und überlege, welche Stimmung es vermittelt.

Die Stadt
Theodor Storm

Am grauen Strand, am grauen Meer
Und seitab liegt die Stadt;
Der Nebel drückt die Dächer schwer,
Und durch die Stille braust das Meer
Eintönig um die Stadt.

Es rauscht kein Wald, es schlägt im Mai
Kein Vogel ohn Unterlass;
Die Wandergans mit hartem Schrei
Nur fliegt in Herbstesnacht vorbei,
Am Strande weht das Gras.

Doch hängt mein ganzes Herz an dir,
Du graue Stadt am Meer;
Der Jugend Zauber für und für
Ruht lächelnd doch auf dir, auf dir,
Du graue Stadt am Meer.

2 Untersuche, welche Arten von Verben diese Stimmung bewirken. Sind alle drei Verbarten im Gedicht vertreten?

3 Der folgende Text enthält keine Verben. Warum kannst du ihn dennoch verstehen?

In der Straßenbahn. Mir gegenüber Menschen mit abweisenden und gelangweilten Gesichtern. Zeitungen, in manchen Händen Bücher. Sanftes Schaukeln, Müdigkeit, früher Morgen eben. Plötzlich ein Ruck, alle wach! Ein Mann mit seinem Fahrrad direkt vor der Straßenbahn auf den Gleisen. Gute Reaktion des Straßenbahnfahrers! Rufe, Empörung, Kopfschütteln, dann wieder Stille, Zeitungen und Bücher. Kantplatz, Kälte nach der Wärme im Innern der Straßenbahn.

4 Schreibe selbst einen Text, der die gleiche Situation schildert, der aber aus vollständigen Sätzen besteht. Vergleiche ihn mit diesem Text und beschreibe die jeweilige Wirkung.

5 In jedem der folgenden Sätze ist beim Verb ein Fehler unterlaufen. Korrigiere die Sätze und erkläre, was falsch ist: Person, Numerus, Modus, Tempus oder Genus verbi?

1) Ach, wenn ich doch jetzt auf Hawaii bin!
2) Die ganze Hausfassade streicht von Robert und Stefan neu an.
3) Am besten fährst ihr sofort nach Hause.
4) Nächstes Jahr hatte ich mein Studium abgeschlossen.
5) Jetzt kommen Martin mit Elke aber wirklich etwas zu spät.
6) Der erfolgreiche Rennläufer wird seinen 50. Sieg im Abfahrtslauf gefeiert.
7) Er weiß genau, dass sie seine Erklärungen verstände.
8) Schon vor vielen Jahren wird sich hinter dem Dorf B. ein großer Wald erstrecken.

a) Tempus

Rustschuk, an der unteren Donau, wo ich zur Welt kam, war eine wunderbare Stadt für ein Kind, und wenn ich sage, dass sie in Bulgarien liegt, gebe ich eine unzulängliche Vorstellung von ihr, denn es lebten dort Menschen der verschiedensten Herkunft, an einem Tag konnte man sieben oder acht Sprachen hören. (...)
Rustschuk war ein alter Donauhafen und war als solcher von einiger Bedeutung gewesen. Als Hafen hatte er Menschen von überall angezogen und von der Donau war immerwährend die Rede. (...)
Es wird mir schwerlich gelingen, von der Farbigkeit dieser frühen Jahre in Rustschuk (...) eine Vorstellung zu geben. Alles was ich später erlebt habe, war in Rustschuk schon einmal geschehen. Die übrige Welt hieß dort Europa und wenn jemand die Donau hinauf nach Wien fuhr, sagte man, er fährt nach Europa, Europa begann dort, wo das türkische Reich einmal geendet hatte.

(Aus: Elias Canetti, Die gerettete Zunge)

1 In diesem Textauszug verwendet Elias Canetti fünf verschiedene Tempora. Bestimme, in welchem Tempus die einzelnen Verben gebraucht werden.
2 Woran kannst du die unterschiedlichen Tempora erkennen?
3 Versuche aus dem Textzusammenhang zu erklären, warum Canetti jeweils ein bestimmtes Tempus gewählt hat. Gelingt dir das überall?

Im Deutschen gibt es sechs Tempora:
eines, um Gegenwärtiges zu bezeichnen, das **Präsens**,
drei für Vergangenes, das **Präteritum**, das **Perfekt** und das **Plusquamperfekt**,
und zwei für Zukünftiges, das **Futur I** und das **Futur II**.

Die Formen des Präsens und Präteritums sind **einfache Verbformen**, die übrigen Tempora sind **zusammengesetzte Verbformen** und werden mit so genannten Hilfsverben (*sein, haben, werden*) gebildet.

Das **Präsens** bringt zum Ausdruck, dass etwas zur Sprechzeit geschieht:
ich gehe, ihr kocht.
Häufig wird es auch benutzt um etwas Zeitloses oder allgemeine Wahrheiten auszudrücken:
Autos benötigen Treibstoff. Honig schmeckt süß.
Sind im Satz entsprechende adverbiale Bestimmungen vorhanden, wird auch Zukünftiges meist durch eine Präsensform ausgedrückt:
Morgen fährt er nach Bonn.
In Geschichtsbüchern o. Ä. wird auch Vergangenes manchmal mit dem Präsens bezeichnet, damit sich der Leser mehr in die Zeit hineinversetzt fühlt:
Am 12. 10. 1492 betritt Kolumbus eine Insel, die er San Salvador nennt.
Das Präsens ist das typische Tempus für beschreibende Texte. (vgl. S. 265)

Das **Präteritum** macht deutlich, dass etwas vor der Sprechzeit geschah:
ich ging, ihr kochtet.
Das Präteritum ist das typische Tempus für schriftliche Berichte und literarisches Erzählen.

Das **Perfekt** wird gebildet aus einer Präsensform der Hilfsverben *sein* oder *haben* und dem Partizip II des Verbs: *ich bin gegangen, ihr habt gekocht.*
Wie das Präteritum drückt das Perfekt Vergangenes aus. Häufig wird aber durch dieses Tempus stärker das Ergebnis betont oder ein enger Bezug zur Gegenwart hergestellt (das, was geschehen ist, hat eine Wirkung in der Gegenwart). In Texten, die etwas in der Gegenwart darstellen, bezeichnet das Perfekt das, was vorher geschehen ist (Vorzeitigkeit).
Das Perfekt ist häufig das beim mündlichen Erzählen verwendete Tempus.

Das **Plusquamperfekt** wird gebildet aus einer Präteritumform der Hilfsverben *sein* oder *haben* und dem Partizip II des Verbs:
ich war gegangen, ihr hattet gekocht.
Wird in einem Text etwas in der Vergangenheit berichtet (also mit Hilfe von Präteritum oder Perfekt), dann bezeichnet das Plusquamperfekt das, was vor dieser Zeit geschah (Vorzeitigkeit): *Der Minister fuhr wieder nach Hause, nachdem er die Verhandlungen abgeschlossen hatte.*

Das **Futur I** wird gebildet aus einer Präsensform des Hilfsverbs *werden* und dem Infinitiv des Verbs: *ich werde gehen, ihr werdet kochen.*
Das Futur I bezeichnet etwas, das in der Zukunft geschehen wird. Es kann aber auch Vermutungen (*Er wird wohl arbeiten.*) oder einen strengen Befehl ausdrücken (*Du wirst jetzt sofort dein Zimmer aufräumen!*).

Das **Futur II** wird gebildet aus einer Präsensform des Hilfsverbs *werden*, dem Partizip II des Verbs und dem Infinitiv der Hilfsverben *sein* oder *haben*:
ich werde gegangen sein, ihr werdet gekocht haben.

Diese seltene Form wird gebraucht um etwas zu bezeichnen, das in der Zukunft vergangen sein wird: *Morgen wirst du das alles vergessen haben!* Mit dem Futur II kann man auch Vermutungen über Vergangenes ausdrücken: *Er wird wohl seinen Fahrschein verloren haben.*

Verben werden nach den unterschiedlichen Merkmalen, die sie bei der Tempusbildung aufweisen, in drei Gruppen eingeteilt:

Starke Verben verändern den Stammvokal:
*ich gehe, ich ging, ich bin gegangen,
wir finden, wir fanden, wir haben gefunden;*

schwache Verben bilden die Tempusformen mit einem t(e)-Suffix:
*ich koche, ich kochte, ich habe gekocht,
wir reden, wir redeten, wir haben geredet;*

unregelmäßige Verben verändern den Vokal (evtl. auch Konsonanten) und haben einen t(e)-Suffix:
*ich denke, ich dachte, ich habe gedacht,
wir bringen, wir brachten, wir haben gebracht.*

1 Bestimme in den folgenden Sätzen die Tempusformen.

1) Der Regen setzt in der Nacht ein und dauert bis in die Morgenstunden an.
2) Katrin wird den Bus verpasst haben.
3) Er wird schon noch kommen.
4) Durch die Trockenheit war die Grasaussaat nur spärlich aufgegangen.
5) Die Kopfschmerztablette hat noch nicht gewirkt.
6) Nach dem Regen brach die Sonne wieder durch die Wolken.
7) Ihr werdet erst um vier Uhr in Frankfurt ankommen.
8) Gestern Abend sind wir nicht mehr ins Theater gegangen, obwohl wir es ursprünglich vorgehabt hatten.
9) Die Lebkuchen werden bald alle aufgegessen sein, wenn du sie nicht vor deinem Mann versteckst.
10) Nina ist schon einmal hier gewesen, sie erinnert sich aber nicht mehr daran.

2 Eigentlich macht die Bildung der Formen des Präteritums keine Schwierigkeiten. Fehler schleichen sich aber manchmal bei der 2. Person Singular *du* ein. Bilde von den folgenden Präsensformen das Präteritum.

du schwimmst – du lügst – du hältst – du redest – du vergisst – du lachst – du weißt (Bescheid) – du weist (den Weg) – du rettest – du erschrickst – du isst – du frierst – du schreibst – du rennst – du hustest

3 Bilde Sätze, indem du in die Lücke eine Form des Verbs *kommen* einsetzt. Es sind mehrere Lösungen möglich. Probiere aus, welche Tempusformen sinnvolle Sätze ergeben.

1) Wir freuen uns, dass er …
2) Wir freuten uns, dass er …
3) Wir werden uns freuen, wenn er …
4) Wir freuen uns, wenn er …
5) Wir freuten uns, als er …
6) Ich warte, bis er …
7) Ich wartete, bis er …
8) Ich werde warten, bis er …

4 Was wird in den folgenden Sätzen durch das gewählte Tempus ausgedrückt?

1) In zwei Wochen beginnen die großen Ferien. Wir fahren dann an die Ostsee, dort wird wohl endlich die Sonne scheinen.
2) Im Jahre 1491 macht sich Kolumbus auf den Weg nach Westen. Das Ergebnis dieser Fahrt wird ungeahnte Folgen für die Entwicklung der Weltgeschichte haben.
3) Wenn alle gleichzeitig reden, kann man nichts verstehen. Ihr werdet jetzt sofort ruhig sein; auch du, Martin, wirst jetzt aufhören zu reden!
4) Ich werde noch verrückt: Das wird ein böses Ende nehmen!

5 Ergänze in dem folgenden Wetterbericht die Verben.
Überlege, welches Tempus jeweils sinnvoll ist.

Wetterlage
1) Im Verlauf des gestrigen Tages die Fronten eines Tiefs Deutschland südwärts. (überqueren)
2) Dabei Meeresluft, die im Laufe des heutigen Tages vorübergehend unter Hochdruckeinfluss. (einfließen, gelangen)

Vorhersage
3) Im Süden Himmel bedeckt und Schneeregen. (sein, aufkommen)
4) Die Höchsttemperaturen um 0° C. (liegen)
5) In der Mitte Deutschlands anfangs Regen oder Schneeregen, nachmittags Bewölkung. (fallen, auflockern)
6) In der Nacht vor allem in der Mitte und im Norden der Himmel, im Süden der Himmel wechselnd bewölkt. (aufklaren, sein)
7) Die Temperaturen auf −5 bis −10° C. (absinken)
8) Ein schwacher bis mäßiger Wind aus Nordwest, später der Wind von Nordwest auf Nord. (wehen, drehen)

Weitere Aussichten
9) Im Norden Bewölkung vor allem im Norden und Osten Regen. (zunehmen, einsetzen)
10) Die Temperatur wenig. (sich ändern)

6 Warum korrigiert der Professor die Mutter?
Welche Bedeutung haben *erschrocken* und *erschreckt*?

Professor: Also, Atlanta erbt ... stell erst die Tasse hin, damit du sie nicht verschluckst ... Atlanta erbt siebenhundertfünfzigtausend Dollar ...
Mutter: Siebenhundertfünfzig Dollar!
Professor (brüllt): Tausend! (Mutter verschüttet vor Freudenschreck ihren Kaffee auf den Tisch.)
Mutter: Ach Gott, Hermann, hast du mich erschrocken!
Professor: Erschreckt!
Mutter: Ach Traugott, sei doch nicht immer gleich so eklig! Ob es nun erschreckt oder erschrocken heißt! Du siehst doch, dass ich erschreckt bin!
Professor: Erschrocken! Diesmal heißt es erschrocken!

(Aus: Curt Goetz, Das Haus in Montevideo oder Traugotts Versuchung)

7 Bilde jeweils Sätze mit den unten stehenden Formen.
Achte auf die Bedeutungsunterschiede.

schuf – schaffte, hing – hängte, bewog – bewegte, schliff – schleifte

b) Modus

Text A
Der Bundeskanzler hat die Rolle der Presse als Kontrollinstanz unterstrichen und gleichzeitig Grenzen der Berichterstattung gefordert. Er sagte am Montag auf dem internationalen Zeitungsverlegerkongress in Berlin, dass er sich bewusst sei, dass Politiker Einschränkungen ihrer Privatsphäre hinnehmen müssten. Aber dabei gebe es Grenzen. Diese lägen dort, wo die Würde des einzelnen Menschen verletzt werde.
Der Bundeskanzler sagte, er sei sich im Klaren, dass die Presse ihren eigenen Gesetzen zu gehorchen habe; doch so wie die Pressefreiheit ein Grundrecht sei, habe auch jeder Mensch ein Recht auf Achtung seiner Würde.

Text B
Der Rauch
Bertolt Brecht

Das kleine Haus unter Bäumen am See.
Vom Dach steigt Rauch.
Fehlte er,
Wie trostlos dann wären
Haus, Bäume und See.

Text C
Du schickst dich an, den neuen Roman »Wenn ein Reisender in einer Winternacht« von Italo Calvino zu lesen. Entspanne dich. Sammle dich. Schieb jeden anderen Gedanken beiseite. Lass deine Umwelt im Ungewissen verschwimmen. Mach lieber die Tür zu, drüben läuft immer das Fernsehen.

(Aus: Italo Calvino, Wenn ein Reisender)

1 In allen drei Texten erfolgt nach dem Anfang ein Wechsel der Verbformen. Beschreibe, was dir auffällt.
2 Erkläre die Gründe für diesen Wechsel.

Durch den **Modus** (Aussageweise) der finiten Verbform verdeutlicht der Sprecher/Schreiber seine Einstellung zum Ausgesagten. Diese Modi sind: Indikativ, Konjunktiv I und Konjunktiv II, Imperativ.

Der **Indikativ** ist die gebräuchlichste Aussageart. Sätze, in denen das Verb im Indikativ steht, geben Auskunft über Tatsachen (*Vom Dach steigt Rauch.*). Nur im Indikativ können alle sechs Tempora gebildet werden.

Der **Konjunktiv I** hat die Hauptaufgabe, das, was ein anderer gesagt hat oder gesagt haben soll, indirekt wiederzugeben (*Der Bundeskanzler sagte, er sei sich im Klaren, dass die Presse ihren eigenen Gesetzen zu gehorchen habe.*). Sehr häufig findet man diese Verbform in Zeitungstexten, gesprochenen Nachrichten, Protokollen (siehe S. 286) und Inhaltsangaben (siehe S. 268). Der Konjunktiv I kann auch einen Wunsch (*Komme, was kommen mag.*) oder eine Aufforderung (*Man nehme 250 g Mehl.*) ausdrücken.

Der **Konjunktiv II** verdeutlicht, dass etwas nur gedacht und zum Zeitpunkt des Sprechens/Schreibens nicht wirklich ist:
– Vermutungen, Annahmen (*Fehlte er, wie trostlos wären dann Haus, Bäume und See.*),
– Wünsche (*Wenn doch bloß bald Regen käme!*),
– unwirkliche Vorstellungen (*Wäre ich ein Elefant, hätte ich einen Rüssel.*),
– Empfehlungen (*An Ihrer Stelle gäbe ich nicht nach.*),
– Bedingungen, deren Erfüllung ungewiss oder unmöglich ist (*Hätte sie mehr Zeit, träfe sie vielleicht eine andere Entscheidung.*).

Der Konjunktiv I wird vom Präsens Indikativ ausgehend gebildet:

Präsens Indikativ	**Konjunktiv I**	**Präsens Indikativ**	**Konjunktiv I**
ich komme	ich komme	wir kommen	wir kommen
du kommst	du kommest	ihr kommt	ihr kommet
sie kommt	sie komme	sie kommen	sie kommen

Der Konjunktiv II wird vom Präteritum Indikativ ausgehend gebildet:

Präteritum Indikativ	Konjunktiv II	Präteritum Indikativ	Konjunktiv II
ich kam	*ich käme*	*wir kamen*	*wir kämen*
du kamst	*du kämest*	*ihr kamt*	*ihr kämet*
sie kam	*sie käme*	*sie kamen*	*sie kämen*

Bei den schwachen Verben lauten Konjunktiv II und Präteritum Indikativ gleich:

Indikativ Präteritum	Konjunktiv II
er fehlte	*er fehlte*

Häufig wird eine Form mit *würde* als Ersatzform für den Konjunktiv II benutzt:
– Bei manchen Verben werden die Formen des Konjunktivs II als veraltet empfunden:
   ich schwämme → *ich würde schwimmen;*
   er fröre → *er würde frieren;*
   sie kennte → *sie würde kennen.*
– Bei schwachen Verben besteht die Möglichkeit, dass man nicht weiß, ob Präteritum Indikativ oder Konjunktiv II gemeint ist, z. B. bei folgendem Satz: *Dies bereitete Schwierigkeiten.* Handelt es sich um eine Tatsache (= Präteritum) oder um eine Vermutung (= Konjunktiv II)? Die Umschreibung mit *würde* (*Dies würde Schwierigkeiten bereiten.*) lässt die Vermutung eindeutig erkennen.

Der **Imperativ** drückt eine Aufforderung aus (*Mach die Tür zu! Entspanne dich.*). Es gibt vier Formen: *Geh! Geht! Gehen Sie! Gehen wir!*

1 a) Warum benutzt Dirk an verschiedenen Stellen des folgenden Gesprächs Formen des Konjunktivs? Hat das immer den gleichen Grund?
   b) Wie ändert sich der Sinn, wenn die Sätze im Indikativ formuliert werden?

»Ja? Dirk Weber.«
»Hallo, hier ist Stefan.«
»Hey, Alter, was ist denn los, lange nichts von dir gehört, mindestens zwei Stunden nicht!«
»Haha, sehr witzig! Pass auf: Eben rief mich der Trainer aus meinem Verein an. Wir fahren am Wochenende mit einem Bus und der ganzen Truppe in die Heide. Hast du Lust mitzukommen?«
»Lust hätte ich schon.«
»Was heißt hier ›hätte‹? Hast du Lust oder nicht?«
»Natürlich würde ich gern mitfahren.«
»Aber? Du immer mit deinem ›hätte‹ und ›würde‹!«
»Ja, ich habe meinen Eltern versprochen mit ihnen zu Verwandten nach Hildesheim zu fahren. Wenn das nicht wäre, käme ich bestimmt mit.«

»Ih, wie langweilig! Red doch mal mit deiner Mutter.«
»Nee, da müsste ich wohl eher mit meinem Vater reden.«
»Mach mal. Und ruf mich dann wieder an. OK?«
»Übrigens, wenn ich mitkäme, wann würde der Bus denn losfahren?«
»Der würde nicht losfahren, der fährt auf jeden Fall, und zwar am Freitag um fünf. Also bis gleich.«

2 In Redewendungen finden wir häufig den Konjunktiv I als Ausdruck eines Wunsches: *Gott sei Dank! Er lebe hoch!*
Suche weitere Beispiele.

3 a) Das Rezept stammt aus einem alten Kochbuch. Welcher Modus wird hier gebraucht? Warum?
b) Wie würde der Text in einem modernen Kochbuch formuliert werden?

Fruchtmus-Auflauf. Man nehme für 8–10 Personen 250 g Aprikosen- oder Pfirsichmus oder auch recht steif gekochtes Apfelmus, rühre den Saft einer Zitrone durch und mische den recht festen Schaum von 12 Eiern darunter. Dann fülle man die Masse in eine bereitstehende, mit Butter bestrichene porzellanene Schüssel, streiche sie mit einem Messer glatt, streue etwas fein gestoßene Mandeln, die mit Zucker vermischt sind, oder gröblich gestoßene Makronen darüber, steche mit einem Messer einige Mal durch bis auf den Grund und stelle die Schüssel sogleich in einen sehr stark geheizten Ofen. Dieser Auflauf darf nur 10–15 Minuten backen und muss sogleich gegessen werden, weil der Schaum wieder sinkt.

4 a) Beschreibe die Stimmung, die diese Geschichte ausdrückt.
b) Untersuche, welche Tempora und Modi Peter Bichsel benutzt und erläutere zunächst, welche Funktion die jeweiligen Tempusformen haben.
c) Beschreibe die Aufgaben der Konjunktivformen.
Haben alle Konjunktive im Text die gleiche Funktion?

San Salvador
Peter Bichsel

Er hatte sich eine Füllfeder gekauft.
Nachdem er mehrmals seine Unterschrift, dann seine Initialen, seine Adresse, einige Wellenlinien, dann die Adresse seiner Eltern auf ein Blatt gezeichnet hatte, nahm er einen neuen Bogen, faltete ihn sorgfältig und schrieb:
»Mir ist es hier zu kalt«, dann »ich gehe nach Südamerika«, dann hielt er inne, schraubte die Kappe auf die Feder, betrachtete den Bogen und sah, wie die Tinte eintrocknete und dunkel wurde (in der Papeterie garantierte man,

dass sie schwarz werde), dann nahm er seine Feder erneut zur Hand und setzte noch großzügig seinen Namen Paul darunter. Dann saß er da.

Später räumte er die Zeitungen vom Tisch, überflog dabei die Kinoinserate, dachte an irgendetwas, schob den Aschenbecher beiseite, zerriss den Zettel mit den Wellenlinien, entleerte seine Feder und füllte sie wieder. Für die Kinovorstellung war es jetzt zu spät.

Die Probe des Kirchenchores dauert bis neun Uhr, um halb zehn würde Hildegard zurück sein. Er wartete auf Hildegard. Zu all der Musik aus dem Radio. Jetzt drehte er das Radio ab.

Auf dem Tisch, mitten auf dem Tisch, lag nun der gefaltete Bogen, darauf stand in blauschwarzer Schrift sein Name Paul.

»Mir ist es hier zu kalt«, stand auch darauf.

Nun würde also Hildegard heimkommen, um halb zehn. Es war jetzt neun Uhr. Sie läse seine Mitteilung, erschräke dabei, glaubte wohl das mit Südamerika nicht, würde dennoch die Hemden im Kasten zählen, etwas müsste ja geschehen sein.

Sie würde in den »Löwen« telefonieren.

Der »Löwen« ist mittwochs geschlossen.

Sie würde lächeln und verzweifeln und sich damit abfinden, vielleicht.

Sie würde sich mehrmals die Haare aus dem Gesicht streichen, mit dem Ringfinger der linken Hand beidseitig der Schläfe entlangfahren, dann langsam den Mantel aufknöpfen.

Dann saß er da, überlegte, wem er einen Brief schreiben könnte, las die Gebrauchsanweisung für den Füller noch einmal – leicht nach rechts drehen – las auch den französischen Text, verglich den englischen mit dem deutschen, sah wieder seinen Zettel, dachte an Palmen, an Hildegard.

Saß da.

Und um halb zehn kam Hildegard und fragte: »Schlafen die Kinder?«

Sie strich sich die Haare aus dem Gesicht.

5 Formuliere die folgenden Aussagen in Wünsche oder Träume um:
In vielen Ländern der Welt müssen Menschen hungern. Es wäre schön, wenn alle genug zu essen hätten.
Vielleicht findest du andere Formulierungen statt *Es wäre schön...*
Berücksichtige bei deinen Formulierungen, welche deiner Wünsche erfüllbar sind und welche nicht verwirklicht werden können.

1) Viele Schadstoffe belasten die Luft.
2) Mein Großvater ist vor fünf Jahren gestorben.
3) Mareike kann nicht zu meiner Geburtstagsparty kommen.
4) Die Sommerferien dauern nur sechs Wochen.
5) Die Theatervorstellung ist leider schon ausverkauft.
6) Das Flugzeug kann wegen eines Triebwerkschadens nicht pünktlich starten.
7) Viele Tiere sterben unnütz bei Tierversuchen.

6 Erfinde eine kleine Geschichte im Konjunktiv, z. B.:
- Wenn die Menschen wie Vögel fliegen könnten ...
- Wenn Kinder die Welt regierten ...
- Wenn ...

c) Modus in der indirekten Rede

A Tina macht Urlaub im Ferienhaus ihres Opas und schreibt ihm. Der Opa liest vor: »Mir gefällt es hier gut. Dein Haus ist wunderschön.«

B Tinas Opa erzählt, es gefalle ihr dort gut und ihrer Meinung nach sei sein Haus wunderschön.

1 Beide Male wird die Aussage eines anderen wiedergegeben.
Wodurch unterscheiden sie sich?

Es gibt zwei Möglichkeiten, die Aussagen eines anderen wiederzugeben:
1) Die **direkte Rede** gibt unverändert das Gesagte oder Geschriebene wieder:
   Der Opa liest vor: »Mir gefällt es hier gut. Dein Haus ist wunderschön.«

2) In der **indirekten Rede** berichtet ein Sprecher oder Schreiber aus seiner Perspektive über das Gehörte oder Gelesene:
   Tinas Opa erzählt, es gefalle ihr dort gut und sein Haus sei wunderschön.

Die Veränderung der Perspektive bewirkt, dass in der indirekten Rede Veränderungen im Satz erfolgen: Die Verben stehen im Konjunktiv, Personal- und Possessivpronomen wechseln von der 1. und 2. Person in die 3. Person, Ortsangaben müssen der anderen Perspektive angepasst werden.

Der Gebrauch des Konjunktivs kann auch ausdrücken, dass der Wiedergebende nicht für den Wahrheitsgehalt des Gehörten oder Gelesenen garantiert:
Der Angeklagte sagte, er habe nicht geschossen.

Normalerweise wird in der indirekten Rede der **Konjunktiv I** verwendet. Sind aber dessen Formen nicht von denen des Indikativs zu unterscheiden (z. B. in der 3. Person Plural), so wird die Form des Konjunktivs II (oder die Ersatzform mit »würde«) benutzt: *Die Schüler der Klasse 7f sagen, dass sie nicht an den Erfolg ihrer Volleyballmannschaft glaubten/glauben würden.*

Eine Frage, die kein Fragewort enthält, wird in der indirekten Rede durch *ob* eingeleitet.
Ich fragte Ute: »Kannst du kommen?«
Ich fragte Ute, ob sie kommen könne.

Bundespräsident über Wirkung der elektronischen Medien besorgt

HAMBURG (AP). Mit einer eindringlichen Warnung vor möglichen Gefahren durch die Programme der elektronischen Medien hat der Bundespräsident das neue Jahr eingeleitet. In dem traditionellen Neujahrsgespräch des Norddeutschen Rundfunks zeigte sich der Bundespräsident am Dienstag insbesondere besorgt darüber, dass das in Zukunft steigende Programmangebot negative Folgen für die Entwicklung junger Menschen haben könnte. (...)

Der Bundespräsident plädierte mit Nachdruck dafür, die Forschung über die Wirkung der Medien zügig voranzutreiben. Nur so könne auf die weitere Entwicklung des menschlichen Wesens verantwortlich geachtet werden. Er sei beunruhigt darüber, dass man alles Mögliche auf der Welt erforsche, aber die Wirkung der elektronischen Medien auf die menschliche Seele und den menschlichen Geist bisher vernachlässigt habe. Bundesländer und Parteien stritten um die Rechtsform der Rundfunk- und Fernsehanstalten und um die Frage, wer auf welche Weise seine Ausgaben decken dürfe.

»Aber es würde mich mehr beruhigen, wenn dieselben verantwortlichen Leute auch noch ein bisschen mehr über die Programmatik und die Wirkung dieser Programmatik diskutieren würden und von daher auch ihre Entscheidung träfen«, sagte der Bundespräsident. Er wies auch darauf hin, dass es gerade für Heranwachsende wichtig sei, eigene Erfahrungen zu sammeln und handwerkliche sowie musische, kunstbezogene, auf die Fantasie gestützte Eigenschaften zu entwickeln. Junge Menschen müssten ihren eigenen Weg gehen können.

1 a) Untersuche, an welchen Stellen in diesem Bericht über die Neujahrsansprache der Konjunktiv I und an welchen der Konjunktiv II verwendet wird.
b) Eine Passage wird in direkter Rede wiedergegeben. Formuliere sie in die indirekte Rede um. Was fällt dir auf?

2 Formuliere die folgenden Aussagen in indirekter Rede.

1) Janina sagt: »Ich gehe gerne ins Kino.«
2) Kathrin meint: »Das hätte ich Robert nicht zugetraut.«
3) Stefan behauptet: »Alexander kommt am liebsten zu mir.«
4) Anne fragt Anja: »Wirst du demnächst verreisen?«
5) Meine Schwester behauptet: »Meine Freunde haben noch nie getanzt.«
6) Benjamin und Simon stöhnen: »Wir schaffen unsere Hausaufgaben nicht.«
7) Katja fragt Mira: »Hättest du die Lösung der Aufgabe gewusst?«
8) Gerald und Martin sagen zu Tobias: »Wir hatten dich bereits erwartet.«

Der Verdacht (Auszug)
Friedrich Dürrenmatt

Hungertobel wehrte sich energisch. Mit der primitiven Art und Weise, wie der Kommissär mit der Wirklichkeit vorgehe, könne kinderleicht bewiesen werden, was man nur wolle. Mit dieser Methode würde überhaupt alles in Frage gestellt, sagte er.

»Ein Kriminalist hat die Pflicht, die Wirklichkeit in Frage zu stellen«, antwortete der Alte. »Das ist nun einmal so. Wir müssen in diesem Punkt durchaus wie die Philosophen vorgehen, von denen es heißt, daß sie erst einmal alles bezweifeln, bevor sie sich hinter ihr Metier machen und die schönsten Spekulationen über die Kunst zu sterben und vom Leben nach dem Tode ausdenken, nur daß wir vielleicht noch weniger taugen als sie. Wir haben zusammen verschiedene Thesen aufgestellt. Alle sind möglich. Dies ist der erste Schritt. Der nächste wird sein, daß wir von den möglichen Thesen die wahrscheinlichen unterscheiden. Das Mögliche und das Wahrscheinliche sind nicht dasselbe; das Mögliche braucht noch lange nicht das Wahrscheinliche zu sein. Wir müssen deshalb den Wahrscheinlichkeitsgrad unserer Thesen untersuchen. Wir haben zwei Personen, zwei Ärzte: auf der einen Seite Nehle, einen Verbrecher, und auf der andern deinen Jugendbekannten Emmenberger, den Leiter der Klinik Sonnenstein in Zürich. Wir haben im wesentlichen zwei Thesen aufgestellt, beide sind möglich. Ihr Wahrscheinlichkeitsgrad ist auf den ersten Blick verschieden. Die eine These behauptet, daß zwischen Emmenberger und Nehle keine Beziehung bestehe, und ist wahrscheinlich, die zweite setzt eine Beziehung und ist unwahrscheinlicher.«
Eben, unterbrach Hungertobel den Alten, das habe er immer gesagt.

3 Dürrenmatt wechselt in diesem Auszug aus seinem Roman »Der Verdacht« zwischen indirekter und direkter Rede.
Formuliere die lange wörtliche Passage um in die indirekte Rede, achte dabei auf Eindeutigkeit und füge evtl. Begleitsätze ein: *erläuterte der Kommissär. Er fügte hinzu,* etc.

4 In einer öffentlichen Anhörung zum Bau einer Müllverbrennungsanlage in der Nähe der Stadt R. äußern sich der Vertreter der Betreibergesellschaft, Herr Ingbert (I.), die Sprecherin der Bürgerinitiative gegen den Bau, Frau Dennler (D.), und der Vertreter der Regierungskoalition, Herr Vollmer (V.). Im Protokoll, das von dieser Anhörung angefertigt wird, werden diese Äußerungen so genau wie möglich in indirekter Form wiedergegeben. Schreibe das Protokoll.

Herr I.: Mit Rücksicht auf den immer größer werdenden Müllberg und im Interesse einer schnellen Entsorgung halte ich es für dringend notwendig, alle Möglichkeiten zur Müllbeseitigung auszunutzen. Eine Grundlage dafür ist die Müllverbrennung. Eine Entsorgung kann nur gewährleistet werden, wenn an möglichst vielen Standorten Verbrennungsanlagen gebaut werden.
Frau D.: Sie, Herr Ingbert, vergessen, dass der geplante Standort der Anlage sehr nah an einem wertvollen Naherholungsgebiet liegt und vor allem, dass die von uns vorgelegten Daten über die häufigsten Windrichtungen eindeutig gegen den geplanten Standort sprechen.

Herr V.: Ich möchte zu Bedenken geben, dass nur durch eine konsequente Beseitigung des Mülls ein gesundes Leben in unzerstörter Natur möglich ist und dass die von der Bürgerinitiative vorgelegten Daten keineswegs gesichert sind.

Herr I.: Die Untersuchungen aller möglichen Standorte für eine Verbrennungsanlage im Kreis haben ergeben, dass diese Lage in der Nähe der Stadt R. die einzige ist, in der negative Auswirkungen keinen Ort betreffen. Außerdem verweise ich auf die ausgezeichneten Filteranlagen, die sich in anderen Anlagen bereits hervorragend bewährt haben.

Herr V.: Und wir sollten nicht vergessen, dass wir für R. durch die Anlage eine Reihe attraktiver Arbeitsplätze schaffen!

Frau D.: Wir von der Bürgerinitiative sehen hier wieder ein Beispiel für das Durchpeitschen eines Konzeptes, das keine Zukunft hat. Insbesondere die großen Fraktionen im Kreistag legen kein Konzept vor, das als Hauptziel die Müllvermeidung sieht. Nur eine solche Idee bewährt sich in der Zukunft.

d) Aktiv – Passiv (Genus verbi)

1) Im Stadtgebiet wird häufig viel zu schnell gefahren.
2) Bei Radarmessungen an 46 bekannten Unfallschwerpunkten stellte die Frankfurter Schutzpolizei fest, dass knapp 5,3 Prozent der 20 163 geblitzten Fahrzeuge die zulässige Höchstgeschwindigkeit von 50 bzw. 80 Stundenkilometern zum Teil erheblich überschritten.
3) In 1067 Fällen wurde die vorgeschriebene Höchstgeschwindigkeit ignoriert.
4) In Einzelfällen überschritten die Fahrer das Tempolimit um mehr als das Doppelte.
5) So wurde ein Wagen geblitzt, der mit 103 Stundenkilometern unterwegs war.
6) Im Ortsbereich wurde ein Raser ertappt, der mit 96 Sachen die Kontrollstelle passierte.

1 In welchen Sätzen steht das Verb im Aktiv, in welchen im Passiv?
2 Wie lautet das Subjekt in Satz 1)?

In einem Satz, in dem das Verb im **Aktiv** steht, liegt die Betonung auf dem Handelnden (*Die Fahrer überschritten das Tempolimit um das Doppelte.*).

In einem Satz, dessen Verb im **Passiv** steht, wird das durch das Verb bezeichnete Geschehen herausgestellt. Dabei kann im Passiv der Handelnde genannt oder verschwiegen werden (*Die vorgesehene Höchstgeschwindigkeit wurde von 1067 Fahrern ignoriert. Die vorgesehene Höchstgeschwindigkeit wurde ignoriert.*).

Die meisten Aktiv-Sätze, in denen ein Akkusativobjekt enthalten ist, können in Passiv-Sätze verwandelt werden, wobei dann das Akkusativobjekt zum Subjekt des Passivsatzes wird.

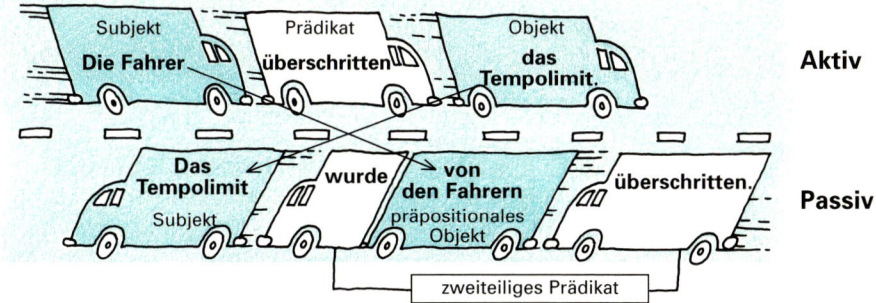

Viele Passiv-Sätze enthalten das allgemeine Subjekt *es*, das auch weggelassen werden kann (*Es wurde gestern lange gefeiert. Gestern wurde lange gefeiert.*).

Am häufigsten wird das Passiv gebildet, indem das Partizip II eines Verbs mit dem Hilfsverb *werden* verbunden wird (*Auf der B 40 wurde ein Raser ertappt.*). Dieses Passiv ist auf den Verlauf des Geschehens bezogen, es wird daher als **Vorgangspassiv** bezeichnet. Neben diesem am häufigsten gebrauchten Passiv gibt es eines, das mit dem Hilfsverb *sein* und dem Partizip II eines Verbs gebildet wird. In diesem Fall spricht man vom **Zustandspassiv**, da eher ein abgeschlossenes Geschehen, ein erreichter Zustand bezeichnet wird. (*Das Fenster ist geschlossen.*)

Passiv-Sätze werden hauptsächlich verwendet, wenn
– der vom Geschehen Betroffene in den Vordergrund gestellt werden soll (*Der kleine Junge wurde von einem Auto erfasst.*),
– der Handelnde unbekannt ist (*In das Geschäft ist eingebrochen worden.*),
– der Handelnde verschwiegen werden soll (*Die Tarifverhandlungen wurden erfolglos abgebrochen. Von welchem Verhandlungspartner aber?*),
– der Handelnde austauschbar ist (*Am Ende der Stunde wird die Tafel geputzt.*),
– der Handelnde aus dem Zusammenhang erkennbar ist (*Die Weltranglistenerste war in Höchstform. Das Match wurde nach 53 Minuten gewonnen.*),
– eine eher unfreundliche Aufforderung ausgesprochen werden soll (*Jetzt wird aber gearbeitet!*).

Am häufigsten wird das Passiv in Sachtexten verwendet, z. B. in Gesetzestexten und Gebrauchsanleitungen.

1 Die folgenden Bilder zeigen, wie ein Streichholzbild gewebt wird. Fertige nach diesen Bildern eine Beschreibung an. Verwende dabei ausschließlich das Passiv.

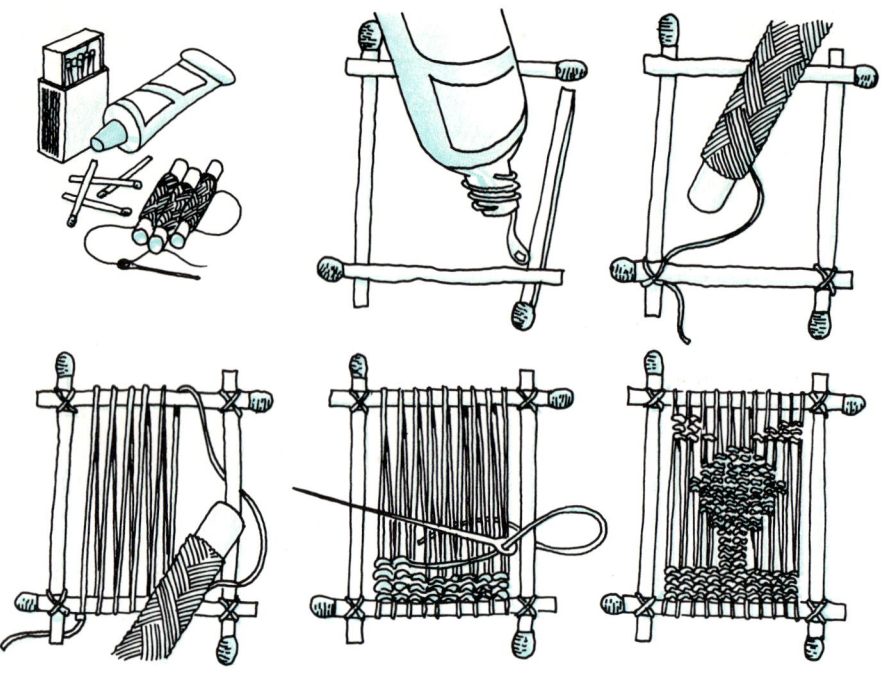

3 In diesem Text werden viele Sätze mit dem Indefinitpronomen *man* gebildet. Überlege, an welchen Stellen du das Passiv verwenden würdest und formuliere um.

Immer häufiger berichten die Zeitungen von Betrügereien mit Scheck- und Kreditkarten und von gefälschten Banknoten. Man klagt über die mangelnden Sicherheitsvorkehrungen und verlangt z.B. größeren Schutz beim Versand der Kreditkarten.
Vor einiger Zeit wurde bekannt, dass eine größere Zahl mit der Post versandter Kreditkarten ihre Empfänger nicht erreicht hatte, da man sie im Verteilerpostamt ausgesondert hatte und mit falschen Unterschriften versehen als Zahlungsmittel benutzte. Erst als man denen, die die Karten zwar angefordert, aber nie erhalten hatten, Abrechnungen schickte, aus denen hervorging, dass man die Karten missbräuchlich benutzt hatte, leitete man eine Fahndung ein. Durch einen Zufall kam man auf die Idee, die Angestellten des Postverteileramtes zu überprüfen und so konnte man die Betrüger fassen.
Die Zahl der gefälschten Geldscheine, die man mit Hilfe von Farbkopierern hergestellt hat, hat in den letzten Jahren ebenfalls zugenommen. Deshalb geht man jetzt in vielen Geschäften dazu über, Prüfgeräte zu installieren, die die Echtheit der Scheine beweisen sollen. Am häufigsten fälscht man 50-Euro-Scheine. Mit diesen neuen Prüfgeräten sollen die Täter aber kaum noch eine Chance haben, ihre »Blüten« loszuwerden.

4 Könnte man die Passivsätze dieser Schulordnung auch im Aktiv formulieren? Versuche es. Wo erscheint es dir sinnvoll?

Auszüge aus einer Schulordnung:

1.
Jeder Schüler hat das Recht durch diese Schule so weit wie möglich gefördert zu werden.

Jeder Schüler arbeitet nach seinen Fähigkeiten in der Schule mit.

2.
Jeder Schüler hat das Recht auf körperliche Unversehrtheit und Freiheit von Gefahr.

Ballspielen außerhalb des Sportunterrichts ist nur mit Softbällen erlaubt. Schneeballwerfen ist auf dem Schulgelände untersagt.
Das Mitbringen von Waffen, feststehenden Messern, Schleudern u. Ä. ist nicht gestattet.

6.
Die Schüler haben das Recht in sauberen Räumen unterrichtet zu werden.

Jeder Schüler ist daher verpflichtet, im Schulgebäude Sauberkeit und Ordnung zu halten. Getränke werden nicht in die Unterrichtsräume (Ausnahme: bei mehrstündigen Klassenarbeiten) und nicht in die Büchereiräume mitgenommen.

9.
Jeder Schüler hat das Recht mit dem Fahrrad zur Schule zu kommen, soweit die Abstellmöglichkeiten ausreichen. Andernfalls werden Berechtigungsmarken ausgegeben.

Fahrräder werden auf dem gekennzeichneten Weg geschoben. Alle Räder müssen in die Fahrradständer eingestellt werden.

13.
Büchermappen sollten die Bewegungsfreiheit des Schülers in den Pausen nicht einengen. Die Mappen werden in den dafür vorgesehenen Regalen abgelegt.

Jeder Schüler achtet darauf, dass Büchermappen nicht auf dem Boden abgelegt werden.
Das Sitzen auf den Treppenstufen ist aus feuerpolizeilichen Gründen untersagt.

1.3 Nomen (Substantiv)

Text A
Das Eigenheim steht in einem Garten. Der Garten ist groß. Durch den Garten fließt ein Bach. Im Garten stehen zwei Kinder. Das eine der Kinder kann noch nicht sprechen. Das andere Kind ist größer. Sie sitzen auf einem Schlitten. Das kleinere Kind weint. Das größere sagt, gib den Schlitten her. Das kleinere weint. Es schreit.
Aus dem Haus tritt ein Mann. Er sagt, wer brüllt, kommt rein. Er geht in das Haus zurück. Die Tür fällt hinter ihm zu.
Das kleinere Kind schreit.
Der Mann erscheint wieder in der Haustür. Er sagt, komm rein. Na wird's bald. Du kommst rein. Nix. Wer brüllt, kommt rein. Komm rein.
Der Mann geht hinein. Die Tür klappt.
Das kleinere Kind hält die Schnur des Schlittens fest. Es schluchzt.
Der Mann öffnet die Haustür. (...)

(*Aus: Helga M. Novak, Schlittenfahren*)

Text B
Die Zeit verging und das ist wiederum ungenau, denn wir vergehen und unser Heranwachsen ist der Anfang unseres Vergehens. Ich sage das nicht aus Trauer, nicht aus Wehmut, nicht aus Weltschmerz, nicht aus Lebensmüdigkeit. Ich sage es mit einer mir langsam zuwachsenden Neugier auf das, was kommen wird. (...)

(*Aus: Erwin Strittmatter, Die blaue Nachtigall*)

1 Was bezeichnen die Nomen im Text A, was die im Text B? Beschreibe den Unterschied.
2 Im Text B kannst du erkennen, dass Wörter anderer Wortarten zu Nomen werden können. Nenne hierfür Beispiele.

Viele **Nomen** (auch Substantive genannt) bezeichnen Lebewesen und Gegenstände (*der Mann, die Tür*). Diese Nomen nennt man **Konkreta** (Singular: das Konkretum). Andere Nomen bezeichnen Vorstellungen und Gefühle (*die Zeit, die Trauer*). Diese Nomen heißen **Abstrakta** (Singular: das Abstraktum).
Zu den Abstrakta gehören auch Nomen, die Vorgänge, Zustände oder Eigenschaften bezeichnen (*das Heranwachsen, die Müdigkeit*). Diese Nomen sind durch Nominalisierung aus anderen Wortarten entstanden.

In der Rechtschreibung werden die Nomen von anderen Wortarten durch die Großschreibung unterschieden.

Nomen können nach ihrem Geschlecht (**Genus**) unterschieden werden. Sie können im Singular oder Plural verwendet werden (**Numerus**) und in vier verschiedenen Fällen (**Kasus**) gebraucht werden. Da viele Nomen sich hierbei nur wenig oder gar nicht verändern, verdeutlichen häufig nur die Begleiter des Nomens (z.B. Artikel oder Pronomen), in welchem Numerus und Kasus das Nomen steht. Auch die Angabe des Genus erfolgt in der Regel durch den Begleiter.

1 Untersuche, welche der im Text enthaltenen Nomen Konkreta und welche Abstrakta sind.

Ungefähr von der Mitte ihres zweiten Lebensjahres an lernen Kinder mit Wörtern jemanden aufzufordern und auf etwas hinzuweisen. Wenn Matthias Kran, Tank, Fische sagt, dann teilt er mit, dass im Bilderbuch ein Kran, ein Tank und Fische abgebildet sind. Er gebraucht diese Wörter wie einen »sprachlichen Zeigefinger« um auf etwas hinzuweisen. Die Entwicklung läuft ganz natürlich über drei Stufen ab: Erst das Hinweisen mit dem Finger ohne sprachliche Äußerung; dann das Hinweisen mit dem Finger, das durch das Wort begleitet wird; schließlich das Hinweisen ausschließlich mit sprachlichen Mitteln. Interessant ist: Mit dem Finger kann das Kind ausschließlich auf die Dinge zeigen, die es in seiner Umgebung unmittelbar vor Augen hat. Erst die Sprache erlaubt es ihm, auch auf Gegenstände der erinnerten Vergangenheit, Gegenstände der erwarteten Zukunft, gedachte Gegenstände, erzählte Gegenstände hinzuweisen. Sprachliches Hinweisen erlaubt es dem Kind, sich von seiner Wahrnehmung zu lösen und auf Gegenstände des Denkens zu »zeigen«.

2 Einige Nomen können je nach ihrer Bedeutung entweder ein Konkretum oder ein Abstraktum sein. Bilde Sätze, in denen die folgenden Nomen einmal als Konkretum und als Abstraktum gebraucht werden, zum Beispiel:
Die Hauptperson des Films ist ein Wesen von einem anderen Stern.
(*Wesen* hier Konkretum = Lebewesen)
Durch ihr offenes Wesen bezauberte sie alle Gäste.
(*Wesen* hier Abstraktum = ihre Art und Weise)

die Schule, das Herz, der Grund, die Leitung, die Jugend, die Verwandtschaft

3 a) Gesetzestexte oder amtliche Verordnungen enthalten oft viele Nominalisierungen. Man spricht dann von einem »Nominalstil«.
Untersuche, welche Nomen in dem folgenden Text Nominalisierungen sind.

Zu den Aufgaben und Zielen der Arbeit in den Jahrgängen 7 bis 10 des Gymnasiums gehört es, den Schülerinnen und Schülern die Möglichkeiten der Mitwirkung und Mitgestaltung einzuräumen. Hierzu müssen u. a. die Wahl der Schülervertretung sowie die Konferenzteilnahme von Schülervertreterinnen und -vertretern, die Nutzung der Schulanlagen durch die gewählte Schülervertretung und wöchentliche SV-Stunde für Versammlungen und Beratungen sichergestellt sein. Weiterhin müssen bis zu jeweils vier Schülervollversammlungen sowie Schülerratssitzungen im Schuljahr und die Tätigkeit von SV-Beratungslehrerinnen oder -lehrern an der Schule möglich sein. Ein regelmäßiger Informationsaustausch ist Voraussetzung für eine vertrauensvolle Zusammenarbeit.

b) Formuliere den zweiten Satz des Textes so um, dass die den Nominalisierungen zu Grunde liegenden Wörter wieder verwendet werden. Der Text fängt dann folgendermaßen an:
Zu den Aufgaben und Zielen der Arbeit in den Jahrgängen 7 bis 10 des Gymnasiums gehört es, den Schülerinnen und Schülern zu ermöglichen, mitzuwirken und mitzugestalten. ...
c) Welche Vorteile oder Nachteile erkennst du in den unterschiedlichen Formulierungen?

a) Genus

Ein Blick in Jugendzeitschriften zeigt, welche Rolle auch heute noch dem Mädchen zugedacht wird: Gut geschminkt und hübsch frisiert träumt sie. |Gr stets informiert über die neueste Mode, vom jungen Mann mit dem schicken Sportwagen.

1 In diesem Auszug aus einer Erörterung ist ein Grammatikfehler angestrichen worden. Scheint dir das berechtigt zu sein?

Jedes Nomen hat ein grammatisches Geschlecht (**das Genus**), das durch den Artikel angezeigt wird:
der Tisch = **maskulinum**, *die Bank* = **femininum**, *das Haus* = **neutrum**.

Bei Nomen, die Menschen oder Tiere bezeichnen, stimmt das natürliche Geschlecht (männlich oder weiblich) mitunter nicht mit dem Genus (maskulinum oder femininum) überein. Das Nomen *Kind* ist grammatisch neutrum, bezeichnet aber entweder ein männliches oder weibliches Kind.

1 Die folgenden Wörter unterscheiden sich im Genus. Erkläre die Bedeutungsunterschiede.

Band, Bauer, Ekel, Erbe, Gehalt, Heide, Leiter, Mangel, Mark, Mast, Schild, See, Steuer, Tau, Tor, Verdienst, Pony.

Tipp ▪ Der Poster oder das Poster?

Ständig werden Wörter aus anderen Sprachen ins Deutsche übernommen. Bei Nomen ergeben sich gelegentlich Unsicherheiten in der Genuszuordnung. Da es z.B. im Französischen nur zwei Genera gibt (*le* = maskulinum, *la* = femininum) und im Englischen durch den Artikel *the* kein Genusunterschied angegeben wird, muss bei der Übernahme von Nomen dieser Sprachen ins Deutsche eine Genuszuordnung erfolgen.

Das geschieht häufig auf folgende Weise:

1. Das Suffix (= die Endsilbe) legt das Genus fest:
maskulinum z. B. *-er, -eur, -ist* (*der Friseur, der Jurist*),
femininum z. B. *-age, -ette, -elle* (*die Pirouette, die Blamage*),
neutrum z. B. *-ett, -ement* (*das Etikett, das Reglement*).

2. Das Genus eines deutschen Nomens mit ähnlicher Bedeutung wird übernommen (= Analogie):
the box → *die Box*, nach: *die Schachtel*;
the flop → *der Flop*, nach: *der Misserfolg*;
the shampoo → *das Shampoo*, nach: *das Haarwaschmittel*.

Bei einigen Wörtern gibt es folglich zwei Genuszuordnungen:
der Poster durch das Suffix *-er*;
das Poster durch die Analogie zu *das Plakat*.

2 Lege eine Tabelle nach folgendem Muster an und ordne die Nomen mit ihrem Artikel ein. Wenn du unsicher bist, informiere dich im Wörterbuch. Bei drei Beispielen gibt es – wie bei Poster – zwei Genuszuordnungen.

Genusfestlegung durch Suffix			Genusfestlegung durch Analogie		
Nomen	Bedeutung	Herkunft	Nomen	Bedeutung	Herkunft
die Etikette	Förmlichkeit	Französisch	das Videogame	Videospiel	Englisch
...			...		

Videogame, Etikette, Sticker, Output, Parkett, User, Tool, Level, Engagement, Terminal, Byte, Button, Ingenieur, Message, Etage, Bagatelle, Bonbon, Freak, Power, Toast, Doping, Prospekt, Cup

b) Numerus

Ich las und las und las. Kein Buchstabe war vor mir sicher. Ich las Bücher und Hefte, Plakate, Firmenschilder, Namensschilder, Prospekte, Gebrauchsanweisungen und Grabinschriften, Tierschutzkalender, Speisenkarten, Mamas Kochbuch, Ansichtskartengrüße, Paul Schurigs Lehrerzeitschriften, die »Bunten Bilder aus dem Sachsenlande« und die klitschnassen Zeitungsfetzen, worin ich drei Stauden Kopfsalat nach Hause trug. Ich las, als wäre es Atemholen. Als wär ich sonst erstickt. Es war eine fast gefährliche Leidenschaft. Ich las, was ich verstand und was ich nicht verstand. »Das ist nichts für dich«, sagte meine Mutter, »das verstehst du nicht!« Ich las es trotzdem. Und ich dachte: »Verstehen denn die Erwachsenen alles, was sie lesen?« Heute bin ich selber erwachsen und kann die Frage sachverständig beantworten: Auch die Erwachsenen verstehen nicht alles. Und wenn sie nur läsen, was sie verstünden, hätten die Buchdrucker und die Setzer in den Zeitungsgebäuden Kurzarbeit.

(Aus: Erich Kästner, Als ich ein kleiner Junge war)

1 Kästner zählt hier auf, was er als kleiner Junge alles gelesen hat.
   Hat er eigentlich einen einzigen Tierschutzkalender gelesen oder mehrere Tierschutzkalender?
2 Woran kann man bei den meisten Nomen in diesem Text erkennen, dass sie im Plural stehen?
3 Von welchen Nomen des Textes kannst du keinen Plural bilden?

Nomen stehen entweder im **Singular** (in der Einzahl) oder im **Plural** (in der Mehrzahl). Es handelt sich hierbei um den **Numerus** des Nomens.

Der Plural wird gebildet, indem ein Suffix angefügt wird (-e, -n, -en, -er, -s) oder/und der Vokal im Nomen zum Umlaut wird (a, o, u, au, werden zu ä, ö, ü, äu).
Etliche Nomen haben im Singular und im Plural die gleiche Form.
Abkürzungen bilden den Plural vorwiegend mit -s (*die PKWs, die PCs*).
Eine große Zahl von Abstrakta gibt es nur im Singular (z. B. *das Atemholen, der Hass, das Lesen*).

Es gibt Nomen, die nur im Plural existieren (z. B. *die Eltern, die Leute*).
Bei diesen Nomen kann man kein Genus feststellen.

1 Bei Fremdwörtern werden Pluralformen häufig nach den Regeln der Sprache gebildet, aus der sie stammen. Kennst du den Plural der folgenden Fremdwörter? Wenn du unsicher bist, solltest du im Wörterbuch nachschlagen.

das Stadium, das Album, das Mineral, der Charakter, der Salon, das Konto, das Drama, das Schema, die Firma, das Prinzip, das Risiko, die Party, der Kaktus, das Taxi, die Pizza, der Globus, der Atlas, das Stadion, das Drama, das Pensum, das Klima, der Balkon, das Indiz

2 Bei den folgenden Nomen gibt es – je nach Bedeutung – unterschiedliche Pluralformen.
Bilde diese und erkläre den Unterschied.

Bank, Strauß, Mutter, Wort, Schild, Band, Bauer, Tor

3 Die folgenden Nomen werden nicht häufig im Plural gebraucht.
Erläutere, was man durch die Pluralform zum Ausdruck bringen möchte.

Gras, Holz, Salz, Angst, Geld

4 Bei einigen Nomen ist es nicht üblich, einen Plural zu bilden, man kann sich aber durch Umschreibungen helfen: *Das Glück – die Glücksfälle.*
Suche ähnliche Umschreibungen für folgende Nomen:

der Dank, der Schutz, der Rauch, der Rat, der Streit, der Schnee, der Regen, das Getreide, der Atem, der Quark, der Sport, der Mut, der Quatsch, der Druck, der Schmutz, die Wut

5 Soll von den folgenden Nomen ein Singular gebildet werden, braucht man eine Umschreibung. Welche kennst du?

Eltern, Ferien, Weihnachten

c) Kasus

Notizen zu Hannover

Um die Mitte des 13. Jahrhunderts wurden dem damals hoch gelegenen Ort an der Leine Stadtrechte verliehen. Er hieß seinerzeit noch Honoevere, was so viel bedeutete wie »Hohes Ufer«. Der Name hat sich gewandelt, die Stadt auch. Berühmte Frauen und Männer brachte sie hervor, die das geistige und kulturelle Leben des deutschen Sprachraums entscheidend beeinflussten.

1 Wer oder was hat sich gewandelt?
Wessen geistiges und kulturelles Leben wurde beeinflusst?
Wem wurden Stadtrechte verliehen?
Wen oder was hat Hannover hervorgebracht?

Jedes Nomen kann in vier verschiedenen **Kasus** (Fällen) gebraucht werden:
im **Nominativ** oder 1. Fall (*der Name, die Stadt*),
im **Genitiv** oder 2. Fall (*des deutschen Sprachraums*),
im **Dativ** oder 3. Fall (*dem hoch gelegenen Ort*),
im **Akkusativ** oder 4. Fall (*berühmte Frauen und Männer*).
Wird ein Nomen in die unterschiedlichen Kasus gesetzt, so nennt man dies **deklinieren** (die **Deklination**).

In welchem Kasus ein Nomen steht, wird manchmal an seiner Endung deutlich (*des Sprachraums*). Oft erkennt man dies jedoch nur durch andere Wörter, die bei dem Nomen stehen, z. B. Artikel, Pronomen oder Adjektive (*dem Ort*) oder durch eine Satzanalyse, indem man untersucht, in welchem Kontext (Stellung der Wörter zueinander) das Nomen steht.
Als Subjekt eines Satzes steht das Nomen im Nominativ, als Objekt im Dativ oder Akkusativ (selten im Genitiv), als Attribut häufig im Genitiv.

Ob ein Nomen im Genitiv, Dativ oder Akkusativ steht, wird festgelegt durch das Wort, von dem das Nomen im Satz abhängt, z. B. einem Verb (als Objekt) oder einem anderen Nomen (als Attribut). Sehr häufig bestimmt eine Präposition, in welchem Kasus ein Nomen steht (*um die Mitte, an der Leine*).

Um herauszufinden, in welchem Kasus ein Nomen steht, benutzt man folgende Fragen, jeweils verbunden mit dem Prädikat des Satzes:
Die Mutter des Schülers schreibt dem Lehrer einen Brief.
Nominativ: **Wer (oder was)** schreibt? – *die Mutter*
Genitiv: **Wessen** Mutter schreibt? – (*die Mutter*) *des Schülers*
Dativ: **Wem** schreibt die Mutter? – *dem Lehrer*
Akkusativ: **(Wen oder) was** schreibt die Mutter? – *einen Brief*

Ist der Kasus von einer Präposition abhängig, so muss die Frage um die Präposition erweitert werden:
Er geht mit seiner Freundin zu der Anwältin.
– **Mit wem** geht er?
– **Zu wem** geht er?

Der Löwe mit dem Esel
Gotthold Ephraim Lessing

Als des Äsops Löwe mit dem Esel, der ihm durch seine fürchterliche Stimme die Tiere sollte jagen helfen, nach dem Walde ging, rief ihm eine naseweise Krähe von dem Baume zu: »Ein schöner Gesellschafter! Schämst du dich nicht mit einem Esel zu gehen?« – »Wen ich brauchen kann«, versetzte der Löwe, »dem kann ich ja wohl meine Seite gönnen.« So denken die Großen alle, wenn sie einen Niedrigen ihrer Gemeinschaft würdigen.

1 Bestimme in dieser Fabel den jeweiligen Kasus aller Nomen. Lege hierfür eine Tabelle nach folgendem Muster an:

Nomen	Kasus	Der Kasus wird bedingt durch:
des Äsops	Genitiv	Nomen (Attribut zu Löwe)
(der) Löwe	Nominativ	(Subjekt des Satzes)
dem Esel	Dativ	Präposition »mit«
...		

2 Schreibe den Text in korrekter Form auf.

Marc wurde wegen (sein Haarschnitt) kritisiert. Während (die sechswöchige Abwesenheit) seiner Eltern war er nicht einmal zu (ein Frisör) gegangen. Die Haare fielen ihm bereits bis auf (die Schultern). Mit (die Drohung) ihm das Taschengeld zu streichen versuchte sein Vater ihn zu (der Besuch) zu zwingen. Da aber hatte er sich in (sein Sohn) getäuscht. Ungeachtet (der elterliche Unwille) trug er weiterhin seine Haarpracht durch (die Straßen) spazieren.

3 Die nebenstehende Inschrift befindet sich auf dem Sockel des Denkmals vor dem Hannoveraner Hauptbahnhof.
Welche Kasus werden benutzt und was ist eigentlich gemeint?

DEM
LANDESVATER
SEIN
TREUES·VOLK

4 Über dem Portal mancher Gebäude aus dem 19. Jahrhundert kann man diese Inschrift finden.
Wie kommt es, dass hier der Dativ verwendet wurde?

DEM WAHREN, GUTEN, SCHOENEN

Tipp ▪ Franzens Nichte? Franz's Nichte? Franz' Nichte?

Alle neutralen Nomen (außer: *das Herz*) und die meisten maskulinen Nomen bekommen im Genitiv die Endung *-s* oder *-es*.
Ausnahmen sind Fremdwörter mit den Endungen *-us* oder *-os*
(z. B. *der Rhythmus – des Rhythmus; der Mythos – des Mythos*).

Einige maskuline Nomen (z.B. *der Lieferant, der Herr, der Student, der Satellit, der Planet, der Bär*) bilden alle Kasus außer den Nominativ mit der Endung *-en* oder *-n*: *der Lieferant – des/dem/den Lieferanten*.

Personennamen und geographische Eigennamen werden normalerweise ohne Artikel gebraucht. Sie bilden den Genitiv immer mit *-s* und haben sonst keine Kasusendungen. Enden diese Namen mit einem Zischlaut, bekommen sie einen Apostroph statt des *-s*: *nach Marx' Ansicht; Klaus' Zimmer, in Neustrelitz' Straßen; Strauß' Erbe; Franz' Nichte*.

Häufig wird fälschlich die englische Genitivbildung mit *'s* ins Deutsche übertragen. Es muss aber heißen: *Evas Onkel, Schmidts Biografie*.

5 Schreibe die folgenden Sätze in korrekter Form ab. Achte dabei auf die jeweiligen Kasusendungen der hier im Nominativ stehenden Nomen in Klammern.

1) Mit Hilfe des Parabolspiegels können die Signale (der Satellit) empfangen werden.
2) Der Rechtsanwalt verwies auf (der neue Paragraph).
3) Das alte Schloss (der Fürst von Ysenburg) kann besichtigt werden.
4) Die neue Verordnung dient vor allem (der Patient).
5) Ich habe ein Paket für (Herr Berger).
6) Wenn du an (der Automat) vorbeigehst, dann bring mir doch bitte einen Kaffee mit.
7) In Kanadas (Wälder) gibt es noch viele Bären.
8) Bei der Berechnung (der Radius) ist dir ein Fehler unterlaufen.
9) Der Professor hat (der Student) gut beraten.
10) Er ist wirklich eine Seele von (ein Mensch)!
11) Der Fahrer (der Reisebus) war wegen Übermüdung von der Fahrbahn abgekommen.
12) Sie brachte mehrere Aktenordner für (der Direktor).
13) Nach fünf (Kilometer) musst du nach rechts abbiegen.
14) Sie konnte (der Fehler) einfach nicht finden.
15) Er machte (die Schüler) Mut, es noch einmal zu probieren.
16) Eine Lösung (das Problem) war noch nicht in Sicht.
17) Ein Virus hatte für (der Computer) fatale Folgen.

1.4 Pronomen

Text A
»Bringt ihr ihr ihr Portmonee? Sie hat es bei mir vergessen!«
»Sieh mal, das ist doch der, der der Ärztin geholfen hat!«

Text B
Es war einmal eine kleine süße Dirne, die hatte jedermann lieb, der sie nur ansah, am allerliebsten aber ihre Großmutter, die wusste gar nicht, was sie dem Kinde alles geben sollte. Einmal schenkte sie ihm ein Käppchen von rotem Sammet, und weil ihm das so wohl stand und es nichts anderes mehr tragen wollte, hieß es nur das Rotkäppchen.

(Aus: Jacob und Wilhelm Grimm, Rotkäppchen)

1 Wie kommt es, dass in den beiden Sätzen von Text A jeweils dasselbe Wort dreimal hintereinander vorkommt? Oder ist es nicht dasselbe Wort?
2 Text B gibt die ersten Sätze des bekannten Märchens »Rotkäppchen« wieder.
Im ersten Satz beziehen sich drei Wörter auf die *kleine süße Dirne*.
Nenne diese Wörter.
3 Wie erreicht der Erzähler von Text B, dass der Leser im zweiten Satz genau weiß, ob jeweils von *der Großmutter* oder *der Dirne* die Rede ist?

Bestimmte Wörter können an die Stelle von Nomen (einschließlich ihrer Attribute) treten (*eine kleine süße Dirne → die*). Aus diesem Grund nennt man diese Wörter **Pronomen**, da sie für (= pro) das Nomen gebraucht werden können.

Pronomen als **Stellvertreter** können unterschiedliche Aufgaben erfüllen:
Sie helfen Wiederholungen zu vermeiden, sie verweisen zurück oder voraus, sie stellen Bezüge im Text her.

Viele Pronomen können auch als **Begleiter** eines Nomens verwendet werden. Auch dann stehen sie an Stelle einer Information, die vorher im Text gegeben wurde, und stellen so ebenfalls Bezüge her, z. B.:
ihre Großmutter = die Großmutter der kleinen süßen Dirne;
dieser Weg = der (vorher erwähnte) Weg zwischen den Bäumen.

1 Was wird ausgesagt, wenn in dem Satz *»Kartoffelsalat schmeckt gut.«* jeweils die folgenden Begleiter vor *Kartoffelsalat* stehen?

ein, der, mein, ihr, mancher, dieser, welcher, jeder

a) Personalpronomen

Bökh saß am Schreibtisch und betrachtete die fünf Tertianer. (...)
»Auf wessen Erlaubnis hin seid ihr fort gewesen?«
»Wir sind ohne Erlaubnis abgehauen«, erklärte Matthias.
»So war es nicht«, sagte Martin. »Sondern ich habe den anderen befohlen
5 mir zu folgen. Ich allein bin dafür verantwortlich.«
»Deine Vorliebe Verantwortung zu übernehmen ist mir hinreichend
bekannt, lieber Martin«, meinte Bökh streng. »Du solltest dieses Recht nicht
missbrauchen!« »Er hat es nicht missbraucht«, rief Sebastian. »Wir mussten
in die Stadt. Es war außerordentlich dringend.«
10 »Warum habt ihr mich, die zuständige Instanz, nicht um Erlaubnis gefragt?«
»Sie hätten, der Hausordnung wegen, die Erlaubnis verweigert«, sagte Martin. »Und dann hätten wir trotzdem in die Stadt rennen müssen! Das wäre
noch viel unangenehmer gewesen!«
»Wie? Ihr hättet meinem strikten Verbot zuwidergehandelt?«, fragte der
15 Justus. »Jawohl!«, antworteten die fünf. »Leider«, fügte Uli kleinlaut hinzu.
»Das ist ja einfach bodenlos, Herr Doktor!«, meinte der schöne Theodor und
schüttelte das Haupt.
»Es ist mir nicht bewusst, dass ich Sie nach Ihrer originellen Ansicht gefragt
hätte«, sagte Doktor Bökh. Und der schöne Theodor wurde puterrot.

(Aus: Erich Kästner, *Das fliegende Klassenzimmer*)

1 Erkläre aus dem Textzusammenhang heraus, wer oder was jeweils mit den unterstrichenen Pronomen gemeint ist.
2 Wie ist es zu erklären, dass Martin in den Zeilen 4–8 einmal mit *ich*, einmal mit *du* und einmal mit *er* bezeichnet wird?
3 Warum wird das letzte unterstrichene Pronomen großgeschrieben?

Die **Personalpronomen** (auch: persönliche Fürwörter) verdeutlichen die Rollen im Gespräch:
In der ersten Person (*ich*) spricht der Sprecher von sich selbst oder von sich und mindestens einem anderen (*wir*);
mit der zweiten Person (*du/ihr*) bezeichnet er Angesprochene.
Bei diesen Personalpronomen wird kein Genus unterschieden.

Die Personalpronomen der dritten Person *er, sie, es* bezeichnen die Person, die Sache oder die Situation, über die gesprochen wird. Diese Personalpronomen werden normalerweise verwendet um auf etwas bereits Erwähntes hinzuweisen.
Das Personalpronomen *es* muss sich nicht auf ein bestimmtes Nomen aus dem Text beziehen, sondern kann auch einen umfassenden Sachverhalt meinen: *Wir mussten in die Stadt. Es war außerordentlich dringend.*

Durch das Personalpronomen der dritten Person Plural *Sie* erfolgt die förmliche Anrede, gleichgültig, ob es sich um eine oder mehrere Personen handelt. Die **Höflichkeitsanrede** wird immer großgeschrieben (siehe auch S. 111).

1 Untersuche den Anfang der Kurzgeschichte von Wolfgang Borchert. Was ist daran ungewöhnlich?

Sie sahen ihn schon von weitem auf sich zukommen, denn er fiel auf. Er hatte ein ganz altes Gesicht, aber wie er ging, daran sah man, dass er erst zwanzig war. Er setzte sich mit seinem alten Gesicht zu ihnen auf die Bank. Und dann zeigte er ihnen, was er in der Hand trug.
Das war unsere Küchenuhr, sagte er und sah sie alle der Reihe nach an, die auf der Bank in der Sonne saßen. Ja, ich habe sie noch gefunden. Sie ist übrig geblieben. (...)

(Aus: Wolfgang Borchert, Die Küchenuhr)

2 An welchen Stellen ist es deiner Meinung nach sinnvoll, die Namen durch Pronomen zu ersetzen?
Probiere verschiedene Möglichkeiten aus.

Christian ist wütend auf Sandra. Sandra war mit Christian verabredet, aber als Sandra feststellte, dass Sandra nicht rechtzeitig aus dem Büro weggehen konnte, hat Sandra Christian nicht angerufen. Christian findet, dass Sandra sich dafür entschuldigen soll, dass Christian eine Stunde auf Sandra warten musste.

b) Reflexivpronomen

Vom Personalpronomen nicht leicht zu unterscheiden ist das **Reflexivpronomen** (auch: rückbezügliches Fürwort), das einen Rückverweis auf das Subjekt des Satzes anzeigt.

Es hat die gleichen Wortformen wie das Personalpronomen (*mich, dir, uns, euch*), lediglich im Dativ und Akkusativ der 3. Person Singular und Plural lautet es anders: *sich*.
Er versteckt mich. (Personalpronomen)
Er versteckt sich. (Reflexivpronomen)

Eine Reihe von Verben, die Reflexivverben, müssen immer mit einem Reflexivpronomen gebraucht werden, z. B. *sich beeilen*.
Andere Verben können reflexiv gebraucht werden, z. B. *sich waschen*; (aber nicht reflexiv: die *Wäsche waschen*).

1 In welchen Sätzen ist das unterstrichene Wort ein Reflexivpronomen?

Sie sah sich im Spiegel. Ich kaufe mir ein Eis. Ihr verkauft ihnen euer Haus. Wir machen uns wegen seiner Krankheit Sorgen. Du triffst mich dann im Kino! Ihr versprecht euch zu viel von der Angelegenheit. Sie betragen sich etwas merkwürdig. Du sagst uns da nichts Neues! Ich langweile mich. Es lohnt sich nicht! Ihr belügt uns schon wieder. Du solltest dir etwas anderes überlegen. Er verteidigt sich sehr gut. Sie hatte sich auf ihn verlassen. Ich gönne ihr den Erfolg. Ach, stell dich nicht so an. Wie konnte er mir das antun! Er verletzte sich bei der Aktion. Das hast du dir selbst zuzuschreiben. Wir haben uns gestern getroffen. Er hat sich geweigert, dafür die Verantwortung zu übernehmen. Das lasse ich mir nicht gefallen.

2 Die folgenden Sätze sind nicht eindeutig. Warum nicht?
Durch welche Umformulierung kannst du Eindeutigkeit erreichen?

1) Doris und Gabi klopften sich nach der Bergtour den Staub ab.
2) Thomas und Christian haben Fotos von sich gemacht.
3) Johannes und Lisa haben sich verliebt.

c) Possessivpronomen

1 Wodurch machen Kathinkas Bruder und ihre Mutter deutlich, dass sie im falschen Bett liegt?
2 Durch welches Wort auf dem linken Bild kann man erkennen, dass es sich hier um Kathinkas kleinen Bruder handelt?

Mit Hilfe des **Possessivpronomens** (auch: besitzanzeigendes Fürwort) wird ein Besitzverhältnis ausgedrückt (*mein Bett, unser Haus*) oder eine Zuordnung vorgenommen (*dein Bruder, ihr Vorgehen, eure Überlegungen*). Es wird meist als Begleiter des Nomens gebraucht, kann aber auch Stellvertreter sein. In diesem Fall erhält es oft eine Flexionsendung: *Dies ist nicht dein Schlüssel, sondern meiner.*

1 Bilde die Sätze so um, dass im zweiten Satz das Possessivpronomen als Stellvertreter gebraucht wird. Was fällt dir bei einigen der Stellvertreter auf?

1) Ich brauche kein fremdes Werkzeug, ich nehme mein Werkzeug.
2) Wie geht es deinem Bruder? Meinem Bruder geht es gut.
3) Ich kümmere mich schon um mein Kind, sorgen Sie lieber für Ihr Kind!
4) Alle Computer können rechnen, unser Computer kann auch zeichnen.
5) Ihre Schwester lebt in den USA, meine Schwester lebt in China.

2 Korrigiere die beiden Sätze.

1) Meinem Freund seine Mutter arbeitet im Kaufhaus.
2) Gabi ihr Fahrrad muss repariert werden.

d) Demonstrativpronomen

»Diese Kinder! Die sollen es ja nicht wagen, hier noch einmal ..., denen werde ich es zeigen! Das sind immer dieselben, die kenne ich schon! Dieses ewige Rein und Raus, das lass ich mir nicht mehr gefallen!«
»Nun regen Sie sich doch nicht so auf, Frau Huber, Kinder sind nun mal so.«

1 Durch welche Wörter wird Frau Hubers Wut auf die Kinder deutlich?

Die **Demonstrativpronomen** (auch: hinweisende Fürwörter) ermöglichen es, Personen, Sachen oder Sachverhalte herauszustellen, auf sie besonders hinzuweisen.

Als Demonstrativpronomen gelten folgende Pronomen:
der, die, das,   derselbe, dieselbe, dasselbe,
dieser, diese, dieses, derjenige, diejenige, dasjenige,
jener, jene, jenes,   solcher, solche, solches.

Demonstrativpronomen können als Begleiter oder als Stellvertreter des Nomens gebraucht werden. *Dieser* weist auf etwas räumlich oder zeitlich Nahes hin, *jener* auf Entfernteres.

Werden *der, die, das* als Stellvertreter gebraucht, handelt es sich immer um das Demonstrativpronomen, nie um den Artikel, der nur Begleiter sein kann.

Mit der deklinierten Form *dessen* und *deren* der Demonstrativpronomen *der* und *die* kann in manchen Sätzen eine Mehrdeutigkeit vermieden werden:
Thomas kam mit Michael und seinem Bruder.
Handelt es sich um Michaels Bruder, dann ist *dessen Bruder* eindeutig.

1 Ergänze die fehlenden Demonstrativpronomen.

1) Was? Er hat sechs Richtige im Lotto? ? glaube ich nicht!
2) Den ganzen Abend sprachen wir über ihre Eltern und ? tragischen Tod.
3) Er hat den Architekten und ? Bauführer schon mehrfach um einen Terminvorschlag gebeten.
4) ? Modell hier finde ich ganz nett, aber ? dort mag ich gar nicht.
5) Aber machen Sie doch nicht ? Umstände, ? ist gar nicht nötig.
6) Karl ist ein komischer Kauz. Er trägt im Winter wie im Sommer ?.
7) In ? Jahren galt noch das Lehnsrecht.
8) ?, der noch Geld von mir bekommt, soll sich melden!
9) Eine ? Schweinerei verbitte ich mir!
10) Ist er ?, der Ihnen den Koffer gestohlen hat?

e) Relativpronomen

Relativpronomen leiten Relativsätze ein. Die Relativpronomen beziehen sich dabei auf ein vorausgehendes Nomen oder Pronomen. Die Relativsätze beschreiben das durch das Nomen oder Pronomen Bezeichnete genauer (siehe S. 196):
Das ist der Mann, dem ich vertraue.
Da kommt sie, von der ich dir schon erzählt habe.

In Genus und Numerus richten sich die Relativpronomen nach ihrem Bezugswort. Die gebräuchlichsten sind *der, die, das*, selten werden auch *welcher, welche, welches* benutzt.
Das Relativpronomen *was* wird gebraucht,
– wenn das Bezugswort ein neutrales Pronomen oder Zahlwort ist, das häufig auch weggelassen wird:
Er isst nur das, was ihm schmeckt. Er isst nur, was ihm schmeckt.
Sie isst alles, was man ihr anbietet. Sie isst, was man ihr anbietet.

– wenn der Relativsatz sich auf den ganzen vorhergehenden Satz bezieht:
  Er aß alle Salzstangen auf, was niemand bemerkte.

Nicht zulässig ist der umgangssprachliche Gebrauch von *was*, wenn man es auf ein neutrales Nomen bezieht:
Also nicht: *Sie besichtigten das Haus, was sie kaufen wollten.*
Sondern: *Sie besichtigten das Haus, das sie kaufen wollten.*

1 Erläutere jeweils, worauf sich der Relativsatz bezieht.

1) Da gibt es keinen, der das nicht einsieht.
2) Die Seiten in dem Fotoband, die ihn faszinierten, schaute er immer wieder an.
3) Du musst noch das nachholen, was du versäumt hast.
4) Die Zeugin berichtete von der Katastrophe, bei der viele Menschen verletzt worden waren.
5) Steht in dieser Grammatik das, was wir wirklich verwenden können?
6) Die Kassetten sind nicht gut, die ich so billig gekauft habe.
7) Ich habe das Geschirr gespült, was du eigentlich tun wolltest.
8) Sie wusste nichts von der Sache, die angeblich passiert sein sollte.
9) Morgen ist der Tag, an dem die Entscheidung fällt.

f) Interrogativpronomen

Die **Interrogativpronomen** (auch: Fragefürwörter) *wer, was, welcher, welche, welches* ermöglichen es, nach
– einer Person,
– einer Sache,
– einer Auswahl aus mehreren zu fragen.
Um nach Eigenschaften oder Merkmalen zu fragen, benutzt man häufig die Fragestellung *was für ein?*
Die Interrogativpronomen können auch Ausrufe einleiten:
Wer hätte das gedacht! Was für ein Wetter!

1 a) Wie kannst du nach dem jeweils Unterstrichenem fragen?
b) In welchen deiner Fragen werden die Interrogativpronomen als Begleiter, in welchen als Stellvertreter verwendet?

Sabine arbeitet hier nicht mehr. Sie hat eine <u>interessantere</u> Arbeit gefunden. Ihre Mutter ist sehr zufrieden, da sie die <u>bisherige</u> Arbeitsstelle schon immer nicht mochte. <u>Das höhere Gehalt</u> gefällt ihr natürlich auch. <u>Sabines</u> neuer Chef stellt <u>hohe</u> Anforderungen. <u>Diese Anforderungen</u> erfüllt sie aber ohne Schwierigkeiten.

g) Indefinitpronomen

Man kann doch nicht immer Recht haben!
Jemand müsste hier mal aufräumen.
Etwas fehlt hier noch.
Jeder kann hier mitmachen.

1 Was ist das Gemeinsame der Subjekte dieser Sätze?

Indefinitpronomen (auch: unbestimmte Fürwörter) verwenden wir, wenn wir keine genauen Angaben über Personen oder Sachen machen können oder wollen. Einige dieser Pronomen können als Begleiter, manche nur als Stellvertreter gebraucht werden.
Häufige Indefinitpronomen sind: *man, jemand, niemand, einer, keiner, jeder, mancher, irgendein, einige, mehrere, viele, alle, wenige, etwas, nichts.*
Einige, mehrere, alle, viele gelten auch als **unbestimmte Zahladjektive**.

Heimkehr
Franz Kafka

Ich bin zurückgekehrt, ich habe den Flur durchschritten und blicke mich um. Es ist meines Vaters alter Hof. Die Pfütze in der Mitte. Altes, unbrauchbares Gerät, ineinander verfahren, verstellt den Weg zur Bodentreppe. Die Katze lauert auf dem Geländer. Ein zerrissenes Tuch, einmal im Spiel um eine Stange gewunden, hebt sich im Wind. Ich bin angekommen. Wer wird mich empfangen? Wer wartet hinter der Tür der Küche? Rauch kommt aus dem Schornstein, der Kaffee zum Abendessen wird gekocht. Ist dir heimlich, fühlst du dich zu Hause? Ich weiß es nicht, ich bin sehr unsicher. Meines Vaters Haus ist es, aber kalt steht Stück neben Stück, als wäre jedes mit seinen eigenen Angelegenheiten beschäftigt, die ich teils vergessen habe, teils niemals kannte. Was kann ich ihnen nützen, was bin ich ihnen und sei ich auch des Vaters, des alten Landwirts Sohn. Und ich wage nicht, an der Küchentür zu klopfen, nur von der Ferne horche ich stehend, nicht so, dass ich als Horcher überrascht werden könnte. Und weil ich von der Ferne horche, erhorche ich nichts, nur einen leichten Uhrenschlag höre ich oder glaube ich vielleicht nur zu hören, herüber aus den Kindertagen. Was sonst in der Küche geschieht, ist das Geheimnis der dort Sitzenden, das sie vor mir wahren. Je länger man vor der Tür zögert, desto fremder wird man. Wie wäre es, wenn jetzt jemand die Tür öffnete und mich etwas fragte. Wäre ich dann nicht selbst wie einer, der sein Geheimnis wahren will?

1 a) Gehe den Text durch und bestimme die von Kafka verwendeten Pronomen.
b) An zwei Stellen wechselt Kafka vom Personalpronomen der 1. Person Singular zu anderen Pronomen. Welche Wirkung erzielt er dadurch?

1.5 Artikel

Neue Säugetier-Art entdeckt

Gland, 17. Juli (Reuter). In Vietnam sind nach Angaben des Worldwide Fund for Nature (WWF) eine neue Säugetierart und drei weitere bisher unbekannte Tiere entdeckt worden. Das Säugetier habe etwa die Größe eines kleineren Büffels und Hörner von 47 Zentimeter Länge, teilte der WWF am Freitag in Gland mit. Das Tier gehöre vermutlich zur Gruppe der Rinder und werden von den Einheimischen »Waldziege« genannt. Experten des WWF und des vietnamesischen Ministeriums für Waldwirtschaft entdeckten Skelette des Tieres im Naturschutzgebiet Vu Quang. Einheimische versicherten, dass noch Tiere dieser Art lebten. Haut- und Haarproben seien für eine Gen-Untersuchung in die USA geschickt worden, erklärte der WWF. In den vergangenen hundert Jahren sind nur wenige bis dahin unbekannte Säugetiere entdeckt worden. In dem Naturschutzgebiet wurde den Angaben zufolge außerdem eine bislang unbekannte Fischart, eine Schildkröte mit einem gelben Panzer und ein Sonnenvogel entdeckt.

1 Könnte der zweite Satz dieses Textes auch so anfangen:
   Ein Säugetier habe etwa die Größe des kleineren Büffels...?
   Achte auf den Textzusammenhang!
2 Vor Vietnam (Zeile 1) und Hörner (Zeile 7) steht aus unterschiedlichen Gründen kein Artikel.
   Versuche eine Erklärung dafür zu finden.
3 An welchen Stellen im Text ist der bestimmte Artikel mit einer Präposition verschmolzen?

Die häufigsten Begleiter des Nomens sind die **Artikel**: der bestimmte Artikel (*der, die, das*) und der **unbestimmte Artikel** (*ein, eine, ein*).

Der unbestimmte Artikel dient meist dazu, eine Person oder Sache, die noch nicht bekannt ist, einzuführen.

Benutzt der Autor den **bestimmten Artikel**, so geht er davon aus, dass dem Leser/Hörer die Sache oder Person bekannt ist. Sie ist bekannt durch Vorwissen (*des Worldwide Fund for Nature*) oder sie ist im Text eingeführt worden (*Das Säugetier*, Zeile 6).

Der bestimmte Artikel kann benutzt werden um alle Exemplare einer Gattung zu kennzeichnen (*Die Stadt als Lebensraum. Das Pferd ist ein Säugetier*).

Die Pluralform des bestimmten Artikels ist für alle drei Genusformen *die*. Eine Pluralform für den unbestimmten Artikel gibt es nicht. Sollen Nomen im Plural als unbestimmt gekennzeichnet werden, steht kein Artikel oder Begleiter (*Das Säugetier habe Hörner von 47 cm Länge. Experten des WWF entdeckten Skelette des Tieres.*).

Außerdem verwendet man in folgenden Fällen keine Artikel:
– Bei Stoffbezeichnungen wie *Mehl* oder *Beton* (*Zum Backen braucht man Mehl. Beton ist der Baustoff der Zukunft.*);
– bei Eigennamen (*Vietnam ist der Fundort einer neuen Säugetierart. Christiane hat das erzählt.*);
– bei Anreden (»*Liebling, du hast mir gefehlt.*« »*Ach, Mutter, ruf doch morgen noch einmal an.*«).

Nomen und begleitender Artikel stimmen in Genus, Numerus und Kasus überein; häufig werden diese Merkmale überhaupt nur durch die Artikelformen angezeigt.
Mit Präpositionen kann der bestimmte Artikel zu einem Wort verschmelzen: z. B. *an + dem = am; zu + der = zur; auf + das = aufs*.

1 Ergänze die notwendigen Artikel. An einigen Stellen gibt es zwei Möglichkeiten. Welche unterschiedlichen Aussagen ergeben sich dort?

Jedes Jahr zu meinem Geburtstag gibt es ? Erdbeertorte. Zwölf Personen können normalerweise von ? Torte essen, aber wenn meine beiden Cousins kommen, die beide sehr gerne ? Torte essen, dann reicht ? Erdbeertorte nicht, sodass es auch noch ? Stachelbeertorte gibt.
Diesmal sah ? Erdbeertorte besonders gut aus, aber ? Stachelbeertorte, die mit ? Baiserhaube versehen ist, war etwas missglückt. ? Baiserhaube war an einer Seite dunkelbraun und an der anderen noch ganz weiß. Meine Mutter meinte, dass ? Ofen repariert werden müsse. Vielleicht gibt es aber im nächsten Jahr auch einmal ? Apfelkuchen, da fällt das nicht so auf.

2 In Kleinanzeigen wird so viel wie möglich weggelassen um den Preis gering zu halten.
Beschreibe die angebotene Wohnung in einem Text mit vollständigen Sätzen.
Wo musst du den bestimmten, wo den unbestimmten Artikel verwenden?

Wohnung, Nähe Stadthalle, zu vermieten. 3 Zimmer, Küche, Bad, Balkon, separates Gäste-WC, Fläche 84 m²; Miete 1160,– + Nebenkosten; Kellerraum auf Wunsch; Kaution 3500,–

1.6 Adjektiv

Mit unserem Holiday-Programm genießen Sie alle Vorteile eines normalen Linienfluges und können dennoch günstig die schönsten Städte Europas entdecken. Ganz egal, zu welchem Reiseziel Sie mit unserer Fluglinie starten: höchste Sicherheit ist immer mit an Bord. Der Einsatz ausgereifter Technik ist für uns so wichtig wie die regelmäßige Inspektion und die gründliche Wartung unserer modernen Flotte. Auf vielen innereuropäischen Strecken setzen wir den besonders lärmarmen Airbus A 320 ein, das derzeit modernste Mittelstreckenflugzeug der Welt. Dieser Jet verbraucht etwa 40 % weniger Treibstoff als das Vorgängermodell und ist komfortabler durch die geräumige Kabine und die besonders breiten, bequemen Sitze.

Selbst wenn Ihr Flug in eine der europäischen Metropolen nur kurz ist, möchten wir, dass Sie Ihren Aufenthalt an Bord entspannt genießen. Dies geht am besten, wenn Sie sich mit ausgewählten Köstlichkeiten von uns verwöhnen lassen. Wir servieren Ihnen je nach Tageszeit leckere Snacks oder eine exquisite warme Mahlzeit und reichen dazu angenehm kühle Getränke Ihrer Wahl.

1 Warum enthält dieser Text wohl so viele Adjektive?
2 *Die schönsten Städte; die regelmäßige Inspektion; unserer modernen Flotte; günstig entdecken; entspannt genießen; dies geht am besten*: Was leisten in diesen Beispielen die Adjektive?
Auf welche Wörter beziehen sie sich jeweils und welchen Wortarten gehören diese Wörter an?
3 Wo werden in diesem Text Vergleiche oder vergleichende Bewertungen vorgenommen?
An welchen Stellen soll ausgedrückt werden, dass das Bewertete nicht mehr übertroffen werden kann?
4 Partizipien (z. B. *laufend, gelaufen*) sind eigentlich Formen des Verbs, sie werden aber häufig wie Adjektive gebraucht. Suche dafür Beispiele aus dem Text heraus.

Adjektive sind Wörter, die Eigenschaften angeben, Vergleiche ermöglichen oder Bewertungen ausdrücken. Mit ihrer Hilfe werden Gegenstände und Lebewesen, Vorgänge und Zustände beschrieben; sie weisen auf Gemeinsamkeiten und Unterschiede hin.

Adjektive können auf zwei Arten verändert werden:
1) Sie können gemeinsam mit dem Nomen, dem sie zugeordnet sind, dekliniert werden.
2) Sie können gesteigert werden und so den Grad einer Eigenschaft ausdrücken.

Mit Hilfe dieser Wortart kann man Vergleiche anstellen. Ist etwas in gleichem Maße vorhanden, so wird die Grundstufe des Adjektivs, der **Positiv**, benutzt, häufig eingefügt in so... wie (so wichtig wie die Inspektion).

Ist eine Eigenschaft in einem höheren Ausmaß vorhanden, so wird die erste Steigerungsstufe des Adjektivs, der **Komparativ**, benutzt, gefolgt von als (verbraucht 40 % weniger Treibstoff als das Vorgängermodell.).

Das Höchstmaß einer Eigenschaft wird durch die zweite Steigerungsstufe, den **Superlativ**, ausgedrückt, vor dem normalerweise am oder der bestimmte Artikel steht (dies geht am besten; die schönsten Städte).

Im Satz haben Adjektive drei verschiedene Funktionen:
– Stehen sie direkt vor dem Nomen, so sind sie diesem als Attribut zugeordnet. Bei diesem **attributiven Gebrauch** werden sie zusammen mit dem Nomen dekliniert (eines normalen Linienfluges).
– Zusammen mit Hilfsverben (meist mit sein, werden, aber auch mit bleiben, scheinen, wirken usw.) können Adjektive das Prädikat eines Satzes bilden. Werden sie nicht gesteigert, bleiben sie bei diesem **prädikativen Gebrauch** unverändert (wenn Ihr Flug kurz ist).
– Beziehen sich Adjektive auf ein Verb oder ein anderes Adjektiv, so werden sie wie ein Adverb verwendet. Bei diesem **adverbialen Gebrauch** bleiben sie ebenfalls unverändert, wenn sie nicht gesteigert werden (angenehm kühle Getränke; günstig entdecken).

Zahladjektive sind Wörter, die wie andere Adjektive attributiv vor einem Nomen stehen können und z.T. ebenso dekliniert werden.
Man unterscheidet zwischen **bestimmten** und **unbestimmten** Zahladjektiven:
Bestimmte sind vor allem
– Grundzahlen (Kardinalzahlen), z. B. eins, fünf, dreißig, und
– Ordnungszahlen (Ordinalzahlen), z. B. erster, fünfter, dreißigster.
Unbestimmte Zahladjektive benennen eine Menge, die nur ungefähr angegeben wird, z. B. unzählige, übrige, sonstige, viele, andere.

1 Suche die in dem Auszug enthaltenen Adjektive heraus.
Bestimme jeweils, ob sie attributiv, prädikativ oder adverbial gebraucht werden.

Der Mann ging nach rechts und lehnte sich müde in den Hauseingang. Der schwärzliche Ölanstrich war nun vollkommen zerkratzt, aber die Holztafel, in der die Namenschilder und Klingelknöpfe befestigt waren, schien unbeschädigt: das Holz war mit Schmutz und Alter getränkt, fast schwarz, die Klingelknöpfe blank gewetzt und im Anblick der Schilder fiel er plötzlich durch die Gegenwart durch, zehn Jahre zurück, zwanzig, weit, weit in die Vergangenheit: der Name Kremer, eingestanzt in blankes Messing, schwarz getönt mit glänzendem, harten Lack, rief die Erinnerung an einen muffigen Flur wach, in dem der Geruch mehliger Soßen fest gefressen war, das hagere, grünliche Gesicht einer ewig jammernden Frau und an den prallen Nacken eines Mannes, der mit blanken Schuhen, den Hut auf den dicken Ohren, jeden Morgen zur Straßenbahn marschierte. (...)

(Aus: Heinrich Böll, Aschermittwoch)

2 Setze die folgenden Adjektive anstatt der Zahlen in den Wetterbericht.
Du musst die richtige Reihenfolge finden und die Adjektive, die attributiv gebraucht werden, an das jeweilige Nomen anpassen!

klar – hoch – westlich – umfangreich – besser – allmählich – tropisch – frisch – angenehmer – stark – anhaltend – bewölkt – atlantisch – böig – leicht – vereinzelt – wärmer – zurückgehend – kühl

Wetterlage: An der Vorderseite eines (1) (2) Tiefdrucksystems wird (3) Meeresluft herangeführt. Im weiteren Verlauf nähern sich (4) Luftmassen, die die Temperaturen ansteigen lassen. Es weht ein (5) Wind, der im Tagesverlauf von Südwest auf West dreht.

Vorhersage: Am Freitag (6) (7) Himmel, meist (8) Regen. Nachts (9) Himmel und (10) Temperaturen. Gegen Morgen besteht die Möglichkeit, (11) Nebelfelder. Es weht ein (12) Wind aus (13) Richtungen.

Aussichten: Am Samstag setzt sich (14) die (15) Luft durch, sodass ein Übergang zu (16) Wetter mit (17) Temperaturen zu erwarten ist. Ein (18) Wind lässt die Temperaturen nicht zu (19) steigen.

3 Versuche mit dem folgenden Text ganz verschiedene Frauen zu beschreiben, indem du jeweils passende Adjektive für die Zahlen einsetzt.
Du könntest z. B. eine lustig wirkende, eine elegante, eine arme oder eine reiche Frau erfinden.

Eine Frau in (1) Kleidung

Diese Frau dort sieht (2) aus. Sie steht (3) auf dem Bahnhofsplatz und schaut (4) in die Gegend. Sie ist ziemlich (5) und ihre (6) Haltung wirkt (7). Über einem (8) Rock trägt sie eine sehr (9) Jacke, die (10) aussieht. Um den Hals hat sie ein (11) Tuch geschlungen, das am (12) an ihrer Erscheinung ist. Ihre (13) Strümpfe sind (14) und ihre Schuhe sehen sehr (15) aus. (16) steht sie da und sieht sich die Leute an, die vorübergehen: Ihre Augen blicken (17) und das ganze Gesicht wirkt (18). Am (19) ist aber der (20) Koffer, der neben ihr auf dem Boden steht. Die ganze Gestalt macht wirklich einen (21) Eindruck. Dieser wird auch noch unterstützt durch ihre (22) Tasche. Auf wen wartet sie?

4 Ist es nicht erstaunlich, dass ein älterer Mann jünger ist als ein alter Mann und dass eine größere Summe kleiner ist als eine große?
Erkläre, was die folgenden Ausdrücke bedeuten:

1) Das ist etwas für ältere Leute.
2) Wir mussten einen kleineren Umweg machen.
3) Die reicheren Leute können das ohne Mühe bezahlen.
4) Er vermisste sie längere Zeit nicht.
5) Ohne größere Schwierigkeiten fand sie den Weg.

5 Wie würdest du dich selbst und deinen Traumpartner oder deine Traumpartnerin beschreiben? Formuliere eine ähnliche Anzeige, sie muss ja nicht ganz ernst gemeint sein!

Juristin (30/1,67/nicht unattraktiv) lebhaft, offen, natürlich, (selbst)kritisch, möchte gerne einen sympathischen, humorvollen, aber auch nachdenklichen, liberalen Mann (bis Anfang 40), der wie sie beruflich engagiert, politisch und kulturell (insb. Literatur, klassische Musik, moderne Kunst) interessiert, reise- und unternehmenslustig und auch nicht unsportlich ist, für eine liebevolle Beziehung mit Zukunft (und evtl. eigener Familie) kennen lernen. Ich freue mich auf deinen Brief mit Bild aus dem Raum 4, 5 und anderswo an: ZI 5759, Postfach, 20095 Hamburg

Tipp ▪ **Worauf muss man beim Gebrauch des Adjektivs achten?**

1. In der Umgangssprache werden häufig Formen wie *das ist die einzigste Möglichkeit* oder *in keinster Weise* benutzt, was jedoch falsch ist.
Adjektive, die von ihrer Bedeutung her kein Mehr oder Weniger zulassen oder schon eine Höchststufe ausdrücken, können nicht gesteigert werden. Solche Adjektive sind z. B. *tot, blind, deutsch, ideal, dreieckig* oder Zahladjektive (siehe S. 52).

2. Auch wenn es sehr schnell gehen muss, kann dies nicht in *größtmöglichster Eile* geschehen, denn bei Zusammenfügungen aus zwei Adjektiven oder Partizipien wird entweder der erste oder der zweite Bestandteil gesteigert, nie beide:
eine hoch gestellte Person, eine höher gestellte Person, die höchstgestellte Person;
altmodische Kleidung, altmodischere Kleidung, die altmodischste Kleidung.

3. Wenn mehrere Adjektive vor einem Nomen stehen, haben sie alle die gleiche Endung (z. B. *mit teurem, chinesischem Porzellan*).
Steht vor einem attributiv gebrauchten Adjektiv z.B. ein Demonstrativpronomen, ein unbestimmtes Zahladjektiv oder ein Indefinitpronomen, so können dessen Endung und die des Adjektivs verschieden sein:
in keinem guten Licht; mit diesem geringen Aufwand.

4. Wenn ein attributiv verwendetes Adjektiv durch ein adverbial gebrauchtes Adjektiv ergänzt wird, so bleibt das adverbial gebrauchte ohne Endung:
Sie trug ein <u>bunt</u> gestreiftes Kleid.
Aber: *Sie trug ein buntes, gestreiftes Kleid.*

6 Ein Adjektiv in diesem Text kann ohne weiteres gesteigert werden, wie sieht es mit den anderen aus?

Paradiese lieben keine Hochhäuser
Paradiesische Zustände herrschen noch heute rund um das Steinhuder Meer. Eine intakte Tier- und Pflanzenwelt lassen den Menschen Natur pur erleben. Ein ideales Umfeld für Erholungssuchende und sportlich Aktive.

7 Überlege bei den folgenden Adjektiven, ob es sinnvoll ist, sie zu steigern. Begründe jeweils deine Entscheidung.

leer, schriftlich, breit, erbärmlich, kinderlos, absolut, viereckig, angenehm, falsch, krank, aufschlussreich, nackt, unüberhörbar, blau

8 Ergänze die Endungen.

1) Nach lang?, schwer? Leiden wurde sie wieder gesund.
2) Bei dem gestrig? schrecklich? Erdbeben stürzte in kein? alt? Gebäude das Dach ein.
3) Dies? klug? Rat solltest du folgen!
4) In der Schublade lag einig? wichtig? Material.
5) Wir sitzen bei heiß?, unangenehm? Wetter immer auf unserer kühl?, schattig? Terrasse.

6) Auf Grund unserer neuest? Methode versprechen wir Ihnen Ergebnisse mit größt? Gewinn.
7) Nach solch? unermüdlich? Einsatz war das Ergebnis enttäuschend.
8) Er verfeinert dieses Gericht immer mit viel scharf?, selten? Gewürzen.
9) Probieren Sie doch mal dieses Modell aus rein? chinesisch? Seide in dieser zeitlos?, klassisch? Form.
10) Die Vertreter all? groß? Parteien äußerten sich zu dieser Frage.
11) Das Spiel verläuft nach folgend? einfach? Prinzip.
12) Dieses Ergebnis verdanken wir vor allem dein? gut? Spiel!
13) Vor uns lag einsam?, hügelig?, dürr? Land.

9 Welche Endungen müssen ergänzt werden? Die Kommasetzung zeigt an, ob ein Adjektiv attributiv oder adverbial gebraucht wird.

1) Sie trägt eine Jacke aus wundervoll?, weich? Leder.
2) Sie trägt eine Jacke aus wundervoll? weich? Leder.
3) Dem Körper schadet übertrieben? stark? Alkoholgenuss.
4) Dem Körper schadet übertrieben?, stark? Alkoholgenuss.
5) Das Fotomodell hat schön? gelockt? Haare.
6) Das Fotomodell hat schön?, gelockt? Haare.

10 a) Welche Zahlen in der Sprechblase sind Grundzahlen, welche sind Ordnungszahlen?

> Am neunten März achtzehnhundertachtundachtzig, im so genannten Dreikaiserjahr, starb Kaiser Wilhelm der Erste, der zweite Sohn Friedrich Wilhelms des Dritten. Nach Friedrich dem Dritten, der nur neunundneunzig Tage Kaiser war, wurde am fünfzehnten Juli achtzehnhundertachtundachtzig Wilhelm der Zweite deutscher Kaiser.

b) In Texten schreibt man Herrschernamen normalerweise so: Napoleon I.; Elisabeth II. und Daten normalerweise so: am 04.08.1998.
Wende diese Regel auf den Text oben an und schreibe ihn auf.

1.7 Adverb

Lieber Jan,

gestern sind wir hier angekommen und sind genauso begeistert von der Ferienanlage, wie du es warst. Zuerst haben wir uns über die Zimmerverteilung nicht einigen können. Tina wollte lieber oben wohnen, deshalb habe ich den Raum unten bezogen, sodass ich sofort draußen sein kann. Heute haben wir überhaupt keine Lust etwas zu tun, aber morgen werden wir wahrscheinlich am Klubprogramm teilnehmen. Jetzt kommt Tina gerade und will zum Pool gehen. Darum mache ich Schluss.

Deine Simone

1 Welche Informationen erhält Jan durch die unterstrichenen Wörter?
2 Welche dieser Wörter kannst du zu Gruppen zusammenfassen, da sie jeweils eine ähnliche Information enthalten?
3 Probiere, ob diese Wörter auch an anderer Stelle im Satz stehen können.

Adverbien verdeutlichen die Umstände eines Geschehens (daher auch: Umstandswörter). Von ihrer inhaltlichen Aussage her lassen sie sich in vier Gruppen einteilen, zu denen jeweils auch bestimmte Frageadverbien gehören:

Adverbien:
Lokale Adverbien: z.B. *hier, da, dort, oben, unten, links, rechts, draußen, hierher, dorthin, bergauf*
Temporale Adverbien: z.B. *jetzt, nun, bald, heute, zuerst, neulich, damals, bereits, morgens, niemals, seither, inzwischen, sofort, immer, oft*
Kausale Adverbien: z.B. *darum, deshalb, also, somit, nämlich, folglich, dadurch, hiermit, doch*
Modale Adverbien: z.B. *gern, überhaupt, wahrscheinlich, vergebens, genug, genauso*

Frageadverbien:
wo? wohin?
woher?
wann? seit wann?
bis wann? wie lange?
wie oft?
warum? weshalb?
weswegen? wodurch?
wie?

Adverbien können sein:
– ein Satzglied (Adverbialbestimmung): *Zuerst haben wir uns über die Zimmerverteilung nicht einigen können.*;
– Teil eines Satzgliedes (z.B. als Attribut): *Ich habe den Raum unten bezogen.*
Im ersten Fall kann das Adverb im Satz umgestellt werden *(Über die Zimmerverteilung haben wir uns zuerst nicht einigen können.)*, im zweiten Fall nicht.

Adverbien können nicht flektiert werden.

1 Welche der folgenden temporalen Adverbien passen in den ersten Satz, welche in den zweiten?

dann, gestern, kürzlich, demnächst, letztlich, morgen, nachher, neulich, unlängst

1) ? war Herr Neumann beim Zahnarzt.
2) ? wird Frau Willmer hier anrufen.

2 Setze die folgenden lokalen Adverbien in die Lücken ein, sodass sinnvolle Sätze entstehen. Du darfst jedes Adverb nur einmal verwenden.

bergauf, überall, draußen, oben, dort, rechts, hier, drinnen, unten

1) Während ? der Sturm tobte, saßen wir ? vor dem Kaminfeuer.
2) Am Ende der Straße gehen Sie nach ?.
3) Als wir ? gingen, begannen einige zu schwitzen.
4) Ganz ? im Schrank findest du den Pullover.
5) Er hat es schon ? versucht, ? ebenso wie ?.
6) Auf der Karriereleiter versucht sie ganz nach ? zu kommen.

3 Verändere die folgenden Sätze, indem du jeweils den unterstrichenen Ausdruck durch ein Adverb ersetzt.
Wenn wir keine anderen Möglichkeiten haben, bleiben wir eben über Nacht hier. Notfalls bleiben wir eben über Nacht hier. (kausal)
Benenne jeweils in Klammern, zu welcher Gruppe von Adverbien das von dir gewählte gehört.

1) Karin liebt es ihren kleinen Bruder zu ärgern.
2) Am nächsten Tag wird das nicht mehr so schlimm sein.
3) Wir haben ohne Erfolg eine Lösung gesucht.
4) Es besteht die Möglichkeit, dass Sie noch einen Platz bekommen.
5) Wir hoffen, dass uns nichts passiert.
6) Der Fahrer behauptet, an jedem Tag den gleichen Weg zu fahren.
7) Sandra wohnt in dem Haus neben unserem Haus.
8) Sie bekommen dieses Poster dazu ohne etwas dafür bezahlen zu müssen.
9) Auf dem ganzen Feld verstreut lagen die Wrackteile des abgestürzten Flugzeugs.
10) Ich bedaure, dass ich nicht bleiben kann.
11) Ich vermute, dass dies ohne Ergebnis bleiben wird.

4 Manche Adverbien dienen zur feinen Abstufung der Aussage. Dazu gehören z. B. *völlig, einigermaßen, wenig, gar, übermäßig, sehr, allzu, fast, recht, überaus, zu, kaum, höchst, etwas, ziemlich, gänzlich.*

Erweitere die folgenden Sätze jeweils durch verschiedene Adverbien und beschreibe die Abstufungen in der Aussage. Vielleicht findest du noch Adverbien dafür, die nicht in der Liste oben stehen.
Beispiel: *Er hat gegessen.*   *Er hat kaum gegessen. Er hat wenig gegessen. Er hat übermäßig gegessen.*

1) Das junge Paar ist glücklich.
2) Seine Unterstützung reicht aus.
3) Du kommst spät!
4) Das ist ein seltsamer Zufall!

5 Suche alle Adverbien heraus, die G. Kunert in diesem Ausschnitt seiner Erzählung benutzt, und trage sie in eine Tabelle nach folgendem Muster ein.

lokal	temporal	modal	kausal

Im Straßenbild: keine merkliche Veränderung. Vielleicht rollten mehr Lastwagen als sonst durch die Stadt. Doch das fiel höchstens perfekten Verkehrspolizisten auf. Keineswegs auffiel, jedenfalls nicht zuerst, dass nach allabendlichem Aufkommen der Dunkelheit wie auch im Dämmer einsamer Morgen diese Lastwagen, die bis dahin scheinbar ziellos durch die Straßen gekurvt, plötzlich vor dem oder jenem Haus stehen blieben um etwas Kastenförmiges, Kistenartiges, Hölzern-Kubisches aus sich zu entlassen, womit Fahrer und Gehilfen gewöhnlich überaus eilig im Haustor verschwanden. Manchmal schleppten sie an oder sogar über die zehn Stücke in einen Wohnblock, sodass sich sehr späte oder sehr frühe Passanten wunderten, was da wohl wohin getragen würde und zu welchem Zweck. Zu denen, die eines Morgens erstaunt einen derartigen Vorgang beobachteten, gehörte Friedrich W. Schmall. Er kehrte vom Nachtdienst heim und sah sofort den Wagen, aus dem lang gestreckte Kästen in sein Haus geschafft wurden. (…)

(Aus: Günter Kunert, *Lieferung frei Haus*)

Tipp ▪ Adjektiv oder Adverb?

Auf Seite 52 wird erläutert, dass auch Adjektive als adverbiale Bestimmung gebraucht werden können. Um zu überprüfen, ob ein Wort der Wortart nach ein Adjektiv oder ein Adverb ist, kann folgende Probe angewandt werden: Kann das Wort zwischen Artikel und Nomen gebraucht werden, handelt es sich um ein Adjektiv.
Sie besucht häufig Bonn.
Man kann sagen: *Die häufigen Besuche in Bonn.* Also: Adjektiv
Sie besucht oft Bonn.
Man kann nicht sagen: *Die often Besuche in Bonn.* Also: Adverb

1.8 Präposition

A

Welch tiefes Glück die Beschäftigung <u>mit</u> Zimmerpflanzen bedeuten kann, zeigt das Beispiel des Heimgärtners Erwin Brahms (57). <u>Nach</u> zwölf Jahren zäher Arbeit wurde Brahms <u>durch</u> ein schönes Zuchtergebnis belohnt. Die Abbildungen zeigen ihn jeweils <u>neben</u> der Zimmerlinde »Elinor II«, (A) <u>zu</u> Beginn der Pflege im Frühjahr 1949 und (B) letzten Freitag <u>gegen</u> 15.30 Uhr.

B

1 Was leisten die unterstrichenen Wörter in diesem Text?
2 Bild A: *Elinor II wächst in (?) Haus.*   Bild B: *Elinor II wächst durch (?) Haus.*
Ergänze die fehlenden Artikel. Was bewirken die beiden Präpositionen?
3 Welche Präposition in diesem Text ist mit einem Artikel verschmolzen?

Mit **Präpositionen** (auch: Verhältniswörter) werden im Satz Beziehungen zum Ausdruck gebracht. Man unterscheidet vier verschiedene Arten:
– **lokale Beziehungen:** Präpositionen geben ein Orts- oder Raumverhältnis an, z. B. *das Haus <u>an</u> der Straße; der Besuch <u>bei</u> der Tante; sie steht <u>neben</u> ihm;*
– **temporale Beziehungen:** Präpositionen verdeutlichen ein Zeitverhältnis, z. B. *<u>bis</u> gestern blieb er in London; das Medikament wirkte <u>nach</u> zwei Tagen; es regnete <u>während</u> des ganzen Spiels;*
– **kausale Beziehungen:** Präpositionen kennzeichnen die Ursache eines Geschehens, z. B. *<u>wegen</u> Nebels verzögerte sich der Abflug; <u>dank</u> seiner Hilfe gelang uns das Experiment; wir wanderten <u>trotz</u> schlechten Wetters;*
– **modale Beziehungen:** Präpositionen verweisen auf die Umstände eines Geschehens, z. B. *sie bewegte sich <u>auf</u> seltsame Weise; er ist <u>außer</u> sich; er ist <u>über</u> jeden Verdacht erhaben.*

Im Vergleich zu lokalen und temporalen Präpositionen haben kausal und modal gebrauchte Präpositionen eine größere Bedeutungsbreite.

Viele Präpositionen können mehrere Beziehungen angeben, z. B. *auf:*
– lokal: *Der Vogel sitzt auf dem Ast.*
– temporal: *Sie blieb dort auf lange Zeit.*
– kausal: *Er war auf Grund* (auch: *aufgrund*) *des Regens ins Schleudern geraten.*
– modal: *Er sagte es auf Englisch.*

Präpositionen gehören zu den nicht flektierbaren Wortarten.

Eine Präposition verknüpft Wörter miteinander. Sie weist dem folgenden Nomen bzw. Pronomen einen bestimmten Kasus zu. Nach manchen Präpositionen steht der Genitiv (*Sie schlief trotz des starken Straßenlärms.*), nach einigen der Dativ (*Tom spielt vor dem Haus.*), nach anderen der Akkusativ (*Anja dankte für den Brief.*).

Einige lokale Präpositionen (z. B. *an, auf, in, neben, zwischen*) können den Dativ oder den Akkusativ erfordern. Kennzeichnen sie eine Richtung (Frage: *wohin?*), dann steht das Nomen im Akkusativ (*Wir gehen in den Garten.*), geben sie eine Lage an (Frage: *wo?*), dann folgt der Dativ (*Die Kinder spielten in dem Garten.*).

Einige Präpositionen können mit dem bestimmten Artikel zu einem Wort verschmelzen, z. B. *auf + das = aufs; an + dem = am*.

1 a) Bestimme bei den Zeitungsüberschriften, ob die Präpositionen lokal, temporal, modal oder kausal gebraucht werden.
b) Einige dieser Präpositionen können auch andere Verhältnisse ausdrücken. Erfinde selber Zeitungsüberschriften, in denen dies deutlich wird. Beispiel: *Neue Brücke über den Bosporus* (lokal)/*Ärger über Fußball-Fans* (modal).

Jetzt auch Haie vor Kroatien

Hallen stehen seit neun Jahren leer

Leben in riesiger Grotte ohne Licht und Luft

Vernichtendes Urteil über Sportlerdrinks

Mehr Kontrolle gegen Gewalt im Fernsehen

BUND für Theater statt Autos in der Fußgängerzone

Rothschild-Direktor hinter Gittern

Topteams am Start

Fünf Schnellstraßen in Afrika

Kinder fahren gegen Baum

Sieg trotz Verletzung

Dioxin bei Deponie entdeckt

Evakuierung nach Bombenfund

Mit dem Notizblock auf dem Asphalt botanisieren gehen

Westendplatz zwischen U-Bahn und Steakhaus

2 In einer von Thaddäus Troll verfassten Parodie auf das Märchen Rotkäppchen lautet ein Absatz folgendermaßen:

Vor ihrer Inmarschsetzung wurde die R. seitens ihrer Mutter über das Verbot betreffs Verlassen der Waldwege auf Kreisebene belehrt. Dieselbe machte sich infolge Nichtbeachtung dieser Vorschrift straffällig und begegnete beim Übertreten des amtlichen Blumenpflückverbotes einem polizeilich nicht gemeldeten Wolf ohne festen Wohnsitz. Dieser verlangte in gesetzwidriger Amtsanmaßung Einsichtnahme in das zu Transportzwecken von Konsumgütern dienende Korbbehältnis und traf in Tötungsabsicht die Feststellung, dass die R. zu ihrer verschwägerten und verwandten, im Baumbestand angemieteten Großmutter eilend war.

(Aus: Hans Reitz: Eine Geschichte vom Rotkäppchen)

    a) Schreibe aus diesem Text alle Präpositionen und die dazugehörigen Wörter heraus.
    b) Untersuche, welche Kasus die Präpositionen jeweils fordern.
    c) Welche Präpositionen werden in der Alltagssprache nicht häufig benutzt?

3 Einige Verben werden immer mit bestimmten Präpositionen verbunden. Bilde Sätze mit den folgenden Verben und wähle die jeweils passende Präposition aus.

Verben: sich bemühen, streben, verzichten, verstoßen, sich interessieren, sich verlassen, achten, absehen, warten, versichern, zufrieden sein, sich ärgern
Präpositionen: mit, auf, über, gegen, nach, von, für, um

    4 a) In den folgenden Sätzen kannst du zwei Präpositionen einsetzen. Achte dabei auf die Flexion des Artikels. Welcher Bedeutungsunterschied entsteht?

1) Hannah freut sich auf/über ? Abendessen.
2) Die Studenten diskutieren mit/über ? Professor.
3) Der Redner wandte sich an/gegen ? Bundeskanzler.
4) Die Demonstranten gehen auf/über ? Barrikaden.
5) Sie schreibt ein Buch über/mit ? Autor.
6) Markus freut sich mit/für ? Freundin.
7) In der Zeitung steht ein interessanter Artikel von/über ? Schauspieler.
8) Sie streiten um/für ? Lösung des Konflikts.

    b) Suche andere Verben, die mit verschiedenen Präpositionen gebraucht werden können und dadurch einen Bedeutungsunterschied ausdrücken.

5 Bilde jeweils mit den vorgegebenen Bestandteilen Sätze. Erläutere den Bedeutungsunterschied.

schreiben	a) an die Tafel b) an der Tafel	hängen	a) an die Wand b) an der Wand
lehnen	a) an die Mauer b) an der Mauer	springen	a) auf das Trampolin b) auf dem Trampolin

Tipp ▪ **Kann *wegen* auch mit dem Dativ stehen?**

Bei einigen Präpositionen, die früher ausschließlich mit dem Genitiv verbunden wurden, wird heute im Mündlichen auch der Dativ gebraucht. Zu diesen Präpositionen gehören *wegen, trotz, statt, während*. In der Schriftsprache sollte man den Genitiv verwenden.

6 Schreibe die folgenden Sätze in korrekter Form auf:

1) Seitlich (der Kanal) verläuft ein Wanderweg.
2) Markus hat trotz (sein gebrochener Arm) die Aufgabe erfüllt.
3) Eva trägt heute einen Rock statt (ihre gewohnten Jeans).
4) Die Popgruppe trat innerhalb (die letzten drei Jahre) mehrmals in Deutschland auf.
5) Die Übernachtung kostet einschließlich (ein Frühstück) 200 Francs.
6) Das neue Produkt wurde trotz (großer Werbeaufwand) kein Verkaufserfolg.
7) Während (das ganze Essen) sprach Herr Becker kaum ein Wort.
8) Wegen (ein Erdrutsch) infolge (die Regengüsse) war die Straße gesperrt.
9) Außerhalb (diese Provinz) kennt man den Brauch nicht.
10) Das Floß trieb längs (das Ufer) dahin.

7 Die Präposition *durch* wird häufig verwendet. Überprüfe in den folgenden Sätzen, ob der Gebrauch dieser Präposition sinnvoll ist. Suche andere Formulierungen, wenn du die Verwendung von *durch* für falsch hältst.

1) Sie war durch die Ereignisse ganz verwirrt.
2) Durch das Fernsehen wird uns viel Abwechslung angeboten.
3) Das Geschirr wird heute durch meinen Bruder abgewaschen.
4) Die Karawane zieht durch die Wüste.
5) Die Skisaison wird durch den fehlenden Schnee erst später beginnen.
6) Das Haus wurde durch das Großfeuer völlig zerstört.
7) Ich informierte sie schnell durch einen Anruf.
8) Die Zeitschrift, herausgegeben durch Werner Klein, stellt ihr Erscheinen ein.
9) Die Verwaltung profitiert heute sehr durch die Verwendung von Computern.

1.9 Konjunktion

Text A
Arne öffnet den Kühlschrank. Er hat Hunger. Seine Augen schweifen umher. Sie suchen seinen Lieblingsjoghurt. Gestern waren noch zwei Becher da. Heute sieht er keinen einzigen mehr. Arne hatte spätabends nachgesehen. Es war bestimmt danach noch jemand am Kühlschrank!

Text B
Arne öffnet den Kühlschrank, denn er hat Hunger. Seine Augen schweifen umher und sie suchen seinen Lieblingsjoghurt. Gestern waren noch zwei Becher da, aber heute sieht er keinen einzigen mehr. Arne hatte spätabends nachgesehen, aber es war bestimmt danach noch jemand am Kühlschrank!

Text C
Arne öffnet den Kühlschrank, weil er Hunger hat. Seine Augen schweifen umher, während sie seinen Lieblingsjoghurt suchen. Obwohl gestern noch zwei Becher da waren, sieht er heute keinen einzigen mehr. Es war bestimmt noch jemand am Kühlschrank, nachdem Arne spätabends nachgesehen hatte!

1 Vergleiche die drei Texte. Welche Wörter sind in Text B hinzugekommen, welche in Text C? Gehören diese Wörter zur selben Wortart?

Konjunktionen (auch: Bindewörter) verbinden Wörter, Sätze oder Teile von Sätzen miteinander. Mit ihrer Hilfe ordnet man einzelne Gedankengänge einander zu und verdeutlicht damit logische Beziehungen zwischen ihnen. Werden Wörter, Teilsätze oder gleichwertige Sätze (z. B. zwei Hauptsätze) durch Konjunktionen verbunden, geschieht dies durch **nebenordnende Konjunktionen**. Leiten Konjunktionen Nebensätze ein, spricht man von **unterordnenden Konjunktionen**.

Zu den **nebenordnenden Konjunktionen** gehören z. B. *und, sowie, sonst, oder, aber, doch, sowohl... als auch.*
Arne öffnet den Kühlschrank, denn er hat Hunger.
Zu den **unterordnenden Konjunktionen** gehören z. B. *weil, da, wenn, sodass, obwohl, dass, damit, als, bevor, nachdem, wie, während.*
Arne öffnet den Kühlschrank, weil er Hunger hat.

Eine Konjunktion muss nicht nur aus einem Wort bestehen, sondern kann mehrgliedrig sein: *entweder... oder*.

1 Suche alle Konjunktionen aus dem Zeitungsartikel auf Seite 65 heraus und bestimme, ob es sich um neben- oder unterordnende Konjunktionen handelt.

Hart genug, wenn man sich Sonntagnachmittag auf den Weg zur Arbeit machen muss, aber manche Branchen fordern eben eine solche späte Feierabendpräsenz. Jedoch wird der leise Missmut angeheizt, wenn man diesen Weg in der der S-Bahn stehend zurücklegen muss.

Wir erinnern uns: Mit der steigenden Annahme des Nahverkehrsangebotes und der damit verbundenen Auslastung der Züge versprach der FVV-Partner Bundesbahn, sowohl in Talzeiten als auch an Sonntagen stärker als zuvor Voll- statt der Kurzzüge einzusetzen.

Aber die Ankündigungen der Bundesbahn werden nicht immer umgesetzt: z. B. nicht, sobald kein Berufsverkehr im klassischen Sinne mehr herrscht, obwohl die Schulen ihre Heerscharen von Kindern und Jugendlichen entlassen, sodass diese »Pendler« die Züge bevölkern. Weder diese Tatsache noch der Umstand, dass auch an Sonntagen viele Menschen in die Großstadt strömen oder von Ausflügen zurückkehren, scheinen bei der Verkehrszählung der DB zur Kenntnis genommen worden zu sein.

Obgleich viele guten Willens sind, werden sie, nachdem sie solche Erfahrungen gemacht haben, kaum noch den umweltschonenden öffentlichen Nahverkehr benutzen, wenn der so wenig kundenfreundlich ist.

2 In den folgenden Sätzen fehlen die Konjunktionen. Ergänze sie und probiere, ob es mehrere Möglichkeiten gibt.

1) Walter erreichte den Bahnsteig, ? der Zug gerade abgefahren war.
2) Es war das Ziel der Naturschutzbehörde, ? die Biotope nicht gefährdet werden.
3) Tina gewann wie gewohnt die 100 m Freistil, ? sie ist die beste Schwimmerin des Vereins.
4) Jens isst nicht gerne Reis, ? er isst sehr gerne Nudeln.
5) ? es so stark regnet, verschieben wir die Wanderung.
6) Du kannst zum Wettkampf mitfahren, ? die Qualifikationszeit schaffst.
7) Martin äußerte sich immer ziemlich lautstark, ? er eigentlich eher schüchtern ist.
8) Ich gebe Ihnen das Geld, ? ich es ausgezahlt bekommen habe.
9) Sie hat keine Eintrittskarten mehr bekommen, ? sie sich zu spät darum gekümmert hat.
10) Ich erkläre es noch einmal, ? du es wirklich verstehst.

3 Verbinde die folgenden Sätze durch nebenordnende Konjunktionen. Manchmal hast du die Wahl zwischen mehreren Möglichkeiten.

1) Sandra hat kein Deutschbuch mitgebracht. Sie hat auch kein Deutschheft bei sich.
2) Unser Besuch aus Frankreich kommt wahrscheinlich am Donnerstag. Vielleicht kommt er auch erst am Freitag.

3) Frau Mertens spricht Spanisch. Sie spricht auch Italienisch.
4) Wir waren im Urlaub nicht in Norwegen. Wir waren in Schweden.
5) Endlich konnte das Flugzeug starten. Der Nebel hatte sich gelichtet.
6) Wir konnten kaum noch etwas sehen. Die Nacht war hereingebrochen. Die mitgebrachten Taschenlampen erwiesen sich als nützlich.

4 Die folgenden Sätze sind missverständlich. Formuliere sie so um, dass ihre Aussage eindeutig ist. Beispiel: *Ich empfehle euch das Zimmer auf der Parkseite, um gut schlafen zu können.* (Wer will gut schlafen? Ich oder ihr?) *Damit ihr gut schlafen könnt, empfehle ich euch das Zimmer auf der Parkseite.*

1) Die Lehrerin gab den Schülern noch zusätzliche Hinweise um für die Klassenarbeit gut vorbereitet zu sein.
2) Alexander wartete ungeduldig auf den Zug, weil er wieder einmal Verspätung hatte.
3) Der Lehrer sagte zum Schüler, dass er bis heute nichts gelernt habe.
4) Meine Mutter bringt die Wäsche in den Trockenkeller, damit sie dort aufgehängt werden kann.

5 a) Schreibe den Text um, indem du, wo es dir sinnvoll erscheint, Verknüpfungen durch Konjunktionen herstellst.
b) Versuche nach der ersten Fassung noch eine zweite, in der du an manchen Stellen andere Verknüpfungen wählst. Erkläre, welche Bedeutungsänderung sich ergibt.

Verkehrsunfall auf der B 217

Am Sonntagmorgen, kurz vor 5 Uhr, ereignete sich auf der Bundesstraße 217 ein Verkehrsunfall. Ein Autofahrer wollte aus Völksen auf die Bundesstraße einbiegen. Er fuhr mit überhöhter Geschwindigkeit. Der Wagen kam von der Straße ab. Er fuhr über die Böschung, überschlug sich. Am Unfallwagen entstand beträchtlicher Sachschaden. Verletzt wurde niemand. Der Fahrer und seine Beifahrerin waren angegurtet. Zum Zeitpunkt des Unfalls befanden sich keine anderen Fahrzeuge auf der Fahrbahn. Dem Fahrer wurde eine Blutprobe entnommen. Es besteht der Verdacht auf Trunkenheit am Steuer.

6 Welche der Sätze sind richtig, welche sind falsch? Korrigiere die falschen Sätze. In einigen Sätzen gibt es verschiedene Möglichkeiten der Korrektur.

1) Ich habe mich verletzt, trotzdem ich so aufgepasst habe.
2) Sie brach in Tränen aus, weil sie hatte das nicht gewollt.
3) Der Fahrer des Unfallwagens hätte nicht fliehen dürfen, obgleich man kann ihn ja verstehen.
4) Ich bedaure dich sehr, denn du kannst ja nichts dafür.
5) Du hast mich geärgert, trotzdem nehme ich dich im Auto mit.
6) Sie muss den Schaden bezahlen, obwohl eigentlich kann sie nichts dafür.

1.10 Das Zusammenspiel verschiedener sprachlicher Mittel (Ausdrucksfelder)

Er ärgert sich und wirft die Tür zu.
Aus Ärger wirft er die Tür zu.
Ärgerlich wirft er die Tür zu.

1 Bestimme die Wortarten, mit denen jeweils der Anfang der drei Sätze gestaltet wurde.
2 Sagen alle drei Sätze das Gleiche aus oder gibt es Unterschiede?

Häufig ist es möglich, den gleichen oder einen sehr ähnlichen Sachverhalt mit allen drei Grundwortarten auszudrücken, da diese den gleichen Wortstamm haben. So kann man sich einer **verbalen**, einer **nominalen** oder einer **adjektivischen Ausdrucksweise** bedienen. Diese Wahlmöglichkeit erlaubt inhaltliche und stilistische Differenzierungen.

1 Bilde Sätze, in denen jeweils mit Hilfe anderer Wortarten etwas Ähnliches oder das Gleiche ausgesagt wird.

1) Freudig begrüßt sie ihn.
2) Ist das Eis ein Genuss!
3) An diesem Ort kann ich ruhen.
4) Die Achse ist schon recht brüchig.
5) Mich stört die Enge dieses Raumes.
6) Ich merke, wie die Luft sich erwärmt.

2 a) Welche Ausdrucksweise prägt die folgende Vorgangsbeschreibung?
   b) Schreibe den Text so um, dass er weniger schwerfällig wirkt.

Um meine Haare zu waschen gehe ich zunächst ins Badezimmer. Nach dem Bereitlegen von Shampoo und Handtuch nehme ich die Handdusche aus der Halterung und reguliere durch Öffnen der Wasserhähne die Temperatur des Wassers. Wenn ich die Wärme des Wassers als angenehm empfinde, erfolgt die Befeuchtung meiner Haare. Nach dem Schließen der Wasserhähne geschieht das Einschäumen der Haare durch Dosierung des Shampoos in eine Hand und dessen Einmassieren in die feuchten Haare mit beiden Händen. Die Verteilung des Schaums erfordert Gründlichkeit um ein sauberes Waschergebnis zu erzielen. Das Ausspülen des Schaums geschieht in gleicher Weise wie das Anfeuchten der Haare, jedoch ist hier eine größere Wassermenge notwendig um allen Schaum zu beseitigen. Wenn sehr viel Schmutz in meinen Haaren ist, muss der Vorgang des Waschens wiederholt werden. Nach dem Waschen erfolgt der Griff zum Handtuch, das um den Kopf gelegt wird und mit dem durch Reiben und Rubbeln das Trocknen der Haare geschieht. Hiermit ist das Waschen der Haare beendet, die jetzt noch gekämmt und geföhnt werden müssen.

a) Temporalfeld

Jetzt fahre ich in die Stadt.
Morgen fahre ich in die Stadt.
Neulich fahre ich in die Stadt, da merke ich plötzlich...

1 Bestimme in diesen drei Sätzen jeweils das Tempus.
2 Welche Zeitstufen werden in den Sätzen jeweils benannt?

Eine Möglichkeit, Zeitaussagen zu treffen, ist die Wahl des Tempus.

	Zeitstufe	**Tempus**
Sie betritt den Raum.	Gegenwart	Präsens
Sie betrat den Raum.	Vergangenheit	Präteritum
Sie hat den Raum betreten.	Vergangenheit	Perfekt
Sie wird den Raum betreten.	Zukunft	Futur

Eine zweite Möglichkeit sind **adverbiale Bestimmungen der Zeit**, die – wenn das Verb im Präsens steht – die Information vermitteln, ob der Sprecher oder Schreiber sich über Gegenwärtiges, Vergangenes oder Zukünftiges äußert:
In diesem Augenblick schreibt er den Scheck aus. = Gegenwart
Gestern abend schreibt er den Scheck aus, da fällt ihm ein... = Vergangenheit
Nächste Woche schreibt er den Scheck aus. = Zukunft

In manchen Sätzen, in denen das Verb im Perfekt steht, kann etwas Zukünftiges gemeint sein, wenn eine entsprechende adverbiale Bestimmung der Zeit vorhanden ist:
Bald hast du es geschafft! Bis morgen hat er die Arbeit erledigt.

Bei der Verwendung von Futur II kann eine adverbiale Bestimmung der Zeit deutlich machen, ob etwas Zukünftiges oder eine auf die Vergangenheit bezogene Vermutung geäußert werden soll (vgl. S. 18):
Er wird die Arbeit morgen beendet haben. = Zukunft
Er wird die Arbeit gestern beendet haben. = Vermutung auf die Vergangenheit bezogen

Formen der adverbialen Bestimmung der Zeit können sein:
– Temporaladverbien (*jetzt, bald, gestern, bisher, vorhin, demnächst*);
– Nomen + Begleiter (*einen Monat, jeden Morgen, am Abend, diese Woche, vor dem Essen, nächstes Jahr*);
– Nebensätze, die durch eine temporale Konjunktion eingeleitet werden
  (*Bevor man badet, ...; Nachdem er gegessen hatte, ...*);
– erweiterte Partizipien (*Seit Stunden suchend...; Einige Augenblicke verharrend...*).

1 a) Untersuche, an welchen Stellen Susanne und Birgit Präsens und an welchen sie Futur gebrauchen.

Susanne: »Was machen wir heute Nachmittag?«
Birgit: »Ich schlage vor, wir gehen zuerst zu Daniela, dann werden wir dort besprechen, ob wir gemeinsam etwas unternehmen.«
Susanne: »Das ist eine gute Idee, mit Dani wird das bestimmt ein lustiger Nachmittag.«
Birgit: »Warten wir lieber noch etwas, denn mein Vater kommt in 20 Minuten nach Hause; dann zeige ich ihm erst noch meine Mathearbeit. Ich befürchte, das wird etwas dauern, denn wahrscheinlich regt er sich wieder maßlos auf.«
Susanne: »Am besten rufe ich Daniela jetzt mal an, dann wissen wir, ob sie nachher zu Hause ist.«

b) Probiere, ob statt des Futurs auch das Präsens und statt des Präsens auch das Futur gebraucht werden könnte.
Begründe deine Entscheidungen.

2 Der folgende Auszug stammt aus dem Schluss des Romans »Die Leiden des jungen Werther« von Johann Wolfgang Goethe.
Werther hat sich kurz vorher in den Kopf geschossen.
Goethe hat unterschiedliche Tempora benutzt um die Wirkung dieser Szene zu steigern.
Untersuche, welche Tempora er benutzt hat.
Erläutere, welche Wirkung damit erzielt werden soll.

(...) Ein Nachbar sah den Blitz vom Pulver und hörte den Schuss fallen; da aber alles stille blieb, achtete er nicht weiter darauf.
Morgens um sechse tritt der Bediente herein mit dem Lichte. Er findet seinen Herrn an der Erde, die Pistole und Blut. Er ruft, er fasst ihn an; keine Antwort, er röchelte nur noch. Er läuft nach den Ärzten, nach Alberten.
Lotte hört die Schelle ziehen, ein Zittern ergreift alle ihre Glieder. Sie weckt ihren Mann, sie stehen auf, der Bediente bringt heulend und stotternd die Nachricht, Lotte sinkt ohnmächtig vor Alberten nieder.
Als der Medikus zu dem Unglücklichen kam, fand er ihn an der Erde ohne Rettung, der Puls schlug, die Glieder waren alle gelähmt. Über dem rechten Auge hatte er sich durch den Kopf geschossen, das Gehirn war herausgetrieben. Man ließ zum Überfluss eine Ader am Arme, das Blut lief, er holte noch immer Atem. Aus dem Blut auf der Lehne des Sessels konnte man schließen, er habe sitzend vor dem Schreibtische die Tat vollbracht, dann ist er heruntergesunken, hat sich konvulsisch um den Stuhl herumgewälzt. Er lag gegen das Fenster entkräftet auf dem Rücken, war in völliger Kleidung, gestiefelt, im blauen Frack mit gelber Weste. (...)

3 a) Der erste Satz klingt zunächst verwirrend. Was ist sein Sinn? Wenn du das Verb dieses Satzes ins Futur setzt, dann wird der Sinn klar erkennbar!

1) Heute ist morgen gestern.   2) Heute war gestern morgen.

b) Inwiefern entspricht die zweite Aussage dem ersten Satz?

4 a) Der Gebrauch von Tempora und adverbialen Bestimmungen der Zeit in diesem Text erscheint zunächst sehr verwirrend.
Bestimme die Tempora und erkläre die Widersprüche.
Versuche den Sinn der ersten beiden Sätze durch Umformulierungsversuche zu ermitteln.
b) Was möchte der Autor durch diese Art zu erzählen zum Ausdruck bringen?

Gestern wird sein, was morgen gewesen ist. Unsere Geschichten von heute müssen sich nicht jetzt zugetragen haben. Diese fing vor mehr als dreihundert Jahren an. Andere Geschichten auch. So lange rührt jede Geschichte her, die in Deutschland handelt. Was in Telgte begann, schreibe ich auf, weil ein Freund, der im siebenundvierzigsten Jahr unseres Jahrhunderts seinesgleichen um sich versammelt hat, seinen 70. Geburtstag feiern will; dabei ist er älter, viel älter als wir - und wir, seine gegenwärtigen Freunde, sind mit ihm alle aschgrau von dazumal.

(Aus: Günter Grass, Das Treffen in Telgte)

Tipp ▪ Zeitverhältnis in Temporalsätzen

In Satzgefügen, die Temporalsätze enthalten, besteht ein bestimmtes Zeitverhältnis zwischen Haupt- und Nebensatz. Dieses Zeitverhältnis entsteht durch das Zusammenspiel von Konjunktionen und Tempora.

Gleichzeitigkeit: Die Vorgänge in Nebensatz und Hauptsatz passieren zur gleichen Zeit.
Als er frühstückte, klingelte das Telefon.
Konjunktion: z.B. *während, als, sooft, solange, [jedes Mal] wenn*
Tempora: gleiches Tempus in Haupt- und Nebensatz

Vorzeitigkeit: Der im Nebensatz benannte Vorgang passierte vor dem im Hauptsatz benannten.
Nachdem er gefrühstückt hatte, räumte er den Tisch ab.
Jedes Mal wenn er gefrühstückt hat, räumt er den Tisch ab.
Konjunktion: z.B. *nachdem, als, [jedes Mal] wenn, sobald*
Tempora: Perfekt im Nebensatz und Präsens im Hauptsatz oder Plusquamperfekt im Nebensatz und Präteritum oder Perfekt im Hauptsatz

Nachzeitigkeit: Das im Nebensatz Benannte geschieht nach dem, was im Hauptsatz beschrieben wird.
Bevor er frühstücken wird, wird er die Zeitung holen.
Konjunktion: z. B. *bevor, bis, ehe*
Tempora: gleiches Tempus in Haupt- und Nebensatz

5 a) Experimentiere ein bisschen mit diesem Text, indem du durch den Einsatz verschiedener Mittel
– alles als vergangen darstellst (du musst nicht alle Verben ins Präteritum setzen),
– den Text auf drei Zeitstufen ansiedelst, wobei der Nachhauseweg die Stufe »Gegenwart« darstellt,
– Gleichzeitigkeit, Vorzeitigkeit und Nachzeitigkeit verschiedener Vorgänge deutlich herausstellst.

In der Umkleidekabine vermisst Henning seinen Schlüssel. Er sucht überall, fragt seine Mitspieler und den Trainer. Niemand kann ihm helfen. Niedergeschlagen geht er nach Hause. Henning macht einen Umweg, ohne Schlüssel kann er sowieso nicht ins Haus. Endlich biegt er in die Straße ein und sieht seine Mutter schon von weitem. Zum Glück kommt sie schon nach Hause, früher als sonst. Henning holt sie ein und erzählt ihr von seinem Missgeschick. Seine Mutter beruhigt ihn. Sie schließt die Haustür auf und kocht erst einmal einen Tee. Zusammen mit seiner Mutter durchsucht er erneut seine Sachen, glücklicherweise finden sie den Schlüssel. Er steckt in Hennings Fußballschuh.

b) Vergleiche die Wirkung deiner drei Texte. Welcher gefällt dir am besten?

6 Überprüfe, welche der in Klammern stehenden Konjunktionen möglich sind. Bestimme, welches Zeitverhältnis zwischen Haupt- und Nebensatz ausgedrückt wird.

1) Ich wartete, ? sie eingeschlafen war. (solange; bis; nachdem)
2) Wir sind zu Hause geblieben, ? es geregnet hat. (während; wenn; als)
3) Sie wird dort gewesen sein, ? er kommt. (nachdem; sooft; bevor)
4) Ihr werdet euch freuen, ? er anruft. (als; wenn; sobald)
5) Er hat mit ihm gesprochen, ? er ihn erreicht hatte. (bis; während; sobald)
6) Wir stellten Fragen, ? er uns den Vorfall erklärte. (nachdem; als; bis)
7) Ihr wart nicht da, ? wir versuchten euch zu erreichen. (wenn; während; als)
8) Er spülte Geschirr, ? sie nach Hause kam. (ehe; als; wenn)
9) Sie fuhr nicht nach Hause, ? sie nicht alles Wichtige erledigt hatte. (bevor; solange; bis)
10) Du solltest zum Arzt gehen, ? du ernsthaft krank bist. (ehe; sobald; wenn)
11) Sie meldet sich, ? sie kann. (sooft, sobald, wenn)

b) Modalfeld

Ach gäbe es doch heute ein Gewitter!

Möglicherweise gibt es heute ein Gewitter.

Ich bin sicher, heute gibt es noch ein Gewitter!

Jaja, heute könnte es noch ein Gewitter geben.

Jaja, heute ist noch ein Gewitter möglich.

Jaja, heute gibt es vielleicht noch ein Gewitter.

1 Alle drei Frauen reden über ein Gewitter. Welche Einschätzung drücken sie dabei aus?

2 Die drei Männer rechts reden auch über ein Gewitter. Sagen sie alle inhaltlich dasselbe?

3 Wodurch unterscheiden sich ihre Äußerungen?

Ein Sachverhalt kann von einem Sprecher oder Schreiber als *wirklich, vorgestellt, möglich, vermutet, erwünscht, notwendig, unsicher, zweifelhaft* oder *nicht wirklich* dargestellt werden.
Seine Einschätzung kann der Sprecher oder Schreiber durch den Einsatz verschiedener Mittel zum Ausdruck bringen:
- durch Adverbien: *hoffentlich, sicher, vermutlich, gewiss, kaum, bestimmt,*
- durch Modalverben: *dürfen, können, mögen, müssen, sollen, wollen,*
- durch Verben, die eine Haltung ausdrücken: *glauben, hoffen, wünschen, befürchten, bezweifeln,*
- durch Nomen und Präposition: *dem Anschein nach, ohne Zweifel, mit Sicherheit,*
- durch Abtönungspartikel: *ja, nur, doch, wohl, bloß, schon, allein, kaum,*
- durch den Modus des Verbs: Indikativ, Konjunktiv I, Konjunktiv II, Imperativ,
- durch das Tempus des Verbs: Futur I: *Er wird (wohl) arbeiten.*
  Futur II: *Sie wird geschlafen haben.*

Diese Mittel schließen sich nicht aus, sondern können z.T. gleichzeitig in einem Satz verwendet werden.

1 a) Untersuche das Gespräch auf Seite 73 hinsichtlich der verschiedenen Ausdrucksformen.
Wodurch wird deutlich, dass etwas wahrscheinlich, möglich oder unsicher ist?

b) Lege eine Tabelle nach folgendem Muster an und ordne das gefundene Wortmaterial ein:

sicher/wahrscheinlich	denkbar/möglich	unsicher/zweifelhaft
sicher (Adverb)	ich glaube (Verb)	...

Stefan, Julia und Kathrin, die Jüngste, sind mit ihren Eltern in den Ferien in die Berge gefahren. Ihre Hütte liegt am Waldrand, ziemlich weit vom Dorf entfernt. Die drei Kinder liegen schon im Bett, ihre Eltern treffen sich mit Freunden im Gasthof. Plötzlich hören die drei ein lang gezogenes Klagen, dann ein Poltern, ein Knirschen, dann wieder einen jämmerlichen Laut.
Kathrin: »Ich glaube, es spukt hier!«
Stefan: »Unsinn, ich weiß sicher, dass es keine Gespenster gibt.«
Kathrin: »Vielleicht hast du dich geirrt; es könnte doch hier Waldgeister geben oder Trolle.«
Julia: »Mag sein, aber möglicherweise war das ein Tier. Ich glaube nicht, dass es hier Trolle gibt.«
Stefan: »Das war gewiss ein Tier, Kathrin.«
Julia: »Ich nehme an, dass das Tier erschreckt wurde und deshalb diese Geräusche gemacht hat.«
Stefan: »Jemand muss hier in der Nähe sein.«
Kathrin: »Wahrscheinlich will hier einer einbrechen. Bestimmt will er uns klauen!«
Julia: »Ich kann mir nicht vorstellen, dass dich einer klauen will. Der kommt sicherlich nach fünf Minuten zurück um dich wieder abzugeben. Es ist völlig unwahrscheinlich, dass dich einer länger als fünf Minuten aushält.«
Kathrin:« Du bist gemein!«
Stefan: »Hört auf, unsere Alten werden wohl gleich kommen. Schlaft jetzt!«
Julia: »Kann ich mir nicht vorstellen, die kommen doch nicht so früh.«

2 Zwischen den folgenden beiden Aussagen liegen viele Möglichkeiten, wie man die Gewissheit, dass »er kommt«, einschätzt. Versuche so viele Formulierungen wie möglich zu finden um diese Einschätzungen auszudrücken und ordne sie nach dem Grad ihrer Geltung auf einer Skala ein.

Ich bin hundertprozentig sicher, dass er kommt.
Es ist völlig ausgeschlossen, dass er kommt.

3 Erfinde zu der Situation auf Seite 74 einen Dialog, in dem die Nachbarn der Polizei alle ihre Vermutungen erzählen. Benutze dabei so unterschiedliche Mittel wie möglich, um die Aussagen der Nachbarn zu gestalten (Adverbien, Modalverben, Konjunktive, Satzgefüge usw).

In der Nachbarschaft ist eine Frau verschwunden. Die Polizei durchsucht die Wohnung; sie findet nichts außer einem aufgeschlagenen Fahrplan.

4 Durch die Wahl des Abtönungspartikels *schon* will der Sprecher eine bestimmte Haltung ausdrücken. Ordne den Sätzen 1) bis 5) die folgenden Einschätzungen zu: Ungeduld, Abwertung, Unsicherheit, Bestätigung, Beschwichtigung.

1) Ich finde es schon wieder.
2) Was hat der schon zu bieten?
3) Gib schon her!
4) Er ist schon ein guter Sportler.
5) Ich glaube schon.

5 Benenne die Haltung, die der Sprecher durch die Wahl eines Abtönungspartikels jeweils deutlich macht.

1) Ruf ihn mal an.
2) Ruf ihn bloß an.
3) Ruf ihn doch an.
4) Ruf ihn nur an.
5) Ruf ihn schon an.
6) Ruf ihn einfach an.
7) Ruf ihn ja an.
8) Ruf ihn eben an.

9) Du bist einfach zu gutmütig.
10) Du bist eben zu gutmütig.
11) Du bist doch zu gutmütig.
12) Du bist ja zu gutmütig.
13) Du bist nämlich zu gutmütig.
14) Du bist wohl zu gutmütig.
15) Du bist aber zu gutmütig.
16) Du bist vielleicht zu gutmütig.

6 Bilde mit jedem Modalverb den Hauptsatz und probiere, ob alle Nebensätze ein sinnvolles Satzgefüge mit ihm bilden können.

Ute — darf, kann, muss, mag, soll, will — ihre Freundin Tanja besuchen,

(1) weil Tanja krank ist.
(2) wenn sie ihre Hausaufgaben fertig hat.
(3) sooft sie will.
(4) bis es dunkel wird.

7 Welche Bedeutung hat hier das Modalverb *können* in den beiden Sätzen?

In einer engen Straße:
»Kann ich hier wenden?«
– »Sie können, wenn Sie's können.«

8 Erläutere die Bedeutung der Modalverben in den folgenden Sätzen:

1) Das muss doch schon deine zehnte Zigarette sein heute Abend!
2) Den soll doch der Teufel holen!
3) Was mag sie nur zu der Idee veranlasst haben?
4) Ich kann dieses Geschwätz nicht mehr hören!
5) Du musst doch einsehen, dass es so nicht weitergeht.
6) Dürfte ich mal den Stift benutzen?
7) Du sollst hier nicht mit dem Skateboard fahren!
8) Du musst das nicht gleich machen.
9) Du kannst mir mal die Tür aufhalten!
10) Möchtest du nicht mal mit dem Hund rausgehen?
11) Bernd soll uns gestern gesehen haben.

c) Aufforderungsfeld

1 Warum steht hinter dem ersten von der Mutter formulierten Satz kein Fragezeichen?

Eine **Aufforderung** kann in direkter Form erfolgen, dann benutzt man entweder den Imperativ (*Nimm! Nehmt!*) oder ein Verb der Aufforderung (*Ich befehle dir, ...; Ich verlange von Ihnen, ...; Ich fordere Sie auf, ...*). Durch das Hinzufügen von *bitte* kann diese direkte Aufforderung höflicher erfolgen.

Andere – eher indirekte – Formen der Aufforderung werden sehr häufig im täglichen Leben benutzt, da sie z. B. höflicher wirken. Dies kann sein:
– eine Frage: *Geben Sie mir (bitte) das Salz?*,
– eine Frage mit einem Modalverb (meist im Konjunktiv): *Könnten Sie mir bitte das Salz geben?*,

- eine Frage mit *würde*: *Würden Sie mir bitte das Salz geben?*,
- eine Feststellung: *Ich möchte, dass...*,
- ein Aussagesatz mit Modalverb: *Du sollst...*.

Einen strengen Befehl kann man auch durch folgende Mittel ausdrücken:
- den Infinitiv: *Raustreten!*,
- das Partizip II: *Rausgetreten!*,
- Passiv: *Jetzt wird geschlafen!*,
- Futur I: *Du wirst jetzt schlafen!*,
- einen Infinitiv mit *zu* nach den Hilfsverben *sein* und *haben*:
  Die Kleider sind abzulegen! Du hast den Mund zu halten!

Auch ein entsprechendes Nomen, dem ein erweiterter Infinitiv folgt, kann die Aufforderung ausdrücken:
Ich gebe den Befehl die Stube zu räumen.
Hiermit ergeht die Anordnung den Platz zu säubern.

1 Wie könnte diese Aufforderung ebenso höflich in anderen Formen ausgedrückt werden? Denke dabei besonders auch an sehr indirekte Ausdrucksweisen (z. B. *Dieser Sessel dort ist besonders bequem.*).

> Ach, nehmen Sie doch bitte Platz!

2 Eine Person soll aufgefordert werden einen Raum zu verlassen.
Erstelle eine Skala von Ausdrucksmöglichkeiten, die von »*sehr höflich*« bis »*sehr unhöflich/grob*« reicht.

3 Welche Aufforderung kann sich hinter den folgenden Äußerungen verbergen?

1) »Es zieht!«
2) »Ich habe Hunger.«
3) »Die Tischdecke ist aber sehr schmutzig.«
4) »Die Tafel ist nicht geputzt.«
5) »Ich finde es sehr langweilig hier.«
6) »Du musst morgen früh aufstehen.«
7) »Deine Haare sind sehr lang.«

2. Rechtschreibung

2.1 Benutzung des Wörterbuchs

1 Die Besitzer des Hundes haben offenbar viel Humor. Oder sollten sie in der Rechtschreibung nicht ganz sicher sein und etwas anderes meinen als sie geschrieben haben?
2 Zu welcher Wortfamilie gehört *bisschen*? Vergleiche die Wörter der Wortfamilie nach Aussprache und Schreibweise miteinander.
3 Was könntest du tun, wenn du nicht weißt, wie das Wort richtig geschrieben wird?

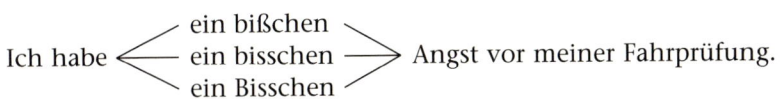

Ich habe ⟵ ein bißchen / ein bisschen / ein Bisschen ⟶ Angst vor meiner Fahrprüfung.

Wenn man nicht weiß, wie ein Wort richtig geschrieben wird, sollte man in einem **Wörterbuch** nachschlagen.

Nachschlagen: Wie schlägt man schnell und sicher nach?
– Alle Stichwörter (meist durch halbfetten Druck hervorgehoben) sind **in alphabetischer Reihenfolge** angeordnet: nach dem ersten Buchstaben, dem zweiten und allen weiteren.
Dabei werden die Umlaute *ä, ö, ü, äu* wie die nicht umgelauteten Vokale *a, o, u, au* eingeordnet (z. B. *Ratschlag, Rätsel, Ratsherr*).
Das ß wird wie *ss* eingeordnet (z. B. *Beispiel, beißen, Beistand*).
– Die meisten Stichwörter sind **Grundformen** und **Grundwörter**. Wenn man eine flektierte Form nachschlagen will, findet man sie oft nur unter der Grundform: *er biss* unter der Grundform (dem Infinitiv) *beißen, Häuser* unter dem Singular *Haus, höher* unter der Grundform des Adjektivs *hoch*.
– **Zusammengesetzte Wörter** findet man oft nicht in der alphabetischen Reihenfolge, z. B. *Hundeleinenzwang*. Man teilt die zusammengesetzten Wörter dann in ihre Bestandteile und schlägt die einzelnen Teile nach.

Rechtschreibung: Welche Schreibung ist richtig?
– Unter dem Stichwort sind oft **Bedeutungen der Wörter** angegeben: *ein bisschen Geduld (ein wenig Geduld), Bisschen (kleiner Bissen)*. Durch den Vergleich mit den Bedeutungsangaben im Wörterbuch kommt man auf die richtige Schreibung des verwendeten Wortes.

- Außer dem Wörterverzeichnis enthält ein Rechtschreibwörterbuch auch einen **Regelteil** mit Regeln zur Rechtschreibung und Zeichensetzung. Unter den Stichwörtern wird gelegentlich auf eine Regel verwiesen, damit man sie dort nachlesen kann.

1 Vergleiche die folgende Seite 42 aus einem Schülerwörterbuch mit den abgedruckten Auszügen aus einem allgemeinen Rechtschreibwörterbuch.

---

bill   42   Black

bil|lig: das billige (preiswerte) Kleid – eine billige (schlechte) Verarbeitung – eine billige (einfache) Ausrede

bil|lig: das ist recht und billig (angemessen, gerecht)

B**i**m|mel, die (kleine Glocke); **bimmeln**

b**i**m|sen: (angestrengt lernen)

b**i**n: ich bin; → sein

b**i**n|den: du bindest, band(e)st, bändest, gebunden, bind(e)!; einen Kranz binden – eine Schnur um ein Paket binden; die **Binde**, das **Bindeglied**, die **Bindehaut**, der **Bindestrich**, das **Bindewort**; der **Bindfaden**, die **Bindung**

B**i**n|go, das: des Bingos; (Glücksspiel)

b**i**n|nen: binnen einem Jahr/eines Jahres (innerhalb eines Jahres) – binnen drei Tagen/dreier Tage – binnen kurzem – binnen zehn Minuten; der **Binnenhafen**, das **Binnenland**

B**i**n|se, die: der -, die Binsen; (grasähnliche Pflanze); in die Binsen gehen (verloren -, schief gehen); die **Binsenweisheit** (allgemein bekannte, unbestrittene Wahrheit)

b**i**o... *griech.*: (leben...); **Bio...** (Leben...)

Bi|o|che|mie, die: der -; (Lehre von den chem. Vorgängen in Lebewesen; heilkundlich angewandte Chemie); der Bi|o|che|mi|ker

Bi|o|gra|f**ie** *auch* Bi|o|gra|ph**ie**, die: der -, die Biografien; (Lebensbeschreibung); der Bi|o|gr**a**f; biogr**a**fisch

Bi|o|lo|gie, die: der -; (Wissenschaft von den Lebewesen); der Bi|o|loge, die Biologin, der **Biologieunterricht**; biologisch

Bi|o|top, der: des Biotops, die Biotope; (Lebensraum)

B**i**r|ke, die: der -, die Birken; (Laubbaum)

B**i**r|ne, die: der -, die Birnen; der **Birnbaum**

b**i**s: bis heute – bis jetzt – bis dahin; bis Montag – bis München – drei bis vier Mark – vier- bis fünfmal/4- bis 5-mal – Kinder bis zu zehn Jahren; alle bis auf einen; ich warte, bis du kommst – du überlegst so lange, bis es zu spät ist; bish**e**r

Bi|schof, der: des Bischofs, die Bischöfe; der **Bischofs|stab**

Bis|ku**i**t *franz. [biskwit]*, das: des Biskuits, die Biskuits/Biskuite; (leichtes Gebäck); der **Biskuitteig**

B**i**ss, der: des Bisses, die Bisse; der **Bis|sen**, der **Imbiss**; **bissig**

b**i**ss: → beißen

b**i**ss|chen: ein bisschen Brot – ein bisschen Geduld

B**i**t, das: des Bits, die Bits; (Informationseinheit); *Zeichen* bit

b**i**t|ten: du bittest, bat(e)st, bätest, gebeten, bitt(e)!; **bitte**: bitte schön! – bitte wenden!; die **Bitte**, das **Bitteschön**

b**i**t|ter: bittere Schokolade – eine Tat bitter (sehr) bereuen – er hat das Geld bitter nötig; **bitterböse**, **bitterlich**; die **Bitterkeit**

bi|zarr *franz.*: (seltsam)

Bi|zeps *lat.*, der: des -, die Bizepse; (Beugemuskel des Oberarms)

Black-**out** *auch* Black|**out** *engl.* *[bläkaut]*, das: des Black-outs, die Black-outs; (plötzlich auftretende Bewusstseinsstörung; plötzliches Dunkelwerden der Bühne; kurze witzige Szene)

(Aus: Unser Wortschatz)

Bin|se, die; -, -n; in die -n (ugs. für verloren gehe brauchbar werden); B ‿wahr|heit (allgemein be Wahrheit), ...weis|heit bio... ⟨griech.⟩ (leben[s]...); (Leben[s]...); bi|o|ak|tiv¹ gisch aktiv); ein -es Wasch Bi|o|che|mie¹ (Lehre vo chemischen Vorgängen in wesen); Bi|o|che|mi|ker¹ che|misch¹; bi|o|dy|na (nur mit organischer Dü Bi|o|gas (bei der Zersetzu Mist o. Ä. entstehendes G o|gen (Biol. von Lebewese mend); Bi|o|ge|ne|se, die; -, -n (Entwicklung[sgeschichte] der Lebewesen); bi|o|ge|ne|tisch; Bi|o|ge|o|gra|phie¹ (↑R 33), die; - (Beschreibung der geogr. Verbreitung der Lebewesen); Bi|o|ge|o|zö|no|se, die; - (Wechselbeziehungen zwischen Pflanzen u. Tieren einerseits u. der unbelebten Umwelt andererseits) Bi|o|graf, Bi|o|gra|fie usw. *eindeutschende Schreibung für Biograph, Biographie usw.*; Bi|o|graph (↑R 33), der; -en, -en; ↑R 126 (Verfasser einer Lebensbeschreibung); Bi|o|gra|phie (↑R 33), die; -, ...ien (Lebensbeschreibung); Bi|o|gra|phin (↑R 33); bi|o|gra|phisch (↑R 33)

Bis|ca|ya *vgl.* Biskaya
bi|schen (*mitteld. für* [ein Baby] beruhigend auf dem Arm wiegen); du bischst
Bisch|kek (Hptst. Kirgisiens)
Bi|schof, der; -s, Bischöfe (kirchl. Würdenträger); Bi|schö|fin, die; -, -nen; bi|schöf|lich; Bischofs-‿hut (der), ...kon|fe|renz; bischofs|li|la; Bi|schofs‿müt|ze, ...sitz, ...stab, ...stuhl
Bi|se, die; -, -n (sch Nord[ost]wind)
Bi|se|xu|a|li|tät [*auch* .. Doppelgeschlechtigkeit *Psych.* Nebeneinander u. heterosexuellen V gen); bi|se|xu|ell [*auch* (doppelgeschlechtig; so rosexuell als auch homo
bis|her (bis jetzt); bis|l bisherige Außenminis das Bisherige; im Bish bisher Gesagten, Gesch

Bis|kuit [...'kvi(:)t], das, *auch* der; -[e]s, *Plur.* -s, *auch* -e ⟨franz.⟩ (feines Gebäck aus Eierschaum); Bis|kuit‿por|zel|lan, ...teig
bis|lang (bis jetzt)
Bis|marck (Gründer und erster Kanzler des Deutschen Reiches); Bis|marck‿ar|chi|pel (der; -s; Inselgruppe nordöstl. von Neuguinea), ...he|ring; bis|marckisch, bis|marcksch (↑R 94); die bismarck[i]schen Sozialgesetze; ein Politiker von bismarck[i]schem Format
Bis|mark (Stadt in der Altmark)
Bis|mut *vgl.* Wismut; Bis|mutum, das; -[s] (*lat. Bez. für* Wismut; *Zeichen* Bi)
Bi|son, der; -s, -s (nordamerik. Büffel)
Biss, der; -es, -e
Bis|sau (Hptst. von Guinea-Bissau)
biss|chen (↑R 46); das bisschen; ein bisschen (ein wenig); ein klein bisschen; mit ein bisschen Geduld; Biss|chen (kleiner Bissen); bis|sel, bis|serl (*landsch. für* bisschen); ein - Brot; Bis|sen, der; -s, -; bis|sen|wei|se; bis|serl *vgl.* bissel; Biss|gurn, die; -, - (*bayr., österr. ugs. für* zänkische Frau); bis|sig; Bis|sig|keit

(Aus: DUDEN, Die deutsche Rechtschreibung)

2 Beantworte mit Hilfe der beiden Wörterbuchauszüge folgende Fragen.

1) Schreibt man richtig *Biografie* oder *Biographie*?
2) Wie trennt man *Bischöfin*?
3) Schreibt sich der ehemalige Reichskanzler *Bismarck* oder *Bismark*?
4) Muss das Fremdwort *Black-out* mit Bindestrich geschrieben werden?
5) Schreibt man *Biss* groß oder *biss* klein?
6) Wann schreibt man *ein Bisschen* groß?

3 Man kann den Wörterbüchern außer Rechtschreibhilfen noch andere Informationen entnehmen.

1) Welches ist die richtige Mehrzahlform von *Bisam*?
2) Was bedeutet das Wort *birken*?
3) Was versteht man unter einem *Biotop*?
4) Aus welcher Sprache kommt das Fremdwort *Biskuit*?
5) Wie spricht man den Namen der englischen Stadt *Birmingham* aus?
6) Heißt es *der* oder *das Binokel*?
7) Warum gibt es zweimal ein Stichwort *billig*?

4 Was wird in den Wörterbüchern in runden Klammer ( ), was in eckigen Klammern [ ] und was in Winkelklammern < > erläutert?

5 Schlage in einem Wörterbuch nach, welche Schreibweise richtig ist.

1) Fas – Faß – Fass?
2) seelig – selig – selich?
3) Bonbon – Bongbong – Bonnbonn?
4) tödtlich – tödlich – tötlich?
5) wiederwärtig – widerwertig – widerwärtich – widerwärtig – wiederwertig?
6) so dass – sodaß – sodas – so daß – sodass?
7) Schtengel – Stengel – Stängel?
8) flußabwärts – flussabwerts – flußabwerz – flussabwärts – flußabwerts?
9) morgen Abend – Morgen abend – Morgen Abend?
10) Schipißte – Skipiste – Schipisste – Skipisste – Skipißte – Schipiste?
11) spazierengehen – spatzieren gehen – spatzierengehen – spazieren gehen?
12) Balletttänzer – Baletttänzer – Ballettänzer – Ballletttänzer – Balletänzer?
13) Raureiff – Rauhreif – Raureif – Rauraif – Rauhraif – Rauhreiff?

6 Unter welchen Stichwörtern findest du die folgenden Wörter und Wortformen?

Räucherkammer, Anfälligkeit, Preisausschreiben, kräuseln, überfluten, flugs, beständig, beherbergen, öffentlich, Gewächs, geschieht, vernahm, biss, liest, verloren, gedacht, höher, Atlanten, gewonnen, verdirbt, zerrissen?

7 Überprüfe, welche Bedeutungen die folgenden Wörter haben.

Stil – Stiel, leeren – lehren, Moor – Mohr, mahlen – malen, Waise – Weise

8 Auf welche Regeln wird im Wörterbuch bei folgenden Stichwörtern verwiesen?

wieder verwerten, heute Morgen, auseinander setzen, der Rote Planet

2.2 Langvokale, Längezeichen

Wer zuerst kommt, malt zuerst.

1 Kennst du dieses Sprichwort? Was soll es bedeuten?
2 Überprüfe die Rechtschreibung.

Ein langgesprochener Vokal kann im Schriftbild durch den einfachen Vokal oder durch ein zusätzliches Längezeichen ausgedrückt werden.

Die Vokale *a, e* und *o* sind in einigen Wörtern als doppelter Vokal enthalten um die Länge anzuzeigen: *Waage, Beere, leer, Moos.* Kann man von diesen Wörtern eine Ableitung mit Umlaut bilden, dann wird dieser nicht verdoppelt: *Paar – Pärchen, Waage, abwägen.*

Der langgesprochene Vokal *i* wird meist als *ie* gekennzeichnet, die Form *ih* findet man nur in Pronomen: *ihr, ihn.* Vor allem in Verbformen gibt es die Form *ieh*, wobei das *h* aus dem Infinitiv erhalten geblieben ist: *sehen – er sieht, befehlen – du befiehlst.*

1 In diesem Buchstabenfeld sind zwölf Wörter versteckt (waagerecht, senkrecht und diagonal), die alle ein langgesprochenes *i* enthalten. Schreibe sie heraus.

W	A	H	M	I	G	B	A	N
G	L	I	E	D	A	R	T	U
U	M	E	N	P	R	I	E	L
F	I	B	E	L	D	S	O	Z
R	B	O	H	L	I	E	D	N
K	A	N	T	I	N	E	W	A
U	S	I	N	T	E	O	B	U
V	I	E	H	E	L	V	U	E
A	D	L	A	R	Z	I	P	H

2 Suche jeweils ein Wort, das gleich gesprochen wird, aber anders geschrieben. Erkläre die Bedeutungsunterschiede.

Fiber – ?; Mal – ?; Urzeit – ?; denen – ?; Wal – ?; Lied – ?; Waagen – ?; wieder – ?; Nachnahme – ?; Mine – ?; mahlen – ?; Stiel – ?;

3 Hier werden leicht Fehler gemacht. Schreibe die Sätze richtig in dein Heft. Wenn du unsicher bist, schlage im Wörterbuch nach.

1) Es fällt ihm schwer, Abstand zu w■ren.
2) Das Buch spiegelt die Lebenssituation der Bauern um 1500 w■der.
3) Du könntest mal schnell etwas zu trinken h■len.
4) Das Gehörte muss man schon richtig w■dergeben.
5) Wir w■ren völlig übermüdet.
6) Den h■len Baum sollten wir fällen.

4 Ergänze jeweils den Schlussteil dieser Wörter. Was fällt dir auf?

Ru-
Kant-
Masch-
Gard-
Kab-
Law-
Apfels-
Mandar-

5 Lies dir den folgenden Text durch und lass ihn dir dann diktieren. Hast du alles richtig geschrieben?

Partnerdiktat

Am Schneesee
Franz Fühmann

Es war einmal ein See, der war immer voll Schnee, darum nannten ihn alle Leute nur Schneesee. Um diesen Schneesee wuchs Klee, der Schneeseeklee, der wuchs rot und grün, und darin äste ein Reh, das Schneeseekleereh, und dieses Schneeseekleereh wurde von einer Fee geliebt, die fast so schön war wie Scheherezade, nämlich der überaus anmutigen Schneeseekleerehfee. Diese Fee hatte, wie alle Feen dieser Gegend, sechsundsechzig Zehen, fünfundsechzig zum Gehen und einen zum Drehen, und dieser sechsundsechzigste Zeh war natürlich der Schneeseekleerehfeedrehzeh. Zehendrehen macht Freude. Doch einmal drehte die Fee im Übermut ihren Zeh zu sehr und da tat ihr der Drehzeh furchtbar weh. Sie musste ins Bett, denn nun litt sie unter Schneeseekleerehfeedrehzehweh.

2.3 Doppelkonsonanten

Der Staatsanwalt forderte schwere Strafen.
Sie zogen an allen Seiten um den Stoff zu straffen.

1 Lies beide Sätze laut vor und erkläre den Zusammenhang zwischen Schreibweise und Aussprache bei den unterstrichenen Wörtern.

Nach kurzem Vokal stehen oft zwei gleiche Konsonanten: *Ball, knattern, Sommer, satt.* Statt *kk* und *zz* schreibt man *ck* und *tz*: *Hocker, Katze.*

In zusammengesetzten Wörtern wird die Schreibweise der Einzelwörter beibehalten: *Klappbett, Knallfrosch.* Dies gilt auch für Wörter, die mit Präfixen gebildet werden: *aussehen, Abbuchung, Errichtung.*

Bei zusammengesetzten Wörtern können auch drei gleiche Konsonanten aufeinander stoßen: *Bett + Tuch = Betttuch;*
Sauerstoff + Flasche = Sauerstoffflasche.

Nomen, die mit *-in* oder *-nis* enden, verdoppeln bei der Flexion das *n* oder das *s*: *das Geheimnis – des Geheimnisses; die Freundin – die Freundinnen.*

Für s-Laute gibt es besondere Regeln, siehe S. 84.

1 Suche Reimwörter zu den folgenden Wörtern. Zu welchem Wort findest du am meisten?

Gramm   Fett   Kanne   Barren   Pfiff   Watte   Mappe   Sack   Hitze

2 Bilde mit den Wortsternen so viele Wörter wie möglich, zu jeder Zacke aber mindestens ein Wort.

2.4 s-Laute

Ein Blick hinter die Kulissen im Buckingham-Palast

Zu allen Zeiten musste und muss bei Hofe alles nach Protokoll ablaufen. Auch heute noch wird von den über 300 Palastangestellten äußerste Präzision verlangt. Vergesslichkeit ist verpönt. So darf der dafür vorgesehene Diener niemals das Lineal vergessen, mit dem er jederzeit den richtigen Abstand von Messern und Gabeln nachmessen kann.
Interessanterweise müssen bei einem Bankett auch die Rosenkohlröschen gleich groß sein. Das gilt auch für die Diener. Sie müssen genau 1,75 Meter groß sein und einen Brustumfang von 96 cm haben. Es ist kein Geheimnis, dass der Chefkoch zum Kreis der wichtigsten Personen am Hofe zählt. Was er verdient, weiß von den übrigen Küchenangestellten niemand.
Aber die 26 Zimmermädchen wissen genau, dass es niemals passieren darf, sich beim Putzen von Ihrer Majestät überraschen zu lassen. Notfalls müssen sie sich hinter einer Gardine verstecken. Auf diese Weise wird die Königin nie erfahren, wer ihre Zimmer sauber hält.

1. Suche Wörter mit s-Lauten heraus. Welche Schreibweisen gibt es?
2. Sprich einmal deutlich die Wörter *weiß* und *Weise*.
   Worin besteht der Unterschied zwischen beiden s-Lauten?

Der **stimmhafte (weich gesprochene) s-Laut** wird immer mit *s* geschrieben: *Salz, Insel, lesen, grasen, reisen.*

Für den **stimmlosen (scharf gesprochenen) s-Laut** am Ende eines Wortstammes gibt es die Schreibweisen *ss – ß – s*:
– Nach kurzem betontem Vokal schreibt man *ss*: *Kuss, küssen, küsste, Miss-trauen, nass.*
– Nach langem betontem Vokal oder Diphthong *(ei, ai, eu, äu, au)* schreibt man *ß*: *gießen, reißen, groß, Fleiß.*

Achtung: Bei manchen Wörter und Wortformen wird am Ende des Wortstammes der stimmhafte s-Laut stimmlos. In diesen Fällen wird der stimmlose s-Laut mit *s* geschrieben: *Gras, er grast (Gräser, grasen); er las (lesen, Leser); er reist (reisen, Reise).*

Das Suffix *-nis* wird immer mit *s* geschrieben: *Zeugnis, Geheimnis, Hindernis.* Nomen auf *-nis* werden im Plural mit *ss* geschrieben: *Zeugnisse, Geheimnisse, Hindernisse.*

Zur Schreibung von *das* und *dass* siehe S. 199.

85

1 Übertrage die Tabelle in dein Heft und ordne folgende Wörter in der richtigen Schreibung ein.

nie?en, Flo?e, In?el, Ka?e, Am?el, Fel?en, ?icher, be?er, lo?e, ha?en, Ta?e, fre?en, Ma?e, wi?en, Ra?en, pa?en, me?en, rie?ig, Nä?e, nie?eln, Ki?en, la?en, pa?ieren, Ha?elnü?e, Flie?en, ?ache, e?en, Wei?e, lä?ig, verge?en

stimmloser s-Laut s	stimmhafter s-Laut ss

2 Setze die folgenden Wörter in den Singular und bilde zu jedem Nomen ein Verb.

Flüsse, Prozesse, Gräser, Bisse, Reisen, Schlösser, Erlasse, Späße, Grüße, Stöße, Entschlüsse, Maße, Fässer, Beweise, Genüsse, Preise, Risse, Maße, Hinweise, Einflüsse, Kreise

3 Vervollständige beim Abschreiben die Tabelle. Achte bei den folgenden Verben darauf, wann der Stammvokal kurz gesprochen wird (Schreibweise: *ss*) und wann der Stammvokal lang gesprochen wird (Schreibweise: *ß*).

HA

schießen	du schießt	er schoss	geschossen
	du schießt		
			gebissen
		er wusste	
			genossen
reißen			
	du vergisst		
		er maß	
			gesessen
		er ließ	
fließen			

4 Was ist gemeint? Du bekommst es heraus, wenn du *s, ss, ß* richtig in die Wörter einsetzt.

1) Sie i■t 22 Jahre alt.
2) Er rei■t an seinem Mantel.
3) Kräftig bi■er zu.
4) Enttäuscht lie■ Klaus die Arme sinken.
5) Wir warten so lange, bi■ er zurückkommt.
6) Uta wei■t darauf hin, dass die Disko bereits eine Stunde früher beginnt.
7) Warum ha■t du mich eigentlich so?
8) Er fa■t nach ihrer Hand.
9) Mein Bruder wei■t die Hauswand.
10) Sie rei■t mit dem Zug nach Hamburg.
11) Lie■ die Geschichte bitte noch einmal vor.
12) Fa■t wäre ich zu spät gekommen.
13) Der Tapezierer mi■t die Wohnung aus.
14) Du wei■t aber auch alles.
15) Du ha■t den Preis verdient gewonnen.
16) Er i■t ein Stück Brot.
17) »So ein Mi■t«, murmelte er vor sich hin.
18) Manchmal vermi■t er sie doch sehr.

5 Welche Wörter werden mit *s, ss* oder *ß* geschrieben? Begründe die jeweilige Schreibweise.

Hinderni■, er schie■t, wi■begierig, sie bewei■t, Hochhau■, Mi■trauen, Gä■chen, ein bi■chen, Bewei■, Wei■heit, er wei■ es, schlie■lich, Bekenntni■, Mi■verständni■e, er lä■t es zu, Einla■, Freilo■, Krei■gericht, mi■lich, es erwei■t sich, Ha■, flei■ig, Beschlu■, beschlie■en, Ergebni■, Gefä■, Beschlu■, drei■ig, au■erdem, vorau■schauend, Omnibu■, bla■, Fu■ballspiel, sich äu■ern, Überschu■, Wendehal■, Kompromi■, scheu■lich, Erkenntni■, grä■lich, Stewarde■, Rei■gericht, Intercityexpre■, sie pa■t auf

> **Tipp ▪ Abweichungen von den Regeln zur s-Lautschreibung**
>
> Es gibt eine Reihe von häufig vorkommenden Wörtern, deren Schreibweise von den genannten Regeln abweicht und die man sich einprägen muss: *aus, heraus, hinaus, daraus, voraus, bis, plus, des, deshalb, was, etwas, los, weshalb, weswegen, das* (Artikel, Pronomen), *als, niemals, besonders, anders, nirgends, nichts, uns, eins.*

6 Schreibe einen kleinen Text, in dem möglichst viele der im Tipp aufgeführten Wörter vorkommen.

2.5 Verwandte Wörter

Was meine Geburt betrifft, so möchte ich vorausschicken, dass ich mir über das Wort »geboren« schon oft Gedanken gemacht habe.
Bekanntlich benutzt man zum Bohren einen Bohrer. (...) Bohrt ein Schreiner in ein Stück Holz ein Loch – was kommt heraus? Späne. Der Schreiner bohrt aber nicht das Loch um Holzspäne zu bekommen, sondern er bohrt, damit er das Loch erhält. Geboren hat er dieses Loch nicht, sondern er hat das Loch gebort. Es handelt sich also dabei um eine Bohrung, nicht um eine Geburt. Der Ausdruck Geburt wäre hier nur am Platze, wenn der Schreiner das Loch buren statt bohren würde. (...)

(Aus: Karl Valentin, Geburt)

1 Welchen Rechtschreibfehler enthält dieser Textauszug?
2 Mit welcher Absicht könnte der Verfasser diesen Fehler gemacht haben?

Die Zuordnung eines Wortes zu seiner Wortfamilie ist oft eine Rechschreibhilfe, weil die Schreibweise des Wortstammes in den verwandten Wörtern weitgehend erhalten bleibt (*bohren, Bohrer, Bohrmaschine, verbohrt*).
Besonders bei gleich oder ähnlich klingenden, aber verschieden geschriebenen Wörtern und Wortbausteinen ist die Zuordnung zu den jeweiligen Wortfamilien mit Hilfe der Wortbedeutung nützlich (*Uhrzeit* wie *Uhrzeiger, Uhrmacher, Sonnenuhr* – aber *Urzeit* wie *uralt, Urbevölkerung, Ururgroßvater*).

1 Achte auf die Bedeutung der Wörter:

Mitleid, Mittwoch, ?laut, ?arbeiter, Ascher?woch, ?esser, ?sommernacht;
Reisgericht, Reißwolf, ?brett, Milch?, ?verschluss, ?feld, ?zahn, ?ernte, ?brei, ?leine, ?pflanze;
Roggenähre, Berufsehre, ?gefühl, ?wort, ?kranz, ?lese, ?furcht, ?samkeit, Weizen?, ?abschneider, Ver?ung;
Mastgans, ganztägig, Weihnachts?, ?tagsschule, ?seitig, Wild?, Grau?, ?jährig, Haus?;
Brotlaib, Leibgericht, ?arzt, ?eigenschaft, Käse?, ?haftig, einver?en, be?t, ?wäsche, ?wächter;
Schießgewehr, Gewährleistung, Jagd?, Maschinen?, ?lauf, Vorschuss?ung, ?schuss, Seiten?, ?kolben, ?smann, ?ung;
Stallhase, Stahltür, Edel?, Pferde?, ?geruch, ?betonbau, Reit?, ?meister, ?dünger, ?erzeugung;
Bisswunde, bisher, Hunde?, Im?, ?lang, Gewissens?, ?stelle, Schlangen?, ?weilen, Ge?, Floh?

2 Achte auf die Wortfamilien:

Ent?ernung, Un?erträglichkeit; Tischlerl?rling, Entl?rung, L?rerkonferenz; En?täuschung, en?gültig, en?setzlich; Wartes?l, Schicks?l, Mühs?l; un?orteilhaft, ?ortsetzung, Tier?orscher; mi?trauisch, Mi?thaufen; Beka?tschaft, Ka?tstein; abh?len, H?lspiegel, Wiederh?lung, Ho?lweg

Tipp ▪ **Wann schreibt man *End-/end-* und wann *Ent-/ent-*?**

Der Wortstamm *end* kommt nur in Wörtern vor, die mit dem Wort »*Ende*« verwandt sind, und wird immer **betont**:
endlos, unendlich, Endabrechnung, Endstation, verenden, endgültig.

Der vorangestellte Wortbaustein *ent* hat nichts mit dem Wort »*Ende*« zu tun und ist **unbetont**:
entdecken, Entstehung, Entscheidung, entwickeln, entgegen, entlang, entzwei.

3 Vervollständige die nummerierten Wörter. Berücksichtige dabei den Tipp.

Die En–1–scheidung

Ein En–2–schluss musste en–3–lich gefasst werden. Aber welcher? Diese en–4–lose Unsicherheit musste aufhören. En–5–schlossen stand er auf, en–6–nahm seiner Brieftasche einen Zettel und en–7–faltete ihn. »Das muss doch zu en–8–schlüsseln sein«, dachte er; »ich muss einen Plan en–9–werfen, wie ich diese Zeile en–10–ziffern kann.« En–11–nervt starrte er auf das Papier. Wenn er nicht en–12–lich herausfand, welche Nachricht dieser Zettel en–13–hielt, würde er nie wissen, wie er sich en–14–scheiden sollte. Er starrte lange auf die scheinbar unen–15–wirrbare Zeile:

ICH MAG DICH OHNE BART LIEBER

stand da. Das musste doch zu en–16–rätseln sein. Er kratzte sich am Kopf, blickte unen–17–schlossen um sich – und da fiel sein Blick zufällig auf einen Spiegel. Ha! Unen–18–lich erleichtert und en–19–spannt lehnte er sich zurück. Er holte tief Luft, blickte noch einmal en–20–schlossen auf den Zettel und dann stand sein En–21–schluss en–22–gültig fest: Morgen würde er zum Frisör gehen.

2.6 Häufige Fremdwörter

Im Spielzeugmuseum ist die Welt noch in Ordnung, auch wenn es deutlich die von gestern ist. Lydia Bayer hütet diesen Hort der Nostalgie bereits seit 1971. Ein Großteil des Bestandes ist der Sammelleidenschaft der promovierten Kunsthistorikerin und ihrer Mutter zu verdanken. Ursprünglich in Würzburg beheimatet folgt sie einem Angebot der Spielzeugstadt Nürnberg, zusammen mit ihrem privaten Bestand eine städtische Sammlung aufzubauen. Und daraus wurde schnell eine Attraktion. (...)
Das Spielzeugmuseum kennt kaum einen Tag, an dem sich nicht Schulklassen, Touristengruppen und Familien vor den zahlreichen Vitrinen drängeln. Manches Blechspielzeug hat man noch in Kellern und Depots lagern, weil nicht genug Platz im Museum ist. Dem Stolz auf das Inventar hat das nicht geschadet. (...)
»Spielzeug baut Animositäten ab und schafft Harmonie«, weiß die Museumsleitern. (...)

1 Schlage dir unbekannte Wörter im Fremdwörterbuch nach.
2 Welche Wörter erscheinen dir nach Aussprache und Schreibweise fremdartig? Schreibe sie heraus.
3 Suche weitere Fremdwörter mit den Endungen *-tion, -tät und -ieren*.

Fremdwörter sind aus anderen Sprachen übernommene Wörter, denen man ihre Herkunft noch anmerkt: Sie weisen eine **fremdartige Aussprache** und **Schreibweise** auf. Ihre ursprüngliche Schreibweise wird häufig auch im Deutschen beibehalten, allerdings werden Nomen großgeschrieben, z. B. *Jeans, Computer, Depot.*

Werden Fremdwörter häufig gebraucht und enthalten sie keine dem Deutschen fremden Laute, so findet in der Schreibweise nach und nach eine **Angleichung** statt, z. B. *cheque → Scheck, liqueur → Likör*. In der Übergangsphase findet man häufig zwei Schreibweisen nebeneinander, z. B. *Photographie – Fotografie, Cassette – Kassette, Friseur – Frisör.*

In **Fremdwörtern aus dem Griechischen** bleiben *rh* und *th* erhalten, z. B. *Rhetorik, Rhythmus, Theater*, ebenso in den meisten Fällen ph, z. B. *Physik, Alphabet, Strophe.*

Bestimmte **Wortendungen** tauchen in vielen Fremdwörtern auf. Ihre Schreibweise sollte man sich besonders merken, z. B.
– bei Nomen: **-tion** *Attraktion,*   **-ie** *Harmonie,*
               -tät   *Animosität,*   **-ine** *Vitrine,*
– bei Verben: **-ieren** *promovieren.*

1 a) Stelle durch Nachschlagen die Bedeutungen der dir unbekannten Fremdwörter fest.
b) Setze jeweils das passende Wort aus der Liste in seiner grammatisch richtigen Form in den folgenden Text ein.

architektonisch, frequentiert, Gotik (2x), historisch, Kathedrale, Material, repräsentieren, robust, Ruine, Spezialität, Struktur, Variante

Rostock ist eine Stadt, die ihre Wunden und Narben sofort herzeigt – aber auch ihre Schönheiten. Als stark (1) Verkehrsschneise durchbricht die Lange Straße den (2) Kern der Stadt. Baufällige (3), die noch zu retten gewesen wären, wurden dafür geopfert. Gleichzeitig sind aber völlig neugestaltete Straßenzüge in Höhe und (4) hansischen Bürgerhäusern nachempfunden worden. Sie (5) die Backstein-(6). Die ist eine (7) des deutschen Nordens.
Was sich heute in den nordostdeutschen Städten so stolz auftürmt, ist eine (8) der Gotik. Der Unterschied zum Ursprungsland der (9) besteht allein im (10): Während man in Frankreich bei den gotischen (11) Naturstein findet, ist es hier der (12) wirkende Backstein. Doch auf den zweiten Blick erschließt sich auch bei den norddeutschen Bauten der feine (13) Reichtum.

2 Du findest hier einige Fremdwörter, in denen für die deutsche Sprache ungewöhnliche Buchstabenfolgen auftreten. Suche selbst weitere Beispiele.

R<u>h</u>euma, ...; <u>Ch</u>aos, ...; Paragra<u>ph</u>, ...; Disko<u>th</u>ek, ...; <u>Sh</u>ow ...

3 Im Folgenden findest du Fremdwörter, die für das Deutsche untypische Endungen haben. Suche weitere Beispiele.

Blam<u>age</u>, ...; Serv<u>iette</u>, ...; Redakt<u>eur</u>, ...; interpret<u>ieren</u>, ...

4 Nenne jeweils den Gegenbegriff.

offensiv – ?	konkret – ?	destruktiv – ?
positiv – ?	Harmonie – ?	aktiv – ?
Junior – ?	stabil – ?	maximal – ?
These – ?	rational – ?	korrekt – ?
zentral – ?	Monolog – ?	sozial – ?

Tipp ▪ Wie trennt man Fremdwörter?

Fremdwörter können auf zweifache Weise getrennt werden:
1. nach Sprechsilben (*A-bi-tur, A-kus-tik, in-te-res-sant, po-e-tisch*),
2. nach der Wortbildung in der Herkunftssprache (*Ab-itur, Aku-stik, in-ter-es-sant, poe-tisch*).

2.7 Getrennt- und Zusammenschreibung

WERBERGSTEIGENWILLMUSSSCHWINDELFREISEINWETTERFESTGEKLEIDET
UNDMITBERGSCHUHENUNDRUCKSACKAUSGERÜSTET

1 Lies den kurzen Text vor. Welche Probleme entstehen beim Vorlesen?
2 Schreibe den Satz so auf, wie er nach der heute üblichen Rechtschreibung mit Groß- und Kleinbuchstaben und nach der üblichen Zeichensetzung geschrieben wird.
3 Woran merkt man in der gesprochenen und in der geschriebenen Sprache, ob man es mit mehreren aufeinander folgenden Wörtern zu tun hat oder mit einem Wort, das aus mehreren Wörtern zusammengesetzt ist?

Die im Text aufeinander folgenden Wörter schreibt man normalerweise getrennt. Die Getrenntschreibung verdeutlicht den Aufbau der Sätze und erleichtert dadurch das Lesen und Verstehen von Texten.

Im Satz direkt aufeinander folgende Wörter nennt man **Wortgruppe**, z. B.:
auf Berge steigen, frei von Schwindel, Schuhe für die Berge.

Wenn benachbarte Wörter sehr eng aufeinander bezogen sind und eine Bedeutungseinheit bilden, können sie zu einem einzigen Wort zusammengesetzt werden. Diese **Zusammensetzungen** werden zusammengeschrieben:
bergsteigen, schwindelfrei, Bergschuhe.

Stets getrennt schreibt man Wortgruppen, bei denen der erste oder der zweite Bestandteil erweitert ist, d.h. durch ein zusätzliches Wort näher erläutert ist, z. B. *Ich warte schon drei Stunden lang. – Ich warte schon stundenlang.*

Wortgruppen können insgesamt zu Nomen werden. Sie sind dann Zusammensetzungen und werden zusammengeschrieben, z. B. *Auto fahren, spät geboren,* aber: *das Autofahren, der Spätgeborene.*

1 Manchmal können die gleichen Bestandteile sowohl eine Wortgruppe wie auch eine Zusammensetzung bilden. Prüfe bei den folgenden Beispielen,
 – ob die Bestandteile ihre eigenen Bedeutungen und damit ihre Selbstständigkeit als Wörter behalten oder
 – ob sie zusammen eine Bedeutungseinheit darstellen und gemeinsam eine bestimmte Erscheinung, einen Gegenstand, Vorgang oder eine Eigenschaft bezeichnen.

1) Hast du nach neun Uhr ein wenig (FREIE/ZEIT) für mich?
2) In seiner (FREI/ZEIT) treibt er gern Sport.

3) Nicht jedes (FAULE/TIER) ist ein (FAUL/TIER).
4) Dies schwere Gerät können wir nur (ZUSAMMEN/TRAGEN).
5) Er will für seine Untersuchung viel Material (ZUSAMMEN/TRAGEN).
6) Du brauchst doch deinen Hund nicht (ZU/SCHLAGEN).
7) Pass auf, dass die Türen nicht (ZU/SCHLAGEN).
8) Er muss die Englischvokabeln häufiger (WIEDER/HOLEN).
9) Sie will sich ihr ausgeliehenes Buch (WIEDER/HOLEN).

2 a) Verkürze in den folgenden Sätzen die Wortgruppen zu Zusammensetzungen.

1) Er kam mir *vor Freude strahlend* entgegen.
2) Die Schneewehe war *mehrere Meter hoch*.
3) Es gelang ihm eine Landung *wie Butter so weich*.

b) Verwandle durch eine Erweiterung die folgenden Zusammensetzungen in Wortgruppen.

4) Sie verarbeiten nur *hitzebeständiges* Material (*gegen*).
5) Er hing seinen *nässetriefenden* Mantel zum Trocknen auf (*vor*).
6) Die Auseinandersetzung zwischen ihnen währte *jahrelang* (*mehrere*).

3 Bilde Nominalisierungen zu folgenden Wortgruppen und formuliere jeweils einen sinnvollen Satz.

Schlange stehen, Rad fahren, Eis essen, beisammen sein, spazieren gehen, Not leidend, auswendig gelernt

a) Getrennt- und Zusammenschreibung bei Verben

Das gute alte Frühlingslied »Amsel, Drossel, Fink und Star, alle Vögel sind schon da« ist heute teilweise überholt. Das Zugverhalten der Vögel unterscheidet sich nämlich deutlich von dem in den vergangenen Jahrzehnten. Amseln und Stare z.B. fliegen im Winter nicht mehr weg. Starenpärchen sitzen in dieser Jahreszeit sogar mitten in der Stadt beisammen und liebkosen sich. Auch die grünköpfige Stockente, die ebenfalls zu den Zugvögeln zählt, bleibt da und scheint mit dem, was sie in Stadtparks findet, auszukommen. Wissenschaftler versuchen herauszufinden, welche Gründe dazu führen, hier zu bleiben. Sie stellten in ihren Untersuchungen fest, dass Hunger als Reisegrund viel seltener wird. Vogelschützer in Münster haben z.B. registriert, dass die Vögel, die bei Dunkelheit zum großen Flug aufbrechen, durch den stets hell erleuchteten Ölhafen empfindlich gestört, ja irregeführt werden.

1 Der Text enthält zehn zusammengesetzte Verben. Sieben davon wirst du leicht finden.
2 Auch bei *fliegen … weg* handelt es sich um ein zusammengesetztes Verb: *wegfliegen*. Wie heißen die beiden anderen zusammengesetzten Verben, die in der vorliegenden Form getrennt geschrieben werden?
3 Beschreibe einmal den Unterschied in der Konjugation von *unterscheiden* und *aufbrechen*.
4 Sieh dir den ersten Teil der zusammengesetzten Verben an.
Zu welchen Wortarten gehören diese Wörter?

Verben können sowohl Bestandteil einer Wortgruppe (*in die Ferne sehen*) als auch der zweite Teil einer Zusammensetzung (*fernsehen*) sein.

Erster Teil einer solchen Zusammensetzung können **Nomen** (*kopfrechnen*), **Adjektive** (*liebkosen*), **Adverbien** (*dazwischenreden*) und **Präpositionen** (*unterscheiden*) sein. Dabei unterscheidet man
a) **untrennbar zusammengesetzte** Verben:
Bei ihnen bleibt in allen Zeitformen die Reihenfolge ihrer Bestandteile stets die gleiche. Die untrennbar zusammengesetzten Verben schreibt man immer zusammen: *langweilen – du langweilst mich – er hat sich gelangweilt*.
b) **trennbar zusammengesetzte** Verben:
Bei ihnen wechselt in den flektierten Formen die Reihenfolge ihrer Bestandteile, sodass sie getrennt geschrieben werden: *du hörst auf – wir hörten auf*. Trennbar zusammengesetzte Verben werden nur im Infinitiv, in den Partizipien und im Nebensatz zusammengeschrieben:
aufhören – aufgehört – …, weil du aufhörst.

Das Verb *sein* bildet keine Zusammensetzungen. Es wird deshalb immer von dem davor stehenden Wort getrennt geschrieben:
fertig sein – zufrieden sein – zusammen sein – pleite sein – da sein.

1 a) Schreibe unter Benutzung folgender Wortgruppen jeweils einen Satz auf, in dem das Verb im Präteritum gebraucht wird.

1) im Zelt übernachten
2) eine gute Leistung vollbringen
3) die Geburtstagsgäste überraschen
4) das Zeugnis unterschreiben

b) Schreibe nun deine Sätze im Perfekt auf.

2 Schreibe die Sätze im Perfekt auf.

1) Er denkt lange darüber nach.
2) Achtlos geht er an Kathrin vorüber.
3) Du redest wirklich laufend dazwischen.

4) Vergeblich rennt er dem Bus hinterher.
5) Die Disko findet im Schulklub statt.
6) Mit letzter Kraft wirft er sich dazwischen.

3 Füge beim Abschreiben die in Klammern stehenden Wörter zusammen mit *sein* ein.

1) Wir wollen gegen 18:00 Uhr wieder (zurück).
2) Klaus hatte eigentlich keinen Grund (unzufrieden).
3) Gegen Abend werde ich wieder (daheim).
4) Den Wunsch, endlich mit Uta (allein), sah man ihm deutlich an.
5) Er hat versprochen pünktlich (da).
6) Ich hoffe mit der Arbeit bald (fertig).

Tipp ▪ **Nomen + Verb: Getrennt- oder Zusammenschreibung?**

Die meisten Verbindungen von Verben mit einem Nomen sind Wortgruppen und werden deshalb immer getrennt geschrieben:
*Auto fahren, Eis laufen, Kopf stehen, Leid tun, Rad fahren, Schlange stehen, Ski laufen, Folge leisten, Acht geben, Maschine schreiben, Skat spielen;
Ich fahre Auto. Ich bin Auto gefahren.*

Es gibt nicht viele Verben, die mit einem **Nomen** Zusammensetzungen bilden.
Untrennbar zusammengesetzt sind z. B.:
*schlussfolgern, wetteifern, handhaben, kopfrechnen, bergsteigen, notlanden;
Sie hat völlig richtig geschlussfolgert, dass ...*

Trennbar zusammengesetzt sind z. B.:
heimkommen, irreführen, stattfinden, teilnehmen, preisgeben.
Der erste Bestandteil der trennbar zusammengesetzten Verben wird bei der Konjugation immer kleingeschrieben: *Ich gebe das Geheimnis niemals preis.*

4 Füge beim Abschreiben die in Klammern stehenden Ausdrücke in die Sätze ein. Achtung, einer der Ausdrücke wird getrennt geschrieben!

1) Die Maschine musste auf einer Wiese ... (NOT/LANDEN).
2) Sie wollte das Geheimnis auf keinen Fall ... (PREIS/GEBEN).
3) Er wollte den Anweisungen der Ordnungskräfte nicht ... (FOLGE/LEISTEN).
4) Niemand fand sich, der an dem Wettbewerb ... wollte. (TEIL/NEHMEN)
5) Erst in der letzten Runde konnte er den Rückstand noch ... (WETT/MACHEN).
6) Die Endrunde wird am kommenden Wochenende (STATT/FINDEN).
7) Sie konnte ... wie keine zweite. (KOPF/RECHNEN).
8) Wir sollten nun wirklich ... (HEIM/GEHEN).

5 Kombiniere die Nomen und die Verben und setze sie in die Sätze ein. Achte darauf, ob das Nomen und das Verb getrennt oder zusammengeschrieben werden müssen.

1) Wenn du auf dem Fußweg ■, musst du besonders auf die Passanten ■
2) Wenn du an der Winterfahrt ■, hast du auch die Möglichkeit ■
3) Wenn er die Überraschung ■, werden die Menschen ■
4) Wenn er den Anordnungen ■, wird er zeitig ■
5) Wenn er uns tatsächlich ■ hat, wird ihm das noch sehr ■

PREIS ACHT IRRE LEID
SCHLANGE SKI TEIL
RAD HEIM FOLGE
STEHEN FÜHREN
KOMMEN FINDEN
LAUFEN TUN
FAHREN NEHMEN LEISTEN GEBEN

Tipp ▪ **Adjektiv + Verb: Getrennt- oder Zusammenschreibung?**

In **vielen Fällen** wird das Adjektiv vom Verb **getrennt geschrieben**:
schlecht gehen wird z. B. immer getrennt geschrieben, weil das Adjektiv *schlecht* in dieser Verbindung gesteigert (*schlechter gehen*) und auch erweitert (*sehr schlecht gehen, ganz schlecht gehen*) werden kann.

Ebenfalls getrennt geschrieben wird, wenn Adjektive mit *-ig, -lich, -isch* vor dem Verb stehen: *übrig bleiben – fröhlich singen – neidisch gucken*.

Ein Adjektiv bildet mit einem Verb nur dann eine Zusammensetzung und wird daher zusammengeschrieben, wenn das Adjektiv in dieser Verbindung nicht gesteigert oder durch *ganz* bzw. *sehr* erweitert werden kann:
sich langweilen; **aber nicht:** *sich *länger/weilen, sich sehr lang/weilen, sich ganz lang/weilen*

6 Schreibe die folgenden Wörter geordnet nach Getrennt- (acht Wörter) bzw. Zusammenschreibung (vier Wörter) auf.

HERZLICH/LACHEN   ERNST/NEHMEN   VOLL/BRINGEN
LEICHT/FALLEN   SCHWARZ/ARBEITEN   GENAU/NEHMEN
BEKANNT/MACHEN   FREUNDLICH/NICKEN   NAHE/BRINGEN
FERN/SEHEN   FROH/LOCKEN   ZUFRIEDEN/LASSEN

7 Entscheide, in welchem Satz Adjektiv und Verb getrennt bzw. zusammengeschrieben werden.

1) *fest ? stellen*
   a) Wissenschaftler haben ..., dass Goldregenpfeifer 48 Stunden ohne Rast hintereinander fliegen können.
   b) Damit das Experiment gelingt, musste er die Schraube ...
2) *frei ? sprechen*
   a) Peter muss bei seinen Referaten vor der Klasse noch mehr ...
   b) In der Verhandlung wurde seine Unschuld bewiesen, der Richter konnte ihn ...
3) *schön ? reden*
   a) Uta hat gestern auf der Geburtstagsfeier wirklich ...
   b) An diesen harten Fakten kann man nicht vorbeigehen und sie einfach ...
4) *gut ? schreiben*
   a) Keine Angst, du büßt kein Geld ein, ich lasse es dir ...
   b) Der Aufsatz ist von Claudia ... worden.
5) *locker ? lassen*
   a) Du sollst das Seil nicht so fest halten, du kannst es ...
   b) In dieser Angelegenheit darfst du auf keinen Fall ...
6) *kurz ? arbeiten*
   a) Die Zahl der Aufträge ist stark zurückgegangen, viele Arbeiter müssen ...
   b) Er war nur wenige Monate in unserem Betrieb, er hat hier also nur ...

Tipp ▪ **Ausdrücke mit zwei Verben werden immer getrennt geschrieben**

Immer getrennt geschrieben werden Ausdrücke mit einem Verb und einem vorausgehenden Verb oder Partizip:
sitzen bleiben – sitzen geblieben,
getrennt schreiben – getrennt geschrieben.

8 Schreibe die Sätze vollständig auf. Dazu musst du – entsprechend der Bedeutung des jeweiligen Satzes – zwei Verben in der richtigen Form (Infinitiv oder Partizip) miteinander kombinieren.

spazieren – lernen – gehen – trennen – bekommen – kennen – lassen – gehen – liegen – schreiben – verlieren – schenken

1) Heute Abend wollen wir im Stadtpark ...
2) Auf der Schulfete habe ich Katjas Freund ...
3) Robert hat seine Turnschuhe in der Umkleidekabine ...
4) Diese beiden Wörter müssen nach der Regel stets ... werden.
5) Keine Angst, bei uns ist noch niemand ...
6) Hast du den Bildband zu deinem Geburtstag ...?

Tipp ▪ **Getrennt- und Zusammenschreibung bei Ausdrücken mit Präposition oder Adverb + Verb**

Die meisten Ausdrücke, die aus einer Präposition bzw. einem Adverb und einem Verb bestehen, werden – außer in ihren flektierten Formen – zusammengeschrieben, z. B.:
beistehen, dazwischenreden, durchlaufen, entgegenkommen, gegenüberliegen, herunterspringen, hintenüberfallen, hinterherrennen, losrasen, vorauseilen, widersprechen, zurechtrücken.

Nur wenn Wörter mit *-einander* (*durcheinander*), mit *-wärts* (*rückwärts*) und mit *-seits/-seite* (*abseits, beiseite*) vor dem Verb stehen, werden die Ausdrücke immer getrennt geschrieben:
durcheinander sprechen, aufeinander hören, auseinander laufen;
rückwärts gehen, vorwärts schauen, abwärts laufen;
abseits stehen, beiseite legen.

9 Verbinde die folgenden Präpositionen mit *-einander* und schreibe das Wort jeweils mit einem passenden Verb auf: *aneinander denken…*

an – auf – aus – bei – durch – für – gegen – in – mit – neben – über – unter – von – zu – vor – hinter

10 Entscheide, ob getrennt oder zusammengeschrieben wird.

1) Sie konnten sich einfach nicht (aneinander – gewöhnen).
2) Immer wieder hat er im Unterricht (dazwischen – reden).
3) Der Text war so schwierig, dass er ihn (beiseite – legen).
4) Der LKW-Fahrer ist (rückwärts – fahren) und hat dabei mit seinem Fahrzeug den PKW regelrecht (zusammen – schieben).
5) Sabine ist mit der letzten Aufgabe einfach nicht (zurecht – kommen).
6) Plötzlich sind große Teile des Baugerüsts (herunter – fallen).
7) Peter hat eigentlich schon immer ein bisschen (abseits – stehen).
8) Du kannst doch nicht vor jeder Schwierigkeit (zurück – weichen).
9) Es ist eine gute Tradition, dass wir nach einem Spiel für ein paar Stunden (beisammen – sitzen).
10) Er hat den Ball weit am Tor (vorbei – schießen).
11) Während der dreijährigen Ausbildung (durch – laufen) man die unterschiedlichen Abteilungen.
12) Im Boot ist er (hintenüber – fallen), sodass wir ihn aus dem Wasser fischen mussten.
13) Die beiden haben gut (miteinander – arbeiten).
14) Wir werden sehen, ob es mit der Wirtschaft in Zukunft bald (aufwärts – gehen).

b) Getrennt- und Zusammenschreibung bei Adjektiven

[Abbildung mit Werbetexten auf Kosmetikprodukten:]

Formstabile, fusselfeste und zartweiße Cosmetic-Pads für allerhöchste Ansprüche

Die hochwertige und klinisch getestete Creme gibt der Haut 24 Stunden Pflege, Feuchtigkeit und Schutz. Vitamin E beugt einer licht- und umweltbedingten Alterung vor. Ihre Haut ist sichtbar jugendlich zart und bleibt überraschend geschmeidig. e 75 ml

Schnell einziehende Handcreme – dezent parfümiert oder parfümfrei

Die reichhaltige Pflegecreme wurde für die Bedürfnisse stark beanspruchter Haut entwickelt. Gut verträgliche Pflegestoffe sind genau dosiert. Und der schön geformte blaugraue Tiegel versiegelt sie luftdicht.

1 In diesen Werbetexten werden die Eigenschaften der Produkte auf unterschiedliche Weise zum Ausdruck gebracht. Welche sprachlichen Mittel werden dabei eingesetzt?

2 Ordne die »Eigenschaftsbezeichnungen« der Texte in zwei Gruppen:
a) aus zwei Wörtern zusammengesetzte Adjektive (10),
b) Wortgruppen mit einem getrennt geschriebenen Adjektiv (oder Partizip) am Ende (8).

3 Welchen Wortarten lassen sich die ersten Teile von zusammengesetzten Adjektiven zuordnen?

Adjektive (und wie Adjektive gebrauchte Partizipien) können mit voranstehenden Nomen, Verben, Adjektiven, Adverben und Pronomen **Zusammensetzungen** bilden und werden dann mit ihnen zusammengeschrieben (z. B. *luftdicht, fusselfest, blaugrau, allerhöchst*).

Als Bestandteil einer **Wortgruppe** werden Adjektive und Partizipien dagegen vom vorangehenden Wort getrennt geschrieben. Das ist der Fall, wenn das vorangehende Wort
– ein Adjektiv auf *-ig, -isch* oder *-lich* ist (z. B. *klinisch getestet, jugendlich zart*),
– ein Adjektiv ist, das gesteigert oder erweitert werden kann (z. B. *schnell einziehend, schneller einziehend, sehr schnell einziehend*),
– ein Partizip ist (z. B. *überraschend geschmeidig, gestochen scharf*).

1 Schreibe einen Werbetext für ein Produkt deiner Wahl und verwende dabei viele zusammengesetzte Adjektive. Berücksichtige dabei möglichst auch Zusammensetzungen mit je einem Bestandteil der erste Spalte und der zweiten Spalte der Wörter auf Seite 99.

[Abbildung: Verpackungen mit Adjektiv-Vorsilben: tief-, extra-, dunkel-, super-, bitter-, böse, kalt, rot, schlank, scharf, faul, stark, schlau, warm, traurig, ur-, voll-, lau-, alt-, blau-, fein, ernst, hart]

2 Welche der folgenden Wörter werden getrennt, welche werden zusammengeschrieben?

rasend ? schnell, klein ? gläubig, dicht ? behaart, wahnsinnig ? gut, leuchtend ? blau, schwül ? warm, taub ? stumm, mikroskopisch ? klein, super ? schnell, unverzeihlich ? dumm, nass ? kalt, verdammt ? teuer, strahlend ? hell, schwer ? bekömmlich

3 Manchmal ergeben sich Bedeutungsunterschiede und Betonungsunterschiede zwischen Zusammensetzung und Wortgruppe:
Du wirst doch bis neun Uhr leicht fertig sein.
Das war sehr leichtfertig von dir!
Bilde Sätze mit den folgenden Wörtern.

gleich gültig – gleichgültig, bloß liegend – bloßliegend, richtig gehend – richtiggehend, frei gesprochen – freigesprochen, vorher gesagt – vorhergesagt

4 Entscheide, in welchem der folgenden Sätze das Adjektiv Teil einer Wortgruppe oder Teil einer Zusammensetzung ist.

1) Dieses Gerücht ist weiter ? verbreitet, als ich dachte.
2) Breit ? grinsend kam er auf mich zu.
3) Er stand da, höher ? gewachsen als alle um ihn herum.
4) Dein Erfolg ist groß ? artig.
5) Sie erschienen lässig ? gekleidet zur Party.
6) Der Brief ist doch gut ? lesbar.
7) Fliegenpilze sind hoch ? giftig.
8) Seine Handlungsweise ist für mich schwer ? verständlich.
9) Vor der langen Fahrt hatte sie das Auto voll ? getankt.

c) Fehler durch Verwechslung

Seitdem durch Zufall die durch Eis gut konservierte Leiche eines Menschen aus der Steinzeit in den Ötztaler Alpen gefunden worden ist, rätseln Wissenschaftler, ob die Mumie zu Lebzeiten ein Hirte oder ein Jäger war. Sobald der Fund bekannt geworden ist, bemühen sich deutsche, österreichische und italienische Archäologen um eine Klärung dieser Frage.

Seit dem 30. September des letzten Jahres untersuchen sie den Gletschermann, indem sie Teile seiner Ausrüstung zusammenfügen. So trug er z. B. einen Köcher aus Fell mit sich, in dem sich 14 Pfeile befanden, von denen jedoch nur zwei angespitzt waren. Die Archäologen hatten zu Anfang nicht geglaubt, dass sie so bald nach dem Fund schon so aufschlussreiche Erkenntnisse gewinnen würden. Nachdem in den Medien wiederholt darüber berichtet worden ist, wartet die Öffentlichkeit gespannt auf den Bericht der Wissenschaftler, der nach dem Abschluss aller Untersuchungen veröffentlicht werden soll.

1 In diesem Text stößt du auf ein besonderes Problem der deutschen Rechtschreibung. Erkläre die unterschiedliche Schreibweise von *seitdem*.
2 Suche im Text noch weitere Beispiele für Wörter, die auf Grund ihres gleichen Wortlauts verwechselt werden können.

Häufig werden Konjunktionen und Adverbien mit Ausdrücken verwechselt, die aus einer Präposition und einem Artikel oder Pronomen bestehen.

Konjunktion oder Adverb	**Präposition + Pronomen oder Artikel**
nachdem	*nach dem*
seitdem	*seit dem*
zudem	*zu dem*
indem	*in dem*

Ähnliche Verwechslungsmöglichkeiten gibt es bei Konjunktionen mit *so-* als erstem Bestandteil von Ausdrücken, in denen *so* als Adverb erscheint.
Handelt es sich um eine Konjunktion, so liegt die Betonung auf der zweiten Silbe. Handelt es sich um einen adverbialen Ausdruck, so liegt die Betonung entweder auf beiden Wörtern oder auf dem *so*: *Solange ich noch zur Schule ging, wohnte ich noch bei meinen Eltern. Ich möchte bei meinen Eltern noch so lange wohnen, bis ich eine Wohnung gefunden habe.*

Konjunktionen (Zusammenschreibung)	**Adverbiale Ausdrücke (Getrenntschreibung)**
sobald	*so bald*
solange	*so lange*
soweit	*so weit*
sofern	*so fern*
sosehr	*so sehr*
sooft	*so oft*

Bei der Konjunktion *sodass/so dass* sind beide Schreibweisen erlaubt.
Der Musiker war erkrankt, sodass sein Konzert ausfallen musste.
Der Musiker war erkrankt, so dass sein Konzert ausfallen musste.

1 Entscheide, ob hier getrennt oder zusammengeschrieben wird.

1) In❓dem Jahr meiner Schulentlassung werde ich 16 Jahre alt.
2) Seit❓dem die Schülerin weiß, was sie werden will, strengt sie sich mehr an.
3) Zu❓dem Geburtstag meiner Freundin sind viele Gäste eingeladen.
4) Nach❓dem ich meine Mittlere Reife geschafft habe, möchte ich noch das Abitur machen.
5) Fahren Sie so❓lange geradeaus, bis Sie zu einer Ampel kommen.
6) Ich werde meine Zensuren verbessern, in❓dem ich mich mehr anstrenge.
7) Nach❓dem Abitur beginnt sie ein Studium.
8) Seit❓dem 1.4. dieses Jahres gibt es ein neues Steuergesetz.
9) So❓weit ich es beurteilen kann, war das Referat gut.
10) Der Pullover ist sehr teuer, zu❓dem gefällt mir die Farbe nicht.

2 Bilde mit den aufgelisteten Wörtern auf Seite 100 selbst Beispielsätze.

Tipp ▪ **Mal in der Getrenntschreibung, -mal in der Zusammenschreibung**

Die Getrenntschreibung erfolgt, wenn *Mal* im Rahmen einer Wortgruppe als Nomen gebraucht wird. Zusammengeschrieben wird, wenn das *-mal* in einer adverbialen Zusammensetzung steht:

Getrenntschreibung		**Zusammenschreibung**	
voriges Mal	das erste Mal	einmal	allemal
ein anderes Mal	zum ersten Mal	zweimal	niemals
mehrere Male	zum letzten Mal	vieltausendmal	ehemals
manches Mal	ein paar Male	manchmal	diesmal
dieses Mal	mehrere Male	keinmal	mehrmals

Ist der erste Teil einer Verbindung mit *Mal* flektiert, wird getrennt und dabei *Mal* großgeschrieben.

Ist der erste Teil einer Verbindung mit *mal* nicht flektiert, wird die entstandene Zusammensetzung zusammengeschrieben.

3 Schreibe folgenden Text richtig. Schlage im Zweifelsfall unter dem Stichwort *Mal* in einem Wörterbuch nach.

Die Lehrerin sagte DAS/ERSTE/MAL nichts zu der Ausrede des Schülers, auch BEIM/ZWEITEN/MAL stellte sie ihn nicht zur Rede, aber LETZTES/MAL machte sie ihm klar, dass sie DIES/MAL ZUM/LETZTEN/MAL ein Auge zugedrückt habe. DAS/NÄCHSTE/MAL werde sie ihn bestrafen müssen, weil er schon WIEDERHOLTE/MALE zu spät gekommen sei und nun endlich EIN/MAL lernen müsse, sich gesellschaftlichen Regeln anzupassen.

d) Schreibung von Straßennamen

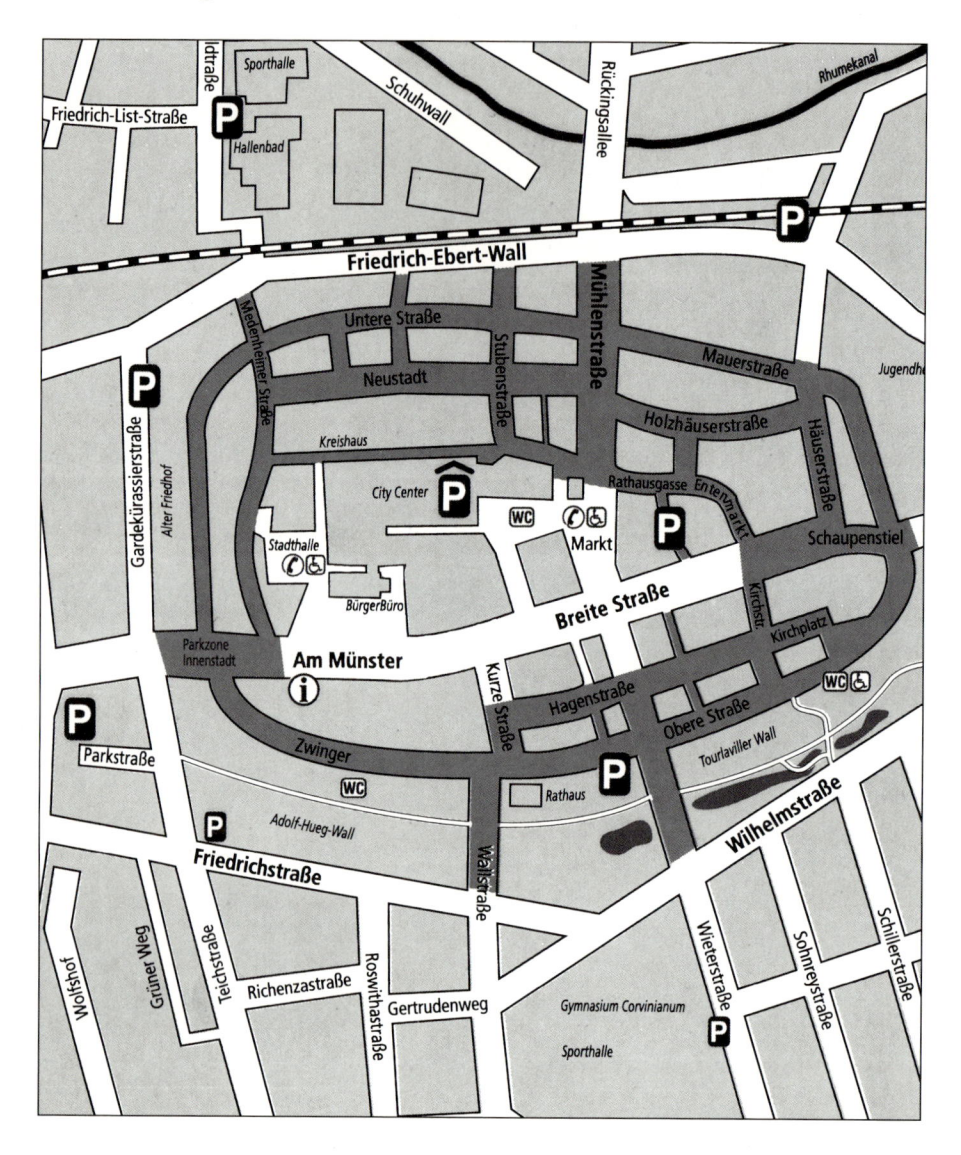

1 Dies ist ein Auszug aus dem Stadtplan der Stadt Northeim am Harz. Lege folgende Tabelle an und trage in jede Spalte drei Beispiele ein.

Zusammenschreibung	Getrenntschreibung	Schreibung mit Bindestrich
Wilhelmstraße		

Die Schreibweise von Straßennamen ist abhängig von den Wörtern, die dem Grundwort *Straße, Weg, Damm* usw. vorausgehen.

Straßennamen werden zusammengeschrieben, wenn das vorausgehende Wort ein Nomen oder ein unflektiertes Adjektiv ist:
Mauerstraße, Bergweg (Nomen + *-straße, -weg*),
Hochstraße, Rundweg (unflektiertes Adjektiv + *-straße, -weg*)

Straßennamen werden getrennt geschrieben, wenn
– das vorausgehende Wort ein abgeleiteter Orts- oder Ländername auf
  -er oder *-isch* ist:
  Göttinger Straße, Holländischer Weg,
– das vorausgehende Wort ein flektiertes Adjektiv ist:
  Breite Straße, Runder Weg,
– die Straßenbezeichnung eine Wortgruppe mit einer Präposition darstellt:
  An der Mauer, In der Bleiche.

Mit Bindestrichen werden Straßenbezeichnungen mit mehrgliedrigen Namen geschrieben:
Konrad-Adenauer-Damm, Friedrich-List-Straße.

1 Nach welcher Regel wurden die folgenden Straßennamen geschrieben?

Auf dem Bruche, Agnes-Miegel-Straße, Breslauer Allee, Kastanienallee, Berliner Platz, Weinstraße, Goethestraße, Untere Straße, Heinrich-Göbel-Straße

2 Suche jeweils fünf Straßennamen aus deinem Heimatort als Beispiele für Zusammen- und Getrenntschreibung und für die Schreibung mit Bindestrichen.

3 Erfinde Straßennamen mit Hilfe des folgenden Wortmaterials.

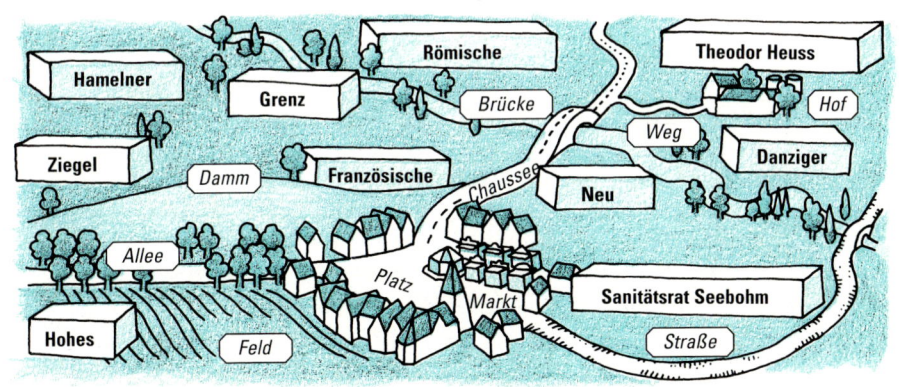

Hamelner, Römische, Theodor Heuss, Grenz, Brücke, Hof, Ziegel, Weg, Danziger, Damm, Französische, Chaussee, Neu, Allee, Platz, Markt, Sanitätsrat Seebohm, Hohes, Feld, Straße

2.8 Großschreibung – Kleinschreibung

a) Großschreibung der Satzanfänge

Text A
Wichtiger Hinweis: Dies ist ein in aller Welt anerkanntes, gut verträgliches Arzneimittel gegen Schmerzen, insbesondere Kopfschmerzen, Fieber und Entzündungen. Nebenwirkungen sind nicht bekannt.

(Auszug aus einer Gebrauchsinformation)

Text B
Die nächste Kurve des Weges brachte uns in andere Distanz und nun sahen wir sie von der Seite: Rohbauten, die auf den Zimmermann zu warten schienen: graue Steinmauern, dunkle Fensterhöhlen, kein Stück Holz, kein Fetzen Stoff, nichts Farbiges, wie ein Körper ohne Haare, ohne Augen, ohne Fleisch und Blut: das Skelett eines Dorfes, grausam deutlich in seiner Struktur.

(Aus: Heinrich Böll, Irisches Tagebuch)

1 Achte auf die Schreibung der Wörter nach den Doppelpunkten. Was fällt dir auf?

Das erste Wort einer Überschrift oder eines selbstständigen Satzes wird großgeschrieben. Dies gilt auch für das erste Wort eines vollständigen Satzes nach einem Doppelpunkt:
Spielanleitung: Jeder Spieler erhält vier Spielfiguren und einen Würfel.
Nach einem Doppelpunkt kleingeschrieben wird dagegen das erste Wort einer Aufzählung oder eines Teiles eines Satzes:
Sie hatte alles verkauft: ihr Haus, ihr Auto, ihren Schmuck.

1 Entscheide, ob nach dem Doppelpunkt groß- oder kleingeschrieben wird.

1) Übrigens: (e)in Vollbad kostet dreimal so viel Energie wie ein sechs Minuten langes Duschbad.
2) Die Leistungen insgesamt: (a)usgezeichnet.
3) Die Zuständigkeiten beim Umweltschutz sind zwischen Bund und Ländern klar aufgeteilt: (d)er Bund ist für die Rahmengesetzgebung zuständig, die Länder füllen diesen Rahmen durch eigene Gesetze aus.
4) Ein großer Trost ist ihr geblieben: (i)hr Hund.
5) Beispiel Glas: (a)m besten ist die Mehrwegflasche, denn sie muss nicht vor jedem Gebrauch eingeschmolzen und neu produziert werden.
6) Besondere Kennzeichen: (d)rei weiße Pfoten, Verletzung am linken Ohr.

b) Großschreibung von Nominalisierungen

In langsameren Zeiten, als Lesen und Schreiben eine Sache einiger Privilegierter war, die sich genussvoll Zeit lassen konnten, Handschriftliches zusammenzubuchstabieren und über den Sinn des Gelesenen nachzugrübeln, störte es sicherlich nicht sonderlich, wenn man beim Lesen über die ungewohnte Gestalt des Wortes stolperte oder beim Schreiben zwischen mehreren Alternativen zu wählen hatte. Heute jedoch brauchen wir Eindeutigkeit. Alles Zweifelhafte lässt sich nicht automatischen Prozessen unterwerfen, erfordert also bewusstes Abwägen des Für und Wider einer bestimmten Schreibweise. Das würde nicht nur dazu führen, dass Hunderttausende von Schreibprozessen verzögert würden, sondern auch dazu, dass das Richtige in den Augen verschiedener Menschen unterschiedlich wäre. Um dieses auszuschließen hat Konrad Duden für den deutschen Sprachraum im Jahre 1880 ein Nachschlagewerk geschaffen, das alles Verbindliche zur Rechtschreibung aussagte.

1 Dieser Text enthält zahlreiche Nomen. An welchen grammatischen Merkmalen kann man ein Nomen erkennen?
2 Zahlreiche der im Text enthaltenen Nomen sind durch Nominalisierung aus einer anderen Wortart entstanden. Lege eine Tabelle nach beiliegendem Muster an.

Nomen	ursprüngliche Wortart		
	Verb	Adjektiv	andere Wortarten
das Lesen	lesen		
der Privilegierte		privilegiert	

Wörter aller Wortarten können zu Nomen werden. Diese **Nominalisierungen** werden großgeschrieben. Man kann sie wie alle Nomen daran erkennen, dass
– sie mit einem Artikel (*das Lesen*, *beim* (= bei dem) *Schreiben*, *das Richtige*) und/oder mit einem Attribut gebraucht werden können (*bewusstes Abwägen*, *alles Verbindliche*),
– sie deklinierbar sind (*der Sinn des Gelesenen*).

Nominalisierungen von Adjektiven und Partizipien stehen häufig in unbestimmten Mengenangaben nach folgenden Wörtern: *alles, etwas, wenig, nichts, genug, viel, allerlei, manch* u. Ä., z. B. *alles Verbindliche, nichts Neues*.

1 a) Entscheide, ob groß- oder kleingeschrieben werden muss.
  b) Erfinde selbst ähnlich aufgebaute Werbesprüche.

Aus der Werbung
1) Ein (d)ankeschön für jeden (n)eugeworbenen Abonnenten.
2) Unseren (k)leinsten haben Sie sich sicher (k)leiner vorgestellt.

3) Das (r)eizvolle hat eine (e)igene Ausstrahlung.
4) Die Exklusiv-Lackierung: extravagantes (v)iolett. Stoffverdeck: (s)chwarz.
5) Aus dem Wok: (k)östliches (f)ernöstliches.
6) Viel (a)romatisches in (k)urzer Zeit zubereitet.
7) Schmackhaftes und (p)ikantes aus der (a)lternativen Küche.
8) Eine (u)nterhaltsame Fahrt ins (b)laue.
9) Nur vom (f)einsten für den (a)nspruchsvollen Kenner.
10) Das jetzt günstig (g)ekaufte wird Ihnen (l)ange Freude bereiten.
11) Alles (n)eue finden Sie in dieser (h)andlichen Broschüre.
12) Das (b)este ist gerade (g)ut genug für Sie.

Tipp ▪ **Achtung Rechtschreibfalle!**

Die Schuhe gefallen mir alle. Am liebsten würde ich die grünen kaufen.
In diesem Fall handelt es sich nicht um ein nominalisiertes Adjektiv, denn der Artikel und das Adjektiv beziehen sich auf ein vorher verwendetes Nomen. Wenn sich dieses Nomen ergänzen lässt (*die grünen Schuhe*), dann wird das Adjektiv kleingeschrieben.

2 Entscheide jeweils, ob groß- oder kleingeschrieben wird.

1) In den Ferien freuten sie sich jeden Tag schon auf den (n)ächsten.
2) Du sollst deinen (n)ächsten achten.
3) Alle Veranstaltungen des Festivals waren gut gelungen. Das galt besonders für die (m)usikalischen.
4) Es ist nicht gut, wenn man den (s)chwachen die (s)tarken immer als Vorbild hinstellt.
5) Einige Schüler müssten stärker gefördert werden, vor allen Dingen die (s)chwachen.
6) Die Fahrräder sind gestohlen worden, auch das neu (g)ekaufte.
7) Das neu (g)ekaufte musste bald umgetauscht werden, da es fehlerhaft war.

3 Begründe im Einzelnen, warum im Text die Farbangaben einmal großgeschrieben und einmal kleingeschrieben werden.

Im Tierreich sind viele verschiedene Möglichkeiten der Tarnung bekannt, z. B. die der Farbveränderung. Laubfrösche erscheinen z. B. auf Blättern leuchtend grün, während sie auf einem Stamm ihre Farbe in ein Braun ändern. In der Haut der Frösche liegen mehrere Zellschichten, die verschiedene Fär-
5 bungen haben. Dicht unter der Oberfläche gibt es lichtbrechende Öltröpfchen, die sich zwischen großen, gelben Farbstoffzellen befinden. Unter dieser Schicht sind Zellen mit einer blauen Färbung, sodass die Haut durch die Mischung von Gelb und Blau insgesamt grün erscheint. Feine Kanäle, die von weiter unten liegenden Zellen mit schwarzem Farbstoff ausgehen,

durchziehen die beiden oberen Zellschichten. Je nach Untergrund breitet sich der Farbstoff in den Kanälen aus, sodass die Hautfarbe von Grün nach Braun wechselt oder die Farbe sich in den Schwarzzellen zusammenzieht und der Frosch grün erscheint.

> *Tipp* ▪ **Sie spricht französisch oder sie spricht Französisch?**
>
> *Sie kocht französisch.* **(Wie?)**   *Sie spricht französisch.* **(Wie?)**
> *Sein Französisch ist schlecht.* **(Was?)** *Sie spricht Französisch.* **(Was?)**
> *Er lernt Französisch.* **(Was?)**
>
> 1. Sprachbezeichnungen werden kleingeschrieben, wenn sie adverbial oder attributiv gebraucht werden. (Frage: Wie?)
> 2. Sprachbezeichnungen werden großgeschrieben, wenn sie nominal gebraucht werden. (Frage: Was?)
> 3. Lässt sich ein nominalisiertes Adjektiv sowohl adverbial als nominal gebrauchen, kann man es klein- oder großschreiben (französisch/Französisch).
> 4. Wenn ein Unterrichtsfach gemeint ist, wird die Sprachbezeichnung immer großgeschrieben.

4 Entscheide, ob groß- oder kleingeschrieben werden muss.

Aus dem Winterprogramm der Volkshochschule:
Ein (1)talienischer Konversationskurs ist für Hörer gedacht, die ihre bisher erworbenen Kenntnisse verbessern wollen und sich in längeren Gesprächen (2)talienisch verständigen oder auf (3)talienisch diskutieren wollen. Daneben finden weiter Anfängerkurse in (4)nglisch und (5)ranzösisch statt. Der Fortgeschrittenenkurs im (6)nglischen muss leider in diesem Semester ausfallen. Wer (7)panisch lernen möchte, sollte sich bis Mitte des nächsten Monats melden. Bei ausreichendem Interesse könnte ein (8)panischkurs eingerichtet werden, da sich uns kurzfristig eine perfekt (9)panisch sprechende Dolmetscherin zur Verfügung gestellt hat. Ein weiteres Unterrichtsfach, das im nächsten Programm angeboten werden wird, ist (10)hinesisch.

5 Im folgenden Text findest du unterschiedliche Beispiele für Nominalisierungen. Schreibe ihn mit korrekter Groß- und Kleinschreibung ab.

TUCHHERSTELLUNG IN FLORENZ IM MITTELALTER

DAS SORTIEREN WAR NUR EINER VON 30 VORGÄNGEN BEI DER WOLLVERARBEITUNG. BEI DIESEM ARBEITSGANG WURDE DIE WOLLE IN DREI QUALITÄTSGRUPPEN EINGETEILT. NACH DEM WASCHEN, SCHLAGEN UND EINÖLEN DER WOLLE FOLGTE DAS FÄRBEN. BEIM KÄMMEN WURDEN DIE LANGEN FRANSEN VON DEN KURZEN GETRENNT.

DIE LANGEN KAMEN DANACH DIREKT ZUM SPINNEN, DIE KURZEN MUSSTEN DEN KREMPELPROZESS DURCHLAUFEN; DABEI WURDEN SIE MIT KRATZGERÄTEN BEARBEITET. BEIM SPINNEN WURDE DANN DIE WOLLE VON BAUERSFRAUEN IN HEIMARBEIT ZU GARN VERARBEITET. BEVOR MAN ZUM LETZTEN ARBEITSGANG, DEM WEBEN, KAM, MUSSTE MAN DAS GARN NOCH SCHÄREN, D.H., ÜBER DIE FLÄCHE EINES SCHÄRRAHMENS SCHLINGEN UND MIT LEINEN VERSTEIFEN. HÄNDLER AUS FLORENZ GENOSSEN WEGEN IHRER GUTEN WARE HOHES ANSEHEN IN ALLER WELT.

6 Entscheide, ob groß- oder kleingeschrieben werden muss.

1) Dass (d)u morgen kommst, freut mich.
2) Er hatte den (s)einen ein beträchtliches Vermögen hinterlassen.
3) Er ist ein (n)iemand in diesem Geschäft.
4) Du hast mir (e)twas Hübsches geschenkt.
5) Es konnte ihn (n)ichts davon abhalten, seine Arbeit aufzugeben.
6) Das Zeugnis zeigte, dass sich (s)eine Leistungen verbessert hatten.
7) Das vertraute (d)u gebrauchte er nur im privaten Kreis.
8) Die junge Frau hatte das gewisse (e)twas.
9) Als unbekannter (j)emand taucht er er auf der Party auf.
10) Er kam aus dem (n)ichts.
11) Alle, die (j)emanden kennen, der in Australien war, melden sich bitte.
12) Warum hat mir das (n)iemand gesagt?

Tipp ▪ Schreibung von Zahladjektiven

Für die Rechtschreibung von nominalisierten Zahladjektiven gelten die gleichen Regeln wie für nominalisierte Adjektive (siehe S. 105):
Weil sie die Erste in der Klasse war und damit alle anderen übertraf, erhielt sie eine Auszeichnung.
Sie war die Erste, die den Klassenraum betrat.

Zahladjektive werden auch großgeschrieben, wenn sie Teile von Titeln oder Eigennamen sind:
Heinrich der Achte ist aus der katholischen Kirche ausgetreten.
Unbestimmte nominalisierte Zahladjektive (z. B. *Unzählige, Einzelne, Verschiedenes, alles Übrige, alles Mögliche*) werden großgeschrieben:
Sie war die Einzige, die aufpasste.

Folgende unbestimmte Zahladjektive werden immer kleingeschrieben:
alle, viele, wenig(e), (der, die, das) eine, (der, die, das) andere.
Es war nur noch weniges brauchbar.
Der eine liebt dies, der andere das.

7 Entscheide, ob groß- oder kleingeschrieben werden muss.

Heute hat Sabine ihr Lieblingsfach Sport. Sie ist als (e)rste in der Sporthalle. Der Sportunterricht beginnt immer damit, dass sich die Schüler eine (v)iertelstunde lang erwärmen. Im 75-m-Lauf der Mädchen ist Sabine die (e)rste, während sie im Schwimmen häufig als (l)etzte das Ziel erreicht. Nach Sport folgt eine Geschichtsstunde, in der die Schüler Informationen über den Kartoffelanbau in Preußen unter Friedrich dem (z)weiten erhalten. Anschließend wird zwei Stunden lang eine Deutscharbeit geschrieben. In der (s)echsten Stunde erfahren die Schüler, dass sie bald an einem Kursus in (e)rster Hilfe teilnehmen werden. Wenn um fünf Minuten nach (e)ins der Gong erklingt, atmen (a)lle erleichtert auf. Sabine benötigt wieder eine (d)reiviertelstunde für den Heimweg und will am Nachmittag noch (a)nderthalb Stunden für die nächste Mathearbeit üben, damit sie ihre (v)ier in der letzten Arbeit durch eine bessere Zensur ausgleichen kann und weiterhin die (z)weitbeste in Mathe bleibt.

c) Kleinschreibung ehemaliger Nomen

Aus Nomen abgeleitete Adverbien, Präpositionen und Konjunktionen (besonders auf -s) werden kleingeschrieben: z. B. *abends, sonntags, anfangs, teils, trotz, dank, laut.*

Immer kleingeschrieben werden *ein bisschen, ein paar* (einige).
Aber: *ein Paar Schuhe* (zwei zusammengehörige).

Ebenso werden folgende Ausdrücke in Verbindungen mit den Verben *sein, bleiben, werden* kleingeschrieben:
mir ist es leid, ich bin schuld, mir wird angst und bange.
Aber: *Ich habe Angst. Er hat Schuld.*

1 Entscheide, ob groß- oder kleingeschrieben wird.

1) Die Schülerin hat (a)ngst ihrer Mutter zu gestehen, dass sie eine Fünf geschrieben hat.
2) Am liebsten schlafe ich (s)onntags bis elf Uhr.
3) Sie ist es (l)eid für andere zu arbeiten.
4) Er trägt (s)chuld an dem Unfall.
5) Birthe besucht immer des (m)ittwochs (m)ittags ihre Großmutter.
6) Er hat ihr großes (l)eid bereitet.
7) Ihm wird (a)ngst und (b)ange, wenn er nur daran denkt.
8) Es tut mir (l)eid, dass das passieren musste.
9) Der Student ist (p)leite.

10) Sie ist (s)chuld an der Verspätung.
11) Die Firma macht (p)leite.
12) Er ist (w)illens den Schaden wieder gutzumachen.

2 Setze folgende Präpositionen, die aus Nomen entstanden sind, in die Beispielsätze ein.

dank, kraft, laut, mangels, seitens, statt, trotz

1) Die jungen Leute bestiegen ❓ der schlechten Wettervorhersagen den Berg.
2) Die zahlreichen Aufrufe ❓ der Spendenorganisation erbrachten einen hohen Erlös.
3) Die Angeklagte wurde ❓ Beweisen nicht verurteilt.
4) Der Auszubildende wurde ❓ seiner guten Leistungen fest angestellt.
5) Die Tochter begleitete die Mutter ❓ ihres Vaters.
6) Das Trinken von Alkohol in der Schule war von dem Direktor ❓ seines Amtes verboten worden.
7) Das Auto war, ❓ Aussage eines Fußgängers, ohne anzuhalten über die Kreuzung gefahren.

Tipp ▪ Schreibung von Zeitangaben

Treten Bezeichnungen von Tageszeiten nach den Adverbien *vorgestern, gestern, heute, morgen, übermorgen* auf, so werden sie großgeschrieben: *morgen Mittag, vorgestern Abend*.
Aber: *morgen früh.*

3 Entscheide, ob groß- oder kleingeschrieben wird.

```
Liebe Eltern,

wie ich Ihren Kindern (g)estern (f)rüh schon mitgeteilt
habe, findet für die Schüler (v)ormittags projektartiger
Unterricht in Gruppen statt. Alle Gruppen tauschen ihre
Erfahrungen am (m)ittwochmorgen untereinander aus. Gewöhn-
lich werden (n)achmittags Wanderungen durchgeführt. Am
(f)reitagabend soll eine Disko veranstaltet werden.

Alles Nähere erfahren Sie, liebe Eltern, (m)orgen (a)bend
auf der Elternversammlung.

Ihre Klassenlehrerin
```

d) Anredepronomen

Text A

»Ich komme auf Ihre Anzeige, Madame.«
»Fein«, sagte die Personalchefin, »nehmen Sie Platz. Wie heißen Sie?«
»Batier«.
»Herr oder Herrlein?«
»Herr«.
»Und Ihr Geburtsname?«
»Duplat.«
»Herr Batier, ich muss Ihnen leider sagen, dass wir zurzeit wenig an verheirateten Männern interessiert sind.« …

(Aus: France de Lagarde, Die Bewerbung)

Text B

Liebe Cornelia,

ich möchte dich zu meiner Party am 24.4. einladen. Streichst du dir den Termin in deinem Kalender dick an? Ich freue mich sehr, wenn du kommst.

Viele liebe Grüße
deine Jutta

1 Suche aus beiden Texten die Pronomen heraus, die zur Anrede verwendet werden. Wie werden sie geschrieben?

Personal- und Possessivpronomen werden im Allgemeinen kleingeschrieben, auch die Anredepronomen *du*, *dir*, *dein*, *ihr*, *euch*.
Nur die Höflichkeitsanrede *Sie* und das entsprechende Possessivpronomen *Ihr* sowie die dazugehörigen flektierten Formen schreibt man groß.

1 Übertrage die Blockschrift in den Sprechblasen in Schreibschrift.

SEIT WANN HABEN SIE EINEN BART?

SEITDEM ICH IN IHREM WARTEZIMMER WARTE!

2 Welche Pronomen müssen in diesem Brief großgeschrieben werden?

Sehr geehrte Damen und Herren,

wir bedanken uns für (i)hre prompte Antwort und die Rücksendung der Stoffmuster. Wir freuen uns, dass (s)ie (i)hnen gefallen haben und hoffen, dass (s)ie (s)ie in die nähere Auswahl für (i)hre neue Stuhlkollektion nehmen.
Bald können wir (i)hnen auch edle Stoffe aus Italien anbieten.
Bei Interesse werden wir (s)ie (i)hnen gerne zur Ansicht schicken.

Mit freundlichen Grüßen

3 Schreibe die Anredepronomen in den Dialogen richtig.

»Wollen (s)ie mein Haar kaufen?«, fragte Della.
»Ich kaufe Haar«, sagte Madame. »Nehmen (s)ie (i)hren Hut ab und zeigen (s)ie, wie es aussieht.«
Herunter rieselte der braune Wasserfall.
»Zwanzig Dollar«, sagte Madame und wog die Haarflut mit geübter Hand.
»Schnell, geben (s)ie es mir«, sagte Della.
Oh, und die nächsten zwei Stunden tänzelten vorbei auf rosigen Schwingen. (Entschuldigen (s)ie die holprige Metapher!) Sie durchstöberte die Läden nach dem Geschenk für Jim.
Endlich fand sie es: (...)
»Jim, Liebster«, rief sie, »schau mich doch nicht so an. Ich habe mir die Haare abschneiden lassen und verkauft, weil ich Weihnachten einfach nicht überstanden hätte ohne (d)ir etwas zu schenken. Es wächst ja wieder nach – (d)u bist doch nicht böse, oder?

(Aus: O'Henry, Das Geschenk des Weisen)

e) Eigennamen

In den letzten Jahren wurden acht Wölfe im Brandenburger Landesgebiet entdeckt. Im vergangenen Dezember ist ein weibliches Tier im bayerisch-österreichischen Grenzgebiet aufgespürt und geschossen worden. Auch Braunbären aus Slowenien und Kroatien wandern in die Alpen ein, weil sie sich ebenso wie die ost- und südeuropäischen Wölfe stark vermehren und junge Tiere zunehmend ein neues Revier suchen müssen. Die Europäische Gemeinschaft hat in einem Zwölf-Punkte-Plan den Schutz des Wolfes in Westeuropa beschlossen.

Auch Bären sollen nach Mitteleuropa zurückkehren. Von europäischen Naturschutzorganisationen ist ein Aktionsplan entwickelt worden um auch den Braunbären die Rückkehr in die Alpen zu ermöglichen. So gibt es z. B. im Schweizer Grenzraum und in den französischen Alpen große, unbesiedelte Gebiete, die sich zur Wiederbesiedelung mit Bären eignen.

1 Suche aus dem Text Beispiele für großgeschriebene und kleingeschriebene geographische Bezeichnungen. Wann werden sie großgeschrieben, wann klein?

Eigennamen (von einzelnen Personen, Orten, Ländern, Institutionen, ...) werden großgeschrieben (*Karl Meier, Donau*). Auch **Adjektive als Teil eines Namens** werden großgeschrieben (*Stiller Ozean, Deutsche Bank*), jedoch nicht die innerhalb des Namens vorkommenden Artikel, Präpositionen und Konjunktionen (*Karl der Große, Walther von der Vogelweide*).

Außerdem werden Adjektive in bestimmten anderen Wortverbindungen großgeschrieben, z. B. bei Titeln (*Regierender Bürgermeister*), fachsprachlichen Bezeichnungen (*Roter Milan*), besonderen Kalendertagen (*Erster Mai*) und bestimmten historischen Ereignissen (*Zweiter Weltkrieg*).

Aber: Adjektive als Teil fester Wortverbindungen, die keine Eigennamen sind, werden kleingeschrieben (*der blaue Brief, die gelbe Karte, das schwarze Brett*).

Von geographischen Eigennamen abgeleitete Adjektive auf *-er* werden großgeschrieben (*Erfurter Fußballmannschaft*).
Von geographischen Eigennamen abgeleitete Adjektive auf *-isch* werden kleingeschrieben (*bayerisch-österreichisches Grenzgebiet*).

1 Handelt es sich um Eigennamen oder nicht?

1) Friedrich (d)er (g)roße ließ Schloss Sanssouci in Potsdam 1745 erbauen.
2) Sie übernachteten im Hotel (v)ier Jahreszeiten.
3) Die Nachricht wurde sofort am (s)chwarzen Brett angeschlagen.
4) Sie reist oft in die (v)ereinigten Staaten.
5) Ich bin Mitglied im (d)eutschen (r)oten Kreuz.
6) Schulzes feiern ihre (g)oldene Hochzeit.
7) Das Festessen fand in der (g)oldenen Gans statt.
8) Am Himmel war der (g)roße Wagen gut zu erkennen.
9) Die Mitglieder des (d)eutschen Bundestages werden alle vier Jahre gewählt.
10) Für das (n)eue Jahr senden wir die besten Wünsche.
11) Das (n)eue Palais in Potsdam wurde erst nach dem Schloss Sanssouci erbaut.
12) Die (g)roßen Ferien dauern gewöhnlich mindestens sechs Wochen.

2 Du findest in den Klammern Orts- und Ländernamen, die du adjektivisch einsetzen sollst.

Unsere (England) Freunde hatten sich im letzten Jahr zu einer mehrwöchigen Reise durch die (Deutschland) Bundesländer entschlossen. Sie kamen mit einer (Skandinavien) Fähre im (Hamburg) Hafen an und reisten von dort in südlicher Richtung weiter. Als erstes historisches Bauwerk besichtigten sie das mittelalterliche (Lüneburg) Rathaus mit dem bekannten Ratssilber. Etwa zwei Stunden später konnten sie zufällig noch die berühmte (Celle) Hengstparade sehen. Am nächsten Tag ihrer Reise gaben sie nach altem studentischen Brauch dem (Göttingen) Gänseliesel einen Kuss und kauften (Eichsfeld) Mettwurst. Bald gelangten sie schon ins (Hessen) Bergland und probierten dort die bekannten (Kassel) Rippchen. Nach Frankfurt kamen sie nicht, weil sie es vorzogen, über Würzburg zu fahren, um (Franken) Wein zu kaufen. Ihr Ziel war es, weiter in den Süden zu kommen, um das (Ulm) Münster zu besichtigen und (Schwaben) Spezialitäten wie Spätzle und Dampfnudeln zu genießen. Nach dieser interessanten Reise machten sie noch eine Woche Erholungsurlaub auf der (Schweiz) Seite des Bodensees.

3 Ergänze die Sätze, indem du Wortgruppen aus folgender Liste im richtigen Fall und in richtiger Schreibweise einsetzt. Schlage im Zweifelsfall im Wörterbuch nach.

TOSCA VON DER WIESENAUE, OLYMPISCHE SPIELE, ITALIENISCHER SALAT, ENGLISCHER GARTEN, SCHWARZE WITWE, FRANZÖSISCHE REVOLUTION, OLYMPISCHES FEUER, GELBES TRIKOT, FREIE UND HANSESTADT HAMBURG, SCHWEDISCHE GARDINEN, HEILIGER ABEND, GRÜNE LUNGE, SILBERNE HOCHZEIT, NAHER OSTEN, DEUTSCHE BAHN, ROTE KARTE

1) Der Sieger der Tour de France erhält das ?.
2) Das ? wird einige Zeit vor den ? in Olympia entzündet und durch Staffellauf zum Austragungsort der Spiele gebracht.
3) Der ? schmeckt am besten in einer Essig-Öl-Sauce.
4) ? ist der im Stammbaum eingetragene Name des Pudels.
5) Die ? begann im Jahre 1789.
6) Julias Eltern feierten die ? auf einem Ausflugsdampfer.
7) HH ist das Autokennzeichen für die ?.
8) Der Räuber musste zwei Jahre hinter ? verbringen.
9) Der ? wird auch die ? Münchens genannt.
10) Am ? trifft sich die Verwandtschaft nach langer Zeit wieder.
11) Die ? ist eine gefährliche Spinnenart.
12) Der Libero erhält für sein böses Foul die ?.
13) Im ? gibt es schon wieder Unruhen.
14) Die ? erhöht Ende des Jahres die Fahrpreise.

2.9 Abkürzungen und Kurzwörter

Gestern bin ich mit Prof. Dr. Richter mit dem ICE nach Berlin gefahren. Der Zug donnerte mit über 200 km/h über die Schienen. In unserer Hauptstadt angekommen fuhren wir mit der U-Bahn zur Redaktion der BZ. Dort saß in einem Raum von ca. 13 m^2 Fr. Karsten und hatte in der einen Hand einen DIN-A4-Hefter und in der anderen den Tel.-Hörer. Gleichzeitig verfolgte sie die TV-Nachrichten im ZDF. Sie hatte aber noch Zeit uns mitzuteilen, dass sie hier zz. nur i. V. sei, weil sich ihre Kollegin gerade im Urlaub in NRW befinde. Wir wollten sie nicht noch mehr belasten, deshalb schrieb ich ihr auf einen Zettel: »Wir kommen in 2 h noch einmal vorbei!« Die Zeit nutzten wir für einen Bummel zur Friedrichstr.

1 Lies den Text laut vor. Welche Abkürzungen hast du buchstabierend gesprochen, welche hast du als vollständige Wörter vorgelesen?
2 Nenne die volle Bezeichnung der im Text vorkommenden Abkürzungen.
3 Welche Abkürzungen hältst du in einem solchen Text für wenig oder gar nicht angebracht?

Abkürzungen und **Kurzwörter** entstanden und entstehen vor allem unter dem Einfluss des rationellen Sprachgebrauchs in den Bereichen der Wissenschaft, Technik, Verwaltung und Wirtschaft. Sie sollten nicht verwendet werden, wenn durch ihren Gebrauch das Lesen und Verstehen des Textes gestört wird.

Abkürzungen bestehen aus einzelnen Buchstaben oder Buchstabenfolgen. Man unterscheidet:

Abkürzungen im engeren Sinn
Sie werden nur in der geschriebenen Sprache gebraucht, aber als vollständige Wörter gesprochen.
Hinter Abkürzungen steht in der Regel ein Punkt:
i. V. (in Vertretung), Bd. (Band), usw. (und so weiter), Str. (Straße).
Aber: Ohne Punkt stehen Abkürzungen für Maße, Gewichte, Währungen und Himmelsrichtungen:
W (Watt), ha (Hektar), kg (Kilogramm), öS (Österreichischer Schilling), NO (Nordost).

Buchstabenwörter (Initialwörter)
a) buchstabiert gesprochen: *BGB (Bürgerliches Gesetzbuch), PKW (Personenkraftwagen), NOK (Nationales Olympisches Komitee); S-Bahn (Schnellbahn), U-Boot (Unterseeboot),*
b) wie ein Wort gesprochen: *TÜV (Technischer Überwachungsverein), Ufo (Unbekanntes Flugobjekt).*

Silbenwörter
Die Anfangssilben verschiedener Bestandteile von Unterstreichungen zusammengesetzter Wörter werden zusammengezogen: *Kripo (Kriminalpolizei), Moped (Motorpedalfahrzeug).*

Kurzwörter entstehen durch Weglassen von Wortbestandteilen
a) am Wortende: *Mathe (Mathematik), Krimi (Kriminalroman),*
b) am Wortanfang: *Rad (Fahrrad), Bus (Omnibus),*
c) in der Mitte des Wortes: *Fernamt (Fernsprechamt).*

1 Lies die folgenden Sätze vor.

1) Mein Kfz hat eine Länge von 4560 mm, einen Hubraum von 1983 cm³, sein Fahrgeräusch beträgt 76 dB, das zulässige Gesamtgewicht 1645 kg.
2) Der Berg liegt 800 m ü. d. M., hier und in Richtung SO siedelten um 200 n. Chr. germanische Stämme.
3) In unserer Stadt gibt es eine TU, mehrere FS und FHS. Die Anzahl an Kitas lässt zu wünschen übrig.
4) Koll. Mayer sitzt im Zi. 131 und ist unter der Tel.-Nr. 376 (dienstl.) und 4 14 84 (priv.) zu erreichen.
5) Ich muss u.a. aus diesem Bd. die S. 12 f. und die S. 83 ff. lesen, das sind insgesamt ca. 20 S.
6) Lt. § 12 der StVZO kann der LKW nicht zugelassen werden.
7) Der neue PKW der Fa. VW beschleunigt von 0 auf 100 km/h in 10,3 Sek.
8) Die DFB-Auswahl bestreitet in der 23. KW ein Freundschaftsspiel gegen die Spvgg. Bayreuth zugunsten der Aids-Hilfe.

2 Schreibe die üblichen Abkürzungen zu folgenden Wörtern und Ausdrücken auf. Werden sie mit oder ohne Punkt geschrieben? Benutze in Zweifelsfällen ein Wörterbuch.

unter Umständen, Ampere, vergleiche, französisch, gesetzlich geschützt, siehe unten, Liter, Zentimeter, im Auftrag, eingetragener Verein, Volt, männlich, meines Erachtens, vor Christus, Jahrhundert, Herausgeber, gezeichnet, Celsius, beziehungsweise, Kollegin, Absender, zu Händen, Atomkraftwerk, Abkürzung, Mittelalter, geboren, Maximum, Bundesgerichtshof, Firma, das heißt, Volkshochschule, umgangssprachlich

3 Wie lauten die vollständigen Bezeichnungen der folgenden Abkürzungen und Kurzwörter?

DGB, IOC, IR, dpa, Akku, CD, ICE, R-Gespräch, Lok, Hi-Fi, D-Zug, EU, UKW, Limo, Tacho, EDV, USA, UNO, Ober, CSU, Bahn, E-Werk, LP, MC, kcal, ÖTV, KaDeWe, VIP, GAU, PR, AV-Kanal

4 a) Auf den Anzeigenseiten der Zeitungen findet man eine große Anzahl von Abkürzungen. Warum wohl?
b) Kannst du die folgenden Anzeigen verstehen, obwohl in ihnen auch ungewöhnliche Abkürzungen gebraucht werden?

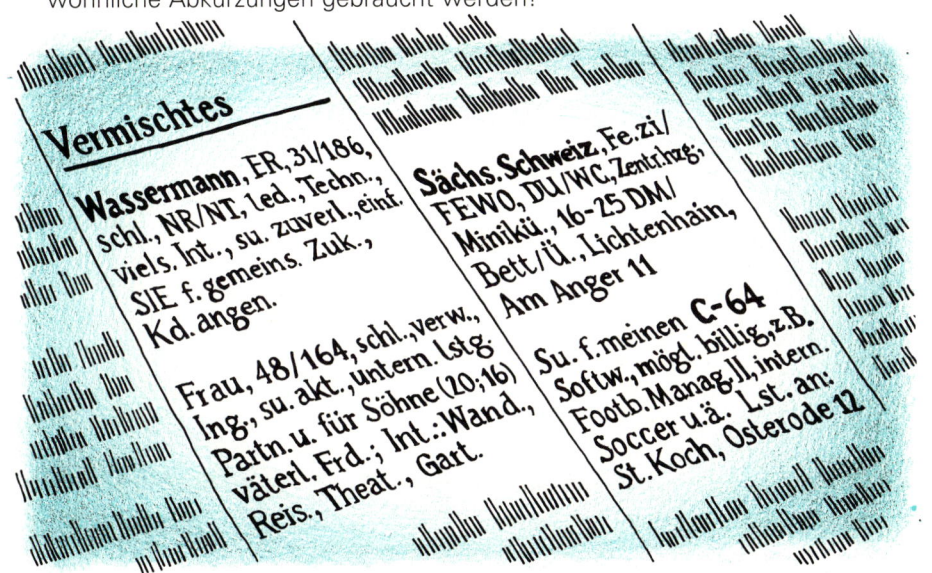

Vermischtes

Wassermann, ER, 31/186, schl., NR/NT, led., Techn., viels. Int., su. zuverl., einf. SIE f. gemeins. Zuk., Kd. angen.

Frau, 48/164, schl. verw., Ing., su. akt., untern. Lstg. Partn. u. für Söhne (20;16) väterl. Frd.; Int.: Wand., Reis., Theat., Gart.

Sächs. Schweiz, Fe.zi/ FEWO, DU/WC, Zentr.hzg; Minikü., 16-25 DM/ Bett/Ü., Lichtenhain, Am Anger 11

Su. f. meinen C-64 Softw., mögl. billig, z.B. Footb. Manag. II, intern. Soccer u.ä. Lst. an: St. Koch, Osterode 12

Tipp ▪ **Werden Abkürzungen dekliniert?**

1. Silbenwörter und Kurzwörter werden wie Nomen dekliniert:
   das Moped – das Kennzeichen des Mopeds – die Mopeds – die Besitzer der Mopeds;
   der Krimi – der Autor des Krimis – die Krimis – eine Liste aller Krimis.

2. Buchstabenwörter, die buchstabiert gesprochen werden, werden nicht dekliniert:
   der DGB – die Aktionen des DGB.

In der gesprochenen Sprache wird im Plural häufig ein *-s* angefügt:
der PKW – die PKWs – die Fahrer der PKWs,
das NOK – die NOKs – die Vertreter des NOKs,
die AG – die AGs – die Chefs der AGs.

3. Auch Abkürzungen mit und ohne Punkt werden in der Regel nicht dekliniert:
   im Zeitraum eines Jg.; am 30. d. M.

Nur bei wenigen Abkürzungen wird im Plural ein *-e* angefügt (z. B. *Bd. – die Bde.*) oder er wird durch Buchstabenverdopplung gekennzeichnet (*Jg. – die Jgg.*).

3. Wortschatz und Wortbildung

3.1 Sprachzeichen und Bedeutung

Wie wir den Dingen Namen geben

Die folgende Abbildung zeigt acht seltsame Erscheinungen, sagen wir Tiere, vier kleine und vier große, vier mit runden Köpfen und vier mit eckigen Köpfen, vier mit Ringelschwänzen und vier mit geraden Schwänzen:

Nehmen wir einmal an, dass diese Tiere in einem Dorf herumlaufen. Zunächst erscheinen sie den Dorfbewohnern unwichtig und sie werden gar nicht beachtet. Man gibt ihnen auch keine Namen.
Eines Tages entdeckt ein Dorfbewohner jedoch, dass die kleinen Tiere das Korn auf den Feldern auffressen, während die großen das nicht tun. Damit wird wichtig, die Tiere zu unterscheiden: Von nun an nennt er A, B, C und D »Gogo«, E, F, G und H dagegen »Gigi«. Er vertreibt alle Gogos von seinem Feld, die Gigis lässt er in Ruhe.
Ein anderer Dorfbewohner beobachtet, dass die Tiere mit Ringelschwänzen Schlangen töten, die mit geraden Schwänzen nicht. Er unterscheidet, indem er A, B, E und F »Busa« nennt, C, D, G und H dagegen »Busana«.
Nun will es der Zufall, dass beide Dorfbewohner beisammen sind, als A herbeiläuft. »Da kommt ein Gogo!«, ruft der Erste. »Das ist ein Busa«, erwidert der Zweite. Sofort entsteht ein heftiger Streit. Was ist es nun wirklich? Welches ist sein richtiger Name?

1 »Was ist es nun wirklich? Welches ist sein richtiger Name?« Warum sind dies Fragen, die man nicht beantworten kann?
2 Welche Gründe gibt es für Menschen, Erscheinungen ihrer Welt mit Wörtern zu bezeichnen?
3 *Busa – Ringelschwanzschlangentöter:* Erläutere, was man unter einer »sprechenden Bezeichnung« versteht.

Wörter sind von Menschen geschaffene **Zeichen**, die auf Erscheinungen der wirklichen oder der nur vorgestellten Welt verweisen (*Tisch, Nixe*).

Sprachliche Zeichen bestehen aus einem mit den Sinnesorganen wahrzunehmenden Teil (einem hörbaren Lautgebilde oder einer sichtbaren Buchstabenkette) und einem damit verbundenen Inhalt, der Bedeutung.

Die Verbindung von **Lautgebilde** und **Bedeutung** ist an sich beliebig und in verschiedenen Sprachgemeinschaften unterschiedlich geregelt (der Laut *ai* bedeutet im Deutschen *Ei* und im Englischen *I*). Sie wird aber von Generation zu Generation überliefert und in früher Kindheit erlernt.

Sprachliche Zeichen haben zwei Funktionen:
1. Sie dienen der Ordnung der Welt im menschlichen Denken (kognitive Funktion).
2. Sie denen der zwischenmenschlichen Verständigung (kommunikative Funktion).

Sprachliche Zeichen können Individualnamen sein (*Peter Müller, die Elbe, Berlin*). Meistens bezeichnen sie aber nicht eine einzige Erscheinung, sondern eine ganze Klasse von Erscheinungen mit gemeinsamen Merkmalen (*Mann, Frau, Fluss, Tisch, schreien, flüstern, hoch, tief*).
Welche Merkmale dabei wichtig werden, ist von den Interessen der Menschen abhängig. Die Bedeutung eines Wortes kann in Bedeutungsmerkmale zerlegt werden (*Mann: menschlich, erwachsen, männlich; Mädchen: menschlich, nicht erwachsen, weiblich*).

1 Was unterscheidet die kleine Gruppe der Sprachzeichen wie *Kuckuck, Wauwau, klirren, summen* von der Menge der übrigen Sprachzeichen wie *Tisch, Tier, sprechen, alt*? Achte auf das Verhältnis von Lautkörper und Bedeutung.

2 a) Ergänze die Reihen der Tierbezeichnungen: *Pferd, Hengst, Stute, Wallach, Fohlen, Schimmel, ...*

1) Rind, Stier, Kuh, Ochse, Kalb, ...;
2) Schaf, ...;
3) Reh, ...;
4) Schwein, Ferkel, ...;
5) Hund, ...;
6) Hecht, ...

b) Wie erklärst du dir, dass es in der deutschen Sprache bei Haustieren und jagdbarem Wild viele Einzelbezeichnungen gibt, bei anderen Tieren meist nicht?

3 Welche gemeinsamen und welche unterschiedlichen Bedeutungsmerkmale haben die Personenbezeichnungen auf Seite 120?
Nimm dazu die danach folgende Übersicht und die Aufzählung von Bedeutungsmerkmalen zu Hilfe.

	Frau	Junge
Bedeutungsmerkmale	menschlich erwachsen weiblich	menschlich nicht erwachsen männlich

menschlich, erwachsen, männlich, weiblich, verheiratet, unverheiratet, frisch verheiratet, Kind(er) habend, dieselben Eltern habend, Ehepartner verstorben, töricht, sehr alt.

4 Wodurch unterscheiden sich die Bedeutungen der Wörter *Stuhl* und *Sessel* voneinander?

5 Es gibt auch Wortbedeutungen mit Bedeutungsmerkmalen, die eine Bewertung des Sprechers zum Ausdruck bringen (Wertschätzung oder Abwertung). Prüfe die folgenden Wörter und suche nach weiteren Beispielen.

1) Pferd, Gaul, Ross   3) Auto, ...   5) Hund, ...
2) Kopf, Haupt, Rübe   4) Haus, ...   6) Essen, ...

6 Bestimmte Wörter gelten heute als bereits veraltet oder sind nur noch wenig gebräuchlich. Kennst du alle folgenden Personenbezeichnungen? Sonst schlage im Wörterbuch nach, was sie bedeuten.

Oheim, Weib, Ahne, Vetter, Base, Amme, Schnur, Jungfer, Knabe, Muhme

7 Welche Kritik wird gegenüber einem Gebrauch des Wortes *Fräulein* vorgebracht?

8 Wörter können ihre Bedeutung im Laufe der Geschichte verändern. So bedeutete im Mittelalter *vrouwe* (= Frau) *Herrin* und mit *vrouwelîn* (= Fräulein) wurde nur eine unverheiratete adlige Dame bezeichnet.
Ordne bei den folgenden Beispielen den heutigen Wörtern zuerst ihre alten Bedeutungen zu und stelle dann fest, welche gemeinsamen Bedeutungsmerkmale es zwischen alter und heutiger Bedeutung gibt.

Heutige Wörter: **Frühere Bedeutung:**
1) Kopf   5) gemein   A) Kampf   E) Verstand
2) Mann   6) hübsch   B) Mensch   F) schwach
3) Streit   7) Witz   C) kugeliges Gefäß   G) kühn, mutig
4) frech   8) krank   D) höfisch, gesittet   H) allgemein, gemeinsam

Sprichwörter / Witze

121

3.2 Mehrdeutigkeit

»*Selbstverständlich verdiene ich mehr als Sie – nur bekomme ich nicht mehr!*«

1 Welche Frage ist der Antwort wohl vorausgegangen?
2 Hat die eine Bedeutung mit der anderen etwas gemeinsam?

Wörter können zwei und mehr Bedeutungen aufweisen. Bei ihrem Gebrauch ist aus dem sprachlichen Zusammenhang (Kontext) und aus der Verwendungssituation abzulesen, welche Bedeutung jeweils gilt:
Die Brücke wurde während des Krieges gesprengt.
Der Zahnarzt empfiehlt dem Patienten eine Brücke.
Das Zimmer war mit kostbaren Brücken ausgelegt.

Oft kann man die verschiedenen Bedeutungen eines Wortes auf eine Grundbedeutung zurückführen (*Brücke*: Überwindung eines Zwischenraumes) oder doch wenigstens gemeinsame Bedeutungsmerkmale der Bedeutungen feststellen (Verbindung).

Von der **Mehrdeutigkeit** eines Wortes (**Polysemie**) zu unterscheiden ist die **Gleichheit** zweier Wörter in Aussprache und Schreibweise bei ganz unterschiedlicher Bedeutung (**Homonymie**):
Bremse[1] bezeichnet eine Insektenart und ist mit *brummen* verwandt;
Bremse[2] bezeichnet eine Hemmvorrichtung und ist von einem untergegangenem Verb »pramen« mit der Bedeutung »drücken« abgeleitet.

1 Bestimme die Bedeutungen von »Gang« in folgenden Sätzen:

Er kriecht durch einen unterirdischen Gang.
Er trägt den letzten Gang auf.
Er hat einen wiegenden Gang wie ein Seemann.
Die Maschine ist in vollem Gang.
Er erledigt einige Gänge in der Stadt.
Die Gänge des Ohres sind gewunden.
Er hat beim Motorradfahren in den falschen Gang geschaltet.

2 Worin besteht hier das Missverständnis? Wie kommt es zu Stande?

»Sind die Blumen künstlich?« »Natürlich!« – »Natürlich?« »Nein, künstlich!« – »Also sind sie nun künstlich oder natürlich?« – »Natürlich künstlich!«

3 Welche Bedeutung hat das Wort »grün« in diesem Text?

Vater und Sohn machen einen Waldspaziergang. Als sie an einer Stelle mit Blaubeeren vorüberkommen, fragt der Junge: »Papa, was ist denn das?« Antwortet der Vater: »Das sind Blaubeeren.« Der Sohn, überrascht und ungläubig auf die Früchte blickend: »Blaubeeren? Die sehen doch rot aus!« Darauf der Vater: »Das liegt nur daran, dass sie noch grün sind.«

4 a) Was bedeuten die folgenden Ausdrücke jeweils?

grüne Lunge, grüne Welle, grüner Hering, grüner Junge, grüne Witwe, grünes Segel, grüne Tomaten, grüne Seife, grüne Bohnen, grüne Hochzeit, grüne Seite, grüner Politiker

b) Kannst du gemeinsame Bedeutungsmerkmale der verschiedenen Bedeutungen von *grün* entdecken?

c) Welche Ausgangsbedeutung und Bedeutungsentwicklung des Adjektivs vermutest du? Sammle feste Wortverbindungen mit *golden* (*goldene Worte*, *goldener Mittelweg* ...) und untersuche die Bedeutungen.

5 Welche mehrdeutigen Wörter werden in den folgenden Witzen zur Bildung der Pointen genutzt?

Vor einer Schule wartet ein wohlbeleibter Herr auf seine Tochter. Eine Lehrerin kommt vorbei und fragt: »Erwarten Sie ein Kind?« Seine Antwort: »Nein. Ich bin von Natur aus so dick.«

Der Arzt wird dringend zu einem Hausbesuch gebeten. An der Tür empfängt ihn eine schluchzende Frau: »Sie sind umsonst gekommen, Herr Doktor.« Darauf der Arzt: »Nicht umsonst, nur vergebens!«

Eine Stelle als Schreibkraft ist zu besetzen. »Wie viele Anschläge schaffen Sie in der Minute?«, fragt der Personalchef die Bewerberin. Die runzelt die Stirn: »Brauchen Sie eine Sekretärin oder eine Terroristin?«

Nach der Untersuchung schüttelt der Arzt den Kopf und sagt: »Gute Frau, Sie gefallen mir gar nicht.« Die Patientin beleidigt: »Herr Doktor, der Schönste sind Sie auch nicht.«

3.3 Metaphern

Sind Sie eine Lehrerin? Sie sind keine Lehrerin. Sie sind eine enge Straße. Sie sind eine Erbse. Sie sind voller Essig. Sie sind eine Lehrerin? Sie haben ein Schimpfwort erfunden, weiter nichts, aber das reicht schon! Sie wissen auch, was ich sagen will. Sie tun verwundert, als wüssten Sie nicht, was ich sagen will. Ich habe mich bei einem Kind erkundigt! Sind die Seiten eines Schulbuchs oben oder unten angeknickt, dann nennen Sie diese angeknickten oder umgeknickten Stellen kurzerhand Eselsohr. (...)

(Aus: Günter Bruno Fuchs, *Ein Esel beschimpft eine Lehrerin*)

1 Hat der Esel Recht mit seiner Empörung?
2 Welche Bedeutungen kann das Wort *Eselsohr* haben?
  Welche Bedeutung ist wohl die ältere?
3 Was denkt der Esel sich wohl bei seinen Schimpfwörtern für die Lehrerin?
4 Was will man damit sagen, wenn man einen Menschen *Esel, Schwein, Ziege* oder *Affe* nennt?

Bei vielen mehrdeutigen Wörtern kann man eine **Grundbedeutung** und eine in einen anderen Bereich **übertragene Bedeutung** (**Metapher**) unterscheiden:
Der Esel hat ein graues Fell. (Haustier) / *Du bist ein alter Esel!* (Dummkopf)

Es entsteht eine **bildhafte Ausdrucksweise**, bei der man sich die ursprüngliche Bedeutung meist noch vorstellen kann. Dabei beruht die Metapher auf einem verkürzten Vergleich:
Du bist dumm wie ein Esel. → *Du bist ein Esel.* → *Du Esel!*

Es gibt aber auch Metaphern als Übertragungen, die nicht auf einen Vergleich zurückgeführt werden können: *mit heller Stimme*. Auch dann besteht aber zwischen beiden Bedeutungen eine »Ähnlichkeit« (bei Farbe oder Ton im Gegensatz zu *dunkel, schwächer*).

Neue, vorher kaum verwendete **Metaphern**, wie sie besonders in der Dichtung vorkommen (*eine Weide weint das Laub auf sie*, Georg Heym), kann man von schon lange gebrauchten, **verblassten Metaphern** unterscheiden, deren Bildhaftigkeit und Übertragung durch häufige Wiederholung kaum noch oder gar nicht mehr empfunden werden (*Tischbein*).
Metaphern können **aus einem Wort** bestehen (*Esel, Tischbein*). Sie können aber auch **aus mehreren Wörtern** bestehen (*halbe Portion* = unscheinbarer Mensch). Oft sind Metaphern **feste Wortverbindungen in Redewendungen** (*sich auf die Hinterbeine stellen; eine weiße Weste haben*) und **Sprichwörtern** (*Morgenstund hat Gold im Mund*).

1 Wann bezeichnet man einen Menschen als *Schaf, Fuchs, Huhn, Ziege, Elefant, Hai, Ferkel, Frosch, Gans, Täubchen, Schlange, Rhinozeros, Wurm, Geier, Bär, Hahn, Ratte, Zecke, Ente, Biene, Murmeltier?*

2 Was bedeuten die folgenden Wörter? Wie sind diese Metaphern wohl entstanden?

Eselsohr, Sargnagel, Wüstenschiff, Drahtesel, Lauseharke, Pantoffelkino, Seelenmassage, Affentheater, Kindersarg, Retourkutsche, Pferdeschwanz, Papierkrieg, Oberstübchen, Mauerblümchen, Hühnerauge, Hallelujaschuppen, Eselsbrücke, Ohrwurm, Putzteufel, Wolkenkratzer, Zungenbrecher, Bücherwurm, Seelenklempner, Käseblatt, Quetschkommode, Glimmstängel, Gummiknochen, Haarspalter, Schlafmütze, Donnerbalken, Morgenmuffel, Feuerteufel, Tippelbruder, Bauernfänger

3 In der Jugendsprache gibt es viele Metaphern, z. B.
»Da <u>schnallst</u> du vielleicht ab!« »Gegen den kannste nicht <u>anstinken</u>!«
»Ich würde mir das nicht <u>reinziehen</u>.«
Sammle weitere und erkläre ihre Bedeutungen.

4 Die Sprache des Sports enthält häufig Metaphern aus einem bestimmten Lebensbereich. Welcher ist es? Wie erklärst du dir das?

»... Es geht um Sieg oder Niederlage. Die müden Krieger raffen sich noch einmal auf, kämpfen um jeden Zentimeter, erobern sich den Ball, starten einen Angriff über den linken Flügel, Müller kommt am rechten Verteidiger vorbei und schießt ...«

5 Das folgende Gedicht enthält zahlreiche Metaphern.
Kannst du dir denken, wie sie zu Stande gekommen sind und worauf sie hindeuten sollten?

Löwenzahn
Lulu von Strauß und Torney

Nun hebt auf jedem Wiesenplan,
auf jedem grünen Stellchen,
der goldgesternte Löwenzahn
die luftigen Federbällchen.

Bisweilen fährt der Wind darein,
der ungestüme Bläser,
dann stieben tausend Fiederlein
weit über Busch und Gräser.

Braucht auch manch roter Kindermund
den frischen Atem gerne
und bläst ins grüne Wiesenrund
die Saat für neue Sterne

und lacht dazu, als wüsst er's gut,
wenn leicht die Flöckchen schweben,
dass er die Arbeit Gottes tut
am lieben jungen Leben.

7 Fülle die Textlücken mit Personenbezeichnungen. Beschreibe die inhaltlichen Beziehungen zwischen Personenbezeichnung und Redewendung.

Wie die Leute aus dem Leben scheiden

1) Der Rechtsanwalt – tritt vor einen höheren Richter.
2) Der Gelehrte – gibt den Geist auf.
3) Der Färber – ist verblichen.
4) Der Schaffner – hat seine letzte Reise angetreten.
5) ? – läuft in den letzten Hafen ein.
6) ? – segnet das Zeitliche.
7) ? – hat ausgedient.
8) ? – fährt in die Grube.
9) ? – tritt von der Bühne ab.
10) ? – beißt ins Gras.
11) ? – geht flöten.
12) ? – wird ins Jenseits befördert.
13) ? – liegt in den letzten Zügen.
14) ? – kehrt nie wieder.

8 Vergleiche die folgenden Sprichwörter miteinander. Was sagen sie aus? Welche enthalten denselben Grundgedanken? Ordne sie zu zwei Gruppen. Ein Sprichwort lässt sich nicht einordnen.

1) Lügen haben kurze Beine.
2) Je größer die Lüge, je schöner der Mantel.
3) Lügen sind kein Dauerobst.
4) Wenn Lügen Brot würden, brauchte man keinen Bäcker.
5) Nähm' jede Lüge einen Zahn, so würde mancher zahnlos gahn.
6) Der Lügen Mantel ist durchsichtig.
7) Alle Lügen ersticken in der Wiege.
8) Wären Lügen Latein, so würden viele gelehrte Leute sein.
9) Wär Lügen eine Kunst, das ganze Land wäre voller Künstler.

9 Es gibt sehr viele deutsche Redewendungen um das »Herz« herum.
   a) Suche weitere Redewendungen. Was bedeuten sie?
   b) Welche »Rollen« spielt dabei jeweils das Herz?
   Versuche die Redewendungen danach zu ordnen.

1) das Herz auf dem rechten Fleck haben,
2) jemandem das Herz brechen,
3) seinem Herzen einen Stoß geben,
4) aus seinem Herzen keine Mördergrube machen,
5) etwas auf Herz und Nieren prüfen.

3.4 Synonyme

Der Unterschied
Hanna Frielinghaus-Heuss

Belustigt dachte Theodor Heuss manchmal darüber nach, wie sich das Vokabularium der Presseleute geändert habe, seit er Bundespräsident geworden sei.
Früher sei er irgendwohin »gegangen« oder »gefahren«, jetzt »begebe« er sich. Wenn er sich vorher in einer Stadt »aufgehalten« habe, so »weile er jetzt in ihren Mauern«. Sei er bisher von jemandem »begleitet« worden, werde er jetzt nur noch »geleitet«, und habe er vor seiner Amtszeit in einem Hotel schlicht »wohnen« können, so dürfte er dort nur noch »absteigen«.

1 Wie erklärst du dir den Wechsel in der Wortwahl?
Warum nennt man so etwas *Hofberichterstattung*?

Zwei oder mehrere Wörter können **bedeutungsgleich** oder **bedeutungsähnlich** sein (*Apfelsine – Orange*). Man bezeichnet sie dann als **Synonyme**. Völlige Bedeutungsgleichheit heißt, dass die Wörter in jedem Kontext miteinander austauschbar sind. Das ist aber sehr selten. Meist weisen sie kleine Bedeutungsunterschiede auf, unterscheiden sich durch wenigstens ein Bedeutungsmerkmal: *sich verheiraten – sich vermählen* (feierlich bis gespreizt, schriftsprachlich). Man kann verschiedene Grade der Bedeutungsähnlichkeit feststellen.

Eine Gruppe bedeutungsähnlicher Wörter bildet ein **Wortfeld**: *Brötchen, Semmel, Rundstück, Wecken, Schrippe*. Sie können sich in ihren Bedeutungen gegenseitig begrenzen und zusammen ein Bedeutungsfeld abdecken. Wer in seinem Wortschatz viele Synonyme gespeichert hat, kann sich besonders präzise und differenziert ausdrücken.

1 In welchen Sätzen sind *bekommen* und *erhalten* austauschbar, in welchen nicht?

1) Hast du meinen Brief ??
2) Er ? einen Schlag auf den Kopf.
3) Sie hat eine sehr gute Ausbildung ?.
4) Der Schüler ? einen Verweis.
5) Ich habe nichts zu trinken ?.
6) In der Nacht ? sie hohes Fieber.
7) Ich ? das schon noch heraus.
8) Betrag dankend ?.

2 Welche Wörter passen in welche Sätze?

1) Die Kobolde trieben in dem alten Schloss allerhand ?.
2) Da hat sich jemand einen schlechten ? erlaubt.
3) Sie spielten ihrem Lehrer einen üblen ?.
4) Das war nur wieder so ein Studenten ?.
5) Er macht über alles seine ?.
6) Sei doch nicht gleich beleidigt, das war doch nur ein ?.

[handschriftlich: Streich, Spaß, Witz, Unfug, Scherz]

3 Bei welchen folgenden Verben kannst du das jeweils Besondere mit Hilfe eines Bedeutungsmerkmals angeben? Zum Beispiel: *stoßweise und mit Wiederholungen – viel und nichts sagend – leise – unaufhörlich – zwanglos unterhaltend.*

sprechen, reden, sagen, stottern, lispeln, stammeln, lallen, quatschen, schwatzen/schwätzen, plappern, flüstern, quasseln, plaudern

4 Welche Verben des Sagens fallen dir zu den folgenden Bedeutungsmerkmalen ein?

laut – ärgerlich – schlecht artikuliert und schwer verständlich – drohend – etwas wissen wollend – geziert

5 Setze probeweise die Verben in die Sätze ein. Welche Bedeutungsunterschiede ergeben sich?

1) »Du hast mich betrogen!«,
schimpfte
schalt
zeterte
keifte
fluchte
nörgelte
meckerte
murrte
sie.

2) »Komm schnell her!«,
schrie
rief
brüllte
kreischte
johlte
grölte
er.

3) Was hast du ihm
geantwortet?
erwidert?
entgegnet?

6 Sammle möglichst viele Wörter folgender Wortfelder:
– Verben des Sehens (*sehen, lugen*...),
– Nomen der Verkehrswege (*Straße, Weg*...),
– Adjektive der Klugheit (*klug, verschlagen*...).
Versuche die Wörter nach ihren Bedeutungen zu ordnen.

7 a) Interpretiere die folgende grafische Darstellung des Wortfeldes *Binnengewässer*:

	fließend	stehend	natürlich	künstlich	sehr groß	groß	klein	sehr klein	linear	flächig
Strom	+	–	+	–	+	–	–	–	+	–
Fluss	+	–	+	–	–	+	–	–	+	–
Bach	+	–	+	–	–	–	+	–	+	–
Rinnsal	+	–	+	–	–	–	+	+	+	–
Kanal	–	+	–	+	–	–	–	–	+	–
Graben	–	+	–	+	–	–	+	–	+	–
Meer	–	+	+	–	–	+	–	–	–	+
See, der	–	+	+	–	–	+	–	–	–	+
Tümpel	–	+	+	–	–	–	+	–	–	+
Pfütze	–	+	+	–	–	–	+	+	–	+
Teich	–	+	+	–	–	–	–	–	–	+
Becken	–	+	–	+	–	–	–	+	–	+

b) Prüfe kritisch die angegebenen Merkmale, z. B. bei *Meer*.
c) Welche Merkmale gelten für die Wörter Quelle, Weiher, Lache, Pfuhl?

8 Fertige eine ähnliche Darstellung für folgende Wortfelder an.
Ergänze dazu die entsprechenden Merkmale.

Wind: Sturm, Böe...
Merkmale: stark, schwach, dauernd, wechselnd...

Pferd: Stute, Schimmel...
Merkmale: männlich, weiblich, weiß...

Fahrzeuge: Auto, Fahrrad...
Merkmale: groß, klein, Motor betrieben, mit Muskelkraft betrieben...

Sitzgelegenheiten: Stuhl, Bank...
Merkmale: bequem, unbequem, für einen, für mehrere...

3.5 Antonyme/Gegenwörter

Maßnahmen
Erich Fried

Die Faulen werden geschlachtet
die Welt wird fleißig
Die Hässlichen werden geschlachtet
die Welt wird schön
5 Die Narren werden geschlachtet
die Welt wird weise
Die Kranken werden geschlachtet
die Welt wird gesund

Die Traurigen werden geschlachtet
10 Die Welt wird lustig
Die Alten werden geschlachtet
die Welt wird jung
Die Feinde werden geschlachtet
die Welt wird freundlich
15 Die Bösen werden geschlachtet
die Welt wird gut

1 Führen die »Maßnahmen« in dem Gedicht von Erich Fried wirklich zu den beschriebenen Ergebnissen?

2 a) Suche aus dem Gedicht alle Wortpaare heraus, die einen Gegensatz zum Ausdruck bringen. Beispiel:

traurig — lustig — fröhlich

b) Findest du zu einigen Wörtern noch weitere Gegenwörter?

3 *Feind* und *Freund* sind Gegenwörter. Gilt das auch für »*feindlich*« und »*freundlich*«?

Zwei Wörter können mit ihren Bedeutungen einen Gegensatz zum Ausdruck bringen (*faul – fleißig*). Man bezeichnet sie dann als **Gegenwörter** oder **Antonyme**.

Die Gegensätze können zwischen Eigenschaften bestehen (*arm – reich*), zwischen Vorgängen (*kommen – gehen*) und zwischen Personen oder abstrakter Erscheinungen (*Mann – Frau, Morgen – Abend*). Gegenwörter gibt es deshalb bei verschiedenen Wortarten, besonders viele bei Adjektiven.

Manche Wörter haben ein einziges Gegenwort (*Ebbe – Flut*); mehrdeutige Wörter können für jede Bedeutung ein Gegenwort haben (*frei – gefangen, besetzt, reserviert, gebunden*). Viele Antonyme stellen gegensätzliche Pole dar, zwischen denen es Zwischenstufen gibt: <u>heiß</u> – warm – lau – <u>kalt</u>.

1 Welches ist das richtige Gegenwort?

1) uralt: zeitnah, modern, brandneu, altertümlich
2) geschwätzig: leise, einsilbig, tonlos, bescheiden
3) aufwärts: seitwärts, rückwärts, vorwärts, abwärts
4) eiskalt: mollig warm, kochend, glutheiß, lauwarm
5) gewandt: schwerfällig, sprunghaft, verschlagen

2 Ordne die folgenden Wörter zu Antonympaaren.

Minderheit	Rettung	Mehrheit	zurückhaltend
häufig	privat	jammern	fesseln
annehmen	Strenge	gesund	Fülle
Ferne	lachen	verabschieden	beginnen
krank	begrüßen	aufdringlich	weinen
Beileid	enden	Untergang	Glückwunsch
Milde	Leere	selten	Nähe
jubeln	beruflich	ablehnen	losbinden

3 Suche die passenden Gegenwörter.

Eingang, Ehre, entlassen, Gewinn, hinbringen, Frage, öffnen, Aussaat, loben, anspruchsvoll, Riese, Fortgeschrittener, festkleben, verfehlen, steigen, versehentlich, kassieren.

4 Stelle fest, welche Wörter die gegensätzlichen Pole bezeichnen und ordne die übrigen Wörter auf einer abgestuften Skala zwischen den Extremen ein.

1) wohlhabend – arm – steinreich – bedürftig – reich – bettelarm
2) kalt – eiskalt – kochend heiß – lau – glühend – warm
3) manchmal – nie – oft – häufig – immer – bisweilen – selten
4) achten – schätzen – verachten – bewundern – verehren

6 Prüfe, in welchen Sinnzusammenhängen die folgenden Wörter einen Gegensatz zu *groß* zum Ausdruck bringen können.

klein, schmächtig, unbedeutend, gering, bescheiden

7 Welche Gegenwörter fallen dir zu *frisch* ein? Denke dabei an *Butter, Hemden, Wunden, Spuren, Winde, Farben, Eindrücke* …

8 a) *Halber Preis fürs ganze Volk* (Werbung der Deutschen Bahn)
Kennst du weitere Beispiele, in denen mit Antonymen geworben wird?
b) Schreibe zu Fantasieprodukten Werbetexte mit Antonymen.

3.6 Oberbegriffe und Unterbegriffe

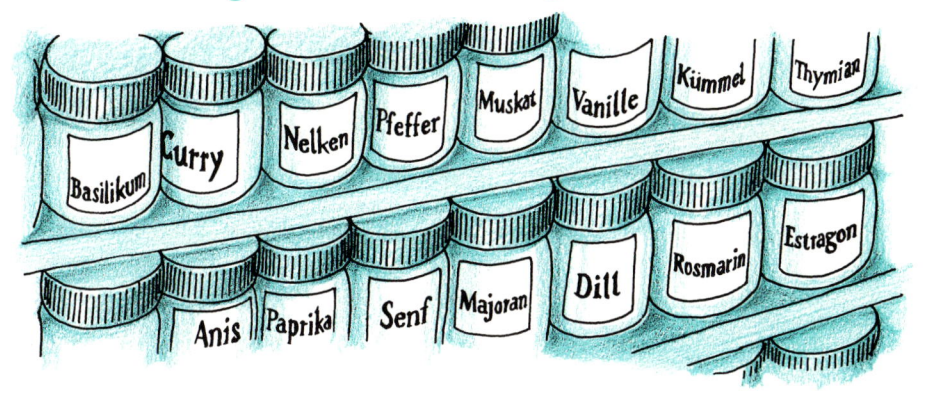

1 Wahrscheinlich hast du in einer Küche schon einmal ein ähnliches Bord gesehen.
Welches Wort könnte über den Einzelbezeichnungen stehen?
2 Was könnte man in zusätzlichen Behältern in einem solchen Bord aufbewahren?

Wörter können auf Grund ihrer Bedeutung mehreren anderen Wörtern übergeordnet sein (**Oberbegriff**). Die untergeordneten Wörter (**Unterbegriffe**) sind einander nebengeordnet:

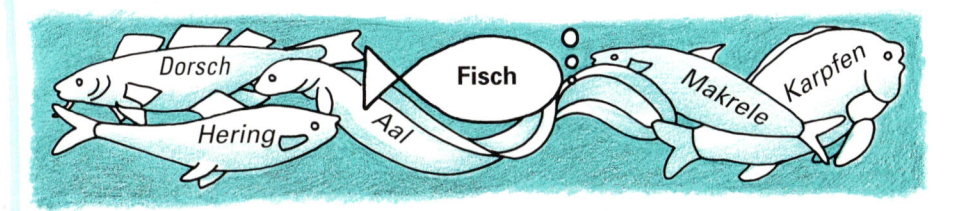

Für bestimmte Bedeutungsbereiche gibt es einen so reichhaltigen Wortschatz, dass ein Wort zugleich Oberbegriff und Unterbegriff sein kann:

1 Suche die fehlenden Oberbegriffe:

1) Mantel, Hut, Hose, Kleid, Mütze, Strumpf
2) Apfelsine, Zitrone, Mandarine, Pampelmuse
3) Pferd, Schaf, Hund, Kaninchen, Gans
4) Maler, Schuster, Tischler, Schmied, Sattler
5) Regen, Hagel, Schnee
6) Brötchen, Keks, Brot, Hörnchen, Schnecke
7) Armband, Kette, Ring, Ohrring, Brosche
8) Bonbons, Lakritz, Schokolade, Kekse
9) Erle, Eiche, Ahorn, Buche, Linde, Kastanie
10) Stiefel, Sandalen, Pumps, Boots, Docks
11) Herz, Niere, Magen, Darm, Leber
12) Petersilie, Schnittlauch, Dill, Thymian, Rosmarin

2 Das folgende Wortmaterial enthält Oberbegriffe und zu ihnen gehörende Unterbegriffe. Ordne die Wörter einander zu.

Kaffee, Becher, Nelke, Apfel, Möbel, Veilchen, Sessel, Saft, Eisen, Pflaume, Schrank, Metall, Kirsche, Narzisse, Tee, Gold, Bett, Obst, Tasse, Tisch, Blume, Wasser, Eimer, Rose, Kupfer, Getränk, Kanne, Pfirsich, Stuhl, Gefäß, Birne, Tulpe, Silber, Auto, Tomate, Feiertag, Hammer, Spinne, Kohl, Fahrzeug, Weihnachten, Motorrad, Kartoffeln, Insekt, Zange, Pfingsten, Möhren, Bus, Sonntag, Schraubenschlüssel, Erbse, Himmelfahrt, Werkzeug, Fliege, Mofa, Gurke, Ameise, Lastwagen, Käfer, Gemüse, Mücke, Bohnen, Ostern, Heuschrecke, Feile

3 Wer findet die »Kuckuckseier«?

1) Storch, Meise, Schwalbe, Wildgans, Kranich
2) Dorsch, Lachs, Hecht, Wal, Aal, Wels
3) Sohn, Vater, Großmutter, Verlobte, Vetter, Schwester
4) Tennis, Volleyball, Fußball, Basketball, Billard
5) Turm, Bürger, Bauer, König, Dame, Läufer
6) Joghurt, Milch, Käse, Quark, Ei, Butter
7) Nachttischlampe, Strahler, Neonröhre, Deckenfluter, Kerze
8) Auto, Bus, Motorrad, Fußgänger, Fahrrad, Ballon
9) Roman, Gedicht, Erzählung, Kurzgeschichte, Märchen
10) Computer, Mouse, Programm, Monitor, Tastatur, Modem, Drucker

4 Suche zu den folgenden Wörtern jeweils den Oberbegriff und wenigstens zwei weitere Unterbegriffe.

Säge, Nuss, Käfer, Hut, Auto, Käse, Haus

3.7 Fremdwörter – Lehnwörter

(Cartoon: Lehrer vor Tafel mit „cool, heavy, super"; Sprechblase: „IM DEUTSCHUNTERRICHT WOLLEN WIR HEUTE DIE ADJEKTIVE DURCHNEHMEN! DIE GEBRÄUCHLICHSTEN HABE ICH SCHON MAL ANGESCHRIEBEN...")

1 Was will der Karikaturist verdeutlichen?
2 Aus welcher Sprache stammen die an der Tafel stehenden Wörter? Ist das bei *super* ganz eindeutig?
3 Kennst du noch andere fremdsprachliche Adjektive, die heute gern von Jugendlichen benutzt werden? Aus welchen Sprachen stammen sie?
4 Wie erklärst du dir die Tatsache, dass Fremdwörter bei uns so starke Verbreitung gefunden haben?

Fremdwörter sind aus anderen Sprachen ins Deutsche übernommene Wörter, denen man ihre Herkunft noch anmerkt. Sie sind häufig durch folgende Merkmale gekennzeichnet:
1) Sie weisen eine vom Deutschen abweichende Aussprache auf (*cool, Engagement*) und/oder der Wortakzent liegt anders als im Deutschen, nämlich nicht auf der Stammsilbe, also der ersten oder zweiten Silbe (*absolut, Energie, interessant*).
2) Die Schreibung zeigt für das Deutsche unübliche Buchstabenfolgen (*Bibliothek, Courage, heavy*).
3) Die Wortbausteine eines Wortes sind nicht typisch für die deutsche Sprache (*Experiment, Optimismus, Kaution*).
4) Von den Wörtern kann ein im Deutschen unüblicher Plural gebildet werden (*Atlanten*, auch: *Atlasse*; *Lexika*, auch: *Lexiken*).

Wenn ursprünglich fremde Wörter häufig verwendet werden und sich in ihrer Schreibweise, Aussprache und Betonung dem Deutschen angepasst haben, sodass man ihre Fremdartigkeit nicht mehr erkennt, nennt man sie **Lehnwörter**, z. B. *Frucht* aus dem lateinischen Wort *fructus*, *Bluse* aus dem französischen Wort *Blouse*, *Streik* aus dem englischen Wort *strike*.
Die Übernahme von Fremdwörtern ist Ausdruck eines engen Kontaktes zwischen verschiedenen Kulturen. Zu verschiedenen Zeiten sind Fremdwörter aus unterschiedlichen Sprachen und auf Grund unterschiedlicher Einflüsse in das

Deutsche aufgenommen worden, z. B. *Evangelium* aus dem Griechischen oder *Pastor* aus dem Lateinischen im Zusammenhang mit der Christianisierung im frühen Mittelalter oder *Kaffee* aus dem Arabischen, weil durch das Vordringen der Araber nach Europa dieses Genussmittel auch hier verbreitet wurde. So kam aus dem Französischen das Wort *Etikette* zur Zeit des Absolutismus nach Deutschland, als man besonders in adeligen Kreisen versuchte, die französische Lebensart und Sprache zu übernehmen. Mit der politisch, wirtschaftlich, technisch und kulturell steigenden Bedeutung der USA im 20. Jahrhundert haben sich immer mehr englisch-amerikanische Fremdwörter im Deutschen durchgesetzt.

Verwendet werden Fremdwörter oft, weil
– es keine treffende deutsche Bezeichnung gibt,
– man im Ausdruck variieren möchte,
– bestimmte Fremdwörter gerade modern sind,
– man zeigen will, dass man in einem bestimmten Fachgebiet »Insider« oder »Experte« ist,
– durch zunehmende internationale Kontakte die Grenzen zwischen den Sprachen verschwimmen.

Fremdwörter werden besonders häufig in Fachtexten benutzt.

1 Kannst du beschreiben, welche Speisen auf dieser Speisekarte einer Pizzeria angeboten werden?

2 Auch aus dem Französischen sind viele Bezeichnungen aus dem Bereich des Essens und Trinkens zu uns gekommen. Kannst du die hier genannten Begriffe durch deutsche Wörter ersetzen oder umschreiben?

Biskuit, Bouillon, Filet, Frikassee, Gelee, Kompott, Konfitüre, Kotelett, Krokant, Mayonnaise, Menü, Omelett, Pommes frites, Püree, Restaurant, Roulade

3 Hier findest du Fremdwörter aus verschiedenen Bereichen. Erkläre sie und ergänze sie um weitere Beispiele.

– Aus dem Bereich der Kleidung:
  Jackett, T-Shirt, Top ...
– aus dem Bereich des Umweltschutzes:
  Emission, Energie, Ökologie ...
– aus dem Bereich der Computersprache:
  Hardware, Version, Byte ...

4 Welche Pluralformen haben die folgenden Fremdwörter?

der Atlas	der Globus	das Lexikon	der Rhythmus
das Datum	der Kaktus	das Museum	das Praktikum
das Epos	das Kriterium	die Praxis	das Thema

5 a) Folgende Fremdwörter werden gelegentlich miteinander verwechselt. Kläre die Bedeutungsunterschiede.

Komplott – komplett
karitativ – karikaturistisch
Zyklus – Zyklon
promenieren – promovieren – provozieren

Evangelist – Protestant
kollidieren – kollabieren
Substantiv – Subjekt

b) Welche Begriffe gehören in welche Lücken? Schreibe sie in ihrer gebeugten Form auf: *1 a) = kollidierten.*

1 a) Die beiden Autos ? mitten auf der Kreuzung.
   b) Ein Fahrer ? nach dem Unfall.
2 a) Er war ein überzeugter ? und versuchte seine Kinder auch in dem Glauben zu erziehen.
   b) Der Name eines der vier ?, die im Neuen Testament über Leben und Wirken Jesu geschrieben haben, lautet Johannes.
3 a) Die Lieferung einer Sendung an das Geschäft erfolgte ?.
   b) Durch ein ? wurde der Staatschef gestürzt.
4 a) Das DRK ist eine ? Organisation.
   b) Die Zeichnung ist ? gestaltet.
5 a) Die Feriengäste ? am Seeufer entlang.
   b) Der junge Mann ? zwei Jahre nach dem Abschluss seines Studiums.
   c) Der Schüler ? den Lehrer, indem er immer wieder störte.
6 a) ? nennt man einen heftigen Wirbelsturm in tropischen Gebieten.
   b) Die Abfahrt der Schiffe zu den Inseln hängt vom ? der Gezeiten ab.
7 a) Jeder vollständige Satz hat auch ein ?.
   b) Zu den drei großen Wortarten gehören Verb, Adjektiv und ?.

6 Ordne den Fremdwörtern die richtigen deutschen Bedeutungen zu.

1) aggressiv		A	Ausbreitung
2) Debatte		B	Bündnis von Parteien
3) Allianz		C	Alleinherrschaft
4) autonom		D	Gemeinsinn
5) Demokratie		E	Bittschrift
6) Revolution		F	Abordnung
7) Delegation		G	angriffslustig
8) Expansion		H	Aussprache im Parlament
9) Legislative		I	politisches Bündnis
10) Solidarität		J	gewaltsamer Umsturz
11) Koalition		K	Gesetzgebung
12) Absolutismus		L	Volksherrschaft
13) Petition		M	selbstständig

7 Welche Lehnwörter sind aus diesen lateinischen Wörtern entstanden? Alle Wörter stammen aus dem Bauwesen.

murus, cellarium, fenestra, calx, porta, camera, caminus, tegula

8 Schreibe aus dem Text die unterstrichenen Fremdwörter heraus. Kläre ihre Bedeutung und gib an, aus welchen Sprachen sie oder ihre Bestandteile jeweils kommen. Benutze dazu evtl. ein Fremdwörterbuch. Bei zusammengesetzten Wörtern musst du u. U. an zwei Stellen nachschlagen. Abkürzungen müssen gegebenenfalls aufgelöst werden.

Telekommunikation: Amerika plant das »intelligente Fernsehen«
Das »Paradies« für amerikanische TV-Fans und Stubenhocker ist nicht mehr fern. Kabelunternehmen, Telefongesellschaften und Computerhersteller bauen mit Hochgeschwindkeit an einem »elektronischen Superhighway«, an dessen Ende ein Fernsehen mit mehr als 500 Kanälen wartet. Aus diesem Angebot soll sich der Zuschauer dann ein »eigenes Programm« zusammenstellen.
»Interaktives TV« heißt das Zauberwort – ein Zweiwegefernsehen, mit dem es sich »kommunizieren« lässt. Vierzig Millionen Haushalte in den USA sollen bis zum Jahre 2003 das absolute TV-Vergnügen genießen können – oder auch unter der Qual der Wahl leiden. Hunderttausende erhalten bereits jetzt in Pilotprojekten einen Vorgeschmack.
Der Zuschauer soll künftig zwischen einer Vielzahl von Kanälen wählen können, die auf spezielle Interessen ausgerichtet sind. Tausende von Filmen sind dann ebenso abrufbereit wie ganze Bücher oder Zeitungen. Der Fernsehkunde kann sich aktiv an Ratespielen beteiligen, den Ablauf von Krimis beeinflussen, den Kamerawinkel bei Sportereignissen einstellen und besondere Szenen beschleunigen oder verlangsamen.

3.8 Wortbildung

a) Zusammensetzungen

»*Was heißt hier Wachskerzen? Die werden doch immer kleiner!*«

1 Wodurch entsteht die Pointe dieses Witzes?
2 Welche Bedeutung hat das Wort *Wachskerze*?
3 Prüfe, welche Wörter zu *Wachskerze* zusammengesetzt worden sind.

   Kerze = zylindrischer Gegenstand aus brennbarem Material mit anzündbarem Docht in der Mitte
   Wachs = von Bienen ausgeschiedener Stoff
   wachsen = größer werden, sich entwickeln

4 Was bedeuten die folgenden Zusammensetzungen?
   Talgkerze, Weihnachtskerze, Räucherkerze, Altarkerze, Stearinkerze, Wunderkerze, Königskerze, Zündkerze
5 Was bedeuten die folgenden Wörter? Die Stellung des Wortbausteins *Wachs/wachs* ist offensichtlich nicht unwichtig.
   Bohnerwachs, Wachsfigur, wachsweich, Wachsschicht, Bienenwachs, Wachsblume, Wachstuch, Skiwachs
6 Vergleiche die Bedeutungen der Zusammensetzungen:
   Topfblume – Blumentopf, Hochhaus – haushoch.

Wörter können aus selbstständigen Wörtern zusammengesetzt sein. Man nennt sie **Zusammensetzungen** oder **Komposita** (Singular: Kompositum).

Den ersten Teil einer Zusammensetzung nennt man **Bestimmungswort**, den zweiten Teil **Grundwort**.
Das Grundwort einer Zusammensetzung (*Kerze*) wird durch das Bestimmungswort näher bestimmt (Was für eine Kerze? *eine Wachskerze, eine Altarkerze* ...).

Die Zusammensetzung gehört immer derselben Wortart an wie das Grundwort (*das Haus – das Hochhaus, hoch – haushoch*) und weist auch dasselbe grammatische Geschlecht auf (*das Wachs, die Kerze – die Wachskerze*).

Gelegentlich wird zwischen Grundwort und Bestimmungswort ein Laut eingeschoben, der die Aussprache erleichtern soll (*König-s-kerze, Kerze-n-wachs*).

1 Welche zusammengesetzten Wörter kannst du bilden? Achte auf die Groß- und Kleinschreibung (*Glaskugel – kugelrund*). Vielleicht findest du auch zusammengesetzte Wörter, die nicht allgemein gebräuchlich sind, aber doch sinnvoll.

Glas	Schrank	neu	Kopf	Kugel
Hand	Tuch	Tür	weiß	Stahl
klar	Schnee	Zucker	rund	Tisch
Kohl	Speise	hart	rot	süß

2 Vervollständige die Sätze.

Ein Topf zum Kochen ist ein ?.
Eine Nadel zum Nähen ist eine ?.
Ein Wagen zum Schlafen ist ein ?.

3 Bilde Zusammensetzungen mit den folgenden Bestimmungswörtern. Wie verändern sich die Verben dabei?

turnen, essen, waschen, schreiben, fahren, schaukeln

4 Was bedeuten die vier zusammengesetzten Wörter hier? Was bedeuten sie üblicherweise?

Wusstet ihr schon,
dass Maulwürfe bei den Olympischen Spielen nicht anerkannt worden sind?
dass Kunsthonig nicht von besonders begabten Bienen hergestellt wird?
dass ein Barhocker kein Dauergast im Nachtklub ist?
dass ein Kernforscher kein Nussexperte sein muss?

5 Bilde aus folgenden Wortpaaren jeweils zwei Zusammensetzungen und verwende sie in Sätzen.

Kachel – Ofen, Ball – Spiel, Schuh – Leder, Pokal – Sieger, Stein – Mauer, lang – Finger, Fenster – Glas

6 a) Man kann auch sehr lange Wörter bilden, die aus mehr als zwei Teilen bestehen:

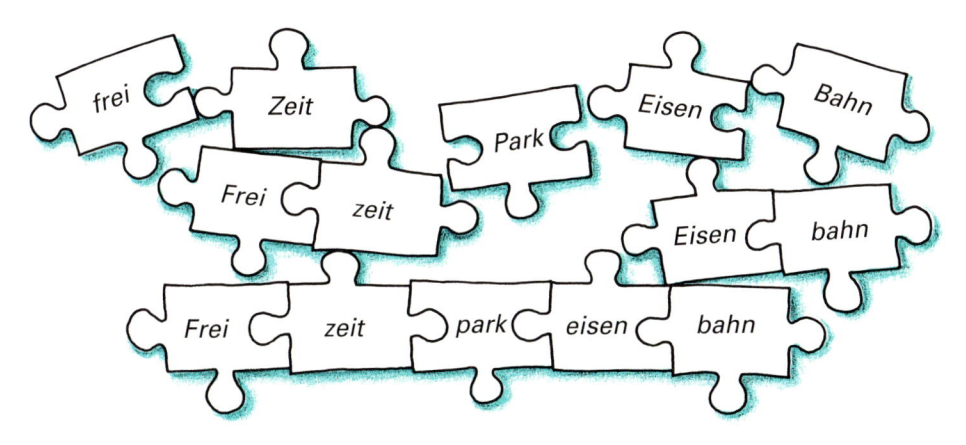

frei	Zeit
Frei	zeit	Park	Eisen	Bahn
			Eisen	bahn
Frei	zeit	park	eisen	bahn

b) Erläutere, wie die folgenden Wörter entstanden sind.

Großstadtbahnhof, Langhaardackelhundehalsband.

7 Warum wirken die folgenden Wörter komisch?

Giftzahnarzt, Tränensackgasse, Sündenfallobst, Löschblattlaus, Wespennestwärme, Kindergartenschere, Häuserblockflöte, Pechvogelkäfig, Mondscheinwerfer, Gürteltierarzt, Armbrustschwimmer

8 a) Welche Laute sind hier zwischen Grundwort und Bestimmungswort eingefügt worden?

Kind?kopf, Grab?ruhe, Hund?futter, Familie?name, Schmerz?geld, Rind?zucht

b) Suche weitere Wortbeispiele für Fugenlaute.

9 Achte auf den Bedeutungsunterschied.

Landmann – Landsmann
Schifffahrt – Schiffsfahrt

b) Ableitungen

Eigentlich wollten wir ja eine Couch für unser Wohnzimmer kaufen und wir sagten das auch dem Herrn, der uns am Eingang des Möbelgeschäftes empfing. Aber in seinen Zügen malte sich bei der Bekundung unseres Wunsches äußerstes Erschrecken. Er sah uns direkt angewidert an, mit einem Ausdruck, als wolle er sagen: »Diesen Artikel führen wir nicht.« Es war eine etwas peinliche Situation, die aber von dem Herrn erfolgreich gemeistert wurde. »Herr Meier!«, rief er und ein Jüngling eilte herbei. »Die Herrschaften wünschen eine Liege«, sagte der Empfangsherr mit sonderbarem Nachdruck, »zeigen Sie den Herrschaften unsere Liegen.«
Kurz darauf betraten wir ein Lampengeschäft. »Wir hätten gern eine Lampe«, sagten wir. Die seriöse, gepflegte Dame am Eingang zuckte zusammen wie unter einem wilden Schmerz, mindestens Ischias. Dann betrachtete sie uns mit dem Blick einer regierenden Herzogin und sprach: »Die Herrschaften wünschen eine Leuchte.«
So machten wir an diesem sonderbaren Tage eine große Kaufe: zuerst eine sehr hübsche Sitze, dann eine Heize und schließlich noch eine alte Ölmale.

1 Welche ungebräuchlichen Wörter bilden die Pointe dieser Glosse? Wie wurden sie gebildet?
2 Suche im Text weitere Nomen, die von Verben stammen.

Von selbstständigen Wörtern kann man mit Hilfe **nachgestellter Wortbausteine** (**Suffixe**), die nicht als selbstständige Wörter auftreten können, andere Wörter ableiten:
Mut + ig = mutig, schön + heit = Schönheit.

Von Verben wird bei der Wortbildung nur der **Wortstamm** (ohne Infinitivendung -en) verwendet:
lehr + er = Lehrer; lehr + ling = Lehrling, wohn + ung = Wohnung.

Das abgeleitete Wort wird **Ableitung** genannt, das zu Grunde liegende Wort **Stammwort**.

Die Ableitung gehört oft einer anderen Wortart an als das Stammwort. Das Ableitungssuffix legt die Zugehörigkeit zu einer Wortart fest. Nomen können auf diese Weise von Verben und von Adjektiven abgeleitet werden. Das hat Konsequenzen für die Rechtschreibung:
prüfen – Prüfling, jung – Jüngling; Kind – kindlich, bedrohen – bedrohlich.

Bei manchen Ableitungen tritt gegenüber dem Stammwort der Umlaut der Vokale a, o, u zu ä, ö, ü auf:
Tag – täglich, Brot – Brötchen, Bruder – brüderlich.

Es gibt auch Ableitungen, die ohne Ableitungssuffix gebildet werden: *schauen – Schau*. Dabei tritt oft Vokalwechsel (Ablaut) ein: *springen – Sprung, klingen – Klang*.

1 Zerlege die Ableitungen in Stammwort und Ableitungssuffix. Mit welchen Suffixen werden Nomen abgeleitet, mit welchen Suffixen Adjektive?

Kreuzung, mütterlich, holzig, essbar, Fahrt, Bäcker, Tischler, Klugheit, Bürgerschaft, erfolglos, kleinlich, krankhaft, steinern, Größe, neidisch, Heiterkeit, bärtig, Schreiber, Biegung, herrlich, Heuchelei, Feindschaft, Einsamkeit, hörbar, nötig, Übung, sandig, Bleibe

2 Nenne die Stammwörter, von denen die folgenden Wörter abgeleitet worden sind.

Wuchs, Band, Trank, Bund, Schluss, Griff, Bruch, Wurf, Schuss

3 Bilde Ableitungen mit den Suffixen *-ung, -schaft, -heit* und *-keit*. Bilde nur Wörter, die gebräuchlich sind. Prüfe nach, was sie bedeuten.

ordnen, sammeln, klug, wichtig, bereit, Mann, melden, gemein, Bruder, wahr, meinen, rein, krank, üben, selten, Meister, kühn, selig, kleiden, Partner

4 Welche Wörter kannst du mit diesen Wortbausteinen bilden? Lege eine Tabelle nach unten stehendem Muster an und trage die neu gebildeten Wörter ein.

Wortbausteine: feind, wirk, sicher, les, rund, ein, neu, frucht, find, deut, wald, sitz, gleich, wunder

Suffixe: -ung, -heit, -bar, -er, -en, -schaft, -lich, -sam, -nis, -ig

Nomen	Verben	Adjektive

5 Hier kannst du von Nomen Verben und Adjektive ableiten:

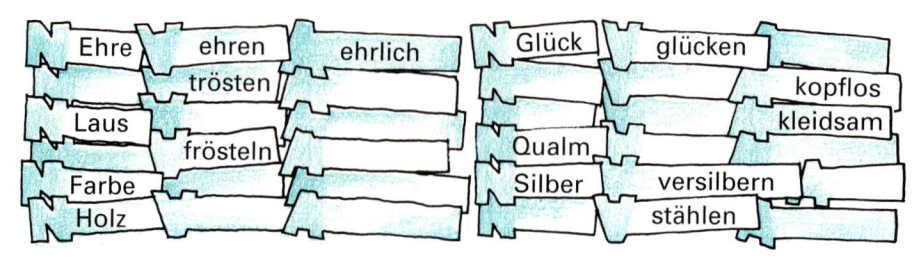

Ehre	ehren	ehrlich		Glück	glücken	
	trösten					kopflos
Laus						kleidsam
	frösteln			Qualm		
Farbe				Silber	versilbern	
Holz					stählen	

6 Manche sehr alten Ableitungen haben sich im Laufe der Geschichte so verändert, dass sie ihren Stammwörtern nur noch ähnlich sehen. Welches abgeleitete Nomen gehört hier zu welchem Verbum?

Brand, Schlosser, Gruft, Schrift,   graben, verlieren, schneiden, tun,
Ankunft, Schnitt, Vorsicht, Tat,   können, schreiben, schließen, kennen,
Getränk, Kenntnis, Verlust, Kunst   trinken, ankommen, vorsehen, brennen

7 Man kann auch von Verben andere Verben ableiten. Ergänze die fehlenden Angaben.

husten	hüsteln	(Jemand deutet den Husten nur an.)
krank sein	kränkeln	(Jemand ist zwar oft, aber nur ein bisschen krank.)
streichen	...	(Jemand streicht ganz leicht und zärtlich mit der Hand über etwas.)
tropfen	...	(Der Regen fällt nur in wenigen Tropfen.)
lachen	...	...
...	...	(Das Geräusch klingt wie ein ganz leises Zischen.)
brummen	...	...
...	tänzeln	...
spotten	...	...

c) Präfixbildungen

Im Urlaub raste er mit seinem neuen, geheuer schnellen Wagen durch die ermesslichen Weiten der garischen Puszta. Vergeblich suchte er nach einem Hotelzimmer, fand dann Terschlupf bei einer hübschen Termieterin, die er gestüm mit seinem Liebeswerben bedrängte. Der Hold!
Doch das Heil schreitet schnell. Auf der Rückfahrt hatte er wegen seiner vorsichtigen Fahrweise einen Fall. Er verglückte schwer und wurde verzüglich in die Iversitätsklinik eingeliefert. Sein Gesicht ist noch heute etwas verstaltet, aber sonst ist er noch einmal davongekommen. Kraut vergeht nicht!

1 Einigen Wörtern im Text fehlt ein Wortbaustein. Welche Wörter sind es?
2 Was unterscheidet *un-* in den Wörtern ungarisch und Universitätsklinik von *un-* in den übrigen Wörtern?
3 Welche Bedeutungen drückt *un-* bei den übrigen Wörtern aus?

Zu selbstständigen Wörtern kann man mit Hilfe **vorangestellter Wortbausteine (Präfixe)** andere Wörter bilden. Man nennt sie **Präfixbildungen**:
un + Tat = Untat,
ur + alt = uralt,
ver + sprechen = versprechen.

Präfixe werden vor allem bei der Bildung von Verben verwendet. Auf diese Weise werden die Bedeutungen der Stammwörter in verschiedener Weise verändert: *laufen, ablaufen, verlaufen, auslaufen, zerlaufen, zulaufen, auslaufen, umlaufen, entlaufen, anlaufen.*

1 Häufig drückt der Wortbaustein *un-* im Deutschen eine Verneinung aus, aber nicht immer.
Vergleiche die Bedeutungen der folgenden Wortpaare.

die Tat – die Untat, das Wetter – das Unwetter, die Sitte – die Unsitte, der Mensch – der Unmensch, der Fall – der Unfall, das Kraut – das Unkraut, das Tier – das Untier

2 Was bedeutet es, wenn jemand aus einem längeren Urlaub zurückkehrt, in der Post eine Unzahl von Rechnungen vorfindet, eine Unsumme bezahlen soll, zum Glück aber auch eine Unmenge Geld besitzt?

3 Welche gebräuchlichen Präfixbildungen findest du?

4 Mit dem Präfix *ver-* kann Unterschiedliches ausgedrückt werden:
a) zu Ende gehen: *verglühen*, b) zu etwas machen: *verschrotten*,
c) zu etwas werden: *verwaisen*, d) mit etwas ausstatten: *vergolden*,
e) in falscher, verkehrter Weise tun: *sich verschreiben*.
Ordne die folgenden Präfixbildungen den fünf Gruppen zu:

verheilen, sich verlaufen, verstummen, verfilmen, verblühen, verkorken, verblassen, verbilligen, verdunkeln, verfaulen, verdünnen, sich verrechnen, verminen, verwildern, verglasen, verbiegen, verflüssigen, verbreitern

5 Welche Präfixe erfassen die unterschiedlichen Zustände des Blühens?

? blühen ?

6 a) Fülle die Lücken mit den Verben *glühen, erglühen, verglühen*.

1) Bei diesen Worten begannen ihre Wangen vor Freude zu ?.
2) Er hatte vergessen die Herdplatte auszustellen, sie war überheizt und ?.
3) Das Feuer war heruntergebrannt, die Holzkohle schon fast ?.

b) Suche weitere Verben mit einem Präfix, die deutlich den Beginn oder den Abschluss eines Vorgangs zum Ausdruck bringen.

7 Bilde Präfixbildungen und Ableitungen.

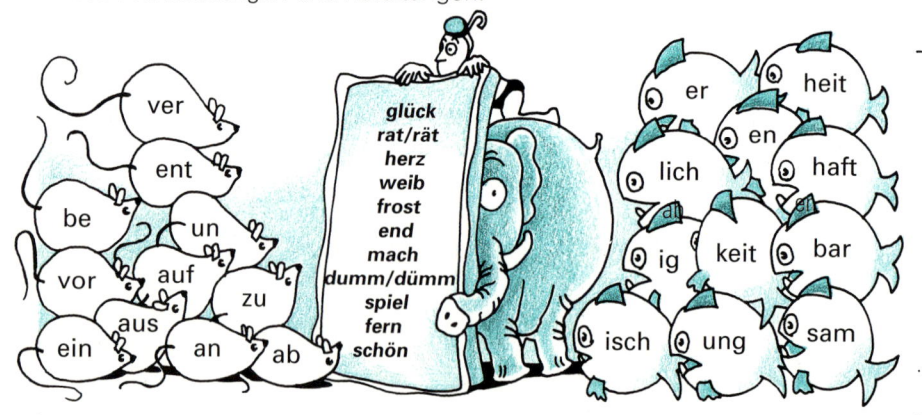

Präfixe: ver, ent, be, un, vor, auf, aus, zu, ein, an, ab

Stämme: glück, rat/rät, herz, weib, frost, end, mach, dumm/dümm, spiel, fern, schön

Suffixe: er, en, heit, lich, haft, ig, keit, bar, isch, ung, sam

3.9 Wortfamilien

Mahlen & mahlen
Brigitte Peter

Mahlende Müller mahlen Mehl
Malende Maler malen Mehl.
Malende Maler malen Müller.
Malende Maler malen mahlende Müller.
Malende Maler malen Mehl mahlende Müller.
Malende Maler malen Maler.
Malende Maler malen malende Maler.
Malende Maler malen Müller malende Maler.
Malende Maler malen mahlende Müller malende Maler.
Malende Maler malen Mehl mahlende Müller malende Maler.

Worauf den Müllern die Geduld reißt.
Sie erinnern sich an das Ende von Max und Moritz und
mahlen die Maler.

1 Stelle möglichst viele Zusammensetzungen, Ableitungen und Präfixbildungen mit den beiden Verben *mahlen* und *malen* zusammen. Achte auf Bedeutung und Rechtschreibung.

2 Zu welcher Familie von Wörtern gehören wohl die folgenden Wörter: *Mahlzähne, Muttermal, Gemäldeausstellung, malerisch, Mehl*?

Alle zu demselben Stammwort gebildeten Zusammensetzungen, Ableitungen und Präfixbildungen sind miteinander verwandt. Sie bilden zusammen eine **Wortfamilie**.

Alle Mitglieder einer Wortfamilie weisen also denselben Wortstamm auf, der auch als selbstständiges Wort auftreten kann. Allerdings kann dieser Wortstamm in den verschiedenen Wörtern auch verschiedene Gestalt annehmen (z. B. wechselnde Vokale, Ablaut): *sprech=sprach=spruch=sprich=sprüch*.

Die Verwandtschaft der Mitglieder einer Wortfamilie kann man meist auch an ihren Bedeutungen erkennen: *Sprecher, Sprache, Ausspruch*, aber: *anspruchslos*.

Manche Wörter haben sich im Laufe der Geschichte so weit von ihrem Stammwort entfernt, dass man ihre Zugehörigkeit zu einer Wortfamilie kaum noch erkennen kann: *Gift – geben*.

Manchmal ist es hilfreich, bei Rechtschreibunsicherheiten zu überlegen, zu welcher Wortfamilie ein Wort gehört: *Zahnrad → das Rad; Bundesrat → der Rat*.

1 Dieses ist ein Wortbaustein: *zug*.
Manche Wortbausteine sind schon für sich allein ein Wort: *Zug*.
Neue Wörter kann man bilden, indem man einen Wortbaustein voransetzt: *Be|zug*.
Oft kann man auch einen Wortbaustein anhängen: *zug|ig*.
Manchmal wird in einem Wortbaustein ein *a, o, u* zu *ä, ö, ü*: *züg|ig*.
Vorangestellt oder angehängt werden können auch mehrere Wortbausteine: *be|züg|lich, un|ver|züg|lich, An|züg|lich|keit*.
Findest du noch mehr Wörter mit dem Wortbaustein *zug*?

2 Welche der folgenden Wörter gehören zur selben Wortfamilie? Woran kann man das erkennen?

Sprecher, Hörer, Spruch, lesbar, Rede, Sprache, Ton, laut, Sprachbuch, Lautsprecher, zuhören, Ansprache, versprechen, sagen, entsprechend, Klassensprecher, Sprücheklopfer, Angeber, sprachlos, anspruchsvoll, Widerrede, Widerspruch, Sprichwort, Sentenz, Richter, Rechtssprechung, Freispruch, Dialog, Geschäftspartner, gesprächig

3 Achte darauf, zu welcher Wortart (Nomen, Verb, Adjektiv) die folgenden Wörter gehören, und schreibe groß oder klein. Die nachgestellten Wortbausteine der Wörter können dir dabei eine Hilfe sein.

1) (j)ugend, (j)ugendlich, (j)ugendlicher, (j)ugendlichkeit
2) (s)prache, (s)prachlich, (s)prachlos, (s)prachlosigkeit
3) (s)pott, (s)pöttisch, (s)pötter, (v)erspotten, (v)erspottung
4) (s)tark, (s)tärken, (v)erstärken, (v)erstärker, (v)erstärkung
5) (ä)rger, (ä)rgernis, (v)erärgern, (v)erärgerung, (ä)rgerlich
6) (s)tören, (s)törer, (s)törung, (v)erstört, (v)erstörung, (v)erstörtheit, (s)törend, (s)törungsfrei
7) (r)aum, (r)äumen, (r)äumung, (r)äumlichkeit, (r)äumlich, (a)usräumen, (a)usgeräumt

4 Die Wörter auf Seite 147 gehören zu drei Wortfamilien.
Fertige eine Tabelle nach folgendem Muster an und unterstreiche in deiner Tabelle die Wortbausteine, die sich im Vergleich zum Stammwort geändert haben.
Achtung! Drei Wörter gehören nicht dazu.

?	wahr	?

Wahrheit – wahr – entschlossen – schließlich – Länge – Schloss – Anschluss – wahrhaftig – Lüge – Schluss – Wahrsager – länglich – Verschluss – kurz – verschließbar – ausgeschlossen – wahrscheinlich – schließen – Tür – langweilig – Entschluss – längst – Beschluss – langwierig – Schlosserei – verlängern – Schlüssel – langsam – geschlossen – unwahrscheinlich – verschlüsselt – Wahrzeichen – Schlosser

5 Bilde möglichst viele Wörter zu folgenden Wortfamilien. Achte dabei auf die Schreibweise: *s, ss* oder *ß*.

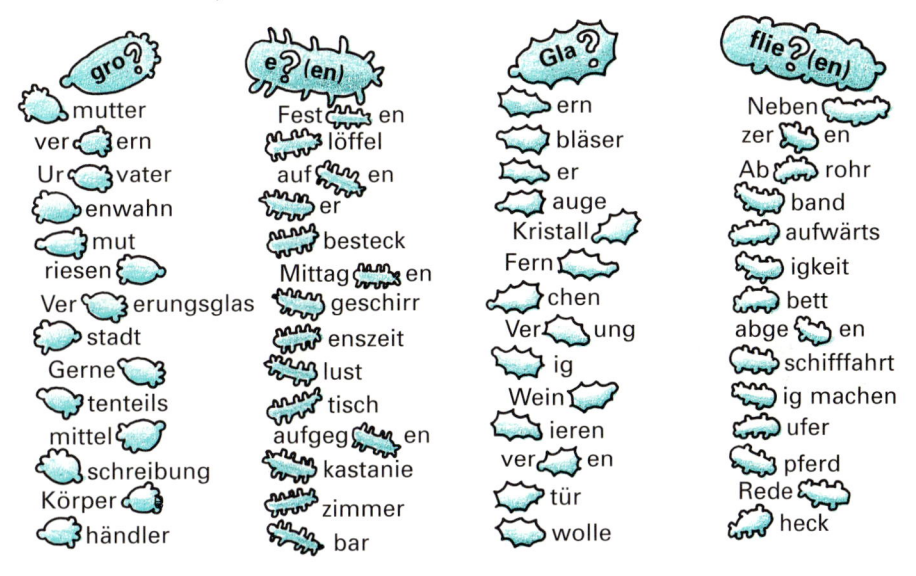

gro?
- mutter
- ver___ern
- Ur___vater
- ___enwahn
- ___mut
- riesen___
- Ver___erungsglas
- ___stadt
- Gerne___
- ___tenteils
- mittel___
- ___schreibung
- Körper___
- ___händler

e?(en)
- Fest___en
- ___löffel
- auf___en
- ___er
- ___besteck
- Mittag___en
- ___geschirr
- ___enszeit
- ___lust
- ___tisch
- aufgeg___en
- ___kastanie
- ___zimmer
- ___bar

Gla?
- ___ern
- ___bläser
- ___er
- ___auge
- Kristall___
- Fern___
- ___chen
- Ver___ung
- ___ig
- Wein___
- ___ieren
- ver___en
- ___tür
- ___wolle

flie?(en)
- Neben___
- zer___en
- Ab___rohr
- ___band
- ___aufwärts
- ___igkeit
- ___bett
- abge___en
- ___schifffahrt
- ___ig machen
- ___ufer
- ___pferd
- Rede___
- ___heck

6 Ist das ein Radschlag oder ein Ratschlag? Lege folgende Tabelle an und ordne die Wörter entsprechend ein.

Wortfamilie Rad	Wortfamilie Rat

Ra-dampfer, Ra-haus, Ra-fahrweg, Ra-geber, Kriegsra-, Ra-losigkeit, Rennra-, Ra- fahren, ra-eln, gerä-ert, Schulra-, Bera-ung, Ra-suchend, Ra-schluss, Studienra-, Ra-wechsel, Ra-spur, Zahnra-, bera-schlagen, Ra-speiche, zweirä-rig, Bundesra-

3.10 Gruppensprachen

Gesprächsfetzen von der Cebit, dem weltweit größten Expertenrodeo der Branche. »Im ersten Quarter haben wir über 10 000 Units geshipt, dann waren wir fast zwei Wochen out of stock und jetzt sind schon die Preorders wieder 25 Prozent über Forecast.« Oder: »Ich hatte natürlich nicht abgesaved, als die Parity Error Message kam und trotzdem konnte Windows das restoren. Irgendwie handled das Teil die Errors besser als die drei Nuller.« Ein Mitarbeiter einer großen Firma radebrecht: »Ob Sie das free of charge mache könnet, woiß i net. Anyway, checke Se des doch mit dem Headquarter ab. Aber die Charge isch ja sowieso net der Issue, gell?«

1 Um welche Branche handelt es sich hier eigentlich? Kannst du die Gesprächsfetzen verstehen und »übersetzen«?
2 Wem müssten diese Äußerungen ohne Schwierigkeiten verständlich sein?
3 Wodurch unterscheidet sich die dritte Äußerung von den beiden anderen?

Wenn man von der deutschen Sprache spricht, dann meint man normalerweise die **Standardsprache**. Sie findet sich in den meisten gedruckten Texten (daher oft auch: Schriftsprache) und normalerweise in den durch Fernsehen und Rundfunk verbreiteten Sendungen.

Im alltäglichen Gebrauch jedoch kommt die Sprache in vielen Erscheinungsformen vor; dazu gehören z. B.:
– Sprachen, die von bestimmten Berufs- oder Interessengruppen verwendet werden: **Berufs**- oder **Fachsprachen**;
– Sprachen, die innerhalb bestimmter sozialer Gruppen benutzt werden: **Soziolekte** oder **Gruppensprachen**;
– Sprachen, die in einzelnen Regionen Deutschlands auftreten: **Dialekte** oder **Mundarten**.

Berufs- und **Fachsprachen** sind gekennzeichnet durch die vielen speziellen Bezeichnungen für Dinge, Vorgänge und Eigenschaften, die nur dem im Fachgebiet Informierten verständlich sind. Für den Experten dient die Fachsprache zur genauen und anschaulichen Bezeichnung, für den Laien bleibt sie oft unverständlich. Eine solche Fachsprache muss nicht eine Berufssprache sein (wie z. B. die Sprache der Mediziner, der Juristen, der Bergleute usw.), sondern kann auch den Freizeitbereich betreffen (z. B. Sportarten). In der jeweiligen Fachsprache sind die Bedeutungen der Wörter (und ggf. anderer Zeichen) genau festgelegt. Die Begriffe werden als **Terminologie** bezeichnet.

Das Hauptmerkmal einer **Gruppensprache** ist meist ein eigener Sonderwortschatz, d. h., dass innerhalb einer bestimmten Gruppe eigene, von der Standardsprache abweichende Bezeichnungen gebraucht werden. Mit einer solchen Sprache will die Gruppe sich abgrenzen und der Sprecher sich als Gruppenmitglied zu erkennen geben.

Eine sehr ausgeprägte Gruppensprache war früher z. B. das »Rotwelsch«, die Sprache der Hausierer, der Nichtsesshaften. Heute ist z. B. die Sprache Jugendlicher eine auffällige Gruppensprache, die sich schnell verändert. Zum Dialekt vgl. Seite 151.

1 Wenn wir über Grammatik sprechen verwenden wir häufig Fachbegriffe aus dem Lateinischen. Suche die lateinischen Begriffe für:

1) hinweisendes Fürwort,
2) Gegenwart,
3) ein Verb in Person, Zeit verändern,
4) Aussageweise,
5) Grundform des Verbs,
6) Mehrzahl,
7) Umstandswort,
8) örtlich, räumlich,
9) Fall,
10) weiblich,
11) unbestimmtes Fürwort,
12) höchste Steigerungsform.

2 a) Die folgenden Wendungen sind in unsere Alltagssprache eingegangen, stammen aber ursprünglich aus Berufssprachen. Benenne jeweils, was wir mit der Wendung ausdrücken wollen und erkläre, aus welcher Fachsprache sie stammt.

Dampf ablassen – zu Tage bringen – aufs Abstellgleis stellen – ankurbeln – Schonzeit geben – Raubbau treiben – Sturm laufen – etwas im Schilde führen – auf die Goldwaage legen – die Segel streichen

b) Kennst du selbst noch ähnliche Formulierungen, die aus Fachsprachen in unsere Alltagssprache Eingang gefunden haben?

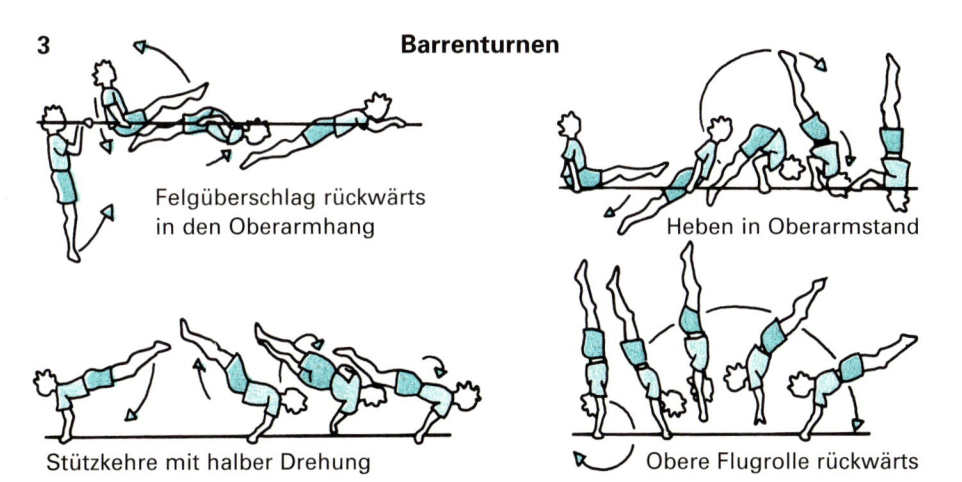

3 **Barrenturnen**

Felgüberschlag rückwärts in den Oberarmhang

Heben in Oberarmstand

Stützkehre mit halber Drehung

Obere Flugrolle rückwärts

a) Die Zeichnungen auf Seite 149 sind ergänzt durch die fachsprachlichen Benennungen. Versuche den Ablauf der Übungen zu beschreiben ohne die Fachausdrücke zu benutzen.
b) Stelle eine Liste von Fachausdrücken aus der Sportart zusammen, in der du dich gut auskennst.

4 Erkläre, was man im Fußball unter »Abseits« versteht.

5 Aus dem »Rotwelsch«, einer Geheimsprache der Vagabunden, die bereits vor mehr als 700 Jahren existierte, haben sich einige Begriffe in unserer Umgangssprache gehalten. Kannst du die Bedeutung der folgenden Begriffe erklären?

Schlamassel – schachern – zinken – Moos – pumpen – mopsen – Pleite – spannen – kess – toff – Schmiere stehen – blechen – foppen – mogeln – Kniff – Pfiffikus – stibitzen – ausbaldowern

Froschkönig 1984

Finden Sie nicht auch, dass Märchen oft altmodisch sind? Wir haben den »Froschkönig« der Gebrüder Grimm einmal ins Aktuelle übersetzt. Zur Erinnerung: Der Königstochter war ihre goldene Kugel in den Brunnen gefallen. Zwischen der Prinzessin und einem Frosch entspann sich folgender Dialog (links das Original, rechts die modernisierte Fassung):

Frosch: Warum weinst du, holde Königstochter?

Ziehstn hier für ne Show ab, eh?

Königstochter: Ich weine über meine goldene Kugel, die mir in den Brunnen gefallen ist.

Zieh keine Show ab, bin depri, weil mein Walkman ins Siel gefallen ist.

Frosch: Sei still und weine nicht, ich kann wohl helfen, aber was gibst du mir, wenn ich dein Spielwerk wieder heraufhole?

Nun zick mal nicht mehr rum, Alte, echt. Ich hol dir deine Ohrwärmer wieder. Kri' ich'n dafür, eh?

Königstochter: Was du haben willst, lieber Frosch, meine Kleider, meine Perlen und Edelsteine, auch noch die goldene Krone, die ich trage.

Kanns dir aussuchen. Hab ne geile Kassette von OMC ... oder ich geb dir ne Scheibe von den Stones ...

> **Frosch:** Das alles mag ich nicht. Aber wenn du mich lieb haben willst und ich soll dein Geselle und Spielkamerad sein, an deinem Tischlein neben dir sitzen, von deinem goldenen Tellerlein essen, in deinem Bettlein schlafen ...
>
> Ach Gott, da fliegt mir ja das Blech weg. Ne, die Musik kannste allein hören. Lass uns ins Kino gehen, vielleicht hinterher zu McDonald's. Und dann lass ich dich noch mal 'n Blick auf meine CD-Sammlung werfen. Das fänd ich affengeil, echt.

6 Diese »modernisierte« Fassung des Gesprächs aus dem »Froschkönig« ist heute vielleicht schon wieder veraltet. Welche Begriffe sind auch heute noch im Gebrauch? Schreibe eine aktuelle Fassung in Jugendsprache.

7 Schreibe zu einem anderen Märchenauszug eine ähnliche Parodie in Jugendsprache.

8 In der Sprache der Jugendlichen gibt es viele Möglichkeiten auszudrücken, dass man etwas *gut* oder *schlecht* findet.
a) Stelle jeweils eine Liste zusammen, die solche Ausdrücke für *gut* und *schlecht* enthält.
b) Ordne die Begriffe so, dass oben der ausdrucksstärkste und am Ende der schwächste Begriff steht.

Die Merkmale eines **Dialekts** bestehen darin,
– dass Wörter anders ausgesprochen werden als in der Standardsprache
  (z. B. *loofen* für *laufen* oder *ick(e)* für *ich* in Berlin),
– dass Dinge, Vorgänge oder Eigenschaften anders bezeichnet werden
  (z. B. *geschneckelt* für *gelockt* oder *Patzen* für *Klecks* in Bayern),
– oder dass die Syntax abweicht (z. B. kein Unterschied zwischen Dativ und Akkusativ im Plattdeutschen).

Ein Dialekt kann so ausgeprägt sein, dass ein Sprecher einer anderen Region nicht versteht, worum es geht. Dialekte werden meist im Rahmen einer vertrauten Gruppe gesprochen, d. h. in der Familie, unter den Dorfbewohnern, im Verein, unter Kollegen usw. Die Grenzen zwischen Dialekt und Standardsprache sind im täglichen Sprachgebrauch oft fließend; viele Sprecher verfügen (situationsgebunden) über eine Dialekt und die Standardsprache, die aber auch oft mit einer regionalen Klangfärbung gesprochen wird.

Der Einfluss der Massenmedien, die umfangreichere Schulbildung und die so genannte Mobilität (z. B. Verlassen des Heimatortes aus Berufsgründen, Möglichkeiten des sozialen Aufstiegs, häufiges Reisen) in unserer Gesellschaft haben dazu geführt, dass die Zahl der Dialektsprecher zurückgeht.

9 Eine große deutsche Tageszeitung druckt jeden Tag eine solche kleine Geschichte ab.
a) Versuche anhand dieser drei Beispiele herauszufinden, in welcher Stadt die Zeitung erscheint.
b) Beschreibe einige typische Merkmale dieses Dialekts.

...sagte der Mann: „Wann's drauß so haaß is, misse Se unbedingt e leicht Hietsche uffsetze, wann Se enausgehe! Wechem Hern!" – „Ich hab awwer kaans!" – „Dann brauche Se aach kaa Hietsche!"

...sagte die fette Made im Speck: „Babberlababb! Mei Kussine schafft inerer Kerrsche, siwwe Obstdaache die Woch, un sie werd aach net dinner!"

10 Die folgenden Speisen sind zuerst auf Bairisch und dann auf Hochdeutsch bezeichnet. Versuche die richtige Zuordnung zu finden. Gibt es in der Region, in der du lebst, spezielle Bezeichnungen für einige dieser Speisen?

1) Blaukraut
2) Schmankerl
3) Topfen
4) Zwetschgendatschi
5) Kren
6) Schwammerl
7) Wecken
8) Ochsenauge
9) Geröstete
10) Geselchtes
11) Einbrenne
12) Wammerl
13) Knödel

A) Pilz
B) Bratkartoffeln
C) Brötchen
D) Rotkohl
E) Spiegelei
F) Schweinebauch
G) Meerettich
H) Pflaumenkuchen
I) Mehlschwitze
J) Kloß
K) Geräuchertes
L) Quark
M) Leckerbissen

11 In den folgenden Witzen ist jeweils der Name der Stadt abgekürzt. Der Dialekt hilft dir den Namen zu finden.

1) Als eine Lehrerin in K. unverhofft das Schulzimmer betritt, hört sie noch, wie der vorlaute Pit schreit: »Do kütt di al' Schachtel!« Die Pädagogin will diese Gelegenheit wahrnehmen um den vorlauten Schüler zu erziehen: »Also Peter«, sagt sie, »ich werde dir deine Strafe erlassen, wenn du es auf Hochdeutsch sagen kannst!« Pit denkt kurz angestrengt nach und deklamiert dann: »Da kommt der bejahrte Karton!«

2) Als der Bus in B. plötzlich bremst, muss sich Willi an einem Fahrgast festhalten. »Mensch«, sagt der, »ick bin doch keen Laternenpfahl!« »Det stimmt«, meint Willi, »dafier sind Se oben nich helle jenuch!«

3) Im Streit sagt einer in S. zu dem andern: »Esch gibt Domme und Saudomme. Von de Domme bischt du koiner.«

4) »Worin«, fragt der Lehrer in L., »besteht der Unterschied zwischen Griechen und Römern?« – Karlchen: »Aus Römern kann man trinken.« – »Das versteh ich nich«, sagt Emil, »wieso soll man aus Kriechen nich drinken gennen?«

12 Kennst du noch andere Mundart-Witze?

13 a) Stimmst du der Aussage des Lehrers zu, dass »Maloche« kein »gutes Deutsch« sei?
  b) Wie erklärst du dir die Reaktion des Vaters?

3.11 Sprachgeschichte

Vom Kranich und Wolffe.
Martin Luther

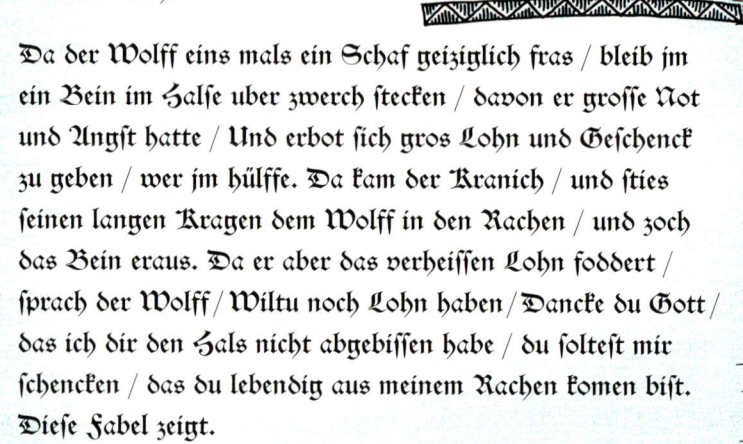

Da der Wolff eins mals ein Schaf geiziglich fras / bleib jm ein Bein im Halse uber zwerch stecken / davon er grosse Not und Angst hatte / Und erbot sich gros Lohn und Geschenck zu geben / wer jm hülffe. Da kam der Kranich / und sties seinen langen Kragen dem Wolff in den Rachen / und zoch das Bein eraus. Da er aber das verheissen Lohn foddert / sprach der Wolff / Wiltu noch Lohn haben / Dancke du Gott / das ich dir den Hals nicht abgebissen habe / du soltest mir schencken / das du lebendig aus meinem Rachen komen bist. Diese Fabel zeigt.
Wer den Leuten in der Welt wil wol thun / der mus sich erwegen Undanck zuuerdienen / Die Welt lohnet nicht anders / denn mit Undanck / wie man spricht. Wer einen vom Galgen erlöset / Dem hilfft derselbige gern dran.

1 Martin Luthers Übersetzung einer Fabel des antiken Fabeldichters Aesop stammt aus dem Jahr 1530. Verstehst du diesen über 450 Jahre alten Text sofort oder hast du an bestimmten Stellen Schwierigkeiten?
2 Der Ausdruck *uber zwerch* ist heute nicht mehr gebräuchlich; er bedeutet *quer*. Die Wörter *Bein, geizig(lich)* und *Kragen* gibt es auch heute. Sie haben in der Fabel aber eine andere Bedeutung als heute. Welche?
Bei der Bedeutungserschließung helfen dir vielleicht diese heute noch gebräuchlichen Wörter und Wendungen: *Schlüsselbein, beinhart, das geht mir durch Mark und Bein*; *ehrgeizig, Geizhals, Geizkragen, es geht ihm an den Kragen, er redet sich um Kopf und Kragen.*
3 Welche Unterschiede in Rechtschreibung und Zeichensetzung fallen dir gegenüber den heutigen Regeln auf?
4 Nenne Beispiele für Unterschiede in der Wortbildung, der Wortflexion und im Satzbau.

Die deutsche Sprache hat sich im Laufe ihrer Geschichte vom Althochdeutschen (800–1050) über das Mittelhochdeutsche (1050–1500) zum Neuhochdeutschen (seit 1500) ständig verändert und sie verändert sich auch in unserer Gegenwart weiter. In den letzten 400 Jahren hat sich die Aussprache der neuhochdeutschen Wörter jedoch nur wenig verändert (z. B. *foddert – fordert*).

Die **Rechtschreibung** orientierte sich zwar an der Aussprache der Wörter, war aber bis zum Ende des 19. Jahrhunderts noch nicht allgemein verbindlich festgeschrieben (z. B. *Wolff, fras, im – Wolf, fraß, ihm*).

Die **Zeichensetzung** diente ursprünglich der Kennzeichnung von Lesepausen in geschriebenen Texten (so noch in Luthers Fabel am Schrägstrich erkennbar, aus dem sich später das Komma entwickelt hat). Heute verwendet man Satzzeichen zur grammatisch-logischen Gliederung und als Lesehilfe in längeren Sätzen.

Die wichtigsten Veränderungen der deutschen Sprache in den letzten Jahrhunderten betreffen den **Wortschatz**:
– Wörter sind ungebräuchlich geworden, von anderen verdrängt worden (z. B. ist *quer* an die Stelle von *zwerch* getreten, das heute nur noch in *Zwerchfell* erhalten geblieben ist),
– Wörter sind hinzugekommen, aus Fremdsprachen (*Clown*) oder durch neue Wortbildungen (*eins mals – einstmals, Fernseher, Umweltschutz*),
– Wörter haben einen Bedeutungswandel erfahren (*Bein* zuerst *Knochen*, dann über *Schenkelknochen* schließlich *Körperglied zum Stehen und zur Fortbewegung, Geiz* zuerst *Gier,* dann *Gier nach Besitz,* schließlich *übertriebene Sparsamkeit*),
– Wörter haben ihr grammatisches Geschlecht gewechselt (*das Lohn – der Lohn*) oder andere Flexionsformen erhalten (*dem Wolffe – dem Wolf, bleib – blieb, komen bist – gekommen bist*).

Die deutsche Sprache der Gegenwart weist vor allem folgende Entwicklungstendenzen auf:
– Die Veränderung unserer Welt durch Wissenschaft und Technik führt zu Differenzierung in der Bezeichnung (neue Wortbildungen wie *Raketenabschussbasis, Wahlwiederholungstaste*).
– Die internationalen Handels-, Verkehrs- und Kommunikationsbeziehungen erweitern den Wortschatz durch **Fremdwörter**, besonders anglo-amerikanischen Ursprungs (*Computer, Display, Mountainbike*).
– Die zunehmende Bedeutung von Recht und Verwaltung für viele Lebensbereiche führt zu funktionaler Raffung und Kürzung (Nominalisierungen wie *diesjährige Kartoffelernte* für *Kartoffeln, die in diesem Jahr geerntet worden sind*) sowie Abkürzungen (*Dipl. Ing.*), Initialwörtern (*DB = Deutsche Bahn, ICE = Intercityexpress*) und Kurzwörtern (*Kripo*).

- Es kommt auch zu einem Verlust an Anschaulichkeit (abstrakte Oberbegriffe wie *Streugut* für *Asche, Salz, Sand*... und ein das »Amtsdeutsch« kennzeichnender Nominalstil mit vielen Nomen und wenig Verben).
- Gesellschaftlicher Wandel führt zur Ablösung traditioneller Bezeichnungen (*Auszubildender* für *Lehrling*), zur Herausbildung spezieller Gruppensprachen (*Jugendsprache*) und zu **Sprachkritik**, z. B. durch die Frauenemanzipation (*Frau Doktorin Müller* statt *Fräulein Doktor Müller*).

1 Vergleiche den Beginn der biblischen Weihnachtsgeschichte in den folgenden vier deutschen Übersetzungen, die aus verschiedenen Jahrhunderten stammen. Welche sprachlichen Veränderungen kannst du feststellen?

Uuard thô gitân in thên tagun, fremquam gibot fon demo aluualten[1] keisure, thaz gibrieuit vvurdi al these umbiuuerft[2].
(Tatian, um 830)

[1] aluualto = allherrschend
[2] umbiuuerft = der Umkreis, die Welt

Abir geschên ist in den tagen, ein gebot gîng ûz von dem keisere Augustô, daz bescriben worde der ummecreiz allesament.
(Evangelienbuch 1343)

Es begab sich aber in jenen Tagen, dass eine Verordnung vom Kaiser Augustus ausging, es solle eine Volkszählung im ganzen römischen Reiche vorgenommen werden.
(Menge 1926)

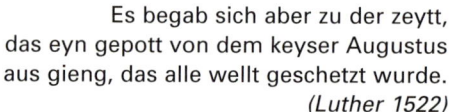

Es begab sich aber zu der zeytt, das eyn gepott von dem keyser Augustus aus gieng, das alle wellt geschetzt wurde.
(Luther 1522)

2 a) Im 17. Jahrhundert sorgten der kulturelle Einfluss Frankreichs auf Deutschland und der Dreißigjährige Krieg für eine starke Zunahme an Fremdwörtern. Versuche die Bedeutungen der Fremdwörter in folgendem Auszug aus einem Brief des Feldherrn Wallenstein an den Kaiser nach einer Schlacht gegen den Schwedenkönig Gustav II Adolf aus dem Sinnzusammenhang zu erschließen:

Das combat hat von frühe angefangen und den ganzen Tag caldissimemente (heiß, heftig) gewährt. Alle Soldaten Ew. Kaiserl. Armee haben sich so tapfer gehalten, als ich's in einiger Occasion mein Leben lang gesehen, und niemand hat einen fallo in valor (Versagen) gezeigt. Der König hat sein Volk über die Maßen discoragiert, daß er sie hazardosamente angeführt, daß sie in vorfallenden Occasionen ihm desto weniger trauen werden. Ew. Majestät Armee aber, indem sie gesehen, wie der König repussiert wurde, ist je denn mehr assekurirt worden.

b) Formuliere den Text in die Gegenwartssprache um. Beim Übersetzen helfen dir vielleicht die Bedeutungsangaben zu verwandten Fremdwörtern.

Kombattant: kämpfender Soldat
okkasionell: gelegentlich
Courage: Mut

Hasardeur: leichtsinnig Handelnder
repoussant: zurückschlagend, abwehrend
Assekuranz: Versicherung

3 Um die vielen aus fremden Sprachen übernommenen Wörter wieder zurückzudrängen hat man im 17. Jahrhundert »Verdeutschungen« vorgeschlagen.
a) Untersuche an den folgenden Beispielen, welche Verdeutschungen heute noch gebräuchlich sind. Welche »Verdeutschungen« werden neben den »Fremdwörtern« und welche an ihrer Stelle benutzt?
b) Versuche zu begründen, warum einige Wörter sich nicht durchgesetzt haben.

Gesichtskreis für Horizont
Schauburg für Theater
Hochschule für Universität
Bücherei für Bibliothek
Zeugemutter für Natur

Schauglas für Spiegel
Dichter für Poet
Gesichtserker für Nase
Mundart für Dialekt
Sprachlehre für Grammatik
Wörterbuch für Lexikon
Zitterweh für Fieber
Vertrag für Contract
Tagleuchter für Fenster
Briefwechsel für Korrespondenz
Irrgarten für Labyrinth
Steinwerk für Terrasse

3.12 Namenkunde

Dies sind zwei Auszüge aus dem altgermanischen Hildebrandslied (entstanden vermutlich im 8. Jahrhundert n. Chr.).

Es begegnen sich Vater und Sohn als Gegner im Kampf ohne sich zu kennen.

Hadubrand anhub, Hildebrands Sohn:
»Das sagten mir ... unsere Leute,
alte und kluge, die eherhin waren,
daß Hildebrand geheißen mein Vater; ich heiße Hadubrand.«
(...)
»Das sagten mir seefahrende Männer
westlich über das Wendelmeer: weg nahm ihn Kampf,
tot ist Hildebrand, Heribrands Sohn!«

1 Es werden in dem Textauszug drei Namen genannt.
   a) Wie heißen der Großvater, der Vater und der Sohn?
   b) Wie ist es dir gelungen, das Verwandtschaftsverhältnis zwischen den drei Männern herauszufinden?
   c) Wie erklärst du dir die in späterer Zeit erfolgte Bildung von Familiennamen wie *Johannson, Erikson, Hermannson*?
2 Vergleiche die drei Namen mit folgenden germanischen Personennamen, die heute noch bekannt sind:
Hildegard, Hildegund, Hilmar (= Hildemar);
Herbert (= Heribert), Hermann (= Herimann).
Bestandteile dieser Namen sind die folgenden althochdeutschen Wörter:
hilta = Kampf, gart = Bezirk, gund = Kampf, mar = berühmt,
heri = Heer, beraht = glänzend, man = Mann,
hadu = Kampf, brant = Schwert.

Namen unterscheiden sich von den übrigen Nomen dadurch, dass sie immer Einzelerscheinungen benennen und zu deren Identifikation dienen (z.B. *Alpen, Hamburg, Bello, Carmen Schulz*), statt als Gattungsbezeichnung eine größere Zahl von Erscheinungen zusammenzufassen (*Gebirge, Stadt, Hund, Frau*).

Personennamen bestehen heute aus einem oder mehreren Vornamen und den Familiennamen. Bis ins Mittelalter genügte dagegen im Allgemeinen ein Name zur Identifikation einer Person: der Rufname.

Die alten germanischen Rufnamen sind meist aus zwei Gliedern zusammengesetzt, ohne dass ein Bedeutungszusammenhang besteht:
Sieg-fried, Hein-rich, Wal-traut, Hilde-gund (beide Namenteile bedeuten *Kampf*).

Mit der Christianisierung der Germanen verbreiteten sich fremdsprachige Namen nach biblischen Gestalten (besonders aus dem Alten Testament: *Abraham, Daniel, Susanne*) und nach Heiligen (*Nikolaus, Michael, Martin*). Auch diese Namen hatten ursprünglich eine Bedeutung, z. B.:
Daniel = Gott ist mein Richter.
Die fremden Namen wurden lautlich allmählich angepasst und es wurden Kurzformen gebildet. Die beliebtesten und verbreitetsten Rufnamen des Mittelalters waren *Hans* (*Johannes*) und *Grete* (*Margarethe*), so auch im Märchen *Hänsel* und *Gretel* verbunden.

Im 17. Jahrhundert wurden französische Vornamen beliebt (z. B. *Henriette, Louise*), im 19. Jahrhundert dann englische (z. B. *Ellen, Willy, Harry*), heute auch solche aus anderen Sprachen. Die Namengeber streben damals wie heute nach Originalität und Wohlklang (*Ismene, Solingo*); unter dem Einfluss von Literatur, Film und Musik entstehen Modenamen (*Ramona* nach einem Schlager).

Als der Rufname zur Identifikation einer Person im Mittelalter vor allem wegen der wachsenden Bevölkerung nicht mehr ausreichte, entwickelten sich zunächst Beinamen als individuelle, nicht vererbbare Namenzusätze (*Heinrichs Sohn, der Schmied, Fett*). Aus den inhaltlich zunächst treffenden Beinamen sind dann **erbliche Familiennamen** geworden, wenn man den Sohn wie den Vater *Schmidt* nannte, obwohl er nicht Schmied war, wenn auch der Sohn des dicken Vaters *Fett* hieß.

Die wichtigsten Bildungstypen von Familiennamen sind:
– Verwandtschaftsbezeichnungen, meist nach dem Vater (*Ulrichs Sohn*, später immer mehr abgeschwächt zu *Ulrichson, Ulrichsen, Ulrichs, Ulrich*),
– Herkunftsbezeichnungen (*Altenburger, Altenburg - Schwab*),
– Wohnstättenbezeichnungen (*Bachmann, Bach, Baumgarten, Berger, Viehweg*), auch nach Hausnamen mit mittelalterlichen Bildhausnummern (*Adler, Wolf, Morgenstern*),
– Berufsbezeichnungen (*Schäfer, Schuhmacher, Fiedler*), manchmal nur nach Werkzeug, Material oder Erzeugnis (*Knieriemen, Hufnagel*),
– Eigenschaftsbezeichnungen (*Lang, Fröhlich, Ohnsorg*), auch nach auffälligen Körperteilen (*Kopf, Zahn*), dem Haar (*Schwarz, Krause*), wesensähnlichen Tieren oder Pflanzen (*Fuchs, Holzapfel*).

1 Welche der folgenden Wörter sind Namen, welche sind Gattungsbezeichnungen? Bei welchen Beispielen ist beides möglich?

Bach, Langbein, Stadt, Heinrich, Minka, Löwe, Autoschlosser, Hufschmied, Jürgensen, Elbe, Hamburger, Waldmann, Bankkaufmann, Tokio, Fußball, Bäcker, Ritter, Schuhmacher, Karlo, Techniker

2 Füge jeweils zwei der folgenden althochdeutschen Wörter zu dir bekannten Vornamen zusammen (z. B. Siegfried (sig-fridu), Dietrich (thiot-rihhi):

adal = edel, adlig
bald = kühn, mutig
eber = Eber
ekka = Spitze
fridu = Friede, Schutz
gang = Bewegung, Lauf
garda = Rute, Stab
ger = Speer
hart = streng
man = Mensch, Mann

muot = Mut, Verstand
nid = Hass
rihhi = reich, mächtig
sigu = Sieg
thiot = Volk
trut = vertraut
wig = Kampf
willo = Wille
wini = Freund
wolf = Wolf

3 Die im Mittelalter beliebtesten Heiligennamen aus dem Hebräischen, Griechischen und Lateinischen waren *Johannes* (hebr. *Jochana*), *Nikolaus*, *Petrus*, bei den Frauen *Margarethe* und *Elisabeth*.
Diese Namen wurden nicht nur in Aussprache und Schreibweise eingedeutscht, sondern auch an andere europäische Sprachen angepasst und es wurden zahlreiche Kurzformen von ihnen abgeleitet.
a) Ordne die folgenden Rufnamen ihren ursprünglichen Vollformen zu.
b) Von welchen Namen weißt du, welcher Sprache sie angehören?

Betsy, Piet, Nick, Giovanni, Gretje, Claus, Jens, Hansel, Maret, Elsbeth, Liesa, Grete, Johann, Nico. Elise, Margareta, Peter, Jan, Grit, Lilly, Pjotr, Greet, Klaas, Bettina, Else, Niccolo, Lieschen, Iwan, Hänsel, Marguerite, Lisette, Pedro, Johnny, Greta, Margery, Nikolai, Liesbeth, Janos, Jelisaweta, Margot, Nils, Juan, Gretchen, Elly, Klaus, Pietro, Liesel, Elisabetta, Niklaus, John, Pierre, Betty, Margit, Hans, Liz, Gretel, Niklas, Margret, Elisa, Gritli, Hänschen, Elsa, Margrit, Liese

4 Auch zu *Michael* und *Katharina* gibt es viele Kurzformen und fremdsprachige Abwandlungen. Welche fallen dir ein?

5 a) Ist jemand, der einen der folgenden Namen hat, ein Junge oder ein Mädchen?

Helge, Chris, Gerrit, Henny, Kai, Ronny, Sandy, Eike, Sean, Alex, Benny, Loris, Uli, Andy

b) Ergänze weitere Namen, von denen du nicht weißt, welchem Geschlecht sie zuzuordnen sind.
c) Hältst du die Forderung für berechtigt, dass Rufnamen das Geschlecht der Person erkennen lassen sollen?

6 Versuche zu erklären, wie die folgenden Familiennamen entstanden sind. Ordne sie zu Gruppen (vgl. S. 159).

Radmacher, Schönfeld, Langnese, Salzer, Backhaus, Böhm, Clasen, Bohnsack, Seiler, Michels, Teichmüller, Stammler, Nürnberger, Frühauf, Westphal, Jensen, Kruse, Haas, Steinweg, Hofmann, Suhrbier, Korthhals, Brettschneider, Güldenhaupt, Mittendorf, Honigmann, Ulrichs, Kuchenbecker, Jäger, Thies, Kleeberg, Herold, Lindenzweig, Querfeld, Magnussen, Krusekopf, Poggensee, Köllner, Buchholz, Mangold, Vornefett

7 a) Worin liegt die Pointe des folgenden Witzes?

Während des Zweiten Weltkriegs kommt ein Mann zum Standesamt und will seinen Namen ändern. »Na, wie heißen sie denn?«, fragt der Beamte. »Adolf Schweißfuß.« – »Da ist eine Namensänderung wohl wirklich angebracht. Wie wollen Sie denn nun heißen?« – »Hans Schweißfuß.«

b) Wie mag es wohl zu folgenden Familiennamen gekommen sein?

Schweißfuß, Wüstling, Schädlich, Zänker, Uebermut, Hebestreit, Wucherpfennig, Ziervogel, Faulstich, Teufel, Beutelschneider, Miesepeter, Habenicht, Sturzebecher, Grimmig, Ungelenk, Lachnit, Bringewatt, Kühnemund, Gruntzel, Schauinsland, Morgenweck

8 a) Welche Rufnamen sind heute Modenamen? Warum sind gerade diese Namen besonders beliebt?
b) Welche Gesichtspunkte sollte man bei der Namensgebung heute berücksichtigen?

9 Heute ist es nicht mehr selbstverständlich, dass die Frau bei der Eheschließung den Familiennamen des Mannes annimmt.
a) Vielfach entscheiden sich Ehepaare für einen Doppelnamen. Was hältst du von dieser Praxis? Welche Schwierigkeiten könnten dabei später auftreten?
b) Seit einigen Jahren ist es auch möglich, dass beide Ehepartner ihren Familiennamen behalten. Warum war das wohl früher nicht möglich?
c) Sollten alle Mitglieder einer Familie einen gemeinsamen Familiennamen tragen? Oder welche Regelungen scheinen dir vertretbar zu sein?

SATZ

kann stehen stehen bis sie: st ihn bl äu sdue A

1. Grammatik des Satzes

1.1 Leistung des Satzes/Satzarten

Der Schatz auf dem Steinberg

Auf dem Steinberg soll der Sage nach ein großer Schatz an Gold und edlen Steinen verborgen liegen den muss ein Männlein seit langer Zeit bewachen aber alle hundert Jahre winkt dem Männlein die Erlösung dann erscheint der Wächter einem jungen Mädchen und bittet es ihm beizustehen gelingt das der Mutigen, so erhält sie den ganzen Goldschatz, der im Berg verborgen liegt.
Einst kam das Männlein zu einem Mädchen. Als der Mond zu ihrer Kammer hereinschien, erwachte sie. Da sah sie an ihrem Bett einen zwerghaften Wicht stehen. Freundlich winkte er und bat sie ihn zu erlösen. Große Schätze wurden ihr verheißen. »Aber«, sagte das Männchen, »du musst eine Nacht bei mir wachen ohne zu reden und ohne dich umzudrehen.« Das Mädchen getraute sich jedoch nicht dies zu versprechen. War es Furcht oder eine gar zu große Redseligkeit oder Neugier, die sie hinderten? Wer weiß es? Das Männchen aber schied traurig mit den Worten: »O, ich Armer, käme doch endlich ein Mädchen, das mich erlöste!«

(Aus einer Schülersammlung)

1 Lies die Sage vor.
2 Sicherlich ist dir das Vorlesen des zweiten Abschnitts der Sage leichter gefallen. Woran liegt das?
3 Woran kannst du die Sätze trotz fehlender Satzschlusszeichen als Einheiten des Textes erkennen?
4 Vergleiche die unterstrichenen Sätze mit anderen im Text.

Der **Satz** ist eine nach Inhalt und Form geschlossene Äußerung, ist Baustein eines Textes. Er stellt eine Klangeinheit und eine Bedeutungseinheit dar. Der Satz ist auch eine grammatische Einheit, die vor allem durch das Subjekt und das Prädikat bestimmt ist.

Im Satz stimmen die finite Verbform des Prädikats und das Subjekt nach der Person und der Zahl (**Numerus**) immer überein.
Man bezeichnet diese Form der Übereinstimmung als **Kongruenz**:
E<u>r</u> geh<u>t</u> nach Hause.
Wi<u>r</u> geh<u>en</u> nach Hause.

Durch die Wahl der Satzart kann der Sprecher/Schreiber eine bestimmte Absicht zum Ausdruck bringen:
- Er kann einen Sachverhalt mitteilen (**Aussagesatz**):
  Der Zug hat 15 Minuten Verspätung.
  Die finite Verbform steht an der zweiten Stelle im Satz.
- Er kann ihm Unbekanntes ermitteln oder eine ergänzende Auskunft einholen (**Fragesatz**):
  Hat der Zug Verspätung? (**Entscheidungsfrage**)
  Die finite Verbform steht an der ersten Stelle im Satz.
  Wie viele Minuten hat der Zug Verspätung? (**Ergänzungsfrage**)
  Die finite Verbform steht an der zweiten Stelle im Satz.
- Er kann zu einer bestimmten Handlung oder zu einem bestimmten Verhalten auffordern (**Aufforderungssatz**) oder auch einen Wunsch äußern (**Wunschsatz**):
  Erkundigen Sie sich nach der Verspätung des Zuges!
  Wäre der Zug doch einmal pünktlich!
  Die finite Verbform steht an der ersten Stelle im Satz.

1 Ordne das Wortmaterial so, dass sinnvolle Sätze entstehen.
Schreibe den jeweiligen Satzanfang groß.

/der Fuchs/ reifen Trauben/ die/ an einem Weinstock/ gern/ hätte verzehrt/ /sie/ ihm/ vor den Augen/ hingen,/ er/ sie/ aber nicht/ konnte erreichen/ /eine Maus/ ihm/ lächelnd/ hatte zugesehen und sprach:/ »du/ nichts davon/ bekommst!«,/ er/ vor der Maus/ aber nicht/ wollte sich klein zeigen und meinte:/ »sie/ mir/ noch/ sind zu sauer!«/

2 Überprüfe in den folgenden Sätzen die Kongruenz.
In zwei Sätzen ist sie korrekt, in zwei eindeutig falsch.
In den übrigen Sätzen könnte die finite Verbform sowohl im Singular als auch im Plural stehen.
Kannst du dafür eine Erklärung finden?

1) Eine Reihe von Unfällen mussten gestern im Kreis G. von der Polizei registriert werden.
2) Ein Vorfahrtsfehler kostete in W. einer 27-jährigen Frau das Leben.
3) Gleich mit zwei Fahrzeugen stießen ein mit fünf Personen besetzter PKW beim Linksabbiegen zusammen.
4) Eine Serie von nächtlichen Einbrüchen in Einfamilienhäuser versetzte die Einwohner von S. wochenlang in Angst und Schrecken.
5) Ein Schaden von 6000 Euro entstanden bei einem Einbruch in die Gaststätte »Bergblick«.
6) Streifenpolizisten entdeckten am Montagmorgen ein gewaltsam aufgebrochenes Türschloss im Getränkemarkt in W.

3 Wie könnten die Fragen zu den folgenden Antworten heißen?
Hast du eine Entscheidungs- oder Ergänzungsfrage formuliert?

1) Nach diesem Sieg fühle ich mich einfach wunderbar.
2) Nein, mein Start war nicht optimal.
3) Wir haben uns in aller Ruhe in einem Trainingslager an der Ostsee auf diese Meisterschaft vorbereitet.
4) Doch, ein bisschen war ich schon überrascht, dass meine Konkurrentinnen so weit zurücklagen.
5) Ja, ich werde noch bei zwei Abendsportfesten an den Start gehen.
6) Ich hatte zum richtigen Zeitpunkt die richtige Form, weil ich das ganze Jahr über kontinuierlich und verletzungsfrei trainieren konnte.
7) Nein, nach der Weltmeisterschaft werde ich meine sportliche Karriere beenden.
8) Ich werde mich im Herbst auf die Hallensaison vorbereiten und hoffe, dass ich auch weiterhin verletzungsfrei bleibe.

Tipp ▪ **Aussageabsicht und Satzart**

Ich gehe jetzt nach Hause. – Ich gehe jetzt nach Hause!
Hat der Zug wieder Verspätung? – Hat der Zug wieder Verspätung!
Gehen wir endlich? – Gehen wir endlich!
Sätze aller drei Satzarten können auch als Ausrufe verwendet werden.
Am Ende dieser Sätze steht dann ein Ausrufezeichen.

Nicht immer stimmen Satzart und Absicht des Sprechers/Schreibers überein. Das hängt von der jeweiligen Situation ab, in der er sich befindet. Man kann dieselbe Absicht auf verschiedene Weise zum Ausdruck bringen. Eine Aufforderung zum Beispiel kann man mit allen Satzarten ausdrücken:
Du sprichst jetzt mit mir.
Willst du jetzt mit mir sprechen?
Sprich jetzt mit mir!

4 Welche Fragesätze können auch auffordernden Charakter haben?
Beschreibe die Situation, in der das möglich ist.

1) Können Sie mir bitte sagen, wie spät es ist?
2) Warum ist unser Punktspiel ausgefallen?
3) Denkst du an den Zahnarzttermin?
4) Hilfst du mir beim Einräumen?
5) Wann könntest du uns abholen?
6) Haben Sie gedacht, ich hätte Sie vergessen?
7) Kennst du die Schulordnung nicht?
8) Bleibst du bitte, bis ich wieder da bin?

5 a) Welche Aufforderungen können durch die folgenden Aussagesätze ausgedrückt werden? Formuliere entsprechende Aufforderungssätze.

1) Es zieht.
2) Ich habe großen Durst.
3) Das Telefon hat geklingelt.
4) Das Wasser kocht schon lange.
5) Die Badewanne ist voll gelaufen.

b) Suche selbst Aussagesätze mit Aufforderungscharakter.

Tipp ▪ **Verkürzte Sätze (Ellipsen)**

Diese Sätze sind verkürzt. Solche Sätze werden **Ellipsen** genannt. Sie sind in der Situation, in der sie verwendet werden, verständlich.
Häufig werden sie in Gesprächen, Telegrammen, Zeitungsüberschriften und in Inseraten gebraucht.

6 a) Welche Besonderheiten weisen die Sätze des 2. Abschnitts des Kochrezepts auf?

ZIGEUNERBRATEN (6 Portionen)

750 g Rindfleisch (falsche Lende oder Schwanzrolle), 8 Scheiben Frühstücksspeck, Pfeffer, Salz, Aluminiumfolie, 1 Zwiebel, Wasser, 1 Schächtelchen Soße zu Sauerbraten.

Fleisch quer zur Faser einschneiden. Speck hineinstecken und zusammenbinden. Mit Pfeffer und Salz würzen und auf Aluminiumfolie legen. Zwiebel schälen, vierteln, dazugeben. Folie verschließen und im Backofen bei Mittelhitze ca. 1½ Stunden braten. 10 Minuten ruhen lassen, aus der Folie nehmen, aufschneiden und mit den Zwiebeln umlegen. Bratflüssigkeit mit Wasser auf ¼ l ergänzen. Soße zu Sauerbraten einrühren und 1 Minute kochen. Diese Soße zu dem Zigeunerbraten reichen.

b) Es gibt noch andere Möglichkeiten, Kochrezepte zu formulieren. Wähle eine Variante aus, schreibe sie auf.

7 Ergänze die folgenden Zeitungsinserate und -überschriften, sodass vollständige Sätze entstehen.

1.2 Satzglieder und Satzgliedteile

Die Postkarriere
Unbekannter Verfasser

Bereits in jungem Alter
sitzt Posteleve Walter
an einem dunklen Schalter
mit seinem Federhalter.

Der Assistent Herr Walter
sitzt in schon mittlerem Alter
mit seinem Federhalter
an einem dunklen Schalter.

Mit seinem Federhalter
sitzt noch in hohem Alter
an einem dunklen Schalter
Herr Sekretarius Walter.

1 Worin besteht der Reiz des Gedichts?
2 Wie könnte eine vierte Strophe lauten?
3 Alle Strophen bestehen jeweils aus einem Satz. In allen Varianten steht ein Satzglied immer an derselben Stelle. Welches?

Ein Satz besteht aus **Satzgliedern**. Diese können aus einem Wort oder aus mehreren Wörtern bestehen. Satzglieder lassen sich mit Hilfe der **Umstellprobe** ermitteln. Was sich im Satz umstellen lässt (ein einzelnes Wort bzw. mehrere Wörter als geschlossener Block), ist ein Satzglied:
Peter/schreibt/im Arbeitszimmer/einen Brief.
Im Arbeitszimmer/schreibt/Peter/einen Brief.
Einen Brief/schreibt/Peter/im Arbeitszimmer.

Dieser Sachverhalt trifft jedoch nicht auf das zweiteilige Prädikat zu.
Dieses kann nicht geschlossen umgestellt werden:
Er ist in allen Situationen zuverlässig.
Zuverlässig ist er in allen Situationen.
Aber nicht: *Ist zuverlässig er in allen Situationen.*

Satzglieder können erweitert werden:
Peter schreibt im Arbeitszimmer einen Brief.
Peter schreibt im ehemaligen Arbeitszimmer einen Brief.
Peter schreibt im ehemaligen Arbeitszimmer seines Vaters einen Brief.
Peter schreibt im schräg gegenüberliegenden ehemaligen Arbeitszimmer seines Vaters einen Brief.

Diese Erweiterungen (**Attribute**) sind im Satz nicht allein, sondern nur als Bestandteile der Satzglieder umstellbar:

Im schräg gegenüberliegenden ehemaligen Arbeitszimmer seines Vaters schreibt Peter einen Brief.
Aber nicht:
Im Arbeitszimmer schreibt Peter schräg gegenüberliegenden seines Vaters einen Brief.

1 Erweitere die Sätze durch zusätzliche Satzglieder.

1) Uta antwortet.
2) Der Mann wartet.
3) Robert berichtet.
4) Das Eis schmeckt.
5) Die Studentin hat Prüfung.

2 Ermittle in den einzelnen Sätzen mit Hilfe der Umstellprobe die Zahl der Satzglieder.

1) Wasser transportiert im Organismus des Menschen Nährstoffe, Mineralien, Eiweiß und Sauerstoff.
2) Für die Wärmeregulierung im Körper des Menschen spielt Wasser eine entscheidende Rolle.
3) Der Flüssigkeitsbedarf wird durch die Trinkmenge und durch wasserreiche Lebensmittel gedeckt.
4) Viele Gemüsesorten und Obst besitzen einen Wasseranteil bis zu 90 %.
5) Unter normalen Umständen sollte ein Mensch an einem Tag eine Menge von zwei Litern trinken.

3 Du kannst den folgenden Text durch das Umstellen von Satzgliedern in einigen Sätzen leichter lesbar gestalten.

Bald ist die Banane nicht mehr krumm

Warum ist die Banane krumm? Anders formuliert werden müssen wird demnächst diese so häufig gestellte Frage. Denn israelische Landwirte wollen die Welt mit einer völlig neuartigen Banane spätestens in einem Jahr beglücken. An Palmen wachsen in der Jordanebene Bananen nahezu gerade. Jedoch noch steigen wird die Verblüffung darüber, wenn die Früchte reifen: Die heute noch grünen Stauden werden sich dann nämlich nicht gelb, sondern lilarot färben.
Die Israelis hoffen mit dem Verkaufsschlager roter Bananen die vor allem in Spanien und Italien verloren gegangenen Absatzpositionen zurückerobern zu können. Ihren gelben Schwestern sollen geschmacklich die roten Bananen kaum nachstehen. Und ein weiterer Vorteil kommt hinzu: Mehr gerade als krumme Bananen lassen sich nun einmal in einer Kiste unterbringen.

Überblick über Satzglieder und Satzgliedteile

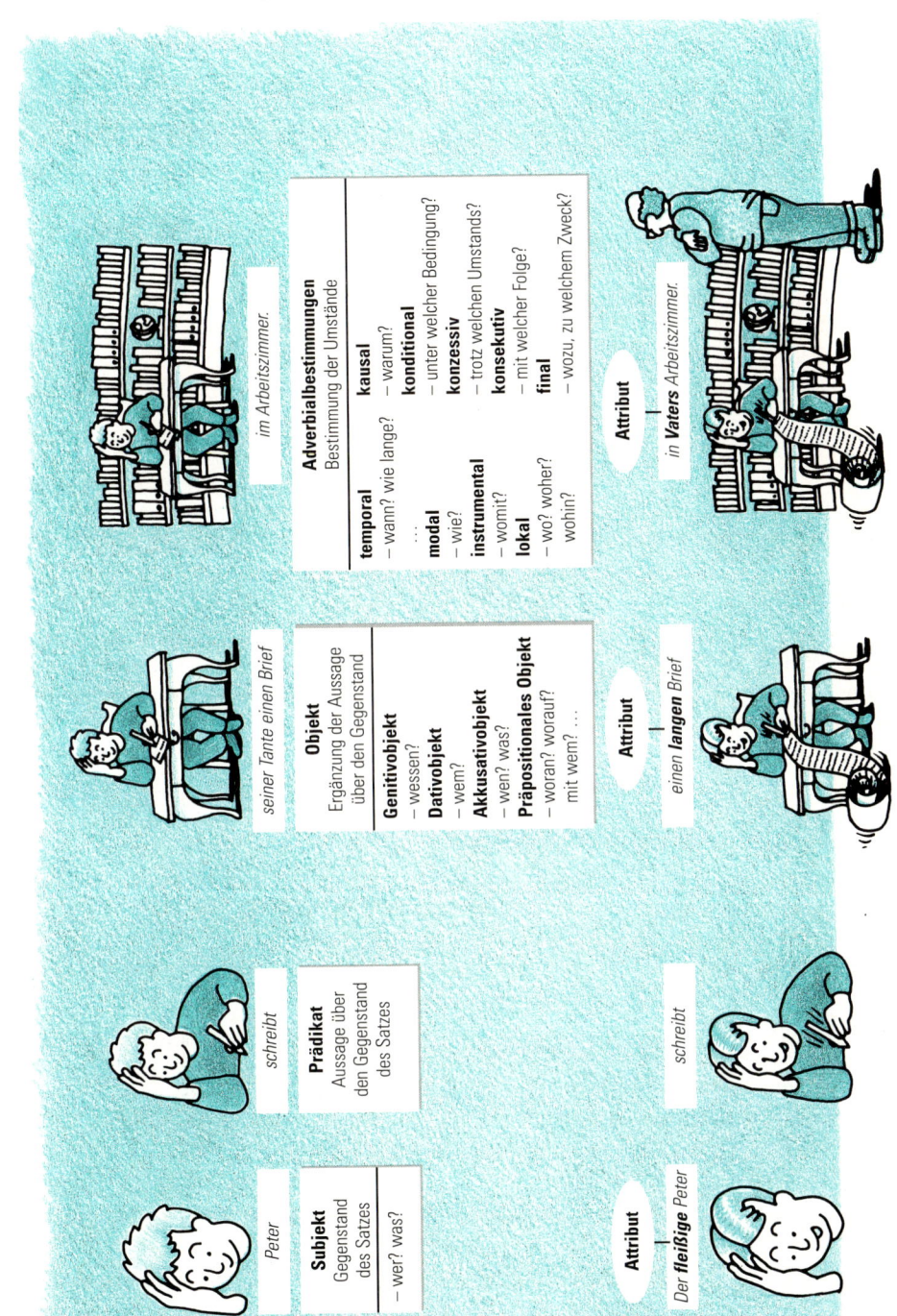

Subjekt
Gegenstand des Satzes
– wer? was?

Peter

Prädikat
Aussage über den Gegenstand des Satzes

schreibt

Objekt
Ergänzung der Aussage über den Gegenstand

Genitivobjekt
– wessen?
Dativobjekt
– wem?
Akkusativobjekt
– wen? was?
Präpositionales Objekt
– woran? worauf? mit wem? …

seiner Tante einen Brief

Adverbialbestimmungen
Bestimmung der Umstände

temporal
– wann? wie lange?
modal
– wie?
instrumental
– womit?
lokal
– wo? woher? wohin?
kausal
– warum?
konditional
– unter welcher Bedingung?
konzessiv
– trotz welchen Umstands?
konsekutiv
– mit welcher Folge?
final
– wozu, zu welchem Zweck?

im Arbeitszimmer.

Attribut

Der fleißige Peter

schreibt

Attribut

einen langen Brief

Attribut

in Vaters Arbeitszimmer.

a) Subjekt

> Sehr geehrter Herr L.,
>
> bestätige Ihnen den Erhalt der Sendung vom 11. Dezember.
> Freue mich über prompte Belieferung.
> Bestellen auf Grund Ihrer Preisliste Nr. 412 weitere
> 500 Exemplare.
> Sind mit den angebotenen Sonderbedingungen einverstanden.
> Erwarten die Sendung Mitte Januar und hoffen wieder auf
> pünktliche Zustellung.
>
> Mit freundlichen Grüßen
> Dieter B.

1 Früher war es durchaus üblich, Geschäftsbriefe in dieser Weise zu formulieren. Was hältst du aus heutiger Sicht davon?
2 Die Sätze dieses Textes kommen ohne Subjekt aus. Vervollständige sie. Welches Satzglied hilft dir dabei?

Das **Subjekt** ist der Satzgegenstand, über den im Satz eine Aussage gemacht wird. Das Subjekt bezeichnet den Träger einer Handlung, einer Eigenschaft oder einen Vorgang.

Subjekte können Nomen, Pronomen und Nominalisierungen sein. Sie stehen immer im Nominativ:
Klaus schenkt seiner Freundin ein Buch.
In der Schule ist _er_ sehr fleißig.
Waschen und Bügeln waren früher Zeit raubende Beschäftigungen.

Wie andere Satzglieder kann auch das Subjekt aus mehreren Wörtern bestehen:
Vaters neuer Anzug und sein Oberhemd mussten sofort in die Reinigung gebracht werden.

Das **Subjekt** bildet gemeinsam mit dem **Prädikat** das **Grundgerüst** des Satzes. Das Subjekt bestimmt Person und Numerus des finiten Verbs des Prädikats (Kongruenz).

Eine Hilfe beim Bestimmen des Subjekts sind die Fragen mit **Wer?** oder **Was?**:
Wer schenkte seiner Freundin ein Buch? → Klaus
Was musste sofort in die Reinigung gebracht werden? → Vaters neuer Anzug und sein Oberhemd

1 Ermittle in den Sätzen jeweils das Subjekt und schreibe es vollständig heraus.
Beispiel: *(2) 60 Prozent der Häuser*

1) Wie Kartenhäuser fallen in Ägypten seit Jahren Gebäude reihenweise in sich zusammen.
2) In Kairo müssten 60 Prozent der Häuser wegen mangelnder Sicherheit abgerissen werden.
3) Die einstürzenden Neubauten gehören für viele Ägypter vor allem in Kairo und Alexandria zum Alltag.
4) Angesichts des katastrophalen Wohnungsmangels und der Wirtschaftsmisere müssen sie mit dieser Gefahr leben.
5) Die Situation wird sich auch in naher Zukunft nicht ändern.
6) Skrupellose Hausbesitzer lassen ihre auf weichem Grund stehenden Häuser um mehrere Etagen illegal aufstocken.
7) Das »Bauen« übernehmen oft selbst ernannte Handwerker oder die Hausbesitzer legen selbst Hand an.
8) Kein Statiker wird zu Rate gezogen.
9) Die unterschiedlichsten Materialien werden »verbaut«.
10) Und trotzdem ziehen immer wieder Menschen in diese gefährlichen Häuser.
11) Das hohe Risiko nehmen die Bewohner in Kauf.
12) Ihnen bleibt einfach keine andere Wahl.
13) Bereits jetzt drängen sich in Kairo mehr als 27 000 Menschen auf einem Quadratkilometer.

2 Ergänze in den Sätzen an der gekennzeichneten Stelle das fehlende Subjekt.
Verwende dazu die unten ungeordnet angegebenen Nomen.
Berücksichtige dabei, welche Nomen in die gekennzeichneten
Stellen passen.
Beachte auch die Kongruenz zwischen Subjekt und Prädikat.

Im Winter zieht in den zoologischen Gärten (1) ein. (2) vermissen die Besucher und verfallen in Lethargie. Dagegen wissen auch (3) kein Rezept. Folgende (4) wird leicht übersehen: Für unsere Tiere sind (5) ebenso interessant wie umgekehrt. Mit Einbruch der kalten Jahreszeit kommen aber auf die Tiere teilweise auch handfeste (6) zu. Zum Beispiel frieren (7) bei Minustemperaturen regelrecht am Boden fest und können nicht mehr vom Boden abheben. Bei Glätte rutschen (8) leicht aus und können sich unheilbare Knochenbrüche zuziehen. Lediglich (9) sind in der kalten Jahreszeit in ihrem Element. Die ohnehin scheuen (10) schwimmen im eiskalten Wasser und genießen es, sich die Sonne auf den Pelz scheinen zu lassen.

Giraffe – Mensch – Tier – Tatsache – Kranich – Problem – Tier – Tierpfleger – Eisbär – Langeweile

Tipp ▪ Wie bestimmt man das Subjekt *es*?

Es hat gestern ungewöhnlich stark geregnet. Es passierte ein schwerer Unfall.
In diesen Sätzen sind die Fragen mit *Wer?* oder *Was?* bei der Suche nach dem Subjekt wenig hilfreich. Eine Umstell- oder eine Kongruenzprobe nützen dir dabei mehr.

Umstellprobe/Weglassprobe:
Gestern hat es ungewöhnlich stark geregnet. (*es* bleibt erhalten = Subjekt)
Ein schwerer Unfall passierte. (*es* fällt weg = kein Subjekt, hier ist *Unfall* das Subjekt)

Kongruenzprobe:
Es passierte ein schwerer Unfall. Es passierten zwei schwere Unfälle.
Subjekt und finite Verbform sind in Person und Numerus kongruent:
Unfall = Subjekt.

3 Ist in den folgenden Sätzen *es* Subjekt oder nicht?
Begründe deine Entscheidung.

1) Es grünte und blühte die Heide.
2) Es grünte und blühte in der Heide.
3) Viele Neugierige kamen zum Flugplatz. Es fand ein Fallschirmspringen statt.
4) Peter war schuld an diesem Unfall. Allen war es bekannt.
5) Wir diskutierten lange über dieses Problem. Es waren mehrere Lösungsansätze vorhanden.

b) Prädikat

Aus dem Polizeibericht

Drei Einbrecher ? in einem Kindergarten in F. sämtliche Schränke. Ihre Diebesbeute ? genau 1,10 Euro. Vorgefundene Lebensmittel wie Babynahrung, Kekse und Joghurt ? sie.

Einen Tag vor Weihnachten ? ein unbekannter Täter bei einem Einbruch in ein Büro in G. 1000 Euro Sachschaden. Seine »Beute« ? lediglich aus einem Plastikweihnachtsbaum für 10 Euro.

1 Warum ist es unbedingt notwendig, die fehlenden Prädikate in den Sätzen zu ergänzen?
2 Suche sinnentsprechende Prädikate und setzte sie grammatisch korrekt ein.

Das **Prädikat** hat zusammen mit dem Subjekt satzbildende Fähigkeit. Deshalb stimmt das finite Verb des Prädikats in Person und Numerus mit dem Subjekt überein, ist mit ihm kongruent (siehe S. 163).
Das Prädikat sagt nicht nur etwas über das Subjekt aus, sondern es bindet häufig auch weitere Satzglieder an sich.

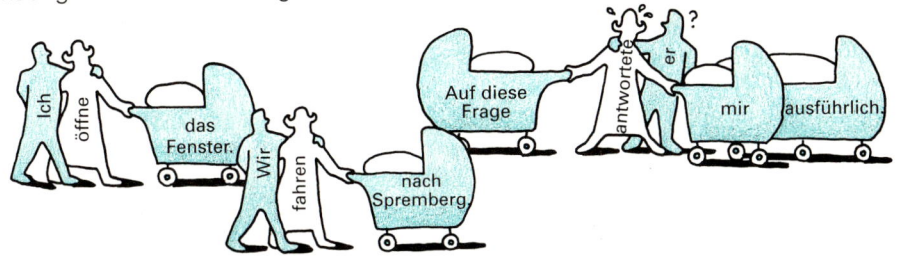

Prädikate können **einteilig** sein:
Ruth schreibt einen Brief. Sie lacht.

Prädikate können auch **mehrteilig** sein, z. B.:
– zusammengesetzte Tempusformen:
  Ruth hat einen Brief geschrieben.
  Klaus wird schon morgen kommen.
– Modalverb + Infinitiv:
  Er darf heute nicht mitgehen.
– haben, sein, brauchen, scheinen und Infinitiv mit *zu*:
  Die Fahne des Linienrichters war nicht zu übersehen.
– trennbar zusammengesetzte Verben:
  Du gibst ihm jetzt sein Eigentum zurück.

Alle mehrteiligen Prädikate können im Satz einen **prädikativen Rahmen** (eine **Verbklammer**) bilden. Dieser schließt andere Satzglieder ein.

Es gibt auch mehrteilige Prädikate, die aus einem Verb (wie *sein, werden, bleiben, scheinen, heißen*) und einem **Prädikativ** (Nomen oder Adjektiv) bestehen.

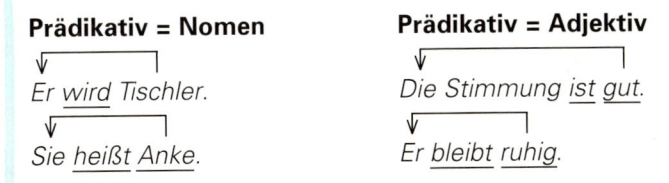

Prädikativ = Nomen
Er wird Tischler.
Sie heißt Anke.

Prädikativ = Adjektiv
Die Stimmung ist gut.
Er bleibt ruhig.

Das Prädikativ kennzeichnet eine Eigenschaft, ein Merkmal des Subjekts.

1 Überlege, ob die Prädikate in den folgenden Sätzen noch weitere Satzglieder benötigen, damit die Sätze grammatisch korrekt sind.

1) Der Lkw versperrt den Eingang.
2) Er wirft ihm den Handschuh.
3) Man hat ihn beschuldigt.
4) Peter klopft auf Holz.
5) Hans klopft auf die Schulter.
6) Er hat das Haus verkauft.
7) Opa lehrt Mirko das Schachspielen.
8) Er studiert.
9) Der Betrieb verarbeitet.
10) Er fehlt ihm sehr.
11) Er kauft für vier Euro.
12) Sie trauten ihm durchaus zu.

2 Ordne die Prädikate in folgende Tabelle ein. Behalte dabei Person und Numerus der finiten Verbform bei und ersetze das Subjekt durch das entsprechende Personalpronomen. Kennzeichne die Prädikate, die ein Prädikativ enthalten, zusätzlich durch ein (P).

Einteiliges Prädikat	Mehrteiliges Prädikat
	(3) Er ist einfach (P)

1) Jeder Kraftfahrer kennt sie, die Notrufmelder. 2) In der amtlichen Ausführung als Säulen stehen sie überall entlang den deutschen Autobahnen. 3) Der Umgang mit der Notrufsäule ist einfach. 4) Nach Meldung der Gegensprechstelle muss man bei seinen Angaben vor allem diese fünf großen »W« beachten: 5) WO geschah der Unfall? 6) Der Standort der Säule steht immer innen an der Gerätewand. 7) WAS geschah? 8) Dabei sind vor allem die Folgen des Unfalls zu nennen. 9) WIE VIELE Menschen sind am Unfall beteiligt, haben sich verletzt und brauchen medizinische Hilfe? 10) WELCHE Verletzungen liegen vor? 11) Ist vielleicht ein Rettungshubschrauber notwendig? 12) Schließlich sollte der Anrufer noch eine Weile WARTEN.

3 In welchen Sätzen ist ein Prädikativ Bestandteil des Prädikats? Achte darauf, dass sich das Prädikativ immer auf das Subjekt des Satzes bezieht.

1) Sie wird bestimmt einmal eine gute Fachkraft.
2) Als ausgezeichnete Fachkraft wird sie bestimmt gute Chancen auf einen Arbeitsplatz haben.
3) Der Wirt behandelt die Gäste äußerst zuvorkommend.
4) Der Wirt ist zu seinen Gästen äußerst zuvorkommend.
5) Der Rasen ist infolge des starken Regens schlecht bespielbar.
6) Auf schlecht bespielbarem Rasen gewann Dresden das Spiel gegen Köln.
7) Er arbeitet in seinem Beruf selbstständig und zuverlässig.
8) Er ist in seinem Beruf selbstständig und zuverlässig.

c) Objekte

Ist das nicht paradox?

Ein Oberkellner trägt <u>Unterhosen</u>.
Ein Langfinger stiehlt <u>Kurzwaren</u>.
Ein Porzellanmaler kann sich <u>große Sprünge</u> leisten.
Ein Steuermann gibt nie eine <u>Steuererklärung</u> ab.

1 Wodurch kommen die Paradoxe zu Stande?
2 Wenn du die unterstrichenen Satzglieder weglässt, sind die Sätze dann noch verständlich?
3 Die unterstrichenen Satzglieder sind fest an ein anderes Satzglied gebunden, an welches?

Objekte sind Satzglieder, die ein Nomen oder Pronomen zum Kern haben. Sie sind an das Prädikat eines Satzes gebunden und ergänzen die Aussage des Prädikats. Vom Prädikat hängt es ab,
1) welche Objekte als Ergänzungen für die Satzaussage unbedingt notwendig sind:
   Wir geben <u>ihm</u> <u>den Brief</u>.
   Aber nicht: *Wir geben ihm. Wir geben den Brief.*
2) welche als Ergänzungen möglich, aber nicht unbedingt notwendig sind.
   Sie strickt <u>ihm</u> <u>einen Pullover</u>.
   Auch: *Sie strickt <u>einen Pullover</u>. Sie strickt.*

Häufig enthält ein Satz mehrere Objekte. Dabei bestimmt das Prädikat nicht nur die Zahl, sondern auch die Art der Objekte. Wir unterscheiden folgende Objekte:

Genitivobjekt (selten verwendet)
Er rühmte sich <u>seiner Taten</u>.
Frage: **Wessen** rühmte er sich?

Dativobjekt
Der Computer gehört <u>meinem Vater</u>.
Wir nähern uns <u>unserem Ziel</u>.
Frage: **Wem** gehört der Computer? **Wem** nähern wir uns?

Akkusativobjekt
Wir wollen <u>ihn</u> morgen besuchen.
<u>Deinen Brief</u> habe ich erst gestern erhalten.
Frage: **Wen** wollen wir morgen besuchen? **Was** habe ich erst gestern erhalten?

Präpositionales Objekt
Ich schreibe an meine Eltern.
Ich erinnere mich sehr oft an die letzten Ferien.
Frage: **An wen** *schreibe ich?* **Woran (an was)** *erinnere ich mich sehr oft?*

Häufig enthält ein Satz mehrere Objekte.
Du sollst mich nicht von der Arbeit abhalten.
Er zeigte uns den Weg zum Bahnhof.

1 Suche alle im Gedicht enthaltenen Objekte. Schreibe sie mit dem Prädikat heraus und bestimme die Art des jeweiligen Objekts, z. B.: *spart für den Fall des Falles*: präpositionales Objekt.
Achtung: Am Ende der zweiten Strophe ist die präpositionale Wendung eine Adverbialbestimmung (vgl. S. 181).

Was ein Kind gesagt bekommt
Bertolt Brecht

Der liebe Gott sieht alles.
Man spart für den Fall des Falles.
Die werden nichts, die nichts taugen.
Schmökern ist schlecht für die Augen.

Kohlentragen stärkt die Glieder.
Die schöne Kinderzeit, die kommt nicht wieder.
Man lacht nicht über ein Gebrechen.
Du sollst Erwachsenen nicht widersprechen.
Man greift nicht zuerst in die Schüssel bei Tisch.

Sonntagsspaziergang macht frisch.
Zum Alter ist man ehrerbötig.
Süßigkeiten sind für den Körper nicht nötig.
Kartoffeln sind gesund.
Ein Kind hält den Mund.

2 Schreibe die Sätze ab und setze dabei die Wörter von Seite 179 sinnentsprechend und im richtigen Kasus als Objekte ein. Bei den drei präpositionalen Objekten musst du auch die passenden Präpositionen suchen.

Raue Sitten

1) In Bangladesh drohen ❓ harte Haftstrafen.
2) Das Parlament in Dhaka verabschiedete ❓.
3) Bei einem Prüfungsbetrug erwischte Schüler können ❓ erhalten.

4) Diese Strafe ist auch ❓ vorgesehen.
5) Sehr häufig geben Lehrer in Bangladesh ❓ preis und fälschen ❓.
6) Die Regierung in Dhaka will ❓ verstärkt ❓ vorgehen.

Schüler der Mittel- und Oberschule – Examensfragen – dieses Gesetz – eine entsprechende Regierungsvorlage – Zeugnisse – eine fünf- bis zehnjährige Haftstrafe – diese Machenschaften – Lehrer

3 a) Mit welchen Präpositionen können folgende Verben gebraucht werden?
Beispiel: *kämpfen für, gegen, mit, um.*

arbeiten, sich aussprechen, werben, handeln, wissen, kämpfen, reden, sich streiten, klagen

b) Bilde damit Sätze, in denen entsprechende präpositionale Objekte vorkommen.
Beispiel: *Greenpeace kämpft für eine saubere Umwelt.*
c) Bestimme den von der Präposition verlangten Kasus.
Beispiel: *für eine saubere Umwelt* (Akkusativ).

Präpositionales Objekt oder Adverbialbestimmung?

Präpositionale Objekte dürfen nicht mit Adverbialbestimmungen (siehe S. 181) und präpositionalen Attributen (siehe S. 186) verwechselt werden.

Präpositionales Objekt:
Wir appellieren an euer Mitgefühl.

Adverbialbestimmung:
Unser Urlaub beginnt an einem Sonntag.

Präpositionales Attribut:
Der Aufruf an die Bevölkerung zeigt wenig Wirkung.

4 a) Welche Objekte enthalten die einzelnen Sätze dieses Textes?
b) Wie wirkt der Stil des Textes auf dich?

Große Niedergeschlagenheit bemächtigte sich der Fußballmannschaft nach dieser Niederlage im Abstiegskampf. Nun bedurfte sie erst recht einflussreicher Sponsoren, um der sportlichen Talfahrt Einhalt gebieten zu können. Gott sei Dank erinnerte sich ein Nudelfabrikant des Teams. Er wurde sich dabei natürlich auch der finanziellen Vorteile bewusst. Außerdem sollte sich seine Belegschaft seines cleveren Chefs rühmen können. Deshalb nahm er sich der angeschlagenen Elf an.

Genitivobjekt oder Genitivattribut?

Genitivobjekte dürfen nicht mit Genitivattributen verwechselt werden.

Genitivobjekt (Bindung an das Prädikat):

Geschickt entledigte er sich seines Auftrags.

Genitivattribut (Bindung an ein Nomen):

Die Erfüllung seines Auftrags bereitete ihm keine Mühe.

Da es nur wenige Verben gibt, die ein Genitivobjekt fordern, handelt es sich bei den meisten Nomen im Genitiv um Genitivattribute.

5 Bei sechs Objekten im Text stimmt der Kasus nicht.
Korrigiere die Fehler.

Japanische Wissenschaftler haben dem Gesundheitszustand von Angestellten untersucht. Dabei kamen sie zu einen überraschenden Ergebnis: Der tägliche Stress in der U-Bahn stählt die Japaner. Er soll ihnen widerstandsfähiger gemacht haben. Bei Ausdauer- und Beweglichkeitstests haben sich die städtischen Angestellten den auf dem Lande lebenden Japanern deutlich überlegen gezeigt. Der Leiter des Wissenschaftsteams verweist auf folgendem Grund: Die Ausweichmanöver in der U-Bahn sind vergleichbar mit den Dribbling und das Zur-Seite-Springen beim Basketballspiel.

d) Adverbialbestimmungen

Text A
Die Rede ist von einem Neubau der königlichen Gemäldesammlung. Gottfried Semper wird gerufen. Er kommt und arbeitet an der Lösung dieser Aufgabe. Es dauert. Semper muss die Stadt verlassen. Nur das Erdgeschoss des Hauses steht. Noch einmal 12 Jahre vergehen.

Text B
Im Jahre 1837 ist in der sächsischen Metropole die Rede von einem Neubau der königlichen Gemäldesammlung. Dazu wird Gottfried Semper nach Dresden gerufen. Er kommt ohne Zögern und arbeitet mit Hingabe an der Lösung dieser Aufgabe. Zehn Jahre dauert es bis zum ersten Spatenstich. Wegen seiner Haltung in der Revolution 1848/1849 muss Semper sehr schnell die Stadt verlassen. Zu diesem Zeitpunkt steht nur das Erdgeschoss des Baus. Bis zur Eröffnung der Galerie vergehen noch einmal 12 Jahre.

1 Erst aus dem Text B ist Genaueres über die Geschichte der Dresdner Gemäldegalerie zu erfahren. Woran liegt das?
2 Welche Umstände werden durch die im Text B hinzugekommenen Wörter gekennzeichnet?

Adverbialbestimmungen (Umstandsbestimmungen) stellen im Satz Umstände und Merkmale eines Geschehens oder eines Zustands dar.
Man unterscheidet:

Adverbialbestimmung des Ortes (Lokalbestimmung):
Wir wanderten im Thüringer Wald. (Wo?)
Er lief in den Wald. (Wohin?)
Sie nimmt das Buch aus dem Regal. (Woher?)

Adverbialbestimmung der Zeit (Temporalbestimmung):
Heute ist er zurückgekehrt. (Wann?)
Stündlich hat er sich nach dir erkundigt. (Wie oft?)
Die Tagung dauert zwei Tage. (Wie lange?)
Seit einer Woche läuft der neue Film. (Seit wann?)
Bis jetzt ist überhaupt nichts los. (Bis wann?)

Adverbialbestimmung der Art und Weise (Modalbestimmung):
Uta lernt fleißig. (Wie?)
Die Scheibe wurde mit einem Hammer eingeschlagen. (Womit?)
Aus Kohle werden viele Stoffe gewonnen. (Woraus?)

Adverbialbestimmung des Grundes (Kausalbestimmung):
Sie zitterte vor Angst. (Warum?)

Adverbialbestimmung der Bedingung (Konditionalbestimmung):
Im Falle einer Erkrankung ist das Projekt gefährdet.
(Unter welcher Bedingung?)

Adverbialbestimmung der Folge (Konsekutivbestimmung):
Zum Entsetzen der Zuschauer verschoss er den Elfmeter.
(Mit welcher Folge?)

Adverbialbestimmung des Zwecks (Finalbestimmung):
Er braucht noch mehrere Fahrstunden zum Erwerb des Führerscheins.
(Zu welchem Zweck?)

Adverbialbestimmung der Einräumung (Konzessivbestimmung):
Trotz der strengen Kälte lief er ohne Mantel ins Freie.
(Trotz welchen Umstandes?)

Die Zahl und die Art der Adverbialbestimmungen wird im Unterschied zu den Objekten nicht vom Prädikat bestimmt. Der Sprecher/Schreiber kann in einem Satz beliebig viele Adverbialbestimmungen verwenden, je nachdem, auf welche Umstände er hinweisen möchte: *morgen, genug, wegen des Regens, trotz großer Anstrengungen* usw.

Adverbialbestimmungen können aus Nomen (mit Präpositionen), Adverbien und Adjektiven bestehen.

1 a) Ein Trainer beantwortet Fragen zum Training im Volleyball.
Welche Fragen wurden ihm wohl gestellt?
b) Bestimme mit ihrer Hilfe die Art der Adverbialbestimmungen.

1) Zur Vorbereitung auf reale Spielsituationen wird ein spezielles Taktiktraining durchgeführt.
2) Das Training sollte spielhandlungsorientiert gestaltet werden.
3) Beim Hinterfeldangriff muss der Spieler hinter der Angriffslinie abspringen.
4) Wegen der hohen körperlichen Anforderungen ist ein intensives Konditionstraining notwendig.
5) Vor dem Trainieren des Blockspiels sollten spezielle Sprungelemente geübt werden.
6) Aus technisch-taktischen Gründen müssen komplexe Spielhandlungen trainiert werden.
7) Nur bei gutem Zusammenspiel kann eine Mannschaft erfolgreich sein.
8) Trotz des Tragens von Knieschützern sind gerade Volleyballspieler vor Verletzungen nicht sicher.

2 Bestimme, durch welche Adverbialbestimmungen die einzelnen Sätze jeweils erweitert worden sind.

1) Unsere Abteilung wurde verlegt.
2) Gestern wurde unsere Abteilung verlegt.
3) Gestern wurde unsere Abteilung nach Suhl verlegt.
4) Gestern wurde unsere Abteilung vom jetzigen Standort nach Suhl verlegt.
5) Gestern wurde unsere Abteilung überraschenderweise vom jetzigen Standort nach Suhl verlegt.
6) Trotz des Protestes der Belegschaft wurde unsere Abteilung gestern überraschenderweise vom jetzigen Standort nach Suhl verlegt.
7) Trotz des Protestes der Belegschaft wurde unsere Abteilung aus Kostengründen gestern überraschenderweise vom jetzigen Standort nach Suhl verlegt.
8) Trotz des Protestes der Belegschaft wurde unsere Abteilung aus Kostengründen und zum Zwecke der besseren Koordinierung gestern überraschenderweise vom jetzigen Standort nach Suhl verlegt.

3 Erweitere in derselben Weise folgende Sätze durch sinnvolle Adverbialbestimmungen. Wie viele Sätze schaffst du?

1) Unser Gast kommt.
2) Die Zeitung erscheint.
3) Das Haus muss renoviert werden.

4 a) Ergänze nach den in Klammern stehenden Fragen die entsprechenden Adverbialbestimmungen von unten.
b) Bestimme die Art jeder Adverbialbestimmung.
Beispiel: *1) jedes Jahr: Adverbialbestimmung der Zeit*

Weihnachtspost

1) (wann?) kann die frohe Botschaft verkündet werden: 2) (woher?) kommt wieder Weihnachtspost. 3) Das Weihnachtspostamt ist (seit wann?) (wo?) geöffnet. 4) (wann?) können Kinder an das Christkind schreiben. 5) (mit welcher Folge?) machen Kinder, aber auch Erwachsene davon Gebrauch. 6) (trotz welchen Umstands?) erhält jeder einen »himmlischen Gruß«. 7) Allerdings funktioniert das nicht (unter welcher Bedingung?). 8) Die Postweihnachtsmänner arbeiten (wie?). 9) Sie beantworteten (wann?) fast 18 000 Briefe an das Christkind in Himmelstadt. 10) (warum?) soll die Tradition des Himmelstädter Weihnachtspostamtes weiter gepflegt werden.

aus Himmelstadt / ohne Beilegen einer Briefmarke / im letzten Jahr / jedes Jahr / jetzt / wie die Bienen / in der unterfränkischen Gemeinde / wegen der wachsenden Beliebtheit bei Groß und Klein / trotz der wachsenden Zahl der Schreiber / zur Freude der Postweihnachtsmänner / seit heute

5 Schreibe alle adverbialen Bestimmungen heraus und bestimme jeweils deren Art. Beispiel: *2) im Wald: Adverbialbestimmung des Ortes*

1) Vor rund 2500 Jahren kamen die Veddahs vom indischen Festland nach Sri Lanka. 2) Sie waren Jäger und lebten im Wald und vom Wald. 3) Wegen der immer dichteren Besiedlung der Insel und des Entstehens großer Teeplantagen zogen sich die Veddahs in die Wälder zurück. 4) Vor einigen Jahren sollten diese Ureinwohner in zwei ihnen zugewiesenen Siedlungsgebieten sesshaft gemacht werden. 5) Auf bewässerten Feldern sollten sie Reis und Gemüse anbauen, Viehzucht betreiben und die Segnungen eines geregelten Lebens genießen. 6) Nach anfänglichem Gefallen an diesem Leben erkannten die Veddahs die Gefahr der Verdrängung ihrer Kultur. 7) Zu deren Schutz verließen etwa 50 Familien vor einem Jahr das Dorf und kehrten in den Urwald zurück. 8) Heute leben wieder 500 Veddah-Familien im Wald und jagen wie ihre Vorväter, sammeln wilden Honig, Wurzeln und Gräser.

6 a) Um welche Adverbialbestimmungen, die alle dieselbe Präposition enthalten, handelt es sich in den folgenden Sätzen?

1) Das gestohlene Auto wurde bei Hannover gefunden.
2) Bei beiderseitigem Einverständnis kann der Vertrag sofort unterzeichnet werden.
3) Das Sportfest fand bei schlechtestem Wetter statt.

b) Bilde nach diesem Muster Sätze, in denen die drei Präpositionen jeweils in den angegebenen Adverbialbestimmungen vorkommen:
– *vor:* Adverbialbestimmung des Ortes, der Zeit, des Grundes;
– *in:* Adverbialbestimmung des Ortes, der Zeit, der Art und Weise;
– *auf:* Adverbialbestimmung des Ortes, der Zeit, der Art und Weise.

Tipp ▪ **Präpositionales Objekt oder Adverbialbestimmung?**

Peter spielte stets für die Mannschaft.
Peter spielte nur für kurze Zeit.
Die Unterscheidung zwischen diesen beiden Satzgliedern ist oft nicht einfach. Folgende Hilfen sind möglich:

Ersatzprobe:
Peter spielte stets für die Mannschaft.
Peter spielte stets für sie (dafür).
Die Präposition bleibt erhalten, daher liegt ein präpositionales Objekt vor.
Peter spielte nur für kurze Zeit.
Peter spielte nur kurz.
Die Präposition fällt weg, der Ersatz durch ein Adverb ist möglich, daher liegt eine adverbiale Bestimmung vor.

Frageprobe:
Für wen oder was (wofür) spielte Peter stets?: für die Mannschaft.
Die Präposition ist notwendiger Bestandteil der Frage, daher handelt es sich um ein präpositionales Objekt.
Wie lange spielte Peter nur?: für kurze Zeit.
Die Präposition ist nicht Bestandteil der Frage, daher liegt hier eine adverbiale Bestimmung vor.

7 a) Präpositionales Objekt oder Adverbialbestimmung?
Begründe deine Entscheidung.

1) Meine Schwester kümmerte sich liebevoll um unseren Gast.
2) Langsam fuhr das Fahrzeug in die Garage.
3) Vor Wut wäre er beinahe aus dem Fenster gesprungen.

4) Ich habe zwei Stunden lang auf dich gewartet.
5) Über den Wolken kann das Leben grenzenlos sein.
6) Mit großem Eifer erfüllte Robert seine Aufgabe.
7) Er glaubte fest an sein Versprechen.
8) Zu spät wurden die Bewohner des Waldes vor der Brandgefahr gewarnt.
9) Das Rennen wird in Kürze auf dem Schleizer Dreieck gestartet.
10) Ausführlich berichtete er uns über seine Reise nach Madagaskar.
11) Er war mit seiner Leistung sehr zufrieden.
12) Das Flugzeug landet in wenigen Minuten in Berlin.

b) In den 12 Sätzen sind noch 10 nicht unterstrichene adverbiale Bestimmungen enthalten. Suche sie heraus und bestimme ihre Art.

Tipp ▪ **Vermeide umständliche Adverbialbestimmungen**

Oft wirken Adverbialbestimmungen im einfachen Satz umständlich und hölzern:
Im Falle des erneuten Nichterscheinens des Zeugen muss die Gerichtsverhandlung wieder verschoben werden.

Der Sprecher/Schreiber kann diese umständliche Ausdrucksweise vermeiden, indem er die Adverbialbestimmung als Nebensatz formuliert:
Wenn der Zeuge erneut nicht erscheint, muss die Gerichtsverhandlung wieder verschoben werden.

e) Attribute

An alle Haushalte
Einladung zum Kaffeenachmittag

Bringen Sie auch Freunde und Bekannte mit!

Auf vielfachen Wunsch unserer Gäste haben wir uns entschlossen wieder eine wunderschöne Kaffeeausflugsfahrt ins Blaue anzubieten. Lassen Sie sich in einem urgemütlichen Gasthof bei Kaffee und Kuchen + Musik (natürlich im Fahrpreis enthalten) einmal so richtig verwöhnen. Ein unvergesslicher Tag zum Minipreis.

Die Heizdecke für die Dame

Feine Leberwurst für den Herrn

Nach einer gemütlichen und bequemen Anreise im klimatisierten Luxus-Reisebus durch unsere schöne Heimat erwartet Sie unser freundlicher Kundenberater in einem liebevoll ausgewählten Gasthaus.

Kommen Sie einfach zur Bushaltestelle!

Unser Reisebus kommt bei Sonne und bei Regen.
Garantierte Rückreise ca. 19.00 Uhr

Ach bitte kauf mich!

1 Welche Absicht wird mit Texten dieser Art verfolgt?
2 Wie ist die Anzeige gestaltet um diese Absicht zu erreichen?
3 Fast allen Nomen des Textes sind andere Wörter beigefügt. Was sollen sie beim Leser bewirken?

Satzglieder können durch **Attribute** (Beifügungen) erweitert werden. Diese bestimmen dabei ein einzelnes Wort (das Bezugswort) näher. Das Bezugswort ist meistens ein Nomen.

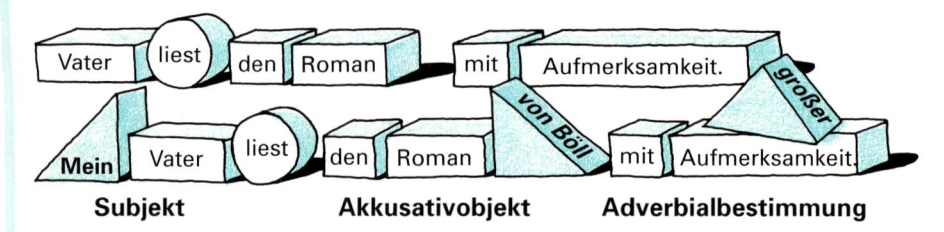

Vater liest den Roman mit Aufmerksamkeit.
Mein Vater liest den Roman von Böll mit großer Aufmerksamkeit.
Subjekt **Akkusativobjekt** **Adverbialbestimmung**

Attribute können im Satz nur mit ihrem Bezugswort umgestellt werden. Sie sind nicht selbst Satzglied, sondern immer Teil eines Satzgliedes (siehe S. 169).

Attribute können vor dem Bezugswort stehen:
– die freundliche Serviererin   Adjektiv
– vom strahlenden Sieger   Partizip I
– die enttäuschten Verlierer   Partizip II
– in meiner Freizeit   Pronomen
– Roberts Sprung   Nomen im Genitiv = Genitivattribut

Attribute können nach dem Bezugswort stehen:
– die Tasche dort   Adverb
– der Spruch des Tages   Nomen im Genitiv = Genitivattribut
– die Suche nach der Wahrheit   Präposition und Nomen =
                                            Präpositionales Attribut
– Klaus, Schüler im Gymnasium Neustadt,   Apposition

Attribute können durch weitere Attribute ergänzt und näher bestimmt werden:
Der Ausflug in die Umgebung hat uns sehr gefallen.
Der Ausflug in die Umgebung Dresdens hat uns sehr gefallen.
Der Ausflug in die herrliche Umgebung Dresdens hat uns sehr gefallen.

Attribute bestehen nicht nur aus Wortgruppen, sondern können auch Nebensätze umfassen:
Klaus, der mal wieder zu spät kam, wurde vom Lehrer ermahnt.

1 Alle folgenden Filmtitel enthalten Attribute. Ordne sie danach, ob sie ihrem Bezugswort voran- oder nachgestellt sind.

1) Das Schweigen der Lämmer
2) Nackte Kanone
3) Aus Mangel an Beweisen
4) Murphys Gesetz
5) Der Morgen danach
6) Das fliegende Auge
7) Ein Ticket für zwei
8) Vergessene Welt
9) Der Name der Rose
10) Der bewegte Mann
11) Der Krieg der Sterne

2 In den folgenden Filmtiteln kommen Attribute vor, deren Nomen selbst durch weitere Attribute näher bestimmt werden.
Ermittle die Abhängigkeit dieser Attribute. Gehe dabei so vor:
1) *Kinder – vergessene Kinder – Gottes vergessene Kinder*

1) Gottes vergessene Kinder
2) Mein Partner mit der kalten Schnauze
3) Die Insel am Ende der Welt
4) Die unglaubliche Reise in einem verrückten Flugzeug
5) Unheimliche Begegnung der dritten Art
6) Auf der Jagd nach dem Juwel im Nil
7) Der Club der toten Dichter
8) Dumbo, der fliegende Elefant
9) Fräulein Smillas Gespür für Schnee
10) Die unerträgliche Leichtigkeit des Seins

3 Schreibe die folgenden Sätze ab und setze die in Klammern stehenden Wörter sinnentsprechend als Attribute ein.

1) Ein Mathematikprofessor war Jahre verschwunden. (indisch/drei)
2) Der Professor hatte an der Universität die Doktorwürde erlangt. (berühmt/von Berkley)
3) Auf Grund seiner Leistungen wurde er als Genie bezeichnet. (hervorragend/in der NASA)
4) Schon als Junge hatte er Gleichungsformeln aufgestellt und Lehrer ausgestochen. (12-jährig/neu/sein)
5) Durch Probleme fiel er in eine Krise und verschwand. (in der Ehe/tief)
6) Nach der Rückkehr sagte Mutter: »Er hat die Begabung verloren.« (der Sohn/seine/groß)

4 In dem folgenden Text sind fünf Appositionen enthalten. Schreibe sie mit ihrem jeweiligen Bezugswort heraus und bestimme den Kasus, in dem Bestimmungswort und Apposition stehen.

Jazz oder nie

Der Jazz soll in New Orleans, einer Stadt im Süden Louisianas, geboren worden sein. Seit ihrer Gründung durch französische Einwanderer ist sie ein Schmelztiegel von Rassen und Kulturen gewesen.
Am berühmten Ol'Man River, dem Mississippi, trafen die Einflüsse der europäischen Gründer mit denen der befreiten Negersklaven und ehemaliger Konquistadoren aus Spanien zusammen. Dazu kam noch das Vergnügungsbedürfnis der nach wochenlanger Fahrt ausgehungerten Matrosen. Ihr Weg führte sie in das Storyville-Viertel, dem riesigen Unterhaltungsdistrikt von New Orleans. Dort klimperten Pianos den Walzer, intonierten Bands Militärmärsche aus Frankreich, sang ein schwarzer Straßenmusikant seinen ewigen Blues.
Scott Joplin, der erste wirkliche Star des Jazz, mixte die Tonstrukturen von Walzer, polnischer Mazurka mit seinem Verständnis von Rhythmus. Das klingende Endprodukt, der »Ragtime«, klang wie sein Name: zerrissene Zeit.

Tipp ▪ **Genitivattribut oder Genitivobjekt?**

Er hat das Haus seines Vaters verkauft.
Stets gedachte er seines Vaters.

Genitivattribute sind (wie alle Attribute) als Teile von Satzgliedern immer an ein Nomen gebunden.

Wen oder was hat er verkauft?

　　　Akkusativobjekt
das Haus seines Vaters
　　　　Genitivattribut

Genitivobjekte sind als selbstständige Satzglieder immer an das Prädikat gebunden.

Wessen gedachte er stets?

　Genitivobjekt
seines Vaters

5 Suche im folgenden Text alle Nomen im Genitiv heraus.
Handelt es sich dabei um Genitivattribute oder um Genitivobjekte?
Begründe deine Entscheidung.

1) Viele erinnern sich des geflügelten Wortes von den »Potjomkinschen Dörfern« als Synonym für Blendwerk und Trugbild, wenige des Staatsmanns Potjomkin. 2) Er war der Sohn eines pensionierten adligen Offiziers. 3) Als Mitglied der russischen Gardekavallerie begegnete er der Zarin Katharina II. 4) Sie übertrug ihm einige Aufgaben und konnte sich dabei seiner Treue und Zuverlässigkeit vergewissern. 5) Als Geliebter der lebenshungrigen Kaiserin machte Potjomkin eine stürmische Karriere. 6) Er wurde Gouverneur Neurusslands und Begründer der russischen Schwarzmeerflotte. 7) Bei einer Inspektionsfahrt der Herrscherin auf dem Dnjepr soll Potjomkin ihr Häuserattrappen aus Pappe – also »Potjomkinsche Dörfer« – vorgesetzt haben. 8) Sie sollten die Existenz bewohnter Dörfer vortäuschen. 9) Heute bedarf es keines Beweises mehr: Es gab keine Potjomkinschen Dörfer. 10) Sie waren das Ergebnis des Klatsches und der Missgunst von Höflingen in der Umgebung der Zarin.

Tipp ▪ **Präpositionales Attribut oder präpositionales Objekt?**

Die Sehnsucht nach ihr wurde immer heftiger.
Immer heftiger sehnte er sich nach ihr.

Der Unterschied zwischen einem präpositionalen Attribut und einem präpositionalen Objekt ist in der unterschiedlichen Bindung des präpositionalen Ausdrucks begründet. Bei seiner Bindung an ein Nomen ist er Teil eines Satzglieds und damit **präpositionales Attribut**:

Subjekt

Die Sehnsucht nach ihr wurde immer heftiger.

Bei seiner Bindung an das Prädikat ist er **präpositionales Objekt**:
Immer heftiger sehnte er sich nach ihr.

6 In dem folgenden Text sind vier präpositionale Attribute und sechs präpositionale Objekte enthalten. Kannst du sie alle finden?

1) Zehn Stunden dauerte die bisher längste Rede in der Geschichte des israelischen Parlaments. 2) Ein Abgeordneter wollte die Abstimmung über den Staatshaushalt hinauszögern. 3) Der Parlamentsarzt war schon um die Gesundheit des Abgeordneten besorgt und warnte ihn vor den Gefahren einer Thrombose. 4) Selbst von einer Bombendrohung ließ er sich nicht

stoppen. 5) Unbeirrt setzte der Abgeordnete seine Rede fort: Er sprach über das Wetter und gab historische Erläuterungen über die Französische Revolution. 6) Für die Verschleppungstaktik benutzte er sogar sprachgeschichtliche Ausführungen zum Wort »Filibuster«! 7) Übrigens: Die Bombendrohung war ein Fehlalarm. 8) Sie war von ungeduldig gewordenen Abgeordneten vorgetäuscht worden.

7 Hier stimmt doch etwas nicht! Schreibe die korrekten Wendungen auf.

1) der vierköpfige Familienvater
2) die süße Erdbeerenzeit
3) die unmöblierte Zimmerwirtin
4) ein seidener Schalproduzent
5) die angriffslustigen Schlangenbisse
6) die überdachten Stadionkarten
7) ein verkaufter Immobilienmakler
8) das erhöhte Steuergesetz
9) eine mittlere Katastrophenmeldung
10) die klingelnde Telefongebühr

8 Es gibt verschiedene Möglichkeiten durch Attribute und Wortzusammensetzungen Sätze zu verdichten:

Das Haus wurde nach alten Plänen originalgetreu restauriert. In ihm lebte J.W. von Goethe.

A *Das Haus, in dem J.W. von Goethe lebte, wurde nach alten Plänen originalgetreu restauriert.*

B *Das Haus Goethes (oder: Goethes Haus) wurde nach alten Plänen originalgetreu restauriert.*

C *Das Goethehaus wurde nach alten Plänen originalgetreu restauriert.*

Erprobe mit den folgenden Beispielen diese Möglichkeiten des Verdichtens von Sätzen.

1) Der Saft schmeckt gut. Der Saft ist aus Zitronen gepresst.
2) Deine Jacke ist schick. Die Jacke ist aus Leder.
3) Die Nachbarn feiern ein Fest. Das Fest soll im Garten stattfinden.
4) Die Kräuter sind selten. Die Kräuter wachsen wild.
5) Die Laterne leuchtet hell. Die Laterne steht an der Straße.
6) Das Auto fährt sehr leise. Das Auto wird mit einem Elektromotor betrieben.
7) Die Sendung läuft jeden Tag. Die Sendung ist für Kinder.

1.3 Komplexe (zusammengesetzte) Sätze

Mein Mann ärgerte sich über unseren Nachbarn, dann ärgerte er sich über mich, weil ich mich nicht auch über unseren Nachbarn geärgert hatte. Danach ärgerte er sich über sich selbst, weil er sich über mich geärgert hatte, weil ich mich nicht auch über unseren Nachbarn geärgert hatte.

1 Wirkt die »Kurzgeschichte« komisch auf dich? Warum?
2 Aus wie vielen Sätzen besteht diese Geschichte eigentlich?
3 In welchem Verhältnis stehen die Teilsätze in den komplexen Sätzen zueinander?
4 Untersuche, ob die Teilsätze jeweils ein Subjekt und ein Prädikat haben.
5 Wo steht die finite Verbform in den einzelnen Teilsätzen? Warum steht sie an verschiedenen Stellen?

Komplexe Sätze enthalten mindestens zwei grammatisch vollständige Sätze (mit je einem Subjekt und einem Prädikat). Man unterscheidet folgende Satzkonstruktionen:

1) Komplexe Sätze können aus mehreren Hauptsätzen bestehen. Diese sind einander **nebengeordnet**. In solch einem Fall spricht man von einer **Satzreihe** (**Satzverbindung**).

Hauptsatz	Hauptsatz
Aus dem Zimmer hörte man Stimmen,	Vater unterhielt sich mit seinen Gästen.

Zwischen beiden Hauptsätzen kann man auch einen Punkt setzen, da beide selbstständig für sich stehen können.

2) Komplexe Sätze können auch aus einem Hauptsatz und einem Nebensatz oder aus einem Hauptsatz und mehreren Nebensätzen bestehen.
Die Nebensätze sind dem Hauptsatz **untergeordnet**. Man spricht dann von einem **Satzgefüge**.

Hauptsatz		
Er versprach uns,		
	dass er pünktlich erscheinen wolle	und dass er noch jemanden mitbringen werde.
	Nebensatz	Nebensatz

3) Im Satzgefüge kann ein Nebensatz auch **einem anderen Nebensatz untergeordnet** sein.

Hauptsatz

Sie sagte,

    dass sie nicht mit ins Kino gehen könne,

    Nebensatz 1. Grades

        weil sie noch Hausaufgaben machen müsse.

        Nebensatz 2. Grades

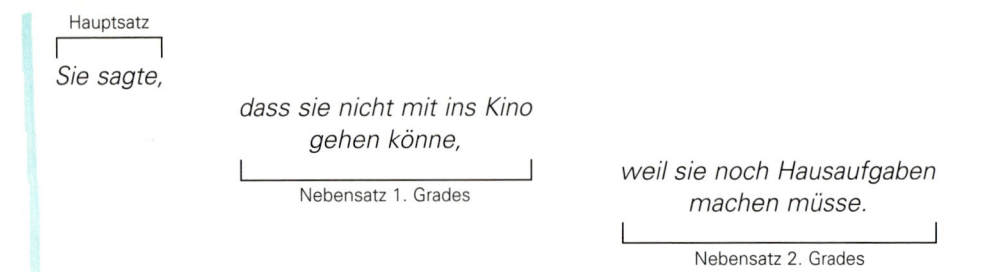

Nebensätze können nur gemeinsam mit dem übergeordneten Hauptsatz auftreten, niemals allein stehen, nicht: *Dass er pünktlich erscheine.*

In Hauptsätzen steht die finite Verbform an zweiter Stelle, in Nebensätzen dagegen am Ende.

1 a) Bestimme die einzelnen Teilsätze als Haupt- oder Nebensatz, indem du jeweils die Stellung der finiten Verbform ermittelst.
   b) Entscheide, ob es sich bei den komplexen Sätzen um eine Satzreihe oder um ein Satzgefüge handelt.

Die Geldkeller auf dem Löbauer Berg

1) Der Löbauer Berg ist schon von weitem zu erkennen, auf seinem Gipfel erhebt sich ein gusseiserner Aussichtsturm. 2) Im Inneren des Berges soll sich ein Geldkeller befinden, der am Johannistag von Mittag bis Mitternacht geöffnet sein soll. 3) Wer diesen Eingang findet, dem bieten sich Gold und Silber in großen Mengen. 4) Am Johannistag 1516 hatte ein Bauer dieses Glück, er stopfte sich die Taschen und seine Mütze mit den Kostbarkeiten voll. 5) Als er mit all seinen Schätzen dem Ausgang zueilte, verirrte er sich. 6) Bevor er dem Berg wieder entstiegen war, schlug es vom nahen Löbau Mitternacht. 7) Der Bauer fiel in einen tiefen Schlaf, aus dem er erst am Johannistag des folgenden Jahres wieder erwachte. 8) Seine Taschen und seine Mütze waren leer, doch er wollte sich nicht noch einmal der Gefahr aussetzen und so ließ er Schätze Schätze sein. 9) So musste er ebenso arm nach Hause gehen, wie er vor einem Jahr gekommen war.

2 Forme die folgenden Satzreihen in Satzgefüge um, indem du jeweils die in Klammern stehende Konjunktion einsetzt. Achte dabei auf die veränderte Stellung der finiten Verbform im Nebensatz.

1) Das Spiel musste ausfallen, der Rasen war nämlich unbespielbar. (weil)
2) Peter ist erst gestern aus Brandenburg zurückgekehrt, schon heute muss er wieder nach Rostock fahren. (obwohl)

3) Sigrid zitterte vor Kälte, sie bat um eine wärmende Jacke. (weil)
4) Den ganzen Tag sonnten wir uns am Strand, abends gingen wir noch in die Disko. (nachdem)
5) Wir besuchten Rita im Krankenhaus, doch zuvor wollten wir ihr noch einen Strauß Blumen kaufen. (bevor)
6) Er hatte alles auf eine Karte gesetzt, doch es hat nichts genützt. (obwohl)
7) Anfangs klappten unsere Kombinationen gut, da hatten wir noch Hoffnung auf den Sieg. (als)
8) Er wollte aus ihm einen anständigen Menschen machen, er ließ ihn selbstständig und eigenverantwortlich arbeiten. (indem)
9) Der Zug hatte mehr als zwei Stunden Verspätung, er konnte wegen eines Oberleitungsschadens nicht weiterfahren. (weil)
10) Er wartete sehr lange im Restaurant auf sie, dann ging er schlecht gelaunt nach Hause. (ehe)

3 Suche aus dem Text die fünf Satzreihen und die vier Satzgefüge heraus.

1) Man kann es sich eigentlich schwer vorstellen, dass eine Großstadt wie Dresden ein Vogelparadies sein soll. 2) Aber das stimmt, denn das viele Grün und Dresdens selten lockere Bebauung ziehen die Vögel hierher. 3) So den als fliegenden Edelstein bekannten Eisvogel, der so bunt ist, dass er tatsächlich aus dem Paradies zu stammen scheint. 4) In Wirklichkeit lebt er in den Lehmgruben der Stadt, dort gräbt er sich lange Gänge in den Berg. 5) Das Elbtal als Vogelzugschneise beschert der Stadt auch seltene Irrgäste wie den Seidenschwanz, das milde Talklima verführt nämlich viele von ihnen zu bleiben. 6) Natürlich werden die Plätze für alle immer knapper, deshalb werden sie bis auf den Tod umkämpft. 7) Wer sich in diesem Kampf nicht durchsetzt, hat in Dresden auch verspielt. 8) Er muss zusehen, dass er außerhalb der Stadt mehr Glück hat. 9) Dort sind vielleicht die Bedingungen schlechter, aber die Konkurrenz ist eben nicht so hart.

4 Die drei Satzgefüge enthalten mehrere Nebensätze. Von welchen Sätzen sind die einzelnen Nebensätze abhängig? Zeichne dazu die entsprechenden Satzbilder (siehe S. 192).

1) Der Roman »Studentenfutter« schildert in überzeugender Weise, wie einige Studenten so rücksichtslos nach einem gut bezahlten Job jagen, dass es sogar zu Morden an den besten Studenten kommt.
2) Es ist ein Buch, das man in einem Zuge lesen kann, weil es spannend ist, weil es in einer Sprache geschrieben ist, die locker und manchmal selbstironisch ist.
3) Die Autorin stellt aber nicht die Morde in den Mittelpunkt, wie es sonst üblich ist, sondern beschreibt vielmehr die Ursachen, die zu diesem Verhalten der Studenten und auch der Professoren führen.

a) Satzreihe

Dackel fing Junkie

Ein Dackel avancierte zum Star des Tages, denn er hatte gemeinsam mit seinem »Herrchen« einen von der Polizei gesuchten Drogenverdächtigen gefangen. Ohne jede Absicht war das Paar in einem Dortmunder Park spazieren gegangen, dann war das Tier plötzlich knurrend und bellend vor einem Gebüsch stehen geblieben. Der Besitzer des Tieres kannte das zur Genüge, deshalb hatte er eine Weile geduldig gewartet. Plötzlich hatte es aber hinter dem Strauch geknistert und der Rentner hatte kühn gerufen: »Rauskommen!« und zu seiner maßlosen Überraschung war ein junger Mann mit erhobenen Händen herausgekommen. Der hatte zu spät seinen »Dackel-Irrtum« bemerkt, denn inzwischen war die Polizei schon eingetroffen.

1 Erkläre, warum es sich bei allen komplexen Sätzen um Satzreihen handelt.
2 Suche die Wörter heraus, die die einzelnen Sätze in den Satzreihen miteinander verbinden.
3 Diese Wörter verdeutlichen auch den Zusammenhang zwischen diesen Sätzen. Versuche ihn in den einzelnen Satzreihen zu ermitteln.

Zwischen den Teilsätzen einer Satzreihe besteht ein bestimmter Zusammenhang (Begründung, Folge, Gegensatz, Einschränkung, Abfolge u. Ä.). Er kann durch **Konjunktionen** (*und, oder, aber, denn ...*) oder verbindende **Adverbien** (*trotzdem, dann, deshalb ...*) verdeutlicht werden:
Meine Freundin hatte mich eingeladen, aber aus Zeitgründen konnte ich sie nicht besuchen.
Dieser Film interessiert mich sehr, deshalb werde ich heute ins Kino gehen.

Die Teilsätze einer Satzreihe können auch unverbunden (ohne Konjunktion bzw. Adverb) aufeinander folgen:
Meine Freundin hatte mich eingeladen, aus Zeitgründen konnte ich sie nicht besuchen.
Dieser Film interessiert mich sehr, ich werde heute ins Kino gehen.

1 Verbinde die Sätze jeweils zu einer Satzreihe, indem du eine Konjunktion oder ein Adverb dazwischen setzt. Achte dabei auf den Zusammenhang zwischen den Sätzen.

1) Der 14. 9. 1891 war ein denkwürdiger Tag. Im Spiel zweier englischer Mannschaften gab es den ersten Elfmeter in der Fußballgeschichte. 2) Der Elfmeter gehört zum Fußball wie das Salz in die Suppe. Kein echter Fußballfan möchte ihn vermissen. 3) Er entfacht bei den einen Jubelstürme. Bei den

anderen kommt Entsetzen auf. 4) Früher durfte der Torwart beim Elfmeterschießen bis auf wenige Meter an den Elfmeterpunkt heran. Für den Schützen war es viel schwieriger zu treffen. 5) Der Schiedsrichter verhängte zwar den Strafstoß. Der Elfmeter konnte nicht ausgeführt werden. Die bestrafte Mannschaft musste erst zustimmen! 6) Heute ist diese Regel undenkbar. Die Spiele würden erst nach Tagen enden! 7) Rund 60% der verhängten Strafstöße werden zu Recht gegeben. Dem Rest hängen meist heftige Proteste an. 8) Der Schiedsrichter hat es oft schwer mit seiner Entscheidung. Fernseh- oder Videobilder stehen ihm nicht zur Verfügung. Ein Irrtum muss ihm zugestanden werden.

b) Satzgefüge

Der Löwe und die Maus
Äsop

Als der Löwe schlief, lief ihm eine Maus über den Körper. Er wachte auf und wollte sie fressen. Da bat sie ihn, dass er sie doch freilassen sollte. »Wenn du mir das Leben schenkst, werde ich mich dankbar erweisen.« Lachend ließ er sie laufen. Es geschah aber, dass bald darauf die dankbare Maus dem Löwen das Leben rettete. Als er von Jägern gefangen und mit einem Seil an einen Baum gebunden wurde, hörte ihn die Maus stöhnen. Sie lief zu ihm. Indem sie das Seil rundherum benagte, befreite sie ihn. (…)

1 Ermittle alle im Text enthaltenen Satzgefüge. Woran kannst du sie erkennen?
2 Welche Nebensätze sind dem Hauptsatz voran-, welche ihm nachgestellt?
3 Alle Nebensätze in diesem Text werden durch Wörter einer bestimmten Wortart eingeleitet. Suche diese Wörter und bestimme ihre Wortart.

Der Nebensatz ist im Satzgefüge immer einem Hauptsatz oder einem anderen Nebensatz untergeordnet.

Es gibt drei verschiedene Möglichkeiten, Nebensätze einzuteilen:

I. Man versteht **Nebensätze als Satzglieder** (bzw. Satzgliedteile) des übergeordneten Hauptsatzes.
1) **Subjektsatz:** *Dass das Spiel ausgefallen ist, ärgert uns alle.*
   (Wer oder was ärgert uns alle?)
2) **Objektsatz:** *Wir wissen nicht, ob gerade er der Dieb ist.*
   (Wer oder was wissen wir nicht?)
3) **Adverbialsatz:**
   – Lokalsatz: *Uta wohnt, wo sich die Füchse gute Nacht sagen.*
   (Wo wohnt Uta?)

– Temporalsatz:	*Nachdem Erfurt das zweite Tor erzielt hatte, war das Spiel entschieden.* (Wann war das Spiel entschieden?)
– Kausalsatz: (Begründungssatz)	*Weil der Hauptdarsteller erkrankt ist, muss die Vorstellung ausfallen.* (Aus welchem Grund muss die Vorstellung ausfallen?)
– Konditionalsatz: (Bedingungssatz)	*Wenn Klaus mitspielt, könnten wir vielleicht gewinnen.* (Unter welcher Bedingung könnten wir gewinnen?)
– Konsekutivsatz: (Folgesatz)	*Er sprach leise und monoton, sodass ihn die Zuhörer nicht verstehen konnten.* (Mit welcher Folge sprach er so leise und monoton?)
– Finalsatz: (Zwecksatz)	*Wir müssen noch konzentrierter arbeiten, damit wir den Termin halten können.* (Zu welchem Zweck müssen wir noch konzentrierter arbeiten?)
– Konzessivsatz: (Einräumungssatz)	*Obwohl er Sturm klingelte, hörte ihn im Haus niemand.* (Trotz welchen Umstands hörte ihn im Haus niemand?)
– Modalsatz:	*Die Mannschaft spielte, wie wir sie noch nie spielen sahen.* (Auf welche Art und Weise spielte die Mannschaft?)
4) **Attributsätze** stehen nicht für Satzglieder, sondern für Satzgliedteile:	*Wir hatten die Hoffnung, dass er noch kommt, schon aufgegeben.* (Welche/was für eine Hoffnung hatten wir schon aufgegeben?) *Die Polizei konnte den Mann verhaften, der gestern Abend den Brand gelegt hatte.* (Welcher Mann konnte gestern Abend verhaftet werden?)

II. Man kann Nebensätze auch nach der **Art des Anschlusses** an den übergeordneten Satz einteilen:
1) **Konjunktionalsätze** werden eingeleitet durch unterordnende Konjunktionen wie *weil, dass, wenn, obwohl, damit...*
2) **Relativsätze** werden eingeleitet durch die Relativpronomen *der, die, das; welcher, welche, welches.*
3) **Indirekte Fragesätze** werden eingeleitet durch Fragewörter wie *ob, wer, was, wie, warum, wann...*

III. Man kann Nebensätze auch nach ihrer **Stellung zum übergeordneten Satz** einteilen:
1) **Vorangestellter Nebensatz:**

Dass du diese Aufgabe so schnell löst, hätte ich nie geglaubt.

2) **eingeschobener Nebensatz:**

In der Zeit, in der du im Ausland gearbeitet hast, hat sich viel verändert.

3) **nachgestellter Nebensatz:**

Unsere Ankunft verzögerte sich, weil unser Auto eine Panne hatte.

Diese Einteilung ist besonders wichtig für die Zeichensetzung (siehe S. 220/221).

1 Vergleiche jeweils den einfachen Satz mit dem Satzgefüge. Welches Satzglied des einfachen Satzes wird durch den Nebensatz im Satzgefüge ersetzt? Um was für ein Satzglied handelt es sich?

1) Er teilt uns telegrafisch seine morgige Ankunft mit.
   Er teilt uns telegrafisch mit, dass er morgen ankommen wird.
2) Die kurzfristige Absage des Rockkonzerts gefiel vor allem den jugendlichen Fans überhaupt nicht.
   Dass das Rockkonzert kurzfristig abgesagt worden war, gefiel vor allem den jugendlichen Fans überhaupt nicht.
3) Nach dem Abstellen des Fahrzeugs am Stadtrand fuhren wir mit der Straßenbahn ins Zentrum.
   Nachdem wir das Fahrzeug am Stadtrand abgestellt hatten, fuhren wir mit der Straßenbahn ins Zentrum.
4) Alle sind vom Erfolg des Weltraumunternehmens überzeugt.
   Alle sind überzeugt, dass das Weltraumunternehmen erfolgreich sein wird.
5) Bei heftigem Schneefall kamen wir in der kanadischen Hauptstadt an.
   Wir kamen in der kanadischen Hauptstadt an, als es heftig schneite.
6) Die Gültigkeit dieser Aussage bleibt nach wie vor zweifelhaft.
   Ob diese Aussage gültig ist, bleibt nach wie vor zweifelhaft.
7) Erst der bestellte Gutachter legte die Höhe der Ersatzleistung der Versicherung fest.
   Erst der bestellte Gutachter legte fest, wie hoch die Ersatzleistung der Versicherung zu sein hat.
8) Nichtraucher sollten Vergünstigungen erhalten.
   Wer nicht raucht, sollte Vergünstigungen erhalten.

2 Forme die markierten Satzglieder in Nebensätze um und nenne die Nebensätze. Vergiss beim Schreiben nicht die Kommas zu setzen.
Beispiel: 1) *Dass die Ausstellung verlängert worden ist, erfreut alle Kunstliebhaber.* (= Subjektsatz).

1) Die Verlängerung der Ausstellung erfreut alle Kunstliebhaber.
2) Keiner von uns sollte an die ewig währende Großzügigkeit der Geldgeber glauben.
3) Wir wissen von den gewaltigen Veränderungen in der natürlichen Umwelt der Menschen.
4) Ein Nichtmitglied darf nur im Ausnahmefall den Klub betreten.
5) Du musst mir die Gründe für das enttäuschende Abschneiden unserer Mannschaft erklären.
6) Die Übertragung des Rockkonzerts im Fernsehen ist noch nicht sicher.

3 Alle Nebensätze des folgenden Textes sind Adverbialsätze. Bestimme, um welche Adverbialsätze es sich im Einzelnen handelt.

1) Obwohl Sachsen eine Vielzahl von schönen alten Gasthöfen besitzt, kennen nur wenige deren Geschichte. 2) Als im 11. Jahrhundert die ersten Dorfgaststätten gegründet wurden, hießen sie »Kretscham« und die Wirtsleute »Kret(z)schmar«. 3) Falls im Dorf etwas Wichtiges zu besprechen war, versammelten sich die Dorfbewohner im Kretscham. 4) Diese ungezwungene Wirtshausatmosphäre brauchten die Leute, damit sie ihre Angelegenheiten klären konnten. 5) Nachdem es nicht selten bei einem Rechtsstreit hoch hergegangen war, besiegelten die Vertreter beider Parteien den Abschluss mit einem Umtrunk. 6) Der Handelsverkehr wurde gefördert, indem neben den Gasthöfen in den Dörfern auch solche an allen wichtigen Punkten der Handelsstraßen gegründet wurden. 7) Weil die Gasthöfe damals oft nach Tieren, Bäumen, Himmelskörpern und Personen benannt worden sind, finden wir noch heute Gaststätten wie »Der braune Hirsch«, »Drei Linden«, »Zum Stern« und »Beim Mohren«.

4 Verbinde die beiden Sätze mit Hilfe der angegebenen Konjunktion jeweils zu einem Satzgefüge. Bestimme die Art der Adverbialsätze.

1) Im Jahre 776 v. Chr. fanden die ersten Olympischen Spiele statt. Nur Griechen durften daran teilnehmen. (als)
2) Am ersten Tag leisteten die Wettkämpfer den olympischen Eid. Am zweiten Tag gab es den Wettstreit der Trompeter, die Wettbewerbe im Wagenrennen und im Fünfkampf. (nachdem)
3) Die Weitspringer hatten kilogrammschwere Gewichte an den Händen. Der Vorwärtsschwung der Springer erhöhte sich. (damit)
4) Am dritten Tag konnten sich die Wettkämpfer erholen. An diesem Tag fanden Gesänge, Flötenspiel und Gebete statt. (weil)
5) In den Laufwettbewerben ging es nicht um Rekorde. Die Athleten gaben ihr Bestes. (obwohl)
6) Zweite und dritte Plätze wurden nicht vergeben. Es gab nur Sieger und Verlierer. (sodass)

5 Ergänze die begonnenen Satzgefüge. Wähle dazu jeweils einen der angegebenen Sätze aus und setze ihn sinnentsprechend und sprachlich korrekt ein. Bei einigen Sätzen sind mehrere Lösungen möglich.

1) Ich werde diese Aufgabe lösen, nachdem ...
2) Ich werde diese Aufgabe lösen, wenn ...
3) Ich werde diese Aufgabe lösen, sodass ...
4) Ich werde diese Aufgabe lösen, weil ...
5) Ich werde diese Aufgabe lösen, obwohl ...
6) Ich werde diese Aufgabe lösen, damit ...
7) Ich werde diese Aufgabe lösen, indem ...

Ich habe eine ähnliche Aufgabe schon einmal erfolgreich bearbeitet. – Ich habe genügend Zeit dafür. – Diese Art von Aufgaben haben wir im Unterricht noch nicht behandelt. – Ich habe mit dem Mathematiklehrer über den Lösungsweg gesprochen. – Es bleibt noch Zeit für die Hausaufgabe in Physik. – Ich kann die Hausarbeit zeitiger abgeben. – Ich tausche einfach die Variablen der Gleichungen aus.

> *Tipp* ▪ **das oder dass? Relativ- oder Konjunktionalsatz?**
>
> *Das Fahrzeug, das als erstes die Kreuzung befahren hatte, wurde kaum beschädigt.*
> *Ich habe genau gesehen, dass der Fahrer des Opels dem Radfahrer die Vorfahrt genommen hat.*
>
> Kann man das Einleitewort durch *welches* ersetzen, so handelt es sich um das Relativpronomen *das*. Der Nebensatz ist folglich ein **Relativsatz**:
> *Das Fahrzeug, welches als erstes die Kreuzung befahren hatte, wurde kaum beschädigt.*
>
> Kann man das Einleitewort nicht durch *welches* ersetzen, handelt es sich um die Konjunktion *dass*. Der Nebensatz ist folglich ein **Konjunktionalsatz**.

6 Relativ- oder Konjunktionalsatz?
Setze entweder *das* oder *dass* ein.

1) Das Gebäude, ❓ im nächsten Jahr rekonstruiert wird, ist über 200 Jahre alt.
2) Wir waren uns einig, ❓ sie in der nächsten Woche ihre Arbeit bei uns aufnimmt.
3) Mit dem Gedicht, ❓ er frei vortrug, beeindruckte er seine Zuhörer.
4) ❓ der Libero von Frankfurt nach Bremen wechselt, ist hoffentlich nur ein Gerücht.
5) Niemand im Gerichtssaal konnte das Urteil, ❓ er unschuldig sei, verstehen.

6) Ich hoffe, ? dir das Buch, ? du von mir ausgeborgt hast, gefällt.
7) Die Hoffnung, ? sein neuer Film erfolgreicher sein könnte als sein letzter, erfüllte sich nicht.
8) ? das Spiel, ? im Zentralstadion ausgetragen wurde, noch unentschieden enden könnte, hatte zur Halbzeit wohl niemand geglaubt.
9) Niemand zweifelt daran, ? er mit seinem Vorhaben, ? er seinen Partnern genau erläuterte, Erfolg haben wird.
10) Ich bin enttäuscht, ? das Ziel, ? mit dieser Veranstaltung verbunden war, nicht erreicht werden konnte.

7 Benenne die Nebensätze nach der Art ihrer Einleitung.
Beispiel: *1) = Konjunktionalsatz*

1) Jeder von uns hat schon die Erfahrung gemacht, dass der eigene Körper beim Laufen eine Last sein kann. 2) Zu Beginn des vorigen Jahrhunderts stellte sich der Freiherr Karl von Drais die Frage, ob man nicht die Beine vom Körpergewicht entlasten und mit dieser eingesparten Kraft längere Wege zurücklegen könne. 3) Drais baute deshalb ein Laufrad aus Holz, das er 1817 in Mannheim vorstellte. 4) Wie ein Reiter schwang er sich auf das Laufrad, das später Draisine genannt wurde, und stieß sich mit beiden Füßen vorwärts. 5) Er und seine Zuschauer kamen zur Erkenntnis, dass sein Laufrad auf ebener Strecke und erst recht bergab schneller war als Ross und Reiter. 6) Nach der Vergrößerung des Vorderrades, dessen Durchmesser dann bis zu 2,50 m betrug, konnte man mit diesem Hochrad mit einer einzigen Raddrehung fünf bis acht Meter zurücklegen. 7) Beim Fahren gab es aber die Schwierigkeit, dass man schlecht das Gleichgewicht halten konnte. 8) Bei jeder Kurve berührte das Vorderrad die Schenkel des Fahrers, dessen Hosen dann oft wie Putzlappen aussahen. 9) Ab 1888 gab es Niederräder, die damals als »Sicherheitsräder« angepriesen wurden. 10) Nach und nach kamen mit luftgefüllten Reifen, Freilauf, Rücktrittbremse und Schaltung Dinge hinzu, auf die heute niemand mehr verzichten möchte.
11) Bis heute gibt es keine andere Erfindung, mit der man durch Muskelkraft so schnell vorwärts kommt und dabei noch Kraft sparen kann.

Tipp ▪ **Hauptsatz oder Nebensatz?**

1) *Er teilte mir mit, er komme morgen nach Leipzig.*
2) *Ist morgen schönes Wetter, fahren wir nach Wismar.*
In den unterstrichenen Sätzen steht die finite Verbform an zweiter bzw. an erster Stelle, sodass man meinen könnte, es handele sich um Hauptsätze. Tatsächlich sind es Nebensätze, die aber nicht durch eine Konjunktion eingeleitet sind (**uneingeleitete Nebensätze**). Durch das Einfügen einer Konjunktion wird deutlich, dass diese Sätze Nebensätze sind, denn dann steht die finite Verbform am Ende:

1) *Er teilte mir mit, dass er morgen nach Leipzig komme.*
2) *Wenn morgen schönes Wetter ist, fahren wir nach Wismar.*

Die uneingeleiteten Nebensätze dienen dem Ausdruck der indirekten Rede (Beispiel 1) oder sie sind Konditionalsätze (Beispiel 2).

8 Suche in den folgenden Satzgefügen alle uneingeleiteten Nebensätze. Ordne sie danach, ob sie Ausdruck der indirekten Rede oder ob sie Konditionalsätze sind.

1) Ist die Katze gesund, freut sich der Mensch.
2) Wir sind der Meinung, sein Vorschlag sei zumindest überdenkenswert.
3) Er kommt, befindet er sich noch in der Stadt, bestimmt vorbei.
4) Bedankt er sich nicht bei dir für diese Unterstützung, ist das eine Unverschämtheit.
5) Wir alle fordern, er solle seinen Fehler einsehen und ihn wieder gutmachen.
6) Er betonte immer und immer wieder, er wäre an allem schuldlos.
7) Holt er seine Bestellung bis morgen nicht ab, verfällt sie automatisch.

Tipp ▪ Das Verstehen von Satzgefügen erleichtern

Die Frage wird erst, wenn der Leiter der Abteilung anwesend ist, die mit der Entwicklung des neuen Medikaments beschäftigt ist, das Ende des kommenden Jahres auf den Markt gebracht werden soll, gültig beantwortet werden.

Anfang und Ende der Verbklammer des Hauptsatzes sollen in einem Satzgefüge nicht zu weit voneinander entfernt stehen, weil dadurch das Lesen und Verstehen des Satzgefüges erschwert wird. Um das zu vermeiden, wird häufig der zweite Teil des Rahmens vorgezogen, sodass die Nebensätze aus dem Rahmen ausgeklammert werden.

Die Frage wird erst gültig beantwortet werden, wenn der Leiter der Abteilung anwesend ist, die mit der Entwicklung des neuen Medikaments beschäftigt ist, das Ende des kommenden Jahres auf den Markt gebracht werden soll.

9 In welchem Satzgefüge würdest du den zweiten Teil der Verbklammer des Hauptsatzes vorziehen? Begründe deine Entscheidung.

1) Ich habe die Software, die ich schon lange suche, nachdem ich sie auf der Messe in Hannover gesehen habe, endlich gefunden.
2) Wir wollen, wenn wir aus dem Urlaub zurück sind, den wir diesmal auf der Insel Rügen verbringen, endlich unseren Garten neu gestalten.
3) Der Film hat, obwohl er in den Medien eine schlechte Kritik erhielt, vor allem beim jungen Publikum großen Anklang gefunden.

4) So hatte sich das Gerücht, das schon entstanden war, bevor er aus dem Ausland zurückgekommen war, in Windeseile verbreitet.
5) Der Autor wird, falls sein neuer Roman ein Erfolg wird, eine Fortsetzung schreiben.

10 Die Satzgefüge sind aus unterschiedlichen Gründen unkorrekt. Nenne die Gründe und verbessere die unkorrekten Satzgefüge.

1) Nachdem wir zu wenig Geld haben, können wir mit der Klasse nicht nach Potsdam fahren.
2) Du solltest mit mir über alles sprechen, bis du ausgeschlafen hast.
3) Die Polizei regelt den Verkehr, bis die Folgen des Verkehrsunfalls beseitigt waren.
4) Wenn die Sonne untergegangen war, kehrten wir nach Hause zurück.
5) Die Bibliothek musste geschlossen werden, nachdem ein Wassereinbruch hatte die Hälfte des Buchbestandes vernichtet.
6) Ich suche noch immer nach dem Buchtitel, dem ich vergessen habe mir aufzuschreiben.
7) Nachdem der Lehrer den Klassenraum verließ, begann der Streit.
8) Wir sprachen noch lange über das Theaterstück, denn dessen überraschender Schluss uns so gefallen hatte.
9) Falls ihm sein grauer Anzug nicht mehr passte, zog er ihn an.
10) Der Antrag auf Befreiung von der Prüfung, den wir ausführlich begründet hatten, abgelehnt wurde.

c) Erweiterte Infinitive mit *zu*/Partizipialkonstruktionen

Zwei Arten eine Gans zuzubereiten

Ein Mann sah eine Wildgans am Himmel fliegen. Er legte einen Pfeil auf den Bogen um sie herunterzuschießen. Er freute sich darauf, die Wildgans kochen zu können. Sein jüngerer Bruder aber entgegnete: »Nein, es ist besser sie zu braten.« Sie stritten lange ohne sich einig zu werden.
Schließlich gingen sie zum Familienältesten um dessen Meinung zu hören. Er schlug vor die eine Hälfte zu kochen und die andere zu braten. Nun war der Streit geschlichtet. Sie traten wieder heraus um die Wildgans endlich zu schießen. Doch die war längst weitergeflogen.

(Nach einer alten chinesischen Fabel von Xianyi piau)

1 Suche alle erweiterten Infinitive mit *zu* heraus.
2 Überlege, ob es sich bei den erweiterten Infinitiven mit *zu* um Nebensätze handelt. Begründe deine Meinung.

Der erweiterte Infinitiv mit *zu* ist formal kein Nebensatz, denn er verfügt über kein eigenes Subjekt und keine finite Verbform. Er gilt aber als **nebensatzwertig**, denn er kann an Stelle eines Nebensatzes stehen.
Nebensatz: Sie lernt fleißig, *damit sie den Aufnahmetest besteht*.
Erweiterter Infinitiv mit *zu*: *Sie lernt fleißig um den Aufnahmetest zu bestehen*.

Der erweiterte Infinitiv mit *zu* bezieht sich stets auf ein Satzglied des übergeordneten Satzes, meist auf das Subjekt:
Er kam nach Göttingen um seine Freundin zu treffen.

Da der erweiterte Infinitiv mit *zu* kein Nebensatz ist, wird er in der Regel auch nicht durch ein Komma vom übrigen Satz abgegrenzt. Es ist aber zulässig ein Komma zu setzen,
– wenn die Gliederung des Satzes dadurch besser zu erkennen ist:
  Sein Versprechen(,) uns bei der Vorbereitung auf die schwere Mathearbeit helfen zu wollen(,) hat er schon längst wieder vergessen.
– wenn Missverständnisse ausgeschlossen werden sollen:
  Er bat(,) uns unbedingt zu helfen.
  Er bat uns(,) unbedingt zu helfen.

Ein erweiterter Infinitiv **muss** mit einem Komma vom übrigen Satz getrennt werden, wenn er im Hauptsatz angekündigt oder wieder aufgenommen wird:
Er freute sich darauf, die Wildgans kochen zu können.
Die Wildgans kochen zu können, das war sein Wunsch.

1 Erweitere durch Hinzufügen eines Wortes oder mehrerer Wörter die einfachen Infinitive mit *zu* zu nebensatzwertigen Infinitiven mit *zu*.

1) Er bemühte sich zu trainieren.
2) Sie versprach zu schreiben.
3) Wir planen zu kommen.
4) Unsere Freunde zeigten große Bereitschaft zu helfen.
5) Er war vorbereitet zu sprechen.
6) Seine Fähigkeit zu beurteilen muss weiter ausgeprägt werden.
7) Ihre Hoffnung zu spielen hat sich wegen ihrer Krankheit leider zerschlagen.

2 Forme die Nebensätze in erweiterte Infinitive mit *zu* um.

1) Wir hoffen, dass wir unsere Freunde in London bald wieder besuchen können.
2) Wir hatten ihnen versprochen, dass wir ihnen nach unserer Ankunft sofort schreiben werden.
3) Bei unserem letzten Treffen diskutierten wir bis in die Nacht, ohne dass wir müde wurden.

4) Wir nahmen uns fest vor, dass wir ihren Aufenthalt bei uns auch so gut organisieren.
5) Sie äußerten den Wunsch, dass sie einmal das Brandenburger Tor sehen wollten.
6) Wir werden uns Mühe geben, dass wir ihnen auch die anderen Sehenswürdigkeiten Berlins zeigen können.

3 Suche im Text alle erweiterten Infinitive mit *zu* und ersetzen sie durch geeignete Nebensätze. Achte beim Schreiben auf die Kommasetzung. Welche Formulierung gefällt dir am besten?

Der Brückenwärter

1) ... Die Männer waren nur bedacht ihre Karren voranzubringen, sie scherten sich nicht um den Dickwanst. 2) Um ihn zu ärgern liefen sie zuweilen absichtlich auf der Brücke schneller als auf der lehmigen Straße. 3) Dann beeilte sich der Dickwanst sie zu fassen und zum Halten zu zwingen. 4) Nunmehr legten sie sich das Wagenseil straff um die Brust, sodass sie eine Hand frei bekamen um aus der Tasche einige Kupfermünzen hervorzuholen und sie ihm zuzuwerfen. 5) Alle wussten, dass er so handeln musste um sich und seine Familie ernähren zu können. 6) Jedes Jahr pachtete er von der Brückenverwaltung für eine feste Summe diese Einnahmen, was er darüber hinaus einnehmen konnte, war sein Verdienst. 7) Daher war er so eifrig und streng um ja keine Fuhre entwischen zu lassen...

(*Nach: Ai Wu, Am Fluss*)

Auch die **Partizipialkonstruktion** ist formal kein Nebensatz, denn sie verfügt über kein eigenes Subjekt und keine finite Verbform.

Nebensatz: *Nachdem er in Berlin angekommen war*, ging er sofort zum Brandenburger Tor.

Partizipialkonstruktion: *In Berlin angekommen* ging er sofort zum Brandenburger Tor.

Die Partizipialkonstruktion bezieht sich auf das Subjekt des übergeordneten Satzes:

Fahnen und Schals schwenkend zogen die Anhänger des einheimischen Fußballklubs durch die Straßen der Stadt.

Partizipialkonstruktionen können mit dem Partizip I (*schwenkend*) oder mit dem Partizip II (*angekommen*) gebildet werden.

Da Partizipialkonstruktionen keine Nebensätze sind, werden sie in der Regel auch nicht durch ein Komma vom übrigen Satz abgegrenzt.
Die Kommasetzung ist zulässig, wenn die Gliederung des Satzes sonst undeutlich wäre: Sie rief(,) <u>den Taschendieb am Arm fest haltend</u>(,) nach der Polizei.

4 a) Ermittle im folgenden Text die Partizipialkonstruktionen.
Wo würdest du ein Komma setzen, wo nicht?
b) Durch welche Nebensätze können sie ersetzt werden?

1) Wir konnten(,) an dem einen Ende stehend(,) das andere Ende der Brücke kaum ausmachen.
2) Tagtäglich überqueren die einrädrigen Schubkarren(,) beladen mit Säcken voller Reis und Mehl(,) die Brücke.
3) Wir saßen an ihr(,) nur das gedämpfte Murmeln der Wellen vernehmend.
4) Kaum aber angelangt(,) erfüllten die Karren alles mit Lärm und Getöse.
5) Mit äußerster Kraftanstrengung stießen die schweißüberströmten Kulis(,) fest die Zähne zusammenbeißend(,) ihre Karren auf die höher liegende Brücke.
6) In diesem Moment tauchte der rotgesichtige Dickwanst auf(,) eilfertig nebenher laufend und laut schreiend.
7) Er streckte(,) ebenso schwitzend wie die Kulis(,) den Fuhrleuten die Hand entgegen ...

(Nach: *Ai Wu, Am Fluss*)

5 In den folgenden Sätzen sind sechs Partizipialkonstruktionen fehlerhaft gebraucht. Wie müssen die Sätze korrekt lauten? Denke daran, dass die Partizipialkonstruktion sich auf das Subjekt des Satzes beziehen muss.

1) Wie ein Irrer schreiend wachte er aus seinem Alptraum auf.
2) Mit glänzender Farbe übergossen nahm er die Figuren aus dem Bottich heraus.
3) Kaum das Bier ausgetrunken wurde die Arbeit fortgesetzt.
4) Von der langwierigen Krankheit genesen belegte er auf Anhieb wieder einen guten dritten Platz.
5) Unter Alkoholeinfluss stehend wurde die Schaufensterscheibe zerstört.
6) Der Bus mit den Kindern fuhr, fröhliche Lieder singend, langsam weiter.
7) Aufmerksam zuhörend wurde die Gesprächsrunde für uns ein Erlebnis.
8) Nur langsam kam er, von der brennenden Sonne geplagt, voran.
9) Von den Fans lautstark angefeuert gewann unsere Mannschaft das Endspiel.
10) Frisch geölt setzte ich mich auf mein Fahrrad und fuhr davon.
11) Wie vom Blitz getroffen rannte er davon.
12) Er verwies auf die günstigen Bedingungen sein Angebot wiederholend.

2. Zeichensetzung

2.1 Satzschlusszeichen

1 Welche Absicht wird mit dieser Zeitungsannonce verfolgt?
2 Mit welchen sprachlichen Mitteln bringt der Autor seine Absicht zum Ausdruck?
3 Welche Funktion haben die verschiedenen Satzarten im Text?
Wie werden die Satzarten äußerlich gekennzeichnet?
4 Inwiefern handelt es sich in der letzten Zeile des Textes auch um einen Satz? (siehe S. 167) Wie könnte der Satz ausführlicher lauten?

> Reisen Sie gern? Dann rufen Sie uns an! Großverlag stellt Mitarbeiter/innen von 18 bis 26 Jahren ein. Bedingung: unabhängig.

Die Verwendung der verschiedenen Satzarten und der ihnen entsprechenden Satzschlusszeichen hängt von der Absicht des Autors ab, die er mit dem Text und den einzelnen Sätzen verfolgt.

Im Allgemeinen steht
– hinter **Aussagesätzen**, mit denen der Leser über Sachverhalte informiert wird, ein **Punkt**,
– nach **Fragesätzen**, mit denen vom Leser Informationen eingeholt werden sollen, ein **Fragezeichen**,
– nach **Aufforderungssätzen**, mit denen der Leser zu einem bestimmten Verhalten oder zu einer bestimmten Handlung veranlasst werden soll, ein **Ausrufezeichen**.

Ein Ausrufezeichen sollte nur gesetzt werden, wenn der Leser besonders nachdrücklich zu etwas aufgefordert werden soll. Oft erscheint dieses Zeichen auch nach Ausrufen in Wort- oder Satzform (*Au! Oh! Donnerwetter! Welch eine Überraschung! Könnte ich euch doch helfen!*).

Nicht immer stimmen Satzart und Absicht überein:
Hörst du mir heute überhaupt nicht zu? (Fragesatz, aber Aufforderung).

Man kann dieselbe Absicht mit unterschiedlichen Satzarten realisieren:
Hör mir zu! – Willst du mir nicht zuhören? – Du hörst mir jetzt zu.

1 Setze die fehlenden Satzschlusszeichen.

Tipps zur Fehlersuche

– Das Gerät ist eingeschaltet ? Die grüne Anzeige leuchtet nicht ? Ist der Netzstecker in der Steckdose ?
– Die Papierstauanzeige leuchtet auf ? Siehe Kapitel »Papierstau« ?
– Auf der Kopie ist ein dunkler Hintergrund festzustellen ? Der Hintergrund des Originals ist dunkel ? Stellen Sie die Belichtungseinstellung heller ?
– Die Kopie ist zu hell ? Überprüfen Sie die Tonermenge ? Das Papier enthält zu viel Feuchtigkeit ? Ist die Abdeckung der Kassette installiert ?
– Es kommt zum wiederholten Papierstau ? Stimmt die Papiergröße mit der Kassettengröße überein ?

2 Formuliere einige – der jeweiligen Situationen angemessene – Sätze.
Welche Satzart dominiert im Einzelnen?
Setze die richtigen Satzschlusszeichen.

Ein Verkehrsunfall ist geschehen.
A Ein Zeuge informiert einen Polizeibeamten über den Hergang des Unfalls.
B Ein Polizeibeamter holt sich bei einem anderen Zeugen Informationen über die Ursache des Unfalls ein.
C Ein weiterer Polizist versucht allzu Schaulustige vom Unfallort fern zu halten.

3 Versuche unter Verwendung der vier Wortvorgaben einen zusammenhängenden Text zu schreiben, in dem die verschiedenen Satzarten vorkommen.

Gerät einschalten
Aufgabe erledigen
Informationen weitergeben
Rechnung ausstellen

4 Überlege dir Situationen, in denen die folgenden Sätze in Satzart und Absicht übereinstimmen bzw. nicht übereinstimmen.

1) Was machst du bloß für Sachen?
2) Könnt ihr nicht besser aufpassen!
3) Warum rufen Sie nicht später noch einmal an?
4) Du fährst heute nach Hannover.
5) Ich wünschte, alles wäre schon vorbei.
6) Wieso kannst du mich nicht in Ruhe lassen?
7) Morgen ist auch noch ein Tag.
8) Ihr habt wohl nichts Besseres zu tun!

2.2 Komma im einfachen Satz

a) Aufzählung

Plötzlich stand ein Mensch vor mir auf dem Kopfe, einen steifen Hut an den Füßen, zerrissene Schuhe in der Hand, einen dicken Stock im Munde, eine erloschene Zigarre in finsteres Schweigen gehüllt.

1 Wodurch entsteht die komische Wirkung des Textes? Wie kannst du das »Durcheinander« beseitigen?
2 Welche Aussagen werden über den Menschen
    a) im ursprünglichen Text,
    b) im veränderten Text gemacht?

Kommas gliedern einen Satz. An der richtigen Stelle gesetzt, erleichtern sie dem Leser, die Aussagen eines Textes und die damit verbundene Absicht seines Autors sicher zu erfassen.

In Sätzen werden häufig **Aufzählungen** verwendet. Die Elemente einer Aufzählung können aus einzelnen Wörtern oder aus mehreren Wörtern bestehen. Sie werden durch Kommas voneinander getrennt, falls zwischen ihnen nicht eine der Konjunktionen *und, oder, sowie* steht:
Im Zug werden Kaffee, kalte Getränke, Speisen, Süßigkeiten angeboten.
Im Zug werden Kaffee oder kalte Getränke sowie Speisen und Süßigkeiten angeboten.
Der nette, zuvorkommende Kellner nimmt die Wünsche der Gäste entgegen, serviert ihnen das Bestellte im Abteil.
Der nette und zuvorkommende Kellner nimmt die Wünsche der Gäste entgegen und serviert ihnen das Bestellte im Abteil.

Ein Komma muss auch gesetzt werden, wenn in einer Aufzählung eine Angabe einer anderen durch Wörter wie *aber, jedoch, sondern* gegenübergestellt wird:
Sie besitzt eine kleine, aber sehr gemütliche Wohnung.

Nicht immer sind aufeinander folgende Adjektive gleichrangige Elemente einer Aufzählung. Das letzte Adjektiv kann mit dem folgenden Nomen eine bedeutungsmäßige Einheit bilden. Deshalb steht zwischen den Adjektiven kein Komma: *die berühmte englische Rockgruppe...*

1 **a)** Kästner verwendet im Text auf Seite 209 mehrere Aufzählungen. Welche Wirkung geht davon auf den Leser aus?
   b) Welche Elemente der Aufzählungen sind durch Komma voneinander getrennt, welche durch Konjunktionen miteinander verbunden?

Ich war ein begeisterter Turner. Und ich wurde ein ziemlich guter Turner. Mit eisernen Hanteln, mit hölzernen Keulen, an Kletterstangen, an den Ringen, am Barren, am Reck, am Pferd, am Kasten und schließlich am Hochreck. Das Hochreck wurde mein Lieblingsgerät... Ich genoss die Schwünge, Kippen, Stemmen, Hocken, Grätschen, Kniewellen, Flanken und aus dem schwungvollen Kniehang das Fliegen durch die Luft mit der in Kniebeuge und Stand abschließenden Landung auf der Kokosmatte. Es ist herrlich, wenn der Körper im rhythmischen Schwung leichter und leichter wird, bis er fast nichts mehr zu wiegen scheint und in eleganten und fantasievollen Kurven eine biegsam feste Eisenstange umtanzt!

(Aus: Erich Kästner, Der Kinderturner)

2 Ein Schüler beschreibt in einem Aufsatz den Vorgang des Umtopfens von Pflanzen. Er hat die Elemente der Aufzählungen immer mit *und* verbunden. An welchen Stellen kannst du durch ein Komma den Text flüssiger gestalten?

Zunächst legt man sich eine feste Unterlage für das Arbeiten zurecht und stellt den zu kleinen Blumentopf und auch den größeren auf den Tisch. Danach muss man durch Klopfen den Topf erschüttern und die Erde lockern und sie herausnehmen. Dann entfernt man die alte Erde und die abgestorbenen Enden und krankhaften Stellen vom Wurzelwerk der Pflanze. Nun nimmt man den größeren Blumentopf. Dann wird die neue Erde eingefüllt und angedrückt und angegossen und die Pflanze auf die Unterlage gestellt...

3 Setze im folgenden Text zwischen den Elementen der Aufzählungen die Kommas.

Tanzen ist Honig für Körper und Geist

1) Müdigkeit Abgeschlagenheit Arbeitsunlust Schlaflosigkeit Daseinsangst sind heute alarmierende Symptome unserer Gesellschaft. 2) Sie werden den äußeren Umständen zugeschrieben, also der schlechten Luft dem Verkehrslärm den Giften in der Nahrung und sogar den Erdstrahlen oder den unbekannten Feldwirkungen, die von der technisierten Welt ausgehen. 3) Aber zu selten macht man sich klar, dass auch fehlende Bewegung keine Freude mangelnde Partnerschaften dazu führen. 4) Abschalten können etwas Sinnvolles tun Freude erfahren Freunde und Partner erleben schaffen Abhilfe. 5) Das Tanzen ist dazu ideal geeignet, denn es bedeutet Bewegung Spaß Ablenkung und Kontakt mit anderen Menschen. 6) Der Mensch ist ein Herdentier ein Gesellschaftswesen und kein Einzelgänger. 7) Tanzen führt ihn mit Menschen gleichen Tuns und Wollens zusammen. 8) Es bringt Harmonie zwischen Körper Geist und Seele und belebt die Gefühle.

4 Versuche auf folgende Fragen schriftlich mit nur einem Satz zu antworten. Zähle mehrere Gesichtspunkte auf.

1) Warum ist Tanzen gesund?
2) Welche Risiken birgt das Rauchen in sich?
3) Wie kann man im Haushalt Strom sparen?

5 Ergänze nach dem Muster des ersten Beispiels die Sätze sinnvoll. Achte auf die Zeichensetzung.

1) Wir hatten uns ehrlich bemüht, jedoch letztlich ohne Erfolg.
2) Schuld hatte nicht der Hersteller sondern ...
3) Die Verhandlungen waren schwierig aber ...
4) ... wenn auch in bescheidenem Maße.
5) ... dennoch ...

6 Komma oder kein Komma? Hättest du in Bezug auf die Kommasetzung auch so entschieden?

1) Der große, berühmte Dichter
2) ... der beliebten amerikanischen Rockgruppe ...
3) ... den zu Recht meistgelesenen, spannenden Roman ...
4) Die bekannten elektronischen Geräte

Tipp ▪ Aufzählung – ja oder nein?

Durch folgende Hilfen kannst du dir diese schwierige Entscheidung erleichtern:
– Wenn das letzte Adjektiv mit dem folgenden Nomen eine bedeutungsmäßige Einheit bildet, so stellen die beiden nebeneinander stehenden Adjektive keine Aufzählung dar. Folglich wird zwischen beiden kein Komma gesetzt (siehe S. 208).
– Wenn du die Adjektive gegeneinander austauschen und ein *und* zwischen sie setzen kannst, dann ist es eine Aufzählung, sodass Kommas notwendig sind.

7 Nutze die Hilfen des Tipps bei folgenden Beispielen.

1) Er konnte auf große sportliche Erfolge verweisen.
2) Robert ist ein freundlicher aufgeweckter Junge.
3) Hast du gestern den spannenden französischen Kriminalfilm gesehen?
4) Sie liebt die berühmte herzhafte chinesische Küche.

8 Entscheide: Aufzählung ja oder nein? – Komma oder kein Komma?

1) Robert träumte noch immer von den letzten ❓ großen Ferien. 2) Seinen Chef interessierte das herzlich wenig, denn er schickte ihn sofort in den Keller, um ihn dort die defekte ❓ elektrische Leitung reparieren zu lassen. 3) Dabei erwies sich Robert trotz aller Träumerei als ein umsichtiger ❓ geschickter Arbeiter. 4) Ihn störte auch nicht die feuchte ❓ kalte Luft, die im Keller herrschte. 5) Das überzeugte letztlich auch seinen strengen ❓ energischen Chef, der ihn nach Feierabend sogar zu einem dunklen ❓ böhmischen Bier einlud.

b) Nachgestelltes Attribut

Kogi Takada, japanischer Motorrad-Rennfahrer, behält Nizza, die sonst so beliebte südfranzösische Hafenstadt, in schlechter Erinnerung. Dort verschwanden seine beiden Honda-Räder, zusammen über 150 000 Euro wert, spurlos aus dem geparkten Spezialtransporter.

Dan Jaimun, 42-jähriger Thailänder, hat seit 22 Jahren nicht mehr sein Zimmer verlassen. Nur seine jüngere Schwester lässt er herein. Der Grund: Seine Eltern hatten sich seinerzeit geweigert dem Sohn ein Motorrad, von ihm heiß gewünscht, zu kaufen.

1 Unter welcher Rubrik könnten diese kurzen Texte in einer Zeitung oder Zeitschrift stehen?
2 Welches sprachliche Mittel wird in beiden Texten besonders häufig verwendet?
3 Schreibe aus beiden Texten die Attribute heraus, die ihrem Bezugswort nachgestellt sind: *Kogi Takada, japanischer Motorrad-Rennfahrer, ...*

Es gibt Attribute, die einem Nomen als ihrem Bezugswort nachgestellt sind. In diesem Fall werden sie durch Kommas abgetrennt; diese erleichtern es dem Leser, den Text zu verstehen:
Die Eltern hatten ihrem Sohn das Motorrad, von ihm heiß gewünscht, nicht gekauft.
Aber:
Die Eltern hatten ihrem Sohn das von ihm heiß gewünschte Motorrad nicht gekauft.

In vielen Fällen musst du neben der Kommasetzung auch darauf achten, dass das nachgestellte Attribut im selben Kasus (Fall) wie sein Bezugswort steht:
In Nizza wurden Kogi Takada, einem japanischen Motorrad-Rennfahrer, seine beiden Honda-Räder gestohlen.

Die meisten nachgestellten Datumsangaben sind Attribute und werden durch Kommas abgetrennt. Auch diese Attribute stehen im selben Kasus wie das Bezugswort:
Am Sonnabend, dem 24. Mai, ...
Für Mittwoch, den 15. Oktober, ...

Auch nachträgliche Erläuterungen, die durch *also, besonders, das heißt (d. h.), und zwar, nämlich ...* eingeleitet werden können, werden durch Kommas abgetrennt:
In meiner Freizeit höre ich gern Musik, besonders Aufnahmen von Rockgruppen aus den 70er Jahren.

1 Lies folgende Buchvorstellung aus einem Verlagskatalog vor.

Sie treffen sich während des Medizinstudiums in den späten sechziger Jahren. Drei Frauen klug und ehrgeizig sind bereit, sich ihren Platz in der Männerwelt zu erkämpfen. Mickey einst durch ein Muttermal im Gesicht entstellt findet in der plastischen Chirurgie ihren Weg. Für Sondra als Adoptivkind aufgewachsen wird die medizinische Laufbahn zur Suche nach ihrem eigenen Ich. Nur Ruth hoch begabt und selbstbewusst bleibt in jenem Krankenhaus in Kalifornien. Frauen kinderlos und deshalb unglücklich will sie helfen den Wunsch nach einem Kind zu erfüllen. Die Wege der drei Romanfiguren verknüpfen sich auf dramatische Weise ...

    a) Welche Schwierigkeiten hattest du beim Vorlesen dieses Textes?
    b) Ermittle die nachgestellten Attribute. An welchen Stellen müssen die Kommas gesetzt werden?

2 Füge die in Klammern stehenden Wortvorgaben im richtigen Kasus an der entsprechenden Stelle im Satz ein.
   Achte beim Schreiben auf die Kommasetzung.

1) In Dresden fühlten sich Dichter, Maler, Musiker und Wissenschaftler wohl. (die Stadt der Künste)
2) Sie ließen sich von Dresdens Vorzügen bezaubern. (die herrliche Lage im Elbtal und der Reichtum an Architektur)
3) Heutzutage ist Dresden auch industrielles und forschungstechnisches Zentrum. (bekannt für seine barocken Baudenkmäler)
4) Der Gründer der Stadt konnte die Entwicklung Dresdens nicht erahnen. (Markgraf Dietrich der Bedrängte; die heutige Hauptstadt des Freistaates Sachsen)
5) Die Ansiedlung war damals noch bedeutungslos, weil sie an keiner der großen Fernhandelsstraßen lag. (1216 erstmals urkundlich als Stadt erwähnt)

3 Wie viele Personen waren im Zwinger bzw. auf dem Altmarkt in Dresden? Begründe deine Entscheidung.

Robert, mein Sohn, und Daniela, meine Tochter, besuchten den Dresdner Zwinger, während Siegfried, mein Bruder und Uta, meine Frau, auf dem Altmarkt bummelten.

4 Versuche jeweils den zweiten Satz in ein nachgestelltes Attribut umzuformen und es an der richtigen Stelle in den ersten Satz einzufügen. Achte dabei auf die Kommasetzung.

1) Deutschland gewann ein Länderspiel gegen England mit 1:0. Deutschland war 1990 Fußballweltmeister.
2) Das Spiel fand im Londoner Wembleystadion statt. Dieses Stadion ist eine der traditionsreichsten Sportstätten der Welt.
3) Schon Franz Beckenbauer spielte einst auf diesem »königlichen« Rasen. Beckenbauer war früher Libero und später Trainer der deutschen Nationalmannschaft.
4) Gegen England verlor er hier 1966 im Finale knapp mit 2:3. Das Finale war ein äußerst denkwürdiges Spiel.

5 Entscheide, ob an den gekennzeichneten Stellen Kommas gesetzt werden müssen. Begründe deine Entscheidung.

Im Zimmer war alles stets ordentlich ? und sauber ? der Tisch ? die Sitzbank ? die Wasserpfeife ? blitzblank geputzt ? der lederbespannte Ruhesessel. Zur Essenszeit kamen porzellane Schalen ? und Becher auf den Tisch ? auch eine ins Auge fallende ? zinnerne Weinkanne. Vom Dachbalken hingen zwei ? oder drei Vogelkäfige herab, darin waren zierlich-schöne Purpurschwalben ? Pirole mit jadefarbenem Schnabel ? und schwarzem Federkleid ? und schönäugige Goldamseln. Immerfort ertönte Vogelgesang ? wohllautend ? und lieblich.

(Nach: Ai Wu, Der Tempel in der Schlucht)

6 Stelle fest, in welchem Kasus die attributiven Datumsangaben und ihr Bezugswort in den folgenden Sätzen stehen.

1) Vom Donnerstag, dem 19. September, bis zum Sonntag, dem 22. September, laufen in den Ausstellungshallen in Dresden die 2. Sport- und Fitnessaktionstage.
2) Seit Montag, dem 2. September, befindet sich das Sozialministerium in der Sophienstraße.
3) Ich werde Dienstag, den 3. Mai, ankommen.

7 Setze geeignete Datumsangaben im richtigen Kasus ein.
Achte auf die Kommasetzung.

1) Die für Dienstag ❓ geplante Veranstaltung muss aus technischen Gründen auf Montag ❓ verschoben werden.
2) Die Ausstellung ist ab Freitag ❓ bis zum Sonntag ❓ zu sehen.
3) Wir erwarten euch am Sonnabend ❓ in Hannover.

8 Ist hier alles richtig?

Lieber Peter,

wenn du nichts dagegen hast, komme ich am nächsten Freitag dem 12. Mai, für ein paar Tage nach Görlitz. Von Ronny habe ich erfahren, dass am Mittwoch, dem 17. Mai im Jugendklub eine Disko stattfindet. Könntest du uns schon am Montag dem 15. 5. Karten dafür besorgen?

Dein Freund Jan

9 Formuliere unter Verwendung des Wortmaterials sinnvolle Sätze mit nachträglichen Erläuterungen. Achte beim Schreiben auf die Kommasetzung: *Mit meiner Freundin höre ich gern Musik, besonders die alten Hits der Beatles.*

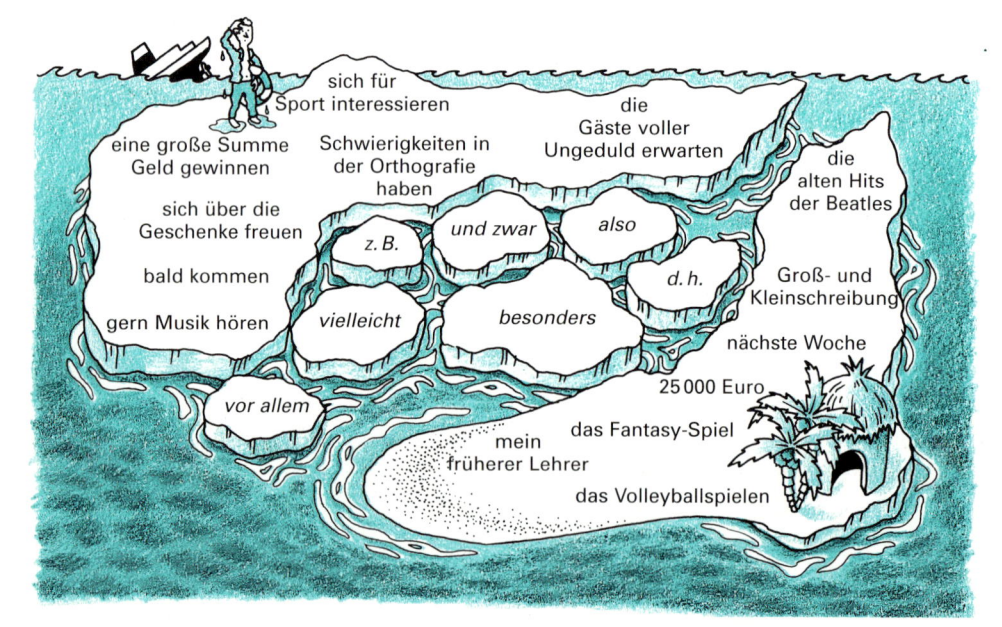

sich für Sport interessieren
eine große Summe Geld gewinnen
Schwierigkeiten in der Orthografie haben
die Gäste voller Ungeduld erwarten
die alten Hits der Beatles
sich über die Geschenke freuen
bald kommen
gern Musik hören
z. B.
und zwar
also
d. h.
vielleicht
besonders
Groß- und Kleinschreibung
nächste Woche
vor allem
25 000 Euro
das Fantasy-Spiel
mein früherer Lehrer
das Volleyballspielen

c) Anrede

(...)
»Mein Sohn, was birgst du so bang dein Gesicht?«
»Siehst, Vater, du den Erlkönig nicht?
Den Erlenkönig mit Kron und Schweif?«
»Mein Sohn, es ist ein Nebelstreif.« ...

(Aus: Johann Wolfgang von Goethe, Erlkönig)

1 Sicherlich kennst du diese Ballade von Goethe.
Wie gelingt es dem Dichter, das Gespräch zwischen dem an Fieberwahn leidenden Sohn und dem besorgten Vater so eindrucksvoll zu gestalten?
2 Untersuche die Kommasetzung bei der Anrede der beiden Balladenfiguren. Was stellst du fest?

Anreden werden in schriftlichen Texten durch Kommas abgetrennt.

1 Im folgenden Brief tauchen Bezeichnungen und Namen von Personen auf. Bei einigen stehen Kommas, bei einigen nicht. Erkläre diesen Unterschied.

Liebe Uta,

schnell ein paar Zeilen an dich, bevor ich auf die große Reise gehe. Stell dir vor, Uta, beinahe wäre die ganze Sache noch geplatzt. Als ich im Reisebüro die Buchung bestätigen lassen wollte, stand mein Name plötzlich nicht mehr auf der Passagierliste! Du weißt ja, wie ich in solch einer Situation reagiere, Uta. Ich war völlig fertig. In meiner Not rief ich Peter an. Er hatte ja die Buchung für mich vornehmen lassen. Er beruhigte mich: »Nicht so hektisch, Sabine! Das kann doch nur ein Irrtum sein!« Und so war's dann auch. Nachdem Peter mit dem Leiter des Reisebüros gesprochen hatte, klärte sich alles auf. Aus meinem Namen Riglewski war im Computer Rochlinski geworden. Uta, der Stein, der mir vom Herzen fiel, wog bestimmt eine Tonne. Ende gut, alles gut. Jetzt, mein liebes Schwesterchen, mache ich mich auf den Weg. Drück die Daumen, dass alles klappt. Liebe Grüße auch an Robert und Jutta!

Deine Sabine

2 Überprüfe, ob hier die Kommasetzung richtig ist. Korrigiere die Fehler.

Sagt der Zahnarzt zu seinem Patienten: »Herr Müller tun Sie mir bitte einen Gefallen und schreien Sie ganz laut.« – »Aber Herr Doktor warum das?« – »Ganz einfach Herr Müller, das Wartezimmer ist brechend voll und ich will das Fußballspiel in einer halben Stunde sehen!«

d) Ausruf

Ach, ich merk es! Wehe! wehe!
Hab ich doch das Wort vergessen!
Ach, das Wort, worauf am Ende
Er das wird, was er gewesen.
Ach, er läuft und bringt behände!
Wärst du doch der alte Besen!
Immer neue Güsse
bringt er schnell herein,
Ach! und hundert Flüsse
Stürzen auf mich ein.

(Aus: Johann Wolfgang von Goethe, Der Zauberlehrling)

1 Welches Wort, im Text mehrmals gebraucht, macht die Verzweiflung des Lehrlings über sein Missgeschick besonders deutlich?
2 Wie ist die Zeichensetzung bei solchen Ausrufen geregelt?

Werden in geschriebenen Texten Ausrufe verwendet, so sind sie, wenn sie nicht durch ein Ausrufezeichen gekennzeichnet sind, durch Kommas abzutrennen.

1 Hier haben sich einige Fehler eingeschlichen.
Suche sie heraus und verbessere sie.

1) »Ich bin in Rostock geboren und in Suhl zur Schule gegangen.« – »Donnerwetter da hatten Sie aber einen langen Schulweg!«
2) Der Lehrer teilt Zeugnisse aus. Zu M. sagt er: »Wenn dein Vater dein Zeugnis sieht, bekommt er graue Haare.« – »Oh der wird sich aber freuen, denn er hat eine Glatze.«
3) Kartenkontrolle im Zug: »Sie haben eine Fahrkarte nach Hamburg, dieser Zug fährt aber nach München!« – »Nanu verfährt sich der Zugführer oft?«
4) Stolz sagt S. zu ihrem Ehemann: »Jetzt weiß ich, wie ich viel Strom sparen kann.« – »Prima wie denn?« – »Ich benutze für alle Geräte nur noch eine einzige Steckdose!«

2.3 Komma in Satzreihen (Satzverbindungen)

Das fehlende Verbum
E. Strittmatter

Es regnet, es hört auf, es regnet wieder, so ist das den ganzen Tag. Der Regen ist warm und die Luft ist warm und die Pilze wachsen.
Ich bin am Vormittag und bin am Abend unterwegs, schleppe einen Rucksack, bin zu Pferde, suche Pilze.
Ein Pilz bekommt mich nicht vom Pferd, es müssen sich mehrere versammeln, dann tue ich ihnen die Ehre an, steige ab und … Ja, was tut man eigentlich mit Pilzen? Man spricht vom Pilzesammeln, vom Pilzesuchen oder vom In-die-Pilze-Gehen. Großstädter sprechen zuweilen vom Pilzepflücken, aber dann schmunzeln die Dörfler. Eigentlich bricht man Pilze oder zieht sie aus dem Waldboden, wie man Rüben aus dem Acker zieht. Pilzesammeln ist der häufigste Ausdruck für das Ernten von Pilzen, aber kein Mensch wird beim Auffinden einer Gruppe von Pilzen sagen: Die sammle ich mir! Er wird auch nicht sagen: Die pflücke, breche, ziehe oder suche ich mir. Kurzum, es gibt im Deutschen kein eigentliches Verbum für das Ernten von Pilzen.
Am Nachmittag pflücke ich Pflaumen. Das ist klar und einfach. Ich pflücke Pflaumen. Es gibt keine Sorgen für den Schriftsteller um den Erntebegriff.

1 Worin liegt der Reiz der kurzen Geschichte?
2 In diesem Text ist eine große Anzahl von Aufzählungen vorhanden.
   a) Vergleiche einmal den ersten und zweiten Satz mit dem dritten des Textes.
   b) Ermittle in ihnen die Subjekte und Prädikate.
   Was stellst du im Hinblick auf die unterschiedliche Zeichensetzung fest?

Eine **Satzreihe (Satzverbindung)** besteht aus zwei oder mehreren Teilsätzen. Diese Teilsätze sind grammatisch vollständig, denn sie besitzen jeweils ein Subjekt und ein Prädikat. Es sind gleichrangige Hauptsätze. Diese gleichrangigen Teilsätze können **unverbunden** nebeneinander stehen, zwischen ihnen ist immer ein Komma zu setzen:
Es regnet, es hört auf, es regnet wieder.

Die Teilsätze können auch durch Konjunktionen wie *denn*, *aber*, *sondern* und Adverbien wie *dann*, *darum*, *danach*, *deshalb*, *trotzdem* verbunden sein:
Es regnet, dann hört es auf, aber danach regnet es wieder.

Zwischen den mit diesen Konjunktionen und Adverbien verbundenen Teilsätzen einer Satzreihe ist immer ein Komma zu setzen.

Gleichrangige Teilsätze können auch durch Konjunktionen wie *und/oder* verbunden sein. In diesem Fall wird wie bei der Aufzählung von Wörtern und Wortgruppen, die durch *und/oder* verbunden sind, in der Regel kein Komma gesetzt:
Der Regen ist warm <u>und</u> die Luft ist warm <u>und</u> die Pilze wachsen.

Man kann aber auch bei gleichrangigen Teilsätzen vor *und/oder* ein Komma setzen um die Gliederung des Satzes deutlich zu machen und Missverständnisse zu vermeiden:
Ich fotografierte Klaus, und Maria lag am Strand.

1 Schreibe Empfehlungen für ein Benzin sparendes und sicheres Autofahren auf. Kombiniere dazu jeweils zwei inhaltlich zusammenpassende Sätze zu einer Satzreihe, indem du eine entsprechende Konjunktion oder ein entsprechendes Adverb (*denn, aber, deshalb, darum, dann, trotzdem*) einsetzt. Achte auf die Zeichensetzung.

1) Das Warmlaufen des Motors im Stand sollte vermieden werden.
2) Der Spritverbrauch des Wagens hat sich erst nach rund vier Kilometern Fahrt normalisiert.
3) Häufig sind Autos nur mit einer Person besetzt.
4) Die Fahrzeuge von heute haben einen hohen technischen Standard.
5) Falscher Reifendruck führt zu höherem Kraftstoffverbrauch.
6) Für kurze Strecken sollte man das Auto nicht benutzen.
7) Beim täglichen Fahren der gleichen Strecke zu viert kann man bis zu 70% der Kosten sparen.
8) Bei drei Minuten Leerlauf verbraucht der Motor etwa so viel Kraftstoff wie bei einem Kilometer Fahrbetrieb.
9) Eine regelmäßige Wartung des Fahrzeugs ist unerlässlich.
10) Nach dem Tanken sollte immer auch der Reifendruck kontrolliert werden.

2 Entscheide, ob an den gekennzeichneten Stellen Kommas gesetzt werden müssen. Begründe deine Entscheidung.

1) Radfahren ist gesund ? es macht Spaß ? und es ist umweltfreundlich.
2) Das Fahrrad verbraucht kein Öl und Benzin ? und die Kosten sind vergleichsweise gering.
3) Ist das Auto ? des Deutschen liebstes Kind ? oder ist es das Fahrrad?
4) In Deutschland gibt es ca. 30% mehr Fahrräder als Autos ? und so ist der »Drahtesel« der Zahl nach die Nummer 1.
5) In vielen Gegenden unseres Landes sind teilweise beträchtliche Höhenunterschiede zu bewältigen ? trotzdem muss diese Tatsache nicht die Freude am Radfahren verringern.
6) Deshalb sollte das Rad auf die Körpergröße des Benutzers eingestellt sein ? und es sollte mit der richtigen Sattelhöhe ausgestattet sein.

7) Der Lenker sollte sich in etwa gleicher Höhe wie der Sattel befinden ⁇ und die für die Wirbelsäulenbelastung ideale Sitzposition, die bei einem Winkel von 45° nach vorn geneigten Oberkörper liegt, gewährleisten.
8) Natürlich ist auch stets auf den Druck der Reifen zu achten ⁇ deshalb sollte sich am Fahrrad ständig eine Luftpumpe befinden.
9) Bei zu geringem Reifendruck erhöht sich die Rollreibung ⁇ und es ist mehr Kraft für das Vorwärtskommen notwendig.

3 Im folgenden Text sind vier Verstöße gegen die richtige Kommasetzung enthalten.
Suche sie heraus und korrigiere sie.

1) Der Apfel ist ein hervorragender Vitamin-C-Spender und er enthält verschiedene Mineralstoffe wie Kalium, Natrium, Kalzium und Eisen.
2) Die in ihm vorhandenen Zuckerarten gelangen auf kürzestem Weg ins Blut sie sind der schnellste Ersatz für verbrauchte Kräfte bei körperlicher Arbeit.
3) Viele Wertstoffe des Apfels liegen dicht unter der Schale deshalb büßt er geschält einen Teil seiner Heilkraft ein.
4) Äpfel müssen auf Grund ihrer Wachsschicht gründlich abgewaschen werden oder sie sollten mit einem Tuch abgerieben werden.
5) Rohe Äpfel sollten stets vor einer Mahlzeit gegessen werden sie eignen sich auch als geschmackliche Ergänzung zu jedem Rohkostsalat.
6) Nicht zu süße Äpfel sind eine gute Grundlage für eine Schlankheitskur aber eine »einseitige Apfelkur« ist als krasse Form einer Fehlernährung abzulehnen.
7) Ein Apfel besitzt einen Überschuss an Basen, darum ist er ein wirkungsvolles Mittel gegen Magenbeschwerden.

Tipp ▪ **Kein Komma bei *und/oder* in Aufzählungen**

Wenn gleichrangige Wörter, Wortgruppen oder Teilsätze aufgezählt und dabei durch die Konjunktionen *und/oder* miteinander verbunden sind, so wird kein Komma gesetzt:
Rosen und Tulpen und Nelken sind meine Lieblingsblumen.

Für uns gab es nur zwei Möglichkeiten: das letzte Spiel gewinnen oder in den sauren Apfel des Abstiegs beißen.

Die großen Ferien begannen und ich konnte für die nächsten sechs Wochen den Ranzen in die Ecke stellen.

Wir fragten uns, ob er das Problem tatsächlich nicht erkennt oder ob er uns bewusst an der Nase herumführen will.

2.4 Komma im Satzgefüge

Carreras sucht Taxifahrer

Der berühmte spanische Tenor José Carreras will sich bei einem ungarischen Taxifahrer, der ihn vor 15 Jahren nach einem Konzert ins Hotel gefahren hatte, erkenntlich zeigen. Weil der Sänger kein Geld bei sich hatte, konnte er ihn nicht bezahlen. Der Taxifahrer hatte großzügig abgewunken, da die Fahrt für ihn eine große Ehre und ein großes Vergnügen gewesen sei.
In diesem Jahr ist Carreras Stargast des Budapester Frühlingsfestivals. Über eine Zeitung soll der Mann ausfindig gemacht werden, damit der Tenor sich bei ihm revanchieren und ihn zu einem Konzert einladen kann. Obwohl sich Carreras noch gut an das Aussehen des Fahrers, der sich inzwischen ja etwas verändert haben könnte, erinnert, soll dieser als Beweis ein Foto einsenden und die damalige Fahrstrecke beschreiben. Ob der Fahrer gefunden wird, kann zurzeit noch niemand sagen.

1 Untersuche die einzelnen Teilsätze der Satzgefüge:
  Welche Teilsätze sind von anderen Teilsätzen abhängig?
  An welchen sprachlichen Mitteln wird diese Abhängigkeit deutlich?
2 Prüfe, an welchen Stellen in den Satzgefügen die Kommasetzung erfolgt.

Ein **Satzgefüge** besteht aus zwei oder mehreren grammatisch vollständigen Sätzen: aus einem Hauptsatz und aus mindestens einem Nebensatz (auch Gliedsatz genannt).

Der Nebensatz ist dem Hauptsatz oder auch einem anderen Nebensatz untergeordnet. An drei Merkmalen kann man ihn erkennen:
1) Ein Nebensatz kann nicht allein, also ohne einen Hauptsatz, stehen.
2) Er verfügt zumeist über ein Einleitewort (Konjunktion, Relativpronomen, Fragewort).
3) Die finite Verbform steht in ihm am Ende des Satzes.

Der Nebensatz kann dem Hauptsatz vorangestellt, nachgestellt oder in ihn eingeschoben sein (Vorder-, Nach-, Zwischensatz). In jedem Fall werden die einzelnen Teilsätze im Satzgefüge durch Kommas voneinander getrennt:

Vorangestellter Nebensatz:

Konjunktion / Hauptsatz
Weil der Sänger kein Geld bei sich *hatte*, konnte er ihn nicht bezahlen.
Nebensatz

Nachgestellter Nebensatz:

Hauptsatz: *Der Sänger konnte ihn nicht bezahlen,*
Konjunktion: *weil*
Nebensatz: *weil er kein Geld bei sich hatte.*

Eingeschobener Nebensatz:

Hauptsatz 1. Teil: *Der Sänger konnte ihn,*
Konjunktion: *weil*
Nebensatz: *weil er kein Geld bei sich hatte,*
Hauptsatz 2. Teil: *nicht bezahlen.*

Mehrere vorangestellte Nebensätze:

Konjunktion: *Obwohl*
Nebensatz 1: *Obwohl sich Carreras noch gut an das Aussehen des Fahrers erinnert,*
Relativpronomen: *der*
Nebensatz 2: *der sich inzwischen ja etwas verändert haben könnte,*
Hauptsatz: *soll dieser als Beweis ein Foto einsenden und die Fahrstrecke beschreiben.*

Wenn gleichrangige Nebensätze durch *und* oder *oder* verbunden sind, wird zwischen ihnen kein Komma gesetzt:

Fragewort: *Ob*
Nebensatz 1: *Ob der Fahrer gefunden wird*
Fragewort: *ob*
Nebensatz 2: *und ob sich Carreras bei ihm bedanken kann,*
Hauptsatz: *vermag zurzeit noch niemand zu sagen.*

1 Begründe die Kommasetzung in jedem Satzgefüge der folgenden Anekdote. Zeichne dazu das entsprechende Satzmodell (siehe Merkkasten, S. 220/221).

Als Gottfried Keller einmal mit seinen beiden Malerfreunden Böcklin und Koller nach einem langen Abend im Wirtshaus bei Glatteis den Heimweg antrat, glitt Koller aus. Der Maler, der am Arm Böcklins ging, riss den anderen im Sturz mit. Nachdem sie sich wieder aufgerappelt hatten, riefen sie Keller als Schiedsrichter an. Er sollte entscheiden, wer von ihnen beiden an dem Sturz schuld war. Nachdenklich sagte der Dichter: »Ich weiß wirklich nicht, ob der Koller über den Böcklin gekollert oder ob der Böcklin über den Koller geböckelt ist!«

2 Forme jeweils den zweiten Satz in einen Nebensatz um und setze ihn an die Stelle der Klammer ein. Als Hilfe sind dort die jeweiligen Einleitewörter angegeben. Setze die notwendigen Kommas und begründe sie.

1) Karl May (der ...) hat selbst ein spannendes Leben geführt.
   Er wurde am 25. 2. 1842 in Hohenstein-Ernstthal in Sachsen geboren.
2) (Obwohl ...) hat er sich selbst in seinen siebzig Lebensjahren nicht immer an das Gesetz gehalten.
   Der Schriftsteller verhilft den Helden seiner Bücher mit Recht und Gesetz zum Erfolg.
3) Acht Jahre verbrachte der ausgebildete Lehrer im Arbeitshaus, im Gefängnis, ja sogar im Zuchthaus (weil ...).
   Er hatte sich der Hochstapelei, des Diebstahls und der Betrügerei schuldig gemacht.
4) So erhielt er im Gefängnis Schloss Oberstein (wo ...) entscheidende Anstöße für die Abenteuer seiner erfundenen Helden Old Shatterhand und Winnetou.
   Der Häftling May durfte die Anstaltsbibliothek benutzen.
5) Karl May hat den Wilden Westen (den ...) nie gesehen.
   Er beschrieb den Wilden Westen so anschaulich und detailliert.
6) Dennoch wurde und wird Karl May vor allem von der Jugend begeistert gelesen (sodass ...).
   Seine Bücher erreichten allein im deutschsprachigen Raum eine Auflage von 80 Millionen Exemplaren.

3 Sprichwörter sind oft Satzgefüge. Hier sind bekannte Sprichwörter durcheinander geraten. Darüber hinaus fehlen auch die Kommas. Schreibe die Sprichwörter richtig auf, setze die Kommas.

1) Wer im Glashaus sitzt krümmt sich beizeiten.
2) Wo der Verstand aufhört ist ein Weg.
3) Wie man arbeitet so schallt es heraus.
4) Wer die Wahl hat muss auch »B« sagen.
5) Was ein Häkchen werden will soll nicht mit Steinen werfen.
6) Wo ein Wille ist da fängt das Glück an.
7) Wie man in den Wald hineinruft so isst man.
8) Wer den Schaden hat hat die Qual.
9) Wer »A« sagt braucht für den Spott nicht zu sorgen.

> **Tipp** ▪ **Komma bei aufeinander folgenden Verben**
>
> Häufig folgen die finiten Verbformen des Haupt- und Nebensatzes unmittelbar aufeinander. Dann wird das Komma zwischen beiden Verbformen gesetzt:
> Wer »A« <u>sagt</u>, <u>muss</u> auch »B« sagen.

4 Setze in dem folgenden Text die fehlenden Kommas ein.

Wette verloren: Schulrektor musste Schwein küssen

1) Mitten auf den Rüssel musste ein Schulrektor aus Vincennes im US-Bundesstaat Indiana ein Schwein küssen weil er eine Wette die er mit seinen Schülern eingegangen war verloren hatte. 2) Der schmatzende Auftritt in der Halbzeit eines Basketballspiels war der Einsatz von William Hooper der nicht geglaubt hatte dass seine 340 Schüler bis zum 18. Januar insgesamt 18 000 Seiten lesen würden. 3) Rektor Hooper hatte eine Aktion »Stopf dich voll mit Büchern!« begonnen und versprochen dass er nicht vor dem Rüssel zurückschrecken werde wenn die Kinder das Lesepensum bewältigten.

Tipp ▪ Nebensätze können ohne Einleitungswort stehen

Manchmal fehlt in einem Nebensatz das Einleitewort. In einem Vordersatz steht die finite Verbform dann am Beginn des Satzes:

Wenn er den netten Taxifahrer findet, kann er sich bei ihm revanchieren.
Findet er den netten Taxifahrer, kann er sich bei ihm revanchieren.

5 Ermittle in den folgenden Satzgefügen die uneingeleiteten Nebensätze (ohne Einleitewörter) und setze die fehlenden Kommas. Bei der Ermittlung der jeweiligen Satzgrenze kannst du in die Nebensätze eine Konjunktion einfügen.

1) Soll die Fahrt eines Autos auf der Autobahn beschrieben werden können Form und Volumen des Autos unberücksichtigt bleiben.
2) Hat die Geschwindigkeit einen konstanten Betrag liegt eine gleichförmige Bewegung eines Körpers vor.
3) Ändern sich der Betrag oder die Richtung der Geschwindigkeit oder beide gleichzeitig liegt eine beschleunigte Bewegung von Körpern vor.

6 Entscheide, ob es sich bei den unterstrichenen Sätzen um eine Satzreihe oder um ein Satzgefüge handelt.
Setze die fehlenden Kommas.

Levi Strauss – der Vater der Bluejeans

Jeder weiß um die Nützlichkeit und Strapazierfähigkeit der Bluejeans. <u>Sicher weiß die Mehrheit der Träger dass der Amerikaner Levi Strauss der Erfinder dieser Hosen ist. Weit weniger bekannt sein dürfte dass er eigentlich ein Deutscher war der zu den berühmtesten und bekanntesten Auswanderern gehörte die in den USA eine neue Heimat fanden.</u>

Im Jahr 1829 wurde Levi Strauss in Bayern geboren. Als Vierzehnjähriger segelte er aus Liebeskummer und Abenteuerlust nach Nordamerika. Als Levi noch nicht 20 Jahre alt war kamen ihm die schier unglaublichen Berichte über ungeheure Goldvorkommen in Kalifornien zu Ohren. Das Gerücht verbreitete sich rasend schnell und lockte aus allen Gegenden Abenteurer und Glückssucher an. In den schnell entstandenen Siedlungen stieg die Kriminalität rapide an denn sogar betrügerische Bankrotte wurden zum Kavaliersdelikt erklärt.

In dieser Zeit kam dem jungen Strauss die Idee sich nicht als Goldgräber zu betätigen. Er eilte zu seinen Brüdern nach New York und überredete sie ihm einige Ballen Stoffe zum Verkauf an die Goldsucher in San Francisco zu überlassen. Allerdings wurden ihm während der Seereise die wertvollsten Tuche gestohlen sodass er 1850 nur noch mit einigen Metern groben Segeltuchs an Land ging. Von einem Freund auf den Mangel an strapazierfähiger Arbeitskleidung hingewiesen ließ er probehalber einen Overall aus diesem Stoff anfertigen.

Die Umsetzung dieser Idee hatte einen solchen Erfolg dass Strauss schon bald einen eigenen Betrieb eröffnen konnte. Später ging er zu Baumwolldrillich als Material über er ließ es indigo-blau einfärben die Taschen wurden durch Kupfernieten an den Ecken verstärkt. Das Unternehmen expandierte ständig. Als Strauss 1902 starb war er einer der reichsten Männer der USA.

7 Der folgende Text enthält sieben Kommafehler. Dreimal steht das Komma an der falschen Stelle.

1) Meine Leser werden vielleicht erstaunt sein dass sich eine Großmutter dem Boxsport widmet. 2) Aber diese Boxart, das so genannte Schattenboxen, das in China eine lange Tradition hat ist Frauen durchaus zuträglich, weil hier eher Eleganz und Präzision, als brutale Kraft gefragt sind.
3) Dem Schattenboxen liegt die Nachahmung der Bewegungen von fünf Tieren zu Grunde. 4) Dem Tiger tut man es mit federnden, kraftvollen Sprüngen gleich mit denen die Beinmuskeln und -gelenke trainiert werden.
5) Man ahmt den Hirsch nach, indem man über dem Kopf die Form seines Geweihs nachzeichnet. 6) Das ist vorzüglich für Schultern, Arme und Handgelenke. 7) Den Bären ahmt man nach, indem man sich seine langsamen Bewegungen zum Vorbild nimmt die das Gleichgewicht entwickeln und die Gelassenheit stärken. 8) In der Art des Affen springt man rasch nach rechts und links, und steigert so Beweglichkeit und Gewandtheit des ganzen Körpers. 9) Den Vogel schließlich macht man nach, indem man die Arme ausbreitet und ausgewogene Bewegungen macht, die, den Sinn für Harmonie fördern.

(Aus: Chow Ching Lie, Die Perlen des Buddha)

2.5 Zeichen bei direkter Rede, bei indirekter Rede und beim Zitat

Ein junger Dramatiker bat einmal den bekannten Theaterregisseur Max Reinhardt, er möge sich doch sein neues Werk ansehen. Nach ein paar Tagen kam er klopfenden Herzens zu dem Theatergewaltigen.
Auf die Frage des Dramatikers, wie ihm sein Stück gefallen habe, antwortete Reinhardt: »Sie kommen gleich nach Gerhart Hauptmann.« »Ach, wirklich?«, fragte der freudig Errötende zurück. »Ja«, nickte Reinhardt, »der war eben hier.«

1 In der Anekdote sind die beiden unterschiedlichen Möglichkeiten enthalten, Äußerungen von Personen wiederzugeben. Benenne die Stellen im Text, an denen die Redewiedergabe direkt bzw. indirekt erfolgt.
2 Beschreibe anhand der in der Anekdote vorkommenden Beispiele die Zeichensetzung bei der direkten Rede.
3 Welche sprachlichen Mittel kennzeichnen die indirekte Rede? Wie ist bei dieser Art von Redewiedergabe die Zeichensetzung geregelt?

Die **direkte Rede** ist die schriftliche wörtliche Wiedergabe von dem, was eine Person gesagt hat. Sie wird durch Anführungszeichen am Anfang und am Ende der Aussage gekennzeichnet. Die direkte Rede ist zumeist mit einem **Begleitsatz** (Einführungssatz), in dem der Sprecher genannt wird, verbunden.

Wenn der Begleitsatz vor der direkten Rede steht, wird er durch einen Doppelpunkt abgeschlossen:
Der Minister sagte: »Ich hoffe sehr, dass die Verhandlungen erfolgreich abgeschlossen werden.«

Ist der Begleitsatz in die direkte Rede eingeschoben, wird er in Kommas eingeschlossen:
»Ich hoffe sehr«, sagte der Minister, »dass die Verhandlungen erfolgreich abgeschlossen werden.«

Der Begleitsatz kann auch nach der direkten Rede stehen. In diesem Fall steht zwischen beiden ein Komma. Auf den Punkt als Satzschlusszeichen der direkten Rede wird in diesem Fall verzichtet.

»Ich hoffe sehr, dass die Verhandlungen erfolgreich abgeschlossen werden«, sagte der Minister.

Auch wenn die direkte Rede mit einem Frage- oder Ausrufezeichen endet, steht zwischen ihr und dem Begleitsatz ein Komma.
»Können die Verhandlungen erfolgreich abgeschlossen werden?«, fragte ein TV-Reporter.

Die direkte Rede kann auch aus mehreren Sätzen bestehen.
Der Minister antwortete: »Ich hoffe sehr, dass die Verhandlungen erfolgreich abgeschlossen werden. Der Verlauf der bisherigen Gespräche gibt dazu berechtigten Anlass. Ich glaube, dass sich beide Seiten im Grundsatz einig sind.«

Am Ende der direkten Rede stehen Kommas **nach** dem Anführungszeichen, Satzschlusszeichen **davor**.

Das wichtigste sprachliche Mittel der **Indirekten Rede**, der nichtwörtlichen Wiedergabe von Äußerungen oder Gedanken, ist der Konjunktiv:
Der Minister sagte, er wolle die Verhandlungen erfolgreich abschließen. Er sähe dafür gute Bedingungen. Beide Seiten seien sich im Grundsatz einig.

1 Bilde zu jedem Muster der direkten Rede ein Beispiel. Setze die Zeichen so, wie sie angegeben sind. Vielleicht gelingt dir auch ein zusammenhängender Dialog.

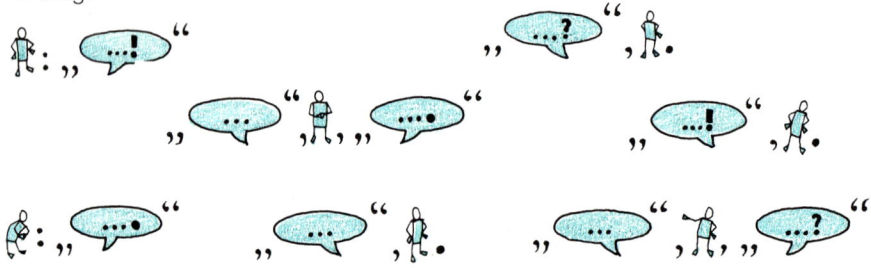

2 Stelle die sieben im Text nummerierten Beispiele auf Seite 227 für die direkte Rede, bei denen die Anführungszeichen fehlen, grafisch dar. Benutze die im Merkkasten und in der Übung 1 verwendeten Symbole für Begleitsätze und Redeteile.

Die drei Söhne
Leo N. Tolstoi

Drei Frauen wollten am Brunnen Wasser holen. Nicht weit davon saß auf einer Bank ein Greis und hörte zu, wie die Frauen ihre Söhne lobten. 1) Mein Sohn, sagte die erste, ist so geschickt, dass er alle hinter sich lässt. 2) Mein Sohn, sagte die zweite, singt so schön wie die Nachtigall! Es gibt keinen, der eine so schöne Stimme hat wie er. 3) Und warum lobst du deinen Sohn nicht?, fragten sie die dritte, als diese schwieg. 4) Ich habe nichts, wofür ich ihn loben könnte, entgegnete sie. Mein Sohn ist ein ganz gewöhnlicher Knabe. Er hat etwas Besonderes weder an sich noch in sich. Die drei Frauen füllten ihre Eimer und gingen heim. Der Greis ging langsam hinter ihnen her. Die Eimer waren schwer und die abgearbeiteten Hände schwach. Deshalb machten die Frauen eine Ruhepause, denn der Rücken tat ihnen weh. Da kamen ihnen drei Knaben entgegen. 5) Der erste stellte sich auf die Hände und schlug Rad um Rad – und die Frauen riefen: Welch ein geschickter Junge! Der zweite sang so herrlich wie die Nachtigall, und die Frauen lauschten andachtsvoll und mit Tränen in den Augen. Der dritte Knabe lief zu seiner Mutter, hob die Eimer und trug sie heim. 6) Da fragten die Frauen den Greis: Was sagst du zu unseren Söhnen? 7) Wo sind eure Söhne?, fragte der Greis verwundert, ich sehe nur einen einzigen Sohn!

3 Schreibe die folgende Fabel ab und ergänze bei der direkten Rede alle Anführungszeichen, Kommas und Satzschlusszeichen.

Die Wächter
Johann Friedrich August Kazner

Hundertmal schon war ein Bär bei einem Bienenstock vorbeigetrabt, als ihn endlich eine der wachhabenden Bienen erblickte und zu ihren Mitbürgern sagte Meine Freunde Es wird von dem Bären unserm Honig nachgestellt Lasset uns auf der Hut sein Da nun der Bär wieder vorüberkam, zog der ganze Schwarm heraus und umflog den Korb mit einem fürchterlichen Gesumse. Was gibt's hier Neues fragte der Bär. Da versetzte eine der kühnsten wir wissen wohl, worauf du ausgehst Du willst unsern gesammelten Honig stehlen Aber wir sind nicht so dumm uns überfallen zu lassen So, Honig habt ihr sagte der Bär, warf den Stock um und fraß den Honig.

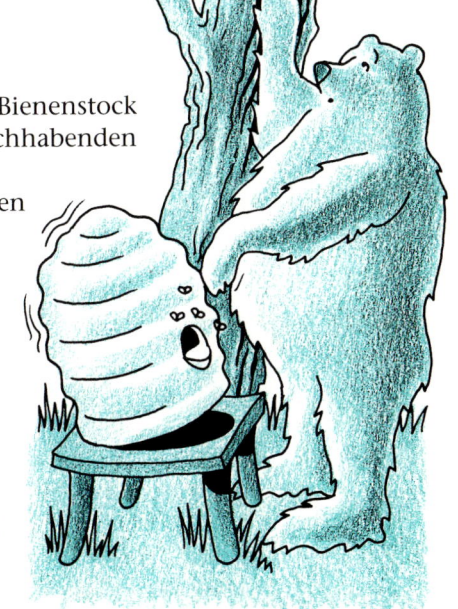

4 Im Folgenden stehen fünf Sätze in indirekter Rede.
Gib diese in direkter Rede wieder. Behalte die Stellung des Begleitsatzes bei und achte auf die Zeichensetzung.

1) Dass weder Autostau noch Parkplatznot die Fahrer ihrer Spedition bremsen könnten, stellte neulich der Gründer des Fahrradkurierdienstes, M. Brix, fest.
2) Einer der 20 Mitarbeiter sagte, dass allenfalls ein platter Reifen oder eine abgesprungene Kette eine verzögerte Zustellung zur Folge habe.
3) Diese Initiative hätte schnell Früchte getragen, versicherte M. Brix, denn ihre Auftragslage sei ständig gestiegen. Radkuriere werden vor allem während der Hauptverkehrszeiten benötigt.
4) Je chaotischer der Verkehr sei, erzählte Brix, desto stärker seien sie gefragt. Etwa 70 bis 100 km legen die radelnden Kuriere am Tag zurück.
5) Sie sind deshalb davon überzeugt, dass der Preis, der zwischen 4 und 17 Euro je Transport und Strecke liege, nicht zu hoch sei.

5 Schreibe den folgenden Text in indirekter Rede, indem du den Konjunktiv gebrauchst und die Pronomen entsprechend veränderst.
Achte auf die Zeichensetzung.

Max wird gefragt: »Was wünscht du dir zum Geburtstag?« Er antwortet: »Mein größter Wunsch ist es, eine Trompete zu bekommen.« »Wie soll ich da, bei diesem Lärm, arbeiten können!«, ruft der Vater entsetzt. Max beruhigt ihn und verspricht: »Ich werde nur blasen, wenn du schläfst.«

Tipp ▪ **Welche Satzzeichen setzt man bei Zitaten?**

Zitate sind der direkten Rede ähnlich. Sie stellen wörtliche Übernahmen fremder Texte oder Textstellen dar und werden auch durch Anführungszeichen gekennzeichnet.

Den Unterschied zwischen Bekannten und Freunden beschreibt Marie von Ebner-Eschenbach in treffender Weise: »Beim Wiedersehen nach einer Trennung fragen die Bekannten nach dem, was mit uns, die Freunde nach dem, was in uns vorgegangen.«

Über das Lachen haben sich viele Persönlichkeiten geäußert. Während z. B. Walter Benjamin in seiner Schrift »Der Autor als Produzent« darauf hinweist, »dass es für das Denken gar keinen besseren Start gibt als das Lachen«, kennzeichnet Wilhelm Busch in »Von mir über mich« Lachen als »Ausdruck relativer Behaglichkeit«.

TEXT

Er hatte die Augen zu. "Du schläfst hier wohl, was?" "Nein, ich schlafe nicht, ich muß sich hier aufpassen."

1. Untersuchen von Texten

1.1 Text und Textsorte

A
»Keine Angst, der beißt nicht!« Der Hund gehört zu den Säugetieren. Seine Nackenhaare sträubten sich und er knurrte leise.

B
Vom Hunde im Wasser
Aesop übersetzt von Martin Luther

Ein Hund lief durch einen Wasserstrom und hatte ein Stück Fleisch im Maul. Da sah er das Spiegelbild des Fleisches im Wasser. Er meinte, es sei auch Fleisch, und so schnappte er gierig danach. Dazu musste er sein Maul auftun. Da entfiel ihm das Stück Fleisch. Es wurde vom Wasser weggespült. So verlor der Hund das Fleisch und dessen Spiegelbild.

C
Hund, der: kleines bis mittelgroßes Säugetier, das besonders wegen seiner Wachsamkeit und Anhänglichkeit als Haustier gehalten wird, einen gut ausgebildeten Gehör- und Geruchssinn besitzt und beißen und bellen kann.

D

1 Welche der vier abgedruckten sprachlichen Gebilde würdest du als »Texte« bezeichnen?
2 Wo könnte man diese Texte finden?
3 Wer könnte die Texte verfasst haben?
4 An wen wendet sich der Verfasser der Texte jeweils?
5 Welche Absicht verfolgt der Verfasser mit seinem Text?
6 Die drei Sätze in A beziehen sich alle auf Hunde. Woran liegt es, dass sich trotzdem kein sinnvoller Zusammenhang zwischen ihnen ergibt?

Ein **Text** ist ein sprachliches Gebilde unterschiedlicher Länge, das in einer bestimmten Situation als Verständigungsmittel zwischen Menschen dient: vom Hilferuf bis zum Roman.

Es gibt geschriebene Texte, aber auch gesprochene Texte.

Jeder Text hat mindestens einen **Verfasser** (Sprecher oder Schreiber), der sich mit einer bestimmten **Absicht** an einen oder mehrere **Adressaten** (Hörer oder Leser) wendet.

Texte haben somit eine **kommunikative Funktion**: Sie vermitteln Gedanken, Gefühle, Wissen, Anweisungen.
So sollen manche Texte vorwiegend unterhalten, andere vorwiegend informieren oder zu etwas auffordern.

Texte mit vielen gemeinsamen Merkmalen gehören zur selben **Textsorte**.
Zum Beispiel sind
Telegramm,
Gedicht,
Gebrauchsanweisung,
Erzählung verschiedene Textsorten.

Die Teile eines Textes ergeben zusammen eine Sinneinheit. Sie entfalten nach und nach das **Thema** des Textes. Das Thema eines Textes ist der Haupt- und Grundgedanke, den der Verfasser des Textes entfaltet. In vielen Fällen weist die Überschrift eines Textes auf sein Thema hin.

1 a) Sind die drei folgenden sprachlichen Gebilde Texte?
   b) Verstehst du sie in allen Einzelheiten?
   c) Woher mögen sie stammen?
   d) Wer könnten die Verfasser sein?
   e) Was wollen diese wohl mit ihren Texten erreichen?
   f) Sollen die Texte vorwiegend unterhalten, informieren oder auffordern?
   g) Zu welchen Textsorten gehören die Texte?

Text A
Der Frisör ist mit dem Haarschnitt fertig, hält den Spiegel in der Hand und fragt: »Ist es so recht?« Sagt der Kunde: »Etwas länger bitte!«

Text B

> Luxusbungalow, nördl. v. Kiel (12 km), ruh. Lage, 7 Zi., Do.-Garage, Grdst. 1771 m², v. Privat zu verk. Angeb. unter E 4368

Text C

Warum diese Creme für Ihre Haut die reinste Erholung ist.

Was gibt es Schöneres als eine Creme, die Ihre Haut alle Strapazen des Alltags vergessen lässt? Die Ihre Haut sanft in Feuchtigkeit taucht und in Pflege badet. Die aus reinen Inhaltsstoffen besteht und darum die Haut vor unnötigen Reizen bewahrt, ganz ohne Konservierungsstoffe. Und die dank ihrer besonderen Zusammensetzung so zuverlässig vor lästigen Umwelteinflüssen schützt, dass Ihre Haut glaubt, Sie hätten 365 Tage Urlaub im Jahr. Etwas Schöneres kann es doch gar nicht geben, oder? Ihre Fett**CREME**. Was die Haut zum Leben braucht.
Fett**CREME**. DIE ODER KEINE.

2 a) Zu welchen Textsorten gehören die folgenden drei Texte?
   b) Was lässt sich über die Absichten der Verfasser sagen?
   c) Warum werden die Verfasser nicht genannt?
   d) Warum haben die Texte keine Überschriften?

Text A
Einer Dame, die sich von ihm porträtieren ließ und die ihm dabei zu viel dreinredete, sagte der berühmte Berliner Maler Max Liebermann: »Noch ein Wort, und ich male Sie genau, wie Sie sind.«

Text B
Wer zuletzt lacht, lacht am besten.

Text C
Ein Junge sagte zu einem anderen: »Gib mir ein Bonbon von deinen Bonbons, dann habe ich so viele, wie du hast.« Da antwortete der andere: »Gib mir eins von deinen, dann habe ich doppelt so viele wie du.«
Wie viele Bonbons muss jeder der beiden gehabt haben?

3 Texte dieser Textsorte fordern zu einer Lösung auf.
   a) Wie nennt man die Textsorte?
   b) Welches ist hier die Lösung?
   c) Welche Überschrift könnte der Text haben?
   d) In welchen Einzelschritten wird der Inhalt des Textes aufgebaut, wird sein »Thema« entfaltet?

Vorgegeben sind die folgenden Wörter: HAUS – SCHAL – DEIN – WIRT – DOM – TANK – KLUG. Streiche in jedem Wort einen Buchstaben. Die verbleibenden Wortreste ergeben aneinander gereiht ein Sprichwort.

1.2 Mittel der Textbildung

Aufgehobene Gemeinschaft
Äsop

Zwei wanderten miteinander dieselbe Straße und als der eine ein Beil fand und ausrief: »Sieh, was ich gefunden habe!«, mahnte ihn der andere: »Sage doch nicht, ich hab's gefunden, nein, wir haben's gefunden.« Bald darauf kamen die, die das Beil verloren hatten, und setzten dem nach, der es an sich genommen hatte. Da rief dieser dem andern Wandersmann zu: »Wir sind verloren!« – »Wieso?«, erwiderte der, »sage ruhig: Ich bin verloren, nicht: Wir sind verloren. Denn als du das Beil fandest, hast du auch nur gesagt: Ich hab's gefunden.«

1 Der Erzähler dieser Fabel bezieht sich auf mehrere Personen und einen Gegenstand. Welche sind es?
2 Dreimal bezieht der Verfasser des Textes sich auf denselben Gegenstand. Mit welchen sprachlichen Ausdrücken macht er das?
3 Weshalb heißt es zunächst *ein Beil* (unbestimmter Artikel) und danach *das Beil* (bestimmter Artikel)?
4 »Verfolge« die beiden Hauptpersonen durch den Text. Schreibe alle Wörter heraus, mit denen sie bezeichnet werden.

Ein **Text** behandelt ein **Thema**. Bei der Entwicklung des Themas ist es notwendig, eingeführte Personen, Dinge, Sachverhalte mehrfach aufzugreifen, sie in verschiedenen Sätzen wieder zu erwähnen.

Man kann dies durch Wiederholung derselben Wörter tun (z. B. *ein Beil, das Beil*), man kann aber auch unterschiedliche Ausdrücke dabei verwenden (z. B. *der Wandersmann, er, dieser*). Alle diese Ausdrücke verweisen im Text aufeinander, bilden einen »roten Faden« im Text (lateinisch »textus« = Geflecht, Gewebe) und verknüpfen so die Sätze eines Textes miteinander. Als solche Verknüpfungsmittel werden besonders häufig Pronomen (*er, dieser, der*) und Pronominaladverbien (*darauf, hierauf, dabei, wodurch*) verwendet.

Es können aber auch ganz unterschiedliche Ausdrücke aufeinander verweisen (z. B. *zwei Männer, die Wanderer, diejenigen, die das Beil gefunden hatten*) und so die Sätze eines Textes inhaltlich zusammenhalten.

Bei der erstmaligen Nennung einer Person oder Sache im Text (Einführung) wird diese meist mit dem unbestimmten Artikel eingeführt (z. B. *Ein König hatte…*), später bezieht man sich auf die schon bekannte Erscheinung mit dem bestimmten Artikel (z. B. *… befahl der König…*).

1 Setze im folgenden Text passende Wörter ein, sodass sich zwei »rote Fäden« durch den Text ziehen:

der Bauer, er, dieser, der Landmann, der Hungrige, ein Narr …
der Kranzkuchen, der Kuchen, er, dieser …

Ein russischer Bauer kam vom Dorfe in die Stadt. (1) hatte einen Wolfshunger. Deshalb kaufte (2) einen großen Kranzkuchen und aß (3) auf. Doch (4) war immer noch hungrig. Da kaufte (5) noch einen (6) und aß auch (7). Aber auch jetzt war der Hunger nicht gestillt. So kaufte (8) noch einen dritten (9) und aß auch (10). Als (11) immer noch hungrig war, kaufte (12) mehrere Kringel. Kaum hatte er den ersten gegessen, so war (13) satt. (14) schlug sich an den Kopf und sagte: »Was für (13) bin ich doch. Nun habe ich ganz umsonst das Geld für (14) hinausgeworfen, mit einem Kringel hätte ich anfangen sollen.«

(Nach: Leo N. Tolstoi)

2 Die Form, in der dieser Text hier abgedruckt worden ist, ist ungewöhnlich. Was soll durch diese Darstellungsform angedeutet werden?

Der Mensch in der Wüste

Außerhalb der Oasen können Menschen nur in wenigen Gebieten der Wüstensteppe als Nomaden leben. Weite Gewänder hüllen den Wüstenbewohner ein und schützen ihn am Tag gegen die unerbittlichen Sonnenstrahlen und nachts gegen die Kälte. Weite Teile der Sahara sind unbewohnt, andere haben nur einen Menschen auf den Quadratkilometer. Im Gebirge Ahaggar hausen die berberischen Tuareg. In ihren blauen Umhängen, mit den fast das ganze Gesicht bedeckenden Schleiern, mit Schwert und Schild erschienen sie den ersten Europäern wie die »Ritter der Wüste«.

3 Im Folgenden sind zwei Texte miteinander vermischt.
  a) Bringe die Sätze der beiden Texte in die richtige Reihenfolge.
  b) Welche Verknüpfungsmittel findest du in den Texten?
  c) Welchen Textsorten sind die beiden Texte zuzuordnen?

1) Am nächsten Tag sah er den Sohn des Nachbarn: Sein Gang war nicht der eines Axtdiebes, auch sein Blick war nicht der eines Axtdiebes.
2) Sie unterscheidet sich vom Beil durch schmalere Schneide, längeren Stiel und größeres Gewicht.
3) **Der Axtdieb**
4) Er beobachtete ihn daher genau: Sein Gang, sein Blick war ganz der eines Axtdiebes. Alles was er tat, sah nach einem Axtdieb aus.
5) Axt: Werkzeug zur Holzbearbeitung.
6) Ein Mann hatte seine Axt verloren und vermutete, dass der Sohn des Nachbarn sie ihm gestohlen hätte.
7) Der Holzfäller benutzt die leichte Fäll- und Ästaxt sowie die schwere Spaltaxt. Der Zimmermann bearbeitet das Bauholz mit der normalen Axt. Mit der Stichaxt arbeitet er Zapfen und Zapfenlöcher heraus.
8) Einige Zeit später fand der Mann zufällig das Beil unter einem Bretterhaufen.

4 a) Welche Personalpronomen werden im folgenden Text verwendet?
  b) Auf wen beziehen sie sich jeweils?
  c) Auf welche anderen Wörter im Text verweisen sie?

Ein Professor der Medizin ließ sich vom Maler Max Liebermann porträtieren. Er wollte nur zweimal Modell sitzen und meinte: »Von meinen Patienten verlange ich auch nicht, dass sie mehr als zweimal für eine Diagnose zu mir kommen.« »Das ist etwas anderes«, sagte Liebermann. »Wenn Sie etwas versauen, so deckt det der jrüne Rasen. Aber wenn ick etwas versaue, denn hängt det an der Wand.«

5 a) Das Folgende ist der Anfang einer Kurzgeschichte von Wolfgang Borchert. Siebenmal erscheint in dem Text das Personalpronomen *er*. Wer ist damit gemeint? Welche anderen Wörter im Text beziehen sich auf diese Person?
  b) Erst im zweiten Absatz nennt Borchert den Namen seiner Hauptperson. Was bezweckt er mit diesem Einstieg?
  c) Anders als in dieser Kurzgeschichte ist in der Anekdote über den Maler Max Liebermann (Übung 4) von Anfang an klar, wer mit *er* gemeint ist.
  Er ... Jürgen ...   –   *Ein Professor ... er ...*
  Erkläre, weshalb man in dem einen Fall von einem Vorverweis, in dem anderen Fall von einem Rückverweis im Text spricht.
  d) Welche Verweisart ist in Texten häufiger anzutreffen?

Das hohle Fenster in der vereinsamten Mauer gähnte blaurot voll früher Abendsonne. Staubgewölke flimmerte zwischen den steil gestreckten Schornsteinresten. Die Schuttwüste döste.
Er hatte die Augen zu. Mit einmal wurde es noch dunkler. Er merkte, dass jemand gekommen war und nun vor ihm stand, dunkel, leise. Jetzt haben sie mich! dachte er. Aber als er ein bisschen blinzelte, sah er nur zwei etwas ärmlich behoste Beine. Die standen ziemlich krumm vor ihm, dass er zwischen ihnen hindurchsehen konnte. Er riskierte ein kleines Geblinzel an den Hosenbeinen hoch und erkannte einen älteren Mann. Der hatte ein Messer und einen Korb in der Hand. Und etwas Erde an den Fingerspitzen.
Du schläfst hier wohl, was? fragte der Mann und sah von oben auf das Haargestrüpp herunter. Jürgen blinzelte zwischen den Beinen des Mannes hindurch in die Sonne und sagte: Nein, ich schlafe nicht. Ich muss hier aufpassen.

(Aus: Wolfgang Borchert, *Nachts schlafen die Ratten doch*)

1.3 Textbildungsübungen

a) Schreibsituation – Lesesituation

Meike Schulz, Schülerin des 11. Jahrgangs des Schiller-Gymnasiums, hat sich, nachdem ihr Fahrrad gestohlen worden war, ein Mountainbike gekauft. Sie hat auf den Kaufpreis von 495 Euro zunächst eine Anzahlung von 250 Euro geleistet und anschließend eine Rechnung über den Restbetrag erhalten. Vier Wochen nach dem Kauf schickt ihr der Fahrradhändler eine »Erinnerung«. Er bittet um umgehende Überweisung der ausstehenden 245 Euro. Meike ist nun in Schwierigkeiten. Sie besitzt zwar noch Erspartes in Höhe von 325 Euro, möchte aber in den kurz bevorstehenden Sommerferien verreisen und ihr Geld dafür verwenden. Sie überlegt,
1) ob sie dem Fahrradhändler schreiben und ihn um Zahlungsaufschub bitten soll,
2) ob sie ihren von seiner Familie getrennt lebenden Vater in einem Brief um großzügige »Unterstützung« bitten soll,
3) ob sie in den Ferien zwei Wochen lang »jobben« und zu diesem Zweck der Kaufhausdirektion in einem Schreiben ihre Dienste anbieten soll.

1 Warum ist es wichtig, dass Meike sich die drei Empfänger ihrer Briefe gut vorstellt und sich in deren Lage beim Lesen hineinversetzt?
2 Welche unterschiedlichen Absichten liegen den drei Briefen zu Grunde, die Meike schreiben könnte um dasselbe Ziel zu erreichen?
3 Wie ausführlich würdest du an Meikes Stelle in den drei Briefen jeweils auf deine Situation eingehen?
4 Welche Rolle werden die persönlichen Beziehungen Meikes zu den drei Adressaten (Vater, bekannter Händler, unbekannte Personalchefin) bei ihren Formulierungen wohl spielen?
5 Verfasse eins der drei Schreiben.

Wer sich mündlich mit anderen verständigt, spricht meist sehr spontan und »wie ihm der Schnabel gewachsen ist«. Wer sich schriftlich mit anderen verständigen will, wendet sich an einen nicht anwesenden Adressaten, der nicht fragen kann, wenn ihm etwas unklar ist. Damit die Verständigung dennoch gelingt, ist es beim Schreiben besonders wichtig, zunächst nachzudenken und zu planen, sich beim Formulieren ständig zu kontrollieren und schließlich den entstandenen Text kritisch zu überprüfen und eventuell zu überarbeiten.

Was man schreibt und wie man schreibt, hängt ab
– vom **Thema** (Worum geht es?),
– von der **Absicht** (Was will man als Verfasser des Textes erreichen?),
– von dem **Leser** (An wen wendet man sich?).

Man muss sich deshalb sowohl über die gegenwärtige Schreibsituation wie über die voraussehbare **zukünftige Lesesituation** klar werden.

Schreibsituation:
Um welchen Inhalt, Sachverhalt geht es?
Was will ich mit diesem Schreiben erreichen?
Welche Textart, welche äußere Form, welche sprachlichen Formulierungen sind Absicht und Inhalt angemessen?

Lesesituation:
In welcher Lage befindet sich vermutlich der angeschriebene Leser?
Was weiß er schon von der »Sache«, was nicht?
Mit welcher Erwartung, in welcher Stimmung liest er wohl den Text?
Wie wird der Text wohl auf ihn wirken, wie wird er die Formulierungen aufnehmen?

1 Du willst etwas zur Förderung umweltbewussten Verhaltens in deiner Schule tun.
a) Notiere dir, welche Themen du dazu ansprechen willst.
b) Entwirf einen Text für einen Aufruf an alle Mitschüler, der auf Plakaten in der Schule ausgehängt werden kann.
c) Schreibe einen Brief an die Schulleitung mit der Bitte um Unterstützung der Aktion und mit Vorschlägen für umweltbewusstes Verhalten der Schulverwaltung.
d) Wende dich mit einem Antrag an die Schulkonferenz einen »Tag der Umwelt« als Schulveranstaltung durchzuführen.

2 Holger Kuhn hat seinen Videorekorder reparieren lassen. Als nach sechs Wochen die Bezahlung immer noch aussteht, bekommt er eine »Erinnerung«. Vergleiche die beiden folgenden Mahnschreiben und stelle Vermutungen über die Absicht des Schreibers und die Wirkung auf den Leser an.

8.4.1997

1. Mahnung

Folgende Reparaturrechnung steht noch offen:

Datum:	Re.-Nr.:	Betrag:
19.2.1997	RX 64 803	Euro 48,70
	Mahngebühren	Euro 3,-
		Euro 51,70

Bitte nehmen Sie Ihre Zahlung in Kürze vor.

Helmut Mahnke

8.4.1997

Sehr geehrter Herr Kuhn,

gut und schnell ausgeführte Reparaturen zeugen von der Leistungsfähigkeit des Fachhändlers. In den letzten sechs Wochen konnten Sie sich gewiss davon überzeugen, dass Ihr Videogerät wieder gut funktioniert. Wir freuen uns, dass wir Ihr Vertrauen rechtfertigen konnten.
Denken Sie daran, dass die Rechnung fällig ist? Übrigens: Besuchen Sie doch gelegentlich wieder unsere Ausstellungsräume. Wir zeigen Ihnen gern unverbindlich neu hereingekommene Hifi-Geräte.

Mit freundlichen Grüßen
Helmut Mahnke

3 Katja schreibt ihrer Freundin Eva einen Brief. Eva liegt mit gebrochenem Bein im Krankenhaus. Katja will sie trösten und aufmuntern, ihr Neuigkeiten mitteilen, ihr rasche Besserung und baldige Entlassung wünschen.

Wer liegt denn noch in deinem Zimmer? Nette Leute? Und sind die Krankenschwestern freundlich? Bist du eigentlich noch dicker geworden? Wo du doch keine Bewegung hast... Ich werde dir morgen ein Buch schicken, das ich ganz toll finde: „Petra wird Erste". Ich beneide dich, dass du jetzt so viel Zeit zum Lesen hast. Prima ist jetzt meine Tanzstunde. Wir haben gerade Tango geübt. Das macht vielleicht Spaß!
Und nun wünsche ich dir Hals- und Beinbruch

deine Katja

a) Einige Formulierungen passen schlecht zu Katjas Absichten? Welche?
b) Welche Formulierungen würdest du lieber weglassen? Was würdest du anders formulieren?

b) Anordnungsübungen

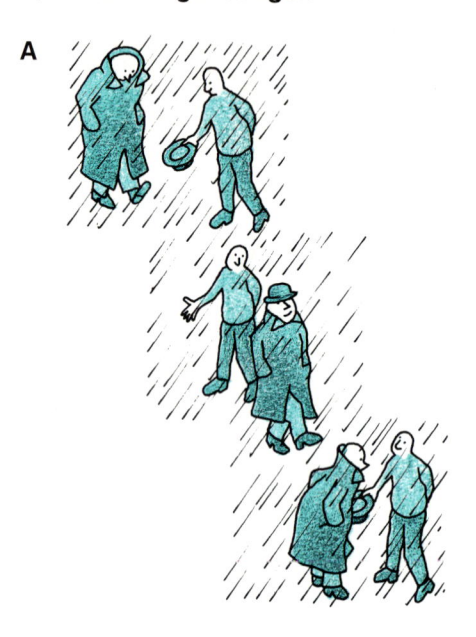

A

B
- Ein Geflügelzüchter schreibt an eine landwirtschaftliche Forschungsstelle:
- Ihre Hühner sind tot.
- Vierzehn Tage später kommt die Antwort:
- Jeden Tag finde ich einige von ihnen mit dem Kopf im Sand und mit den Beinen nach oben.
- Was ist mit ihnen los?
- Es geht um meine Hühner.

1 Worüber »stolpert« der Leser der Bildergeschichte?
2 Stelle die richtige Reihenfolge der Bilder und der einzelnen Textteile her, sodass sich verständliche, in sich stimmige Texte ergeben.

Jeder Text sollte für den Leser gut lesbar sein und keine unnötigen Schwierigkeiten beim raschen Erfassen des Inhalts und der Absicht des Verfassers bieten. »Stolpersteine« muss der Verfasser möglichst von vornherein vermeiden, sonst aber beim kritischen Prüfen und Überarbeiten seines Textes beseitigen.

Eine Schwierigkeit für den Leser kann in dem ungeschickten Aufbau der Einzelinformationen eines Textes liegen. Auf die richtige Reihenfolge der aufeinander Bezug nehmenden Textteile und ihre Verknüpfung zu einem sinnvollen Textganzen ist deshalb besonders zu achten.

1 a) »Er benützte es fleißig und ging eines Tages an die Herstellung von Knallgas.« Mit einem solchen Satz dürfte wohl kaum ein Text beginnen. Warum nicht?
b) Ordne den Text auf Seite 241 so, dass er verständlich wird.

Jugend forscht

1) Er benützte es fleißig und ging eines Tages an die Herstellung von Knallgas.
2) Der Versuch zog jedoch noch einen unerwarteten Erfolg nach sich: Jahrelang gab der Chemielehrer Karl-Günther von Hase, der später u. a. deutscher Botschafter in London wurde, eine Eins im Zeugnis – ohne jede sachliche Rechtfertigung.
3) Das Experiment wurde ein voller Erfolg: Es entwickelten sich große Mengen Knallgas und dann gab es eine Explosion, bei der dem jungen Forscher die halbe Zimmereinrichtung um die Ohren flog.
4) Karl-Günther von Hase bekam als Schüler von seinem Vater zu Weihnachten das Buch »Chemie für Jungen« geschenkt.

2 Prüfe die Abfolge der Einzelinformationen bei diesem Text.

Der griechische Philosoph Plato überraschte einen seiner Schüler beim Knobeln und stellte ihn zur Rede. »Es geht nicht um das Geld, das du verspielst, sondern um die Zeit, die du vergeudest«, tadelte Plato den jungen Mann. Dieser entschuldigte sich: »Ich spiele ja nur um ein paar wertlose Münzen.«

3 a) Auf den ersten Blick sieht es so aus, als sei der folgende abgedruckte Text in Ordnung. Woran liegt das?
b) Stelle eine korrekte Textfassung her.

Giuseppe Verdi ging in Mailand spazieren. An einer Straßenecke traf er einen Drehorgelmann. Als er am nächsten Tag an derselben Stelle vorbeikam, erblickte er ein Schild an dem Leierkasten: »Schüler von Giuseppe Verdi«. Verdi stellte fest, dass der Orgelspieler die Arie »Ach, wie so trügerisch« aus der Oper »Rigoletto« viel zu schnell herunterkurbelte, forderte ihn auf, das Stück im richtigen Tempo zu spielen und warf ihm im Fortgehen noch eine Münze in den Hut.

c) Ergänzungsübungen

Wehrdienst künftig auch bei der Polizei?

Kiel (Kad). Bonner Politiker von Union und FDP haben sich dafür ausgesprochen, Wehrpflichtige auch bei der Polizei statt bei der sich dazu zurückhaltend. »Für die polizeiliche Arbeit ist ein hohes Maß an Qualifikation erforderlich, die ein Wehrpflichtiger sich nicht in ein paar Wochen aneignen kann«, sagte der Abteilungsleiter Dietmar Lutz im Kieler Innenministerium. Man werde aber die Erfahrungen anderer Bundesländer abwarten.

1 Mit welchem Problem muss der Leser dieses Textes fertig werden?
2 An welcher Stelle fehlt ein Stück des Zeitungsartikels?
3 Was muss, was könnte zwischen den beiden Textteilen stehen, damit sich ein abgeschlossener, vollständiger Text ergibt?

Wir erwarten von Texten, dass sie lückenlos und vollständig sind. Fehlende Teile, seien es ganze Textabschnitte, einzelne Sätze oder nur Wörter, machen es dem Leser schwer bis unmöglich, den Text zu verstehen. Er kann sich nur bemühen aus den ihm vorliegenden Bruchstücken die Informationen zu entnehmen, die es ihm erlauben, das Fehlende zu ersetzen, den Gesamttext zu rekonstruieren.

Die **Lückenlosigkeit** ist daher eine wichtige Voraussetzung für das Verständnis eines Textes.

1 Die Spielregeln des Brettspiels »Mühle« sind dir wohl bekannt.
   Welche Wörter passen in die Lücken des Textes?

Mühle wird von (1) Spielern gespielt, die jeweils neun Steine besitzen. Die Steine werden – Weiß beginnt – abwechselnd auf das Feld gesetzt. Dabei trachtet man danach möglichst rasch eine (2) zu erreichen, d.h. eine Reihe von drei eigenen (3). Wer eine Mühle geschlossen hat, darf dem Gegner einen Stein (4). Dabei darf aber aus einer geschlossenen Mühle des Gegners kein Stein weggenommen werden. Nachdem alle Steine gesetzt sind, wird gezogen. Man öffnet eine Mühle (um sie nachher wieder zu (5) und dadurch dem Gegner wieder einen Stein abnehmen zu können), man versucht eine neue Mühle zu bilden oder man versucht dem Gegner die Bildung einer Mühle zu verwehren. Sobald einer der beiden (6) nur noch drei (7) hat, darf er springen: er ist in seiner (8) überhaupt nicht mehr eingeschränkt, sondern darf jedes beliebige Feld besetzen. Verliert dieser Spieler aber noch einen Stein, hat er also nur noch (9) Steine, dann ist das Spiel (10).

2 Bei der folgenden Spielanleitung fehlt eine ganz entscheidende Regel.
   Formuliere sie und setze sie an die richtige Stelle.

Einigen von euch wird dieses Spiel aus Rundfunk oder Fernsehen bekannt sein: Eine Person hat eine unbegrenzte Menge Geld zur Verfügung, kann sich dafür einen Wunsch erfüllen und wird nun von den Mitspielern ausgefragt, was sie sich denn für den Wundertaler angeschafft hat, wie sie mit dieser Anschaffung zufrieden ist, wie sie überhaupt beschaffen ist usw. Die Rater versuchen natürlich den Besitzer des Wundertalers immer wieder so zu fragen, dass der versucht ist mit Ja oder Nein zu antworten. Wer einen solchen Wundertaler besitzt, muss es schaffen sich zwei oder drei Minuten lang ausfragen zu lassen und zu antworten ohne die Tabuwörter zu verwenden.

d) Ersetzungsübungen

Das Auto trägt stark zur Gefährdung der natürlichen Umwelt bei. Überlege, was man dagegen tun kann.

Verkehrsunfälle sind ein großes Problem unserer Zeit. Berechnungen haben ergeben, dass die Anzahl der Unfallopfer ungefähr mit den Toten im 2. Weltkrieg übereinstimmt und dadurch wurde und wird die Natur stark beeinträchtigt.

1 Was stört dich beim Lesen dieser Einleitung einer Erörterung?
2 Zu welch einem Thema könnte der Anfang dieser Einleitung passen?

Als Leser setzt man im Allgemeinen voraus, dass Texte widerspruchsfrei sind, eine **innere Stimmigkeit aller Textteile** (**Kohärenz**) aufweisen. Verstöße gegen die vorausgesetzte Kohärenz verwirren oder werden als Brüche im Textaufbau empfunden. Das gilt für krasse inhaltliche Widersprüche, aber auch für Unverträglichkeiten sprachlicher Ausdrücke und stilistische Ausdrucksmängel. Werden Kohärenzverstöße nicht bewusst als Gestaltungsmittel eingesetzt (z. B. bei Sprachspielen), sollte man sie vermeiden.

1 Suche im folgenden Text sechs nicht in den Zusammenhang passende Wörter und ersetze sie durch passende.

Das Pferd und der Esel

Ein Bauer führte ein Pferd und einen Esel über Land und der Esel war mit schweren Säcken beladen. Als es Mittag wurde und sehr windig, sprach der Esel zum Pferd: »Bruder, hilf mir, sonst breche ich zusammen und muss sterben! Die Säcke sind gar zu schmutzig.« Das Pferd aber tat, als hätte es die Antwort des Esels nicht gehört, und dachte bei sich: »Warum sollte ich mich bei der Hitze mit den Säcken plagen? Ist doch der Bauer zum Tragen erschaffen.«
Nicht lange danach fiel der Esel nieder und starb. Der Bauer nahm ihm die Säcke ab und zog ihm die Haut herunter. Dann lud er die Säcke mitsamt der Eselshaut dem Pferd auf den Rücken, nahm es beim Ohr und schritt voran. Da sprach das Pferd zu sich selbst: »O weh der Last! Hätte ich doch dem Esel nur klagen geholfen!«

2 In den folgenden drei Witzen sind die Pointen verdorben. Welche Wörter musst du ersetzen, um das in Ordnung zu bringen?

Ein Tierfreund will in einer Zoohandlung einen Vogel kaufen. Der Händler empfiehlt ihm einen Kanarienvogel. Der Kunde sieht sich das Tier genau an und ruft dann empört: »Ja, sagen Sie mal, der hat aber doch nur ein Bein!« Darauf der Händler: »Was wollen Sie denn – einen Sänger oder einen Dichter?«

Ein Australier bekam zum Geburtstag einen neuen Bumerang. Als er versuchte den alten zu verkaufen, wurde er wahnsinnig.

Warum kaufen die Schotten keine Kühlschränke?
Sie glauben nicht, dass das Licht angeht, wenn man die Kühlschranktür zumacht.

3 Auch bei der folgenden Anekdote ist die Pointe verpatzt. Kannst du die ursprüngliche Fassung des Textes wiederherstellen?

Als Themistokles, der griechische Feldherr und Politiker, jung verheiratet war, sagte er: »Mein kleiner Sohn beherrscht ganz Griechenland! Denn die Athener beherrschen Griechenland; ich beherrsche die Athener; meine Frau beherrscht mich und mein Sohn isst gern Hammelbraten.«

4 a) Versuche die Lösung der folgenden Denksportaufgabe zu finden.

Von acht Goldmünzen, die völlig gleich aussehen, ist eine nicht echt. Sie wiegt etwas weniger. Es steht nur eine Schalenwaage ohne Gewichte zur Verfügung. Wie kann man durch zweimaliges Wiegen die leichtere Münze herausfinden?

b) In dem folgenden Lösungsvorschlag sind drei falsche Aussagen markiert. Ersetze sie durch sachlich und sprachlich korrekte Formulierungen.

Man legt zuerst jeweils drei Münzen in die beiden Schalen der Waage. Halten sich die Münzen dann die Waage, so <u>kann</u> die leichtere Münze unter den beiden sein, die übrig geblieben sind. Sie wird beim zweiten Wiegen ohne Schwierigkeit gefunden.
Ist dagegen beim ersten Wiegen die eine Schale mehr belastet als die andere, so nimmt man <u>die drei</u> Münzen aus der Schale mit der leichteren Last und vergleicht sie beim zweiten Wiegen miteinander. Halten sich diese die Waage, so ist die dritte Münze aus der gleichen Schale die gesuchte. Halten sie sich nicht die Waage, so ist die leichtere Münze <u>nicht zu finden</u>.

5 Gelegentlich sind »anstößige« Textteile, über die der Leser stolpert, vom Verfasser gewollt:

Vergleichsweise
Günter Grass

Eine Katze liegt in der Wiese.
Die Wiese ist hundertzehn
mal neunzig Meter groß;
die Katze dagegen ist noch sehr jung.

    a) Was stört den Leser dieses Textes?
    b) Was wird eigentlich miteinander verglichen?
    c) Findest du eine Rechtfertigung für den Gebrauch des Wortes »dagegen« in diesem Text?

e) Übungen zum Erfassen und Entfalten eines Themas

Text A
Vom Frosch und der Maus
Martin Luther

Eine Maus wäre gern über ein Wasser gekommen und konnte nicht. Und bat einen Frosch um Rat und Hilfe. Der Frosch war ein Schalk und sprach zur Maus: »Binde deinen Fuß an meinen Fuß, so will ich schwimmen und dich hinüberziehen. Da sie aber aufs Wasser kamen, tauchte der Frosch hinunter und wollte die Maus ertränken. Indem aber die Maus sich wehrte und abmühte, flog eine Weihe daher und erhaschte die Maus, zog den Frosch auch mit heraus und fraß sie beide.
Lehre: Sieh dich vor, mit wem du handelst. Die Welt ist falsch und voll Untreue. Denn welcher Freund den andern unterkriegt, der steckt ihn in den Sack. Doch schlägt Untreue allzeit ihren eigenen Herrn, wie dem Frosch hier geschehen ist.

Text B
Maus und Frosch
Hans Sachs

Einstmals saß eine Maus an einem Gewässer und überlegte, wie sie ans andere Ufer kommen könnte. »Ach«, sprach sie seufzend, »so weit kann ich bestimmt nicht schwimmen.« Das hörte ein Frosch, der nicht weit entfernt im seichten Wasser hockte. Er kam herbei und sagte: »Ich bringe dich wohl behalten hinüber.« Die Maus glaubte seinen Worten und stimmte freudig zu.

Da nahm der Frosch einen Faden und band sich das eine Ende um den Leib, das andere Ende verknotete er am Schwanz der Maus. Darauf sprang er ins Wasser. Als er die Maus ein Stück weit in den See hinausgezogen hatte, tauchte er unter und die Maus musste hinter ihm her in die Tiefe. »Hilfe!«, schrie sie, »willst du mich etwa ertränken? Das wäre fürwahr sehr untreu an mir gehandelt!« Der Frosch aber versetzte: »Honigsüße Worte, hinter denen sich Untreue verbirgt, werden nur allzu oft gesprochen. Warum warst du nicht vorsichtiger?«

Da kam ein Storch geflogen und sah die Maus im Wasser zappeln. Er schoss herab, ergriff sie und trug sie in sein Nest mitsamt dem Frosch, den er aber noch gar nicht gesehen hatte. Erst im Nest entdeckte er ihn und sprach: »Was bringt dich denn hierher?«

»Ach«, erwiderte der Frosch, »meine Untreue. Ich wollte die Maus ins Unglück stürzen und sie ertränken. Nun bin ich selbst ins Unglück geraten.«

»Fürwahr, das bist du«, versetzte der Storch, sperrte seinen Schnabel auf und verzehrte den ungetreuen Frosch.

Drum merke: Wer andern eine Grube gräbt, fällt selbst hinein.

1 Vergleiche die beiden Fabeltexte miteinander. Sind es zwei Fabeln oder ist es eine Fabel in zwei verschiedenen Fassungen?
2 Martin Luther und Hans Sachs formulieren am Schluss die Lehre unterschiedlich. Treffen die Sprichwörter »Untreue schlägt allzeit ihren eigenen Herrn« und »Wer andern eine Grube gräbt, fällt selbst hinein« den inhaltlichen Kern, das Thema der Fabel? Oder findest du Unterschiede?

Das **Thema** eines Textes wird nacheinander, Zug um Zug entwickelt. Es erleichtert dem Leser das Verständnis, wenn die Einzelinformationen sinnvoll aufeinander aufbauen, wenn jeweils Neues an schon Bekanntes, bereits Mitgeteiltes anknüpft, dieses ergänzt und abrundet. So ordnen sich die Einzelheiten dem **Hauptgedanken des Textes** unter, bilden ein inhaltliches Ganzes. Der Verfasser tut gut daran, stets sein Thema im Auge zu behalten und es in klarer Gedankenführung fortschreitend zu entfalten.

1 a) Welche zwei Sprichwörter enthält die folgende Geschichte?
   b) Passen beide gleich gut zum Thema der Geschichte?

Der kluge Richter
Johann Peter Hebel

Dass nicht alles so uneben sei, was im Morgenlande geschieht, das haben wir schon einmal gehört. Auch folgenden Begebenheit soll sich daselbst zugetragen haben. Ein reicher Mann hatte eine beträchtliche Geldsumme, welche in ein Tuch eingenähet war, aus Unvorsichtigkeit verloren. Er machte daher seinen Verlust bekannt und bot, wie man zu tun pflegt, dem ehrlichen

Finder eine Belohnung, und zwar von hundert Talern, an. Da kam bald ein guter und ehrlicher Mann dahergegangen. »Dein Geld habe ich gefunden. Dies wird's wohl sein! So nimm dein Eigentum zurück!« So sprach er mit dem heitern Blick eines ehrlichen Mannes und eines guten Gewissens und das war schön. Der andere machte auch ein fröhliches Gesicht, aber nur, weil er sein verloren geschätztes Geld wieder hatte. Denn wie es um seine Ehrlichkeit aussah, das wird sich bald zeigen. Er zählte das Geld und dachte unterdessen geschwinde nach, wie er den treuen Finder um seine versprochene Belohnung bringen könnte. »Guter Freund«, sprach er hierauf, »es waren eigentlich achthundert Taler in dem Tuch eingenäht. Ich finde aber nur noch siebenhundert Taler. Ihr werdet also wohl eine Naht aufgetrennt und Eure hundert Taler Belohnung schon herausgenommen haben. Da habt Ihr wohl daran getan. Ich danke Euch.« Das war nicht schön. Aber wir sind auch noch nicht am Ende. Ehrlich währt am längsten und Unrecht schlägt seinen eigenen Herrn. Der ehrliche Finder, dem es weniger um die hundert Taler als um seine unbescholtene Rechtschaffenheit zu tun war, versicherte, dass er das Päcklein so gefunden habe, wie er es bringe, und es so bringe, wie er's gefunden habe. Am Ende kamen sie vor den Richter. Beide bestanden auch hier noch auf ihrer Behauptung, der eine, dass achthundert Taler seien eingenäht gewesen, der andere, dass er von dem Gefundenen nichts genommen und das Päcklein nicht versehrt habe. Da war guter Rat teuer. Aber der kluge Richter, der die Ehrlichkeit des einen und die schlechte Gesinnung des andern zum Voraus zu kennen schien, griff die Sache so an: Er ließ sich von beiden über das, was sie aussagten, eine feste und feierliche Versicherung geben und tat hierauf folgenden Ausspruch: »Demnach, und wenn der eine von euch achthundert Taler verloren, der andere aber nur ein Päcklein mit siebenhundert Talern gefunden hat, so kann auch das Geld des Letztern nicht das nämliche sein, auf welches der Erstere ein Recht hat. Du, ehrlicher Freund, nimmst also das Geld, welches du gefunden hast, wieder zurück und behältst es in guter Verwahrung, bis der kommt, welcher nur siebenhundert Taler verloren hat. Und dir da weiß ich keinen andern Rat, als du geduldest dich, bis derjenige sich meldet, der deine achthundert Taler findet.« So sprach der Richter und dabei blieb es.

2 Welche der folgenden Sprichwörter passen auch gut zu der Kalendergeschichte von Hebel (siehe Aufgabe 1)? Welche passen schlecht oder gar nicht? Begründe deine Meinung.

1) Wer Unrecht tut, dem widerfährt Unrecht.
2) Es ist bald zerronnen, was mit Unrecht begonnen.
3) Untreue bringt Reue.
4) Zu begehrlich bleibt nicht ehrlich.
5) Lügen haben kurze Beine.
6) Ein ehrlicher Pfennig ist besser als ein gestohlener Taler.

3 Formuliere so kurz wie möglich das jeweilige Thema der folgenden Anekdoten.

Der Wirtschaftsberater Kennedys, Walter Heller, war bemüht den Gedankenflug der Intellektuellen auf den Boden der Realität zurückzuführen. »Am gefährlichsten sind die falsch verstandenen Statistiken«, pflegte er zu sagen. »Wenn ein Mann mit einem Fuß auf einer heißen Herdplatte steht und mit dem anderen in einem Eiskasten, würden die Statistiker behaupten er fühle sich im Durchschnitt sauwohl.«

Einsteinsche Relativitätstheorie, von Einstein auf sich selber angewendet: »Werde ich mit meiner Theorie Recht behalten, dann werden die Deutschen sagen, ich sei Deutscher, und die Franzosen, ich sei Weltbürger. Werde ich Unrecht behalten, dann werden die Franzosen behaupten, ich sei Deutscher, und die Deutschen, ich sei Jude.«

4 Wie würdest du die »Lehre« der folgenden Fabel zusammenfassend formulieren?

Das Blatt
Marie von Ebner-Eschenbach

Vom Winde getrieben flog ein welkes Blatt neben einem Vogel durch die Luft. »Sieh«, raschelte es triumphierend, »ich kann fliegen wie du.«
»Wenn du fliegen kannst, so mache mir das nach!«, antwortete der Vogel, wandte sich und steuerte mit kräftigem Flügel gegen den Wind.
Das Blatt aber wirbelte ohnmächtig dahin, bis sein Träger plötzlich den Atem anhielt und es in ein Bächlein fallen ließ, das klar und munter durch den Wiesengrund jagte. Nun segelte das Blatt auf den Wellen und gluckste den Fischen zu: »Seht mich an, ich kann schwimmen wie ihr!«
Die stummen Fische widersprachen ihm nicht; da blähte es sich auf und meinte: »Das sind anständige Kreaturen, die lassen einen doch gelten!«
Weiter glitt es und merkte nicht, wie es dabei aufquoll und schon faul war durch und durch.

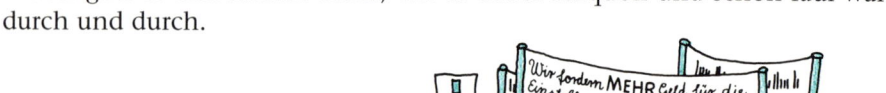

f) Verkürzungsübungen

1 Vergleiche die Spruchbänder einer Schülerdemonstration. Erfüllen sie ihren Zweck gleichermaßen gut?
2 Entwirf einen Text für ein Spruchband und einen Text für ein Plakat zu dem gleichen Thema.

Texte besitzen eine unterschiedliche **Informationsdichte**: Sie können ein Thema sehr breit, mit vielen Einzelheiten behandeln; sie können aber auch viele Einzelheiten weglassen und sehr knapp einen Sachverhalt in den wichtigsten Punkten behandeln.

Beide Darstellungsweisen haben ihre Berechtigung, sind je nach Situation und Schreiberabsicht angebracht (z. B. Annonce, Protokoll, Inhaltsangabe). Der Verfasser eines Textes sollte sich ausführlich oder zusammenfassend äußern können und dieses der Aufnahmebereitschaft und Aufnahmefähigkeit der Leser entsprechend tun (z. B. Plakat oder Wandzeitung).

1 a) Der folgende Zeitungstext besteht aus drei Teilen. Vergleiche sie hinsichtlich der Informationen, die sie liefern.
b) Warum ist der Text wohl so aufgebaut?
c) Kannst du die Überschrift (die Schlagzeile) noch weiter verkürzen?
Sie soll dann aber immer noch andeuten, worum es in dem Artikel geht, und das Interesse der Leser wecken.

Supereisberg in der Antarktis begeistert die Wissenschaftler

Washington (ap). Ein Naturereignis beispiellosen Ausmaßes in der Antarktis fasziniert zurzeit die Wissenschaftler. Ein Eisberg von gewaltiger Größe hat sich vom Schelfeis des Ross-Meeres gelöst.

Wie amerikanische Geologen berichten, treibt ein riesiger Eisberg von fast 160 km Länge und 40 km Breite vor der Küste der Antarktis. Er soll auch mehr als 200 m dick sein und damit zwei- bis dreimal so groß wie die Eismassen, die jedes Jahr vom Schelf abbrechen.

Die Masse des Eisberges sei atemberaubend, sagt der amerikanische Geologe Guy Guthridge: Angenommen, er könnte nach Kalifornien gebracht werden, so könnte er Los Angeles in den nächsten 675 Jahren mit Wasser versorgen.

2 Von einem anderen Zeitungsartikel sind hier Foto und Text abgedruckt. Formuliere mit zunehmender Verkürzung und Verdichtung der Informationen eine Unterüberschrift, eine Bildunterschrift und schließlich eine Schlagzeile.

KIEL. Das schnellste Fährschiff der Welt, die mit Gasturbinen 36 Knoten laufende »Finnjet«, traf gestern zur alljährlichen Grundüberholung wieder in Kiel ein. Das im regelmäßigen Dienst zwischen Travemünde und seinem Heimathafen Helsinki verkehrende Schiff soll bei der Howaldtswerke-Deutsche Werft AG für die neue Saison vorbereitet werden.
Es gab in Finnland zwar die Möglichkeit den Fährliner zu bauen. Aber er ist zu groß um dort zu Reparaturen eingedockt zu werden.

3 Verkürze den folgenden Zeitungstext zunächst zu einer knappen Zusammenfassung und dann zu einer Überschrift.

Die japanische Regierung hat beschlossen 30 Milliarden Yen (235 Millionen Euro) zur Befestigung einer Insel auszugeben, die nur aus zwei winzigen Felsen besteht: Die Insel Okinotorishima ragt bei Ebbe nur 30 bis 50 Zentimeter aus dem Pazifik. Der »Hauptfelsen« hat einen Durchmesser von fünf, der dicht daneben liegende andere Felsen einen Durchmesser von zwei Metern.

Aber die Insel, die 1700 Kilometer südlich von Tokio liegt, ist als Teil des japanischen Territoriums von gar nicht zu unterschätzender Bedeutung: Um sie herum beansprucht Tokio eine 200-Meilen-Zone im Pazifik, ein 400 000 Quadratkilometer großes Gebiet mit exklusiven Fischfangrechten und – in Zukunft – mit Recht auf Bergung von Meeresbodenschätzen.

In den nächsten drei Jahren, so wurde jetzt beschlossen, soll deswegen um die beiden Felsen herum ein Stahlring mit 50 Metern Durchmesser gebaut werden, der mit Beton ausgefüllt wird. Das vulkanische Gestein könnte in den Wogen des nächsten Taifuns endgültig verschwinden und die gesamte See rundherum zum internationalen Gewässer machen.

2. Verfassen von Texten

2.1 Gegenstandsbeschreibung

Ulrike soll von ihrer Großmutter zum Geburtstag einen Schreibtisch erhalten. In einem Brief an die Großmutter schreibt sie:

Liebe Oma,

inzwischen weiß ich ziemlich genau, wie der Schreibtisch aussehen soll, den ich mir wünsche, denn ich habe auf unserer Klassenfahrt in München einen gesehen, den ich ganz toll fand.
Er soll groß und aus Kiefernholz sein und auf dem hinteren Teil einen Aufsatz mit jeweils zwei kleinen Schubladen auf beiden Seiten und einem offenen Fach in der Mitte haben. In den kleinen Schubladen und in dem Fach könnte ich gut Briefe und Fotos aufbewahren. Allerdings sollen unter der Schreibtischplatte noch zusätzlich drei größere Schubladen für meine Hefte sein. Ob wir so einen Schreibtisch wohl finden?

Viele liebe Grüße
deine Ulrike

1 a) Kannst du dir den Schreibtisch vorstellen?
  b) Auf Grund welcher relativ genau angegebenen Merkmale lässt er sich von anderen Schreibtischen unterscheiden? Welche anderen Angaben sind zu pauschal gemacht worden oder fehlen ganz?

Auf **Gegenstandsbeschreibungen** trifft man im Alltag häufig in Verlustanzeigen, Prospekten, Lexikonartikeln und Auftragserteilungen, z. B. für Handwerker. Vielfach ist es sinnvoll, die sprachliche Beschreibung durch eine bildliche Darstellung zu ergänzen.
Wie genau der Gegenstand beschrieben wird, z. B. durch Fachausdrücke, ist abhängig davon, für wen und zu welchem Zweck die Darstellung erfolgt.

Häufig empfiehlt es sich, mit der Beschreibung des gesamten Erscheinungsbildes oder des Verwendungszwecks des Gegenstands zu beginnen und danach Einzelheiten aufzuzeigen und Besonderheiten hervorzuheben.
Im Allgemeinen ist die Verwendung des Präsens angemessen.

Bei der Stoffsammlung für eine Gegenstandsbeschreibung können folgende
Gesichtspunkte hilfreich sein:
- Bezeichnung,
- Funktion,
- Form und Farbe,
- Größe (Länge, Breite, Höhe, Durchmesser),
- Material,
- besondere Kennzeichen.

1 a) Warum empfiehlt die Polizei nach dem Kauf eines Fahrrads eine
Fahrradbeschreibung nach folgendem Muster anzulegen?
b) Wie unterscheiden sich Sport- und Rennrad voneinander?
c) Welche Merkmale könnten deiner Meinung nach noch in diese Liste
aufgenommen werden?
d) Fertige eine ausführliche Beschreibung deines Fahrrads an.
Berücksichtige dabei die in dem Muster genannten Stichpunkte.

Fahrradbeschreibung:

Bitte alles Zutreffende ankreuzen ☐

Art des Rades:
☐ Kinderrad   ☐ Jugendrad
☐ Damenrad   ☐ Herrenrad
☐ Sportrad   ☐ Rennrad
☐ Klapprad   ☐ _____
Marke und Modell des Rades: _____
_____

Farbe des Rahmens: _____
Farbe der Schutzbleche: _____
Reifenmarke und -größe:
(s. Reifenmantel) _____
_____
Kaufdatum: _____ Kaufpreis: _____

Rahmen-Nummer: _____

Nummer ist entweder am Tretlager, an der hinteren Gabel oder am Sattelkopf. Falls nicht vorhanden, nachträglich Nummer (z. B. Geburtsdatum) einschlagen lassen.
Sattelform:
☐ Sport   ☐ Renn   ☐ Standard
Gangschaltung:
☐ Nabenschaltung mit _____ Gängen
☐ Kettenschaltung mit _____ Gängen
☐ Ohne
Zubehör/Besonderheiten:
☐ Tacho, Marke _____
☐ Lenkerumwicklung, Farbe _____
☐ Bowdenzugumwicklung, Farbe _____
Sonstiges: _____
Beschädigungen: _____
_____

2 Entwickle eine ähnliche Merkmalsliste für Armbanduhren und nimm darin
die Eintragungen für eine der hier abgebildeten Uhren vor.

3 Stefan hat seine Jacke im Zug vergessen. Er gibt folgende Verlustmeldung ab:

Mein schwarze Lederjacke hat einen schräg eingesetzten Reißverschluss und viele Steppnähte. Auf der linken Vorderseite ist ein kleines Emblem. Rechts vor der Brust ist eine senkrecht angebrachte Tasche, die mit einem Reißverschluss zu schließen ist. Die anderen beiden Taschen haben normale Eingriffe. Im Bund ist ein Gummizug.

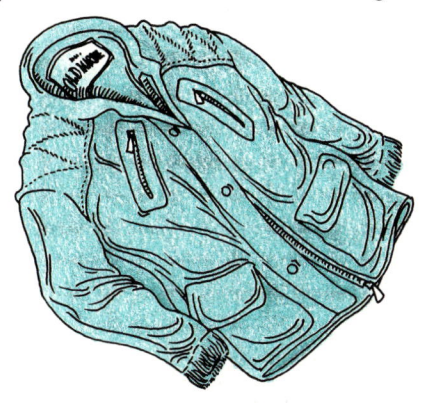

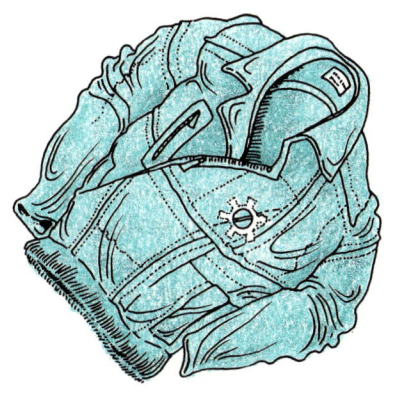

a) Auf welche der beiden abgebildeten Lederjacken trifft diese Beschreibung zu?
b) Welche zusätzlichen Angaben muss man machen um Stefans Lederjacke möglichst vollständig zu beschreiben?
c) Überarbeite und ergänze die Beschreibung.
d) Die zweite hier abgebildete Jacke könnte folgendermaßen von einer Textilverkäuferin beschrieben werden:

Die schwarze Nappa-Lederjacke Größe 50 ist hüftlang und trägt das Firmenetikett »Old Marble«. Sie hat eine rautenförmige Steppverzierung auf den Schultern und Bündchen an den Ärmeln. Man kann sie hochgeschlossen oder geöffnet tragen. Geschlossen wird sie durch einen Reißverschluss, der durch eine Patte verdeckt wird, die zusätzlich noch einige Druckknöpfe enthält. Zwei aufgesetzte Taschen mit Klappen befinden sich in Hüfthöhe, zwei schräg eingesetzte, die jeweils durch einen Reißverschluss verschlossen werden, auf jeder Seite in Brusthöhe.

e) Wie man an dem zweiten Text sehen kann, lässt es sich vermeiden, ständig Formen von *sein* und *haben* zu verwenden. Versuche auch im ersten Text einige Hilfsverben durch passende Vollverben zu ersetzen.
f) Suchspiel: Fertige eine ähnlich genaue Beschreibung für deine Jacke an. Verzichte dabei ausnahmsweise darauf, die Farbe zu nennen. Lass die Jacke auf Grund deiner Beschreibung von anderen aus einer größeren Anzahl von Jacken identifizieren.

2.2 Charakteristik

Unsere Gallier

Asterix, der Held dieser Abenteuer. Ein listiger kleiner Krieger, voll sprühender Intelligenz, dem alle gefährlichen Aufträge bedenkenlos anvertraut werden.
Asterix schöpft seine übermenschliche Kraft aus dem Zaubertrank des Druiden Miraculix...

Obelix ist seines Zeichens Lieferant für Hinkelsteine, großer Liebhaber von Wildschweinbraten und stets bereit, alles liegen und stehen zu lassen, um mit Asterix ein neues Abenteuer zu bestehen. Vorausgesetzt, dass es Wildschwein und tüchtige Raufereien gibt...

Miraculix, der ehrwürdige Druide des Dorfes, schneidet Misteln und braut Zaubertränke. Sein größter Erfolg ist ein Trank, der übermenschliche Kräfte verleiht. Doch Miraculix hat noch andere Rezepte in Reserve...

Troubadix ist der Barde! Die Meinungen über sein Talent sind geteilt: er selbst findet sich *genial*, alle anderen finden ihn *unbeschreiblich*.
Doch wenn er nichts sagt, ist er ein fröhlicher Geselle, der von allen geschätzt wird...

Majestix schließlich ist der Häuptling des Stammes. Ein majestätischer, mutiger, argwöhnischer alter Krieger, von seinen Leuten respektiert, von seinen Feinden gefürchtet. Majestix fürchtet nur ein Ding: dass ihm der Himmel auf den Kopf fallen könnte! Doch, wie er selbst sagt: »Es ist noch nicht aller Tage Abend.«

1 Die hier dargestellten Helden sind einem breiten Publikum bekannt. Auf der zweiten Seite eines jeden Asterix-Heftes werden sie den Lesern in dieser Weise vorgestellt. Überlege, was der Text dem Leser an Informationen vermittelt.
2 Wodurch werden in den Texten die einzelnen Personen besonders anschaulich dargestellt? Achte dabei auch auf die Verwendung der Wortarten.
3 Diese Darstellungen sollen witzig wirken. Zeige auf, wodurch dies gelingt.
4 Wo werden die Personen direkt, z. B. durch Adjektive oder andere Attribute, charakterisiert?
5 Wo erhält man indirekt (z. B. durch Darstellung ihrer Handlungsweise oder ihrer Denkungsart) Informationen über ihren Charakter?
6 Welche Funktion haben die Namen der dargestellten Personen?

In literarischen Werken werden von Autoren erdachte Personen durch Sprache dargestellt. In der **Charakteristik** werden die wesentlichen Eigenschaften einer literarischen Figur beschrieben und häufig auch kommentiert.

Hinweise auf **Charaktermerkmale** können geben:
– das Äußere der Figur (Alter, körperliche Besonderheiten, Kleidung ...),
– Lebensumstände (soziale Herkunft, Beruf ...),
– Verhaltensweisen (Handlungen, Sprechweise ...),
– Aussagen und Gedanken der Figur über sich selbst,
– Aussagen anderer Personen über die Figur.

Gelegentlich macht der Autor selbst charakterisierende Aussagen.

Aufgabe des Verfassers einer Charakteristik ist es, die **direkten Aussagen** über eine Person (Nennung von Charaktereigenschaften) wie auch die **indirekten Hinweise** (Rückschlüsse, die man auf Grund bestimmter Handlungsweisen gezogen hat) deutend zusammenzufassen. Zitate aus der Textvorlage sollten nur dann übernommen werden, wenn sie das Wesen der Person in ganz besonderem Maße treffen. Sie sollen immer als solche durch Anführungsstriche kenntlich gemacht werden.

Die Charakteristik wird in der 3. Person und – wie alle Beschreibungen – im Präsens geschrieben; zum Ausdruck der Vorzeitigkeit wird das Perfekt verwendet.

Eine Charakteristik kann zu verschiedenen Zwecken geschrieben werden und sich an unterschiedliche Adressaten wenden. Davon abhängig ist, ob die Gesamthandlung des Textes als bekannt vorausgesetzt wird oder ob sie in der Charakteristik noch erläutert werden muss. Das sollte jeweils in der Aufgabenstellung deutlich werden.

1 Es ist nicht immer einfach, treffend zu charakterisieren. Häufig muss man genau abwägen, welche Eigenschaft eine literarische Figur am meisten prägt.
Heinrich von Kleist entwirft in der folgenden Anekdote ein ganz bestimmtes Bild von dem berühmten Musiker und Komponisten Bach. Durch welchen der folgenden Begriffe ließe sich diese Figur am besten kennzeichnen:
gefühllos – zerstreut – hilflos?
Belege deine Meinung durch Textstellen.

»Bach, als seine Frau starb, sollte zum Begräbnis Anstalten machen. Der arme Mann war aber gewohnt alles durch seine Frau besorgen zu lassen; dergestalt, dass da ein alter Bedienter kam, und ihm für Trauerflor, den er einkaufen wollte, Geld abforderte, er unter stillen Tränen, den Kopf auf einen Tisch gestützt, antwortete: ›sagts meiner Frau‹.«

2 Am Beispiel des folgenden Textes soll eine Charakteristik erarbeitet werden. Lies zunächst den Text gründlich durch.

Die unwürdige Greisin
Bertolt Brecht

Meine Großmutter war zweiundsiebzig Jahre alt, als mein Großvater starb. Er hatte eine kleine Lithographenanstalt* in einem badischen Städtchen und arbeitete darin mit zwei, drei Gehilfen bis zu seinem Tod. Meine Großmutter besorgte ohne Magd den Haushalt, betreute das alte, wacklige Haus und
5 kochte für die Mannsleute und Kinder.
Sie war eine kleine magere Frau mit lebhaften Eidechsenaugen, aber langsamer Sprechweise. Mit recht kärglichen Mitteln hatte sie fünf Kinder großgezogen – von den sieben, die sie geboren hatte. Davon war sie mit den Jahren kleiner geworden.
10 Von den Kindern gingen die zwei Mädchen nach Amerika, und zwei Söhne zogen ebenfalls weg. Nur der Jüngste, der eine schwache Gesundheit hatte, blieb im Städtchen. Er wurde Buchdrucker und legte sich eine viel zu große Familie zu.
So war sie allein im Haus, als mein Großvater gestorben war.
15 Die Kinder schrieben sich Briefe über das Problem, was mit ihr zu geschehen hätte. Einer konnte ihr bei sich ein Heim anbieten, und der Buchdrucker wollte mit den Seinen zu ihr ins Haus ziehen. Aber die Greisin verhielt sich abweisend zu den Vorschlägen und wollte nur von jedem ihrer Kinder, das dazu imstande war, eine kleine geldliche Unterstützung annehmen. Die
20 Lithographenanstalt, längst veraltet, brachte fast nichts beim Verkauf, und es waren auch Schulden da.

---
*Lithographenanstalt: Druckerei

Die Kinder schrieben ihr, sie könne doch nicht ganz allein leben, aber als sie darauf überhaupt nicht einging, gaben sie nach und schickten ihr monatlich ein bißchen Geld. Schließlich, dachten sie, war ja der Buchdrucker im Städtchen geblieben.

Der Buchdrucker übernahm es auch, seinen Geschwistern mitunter über die Mutter zu berichten. Seine Briefe an meinen Vater, und was dieser bei einem Besuch und nach dem Begräbnis meiner Großmutter zwei Jahre später erfuhr, geben mir ein Bild von dem, was in diesen zwei Jahren geschah.

Es scheint, daß der Buchdrucker von Anfang an enttäuscht war, daß meine Großmutter sich weigerte, ihn in das ziemlich große und nun leerstehende Haus aufzunehmen. Er wohnte mit vier Kindern in drei Zimmern. Aber die Greisin hielt überhaupt nur eine sehr lose Verbindung mit ihm aufrecht. Sie lud die Kinder jeden Sonntagnachmittag zum Kaffee, das war eigentlich alles.

Sie besuchte ihren Sohn ein- oder zweimal in einem Vierteljahr und half der Schwiegertochter beim Beereneinkochen. Die junge Frau entnahm einigen ihrer Äußerungen, daß es ihr in der kleinen Wohnung des Buchdruckers zu eng war. Dieser konnte sich nicht enthalten, in seinem Bericht darüber ein Ausrufezeichen anzubringen.

Auf eine schriftliche Anfrage meines Vaters, was die alte Frau denn jetzt so mache, antwortete er ziemlich kurz, sie besuche das Kino.

Man muß verstehen, daß das nichts Gewöhnliches war, jedenfalls nicht in den Augen ihrer Kinder. Das Kino war vor dreißig Jahren noch nicht, was es heute ist. Es handelte sich um elende, schlecht gelüftete Lokale, oft in alten Kegelbahnen eingerichtet, mit schreienden Plakaten vor dem Eingang, auf denen Morde und Tragödien der Leidenschaft angezeigt waren. Eigentlich gingen nur Halbwüchsige hin oder, des Dunkels wegen, Liebespaare. Eine einzelne alte Frau mußte dort sicherlich auffallen.

Und so war noch eine andere Seite dieses Kinobesuchs zu bedenken. Der Eintritt war gewiß billig, da aber das Vergnügen ungefähr unter den Schleckereien rangierte, bedeutete es »hinausgeworfenes Geld«. Und Geld hinauszuwerfen, war nicht respektabel.

Dazu kam, daß meine Großmutter nicht nur mit ihrem Sohn am Ort keinen regelmäßigen Verkehr pflegte, sondern auch sonst niemanden von ihren Bekannten besuchte oder einlud. Sie ging niemals zu den Kaffeegesellschaften des Städtchens. Dafür besuchte sie häufig die Werkstatt eines Flickschusters in einem armen und sogar etwas verrufenen Gäßchen, in der, besonders nachmittags, allerlei nicht besonders respektable Existenzen herumsaßen, stellungslose Kellnerinnen und Handwerksburschen. Der Flickschuster war ein Mann in mittleren Jahren, der in der ganzen Welt herumgekommen war, ohne es zu etwas gebracht zu haben. Es hieß auch, daß er trank. Er war jedenfalls kein Verkehr für meine Großmutter.

Der Buchdrucker deutete in einem Brief an, daß er seine Mutter darauf hingewiesen, aber einen recht kühlen Bescheid bekommen habe. »Er hat etwas gesehen«, war ihre Antwort, und das Gespräch war damit zu Ende. Es war nicht leicht, mit meiner Großmutter über Dinge zu reden, die sie nicht bereden wollte.

Etwa ein halbes Jahr nach dem Tod des Großvaters schrieb der Buchdrucker meinem Vater, daß die Mutter jetzt jeden zweiten Tag im Gasthof esse.
Was für eine Nachricht!

Großmutter, die zeit ihres Lebens für ein Dutzend Menschen gekocht und immer nur die Reste aufgegessen hatte, aß jetzt im Gasthof! Was war in sie gefahren?

Bald darauf führte meinen Vater eine Geschäftsreise in die Nähe, und er besuchte seine Mutter.

Er traf sie im Begriffe auszugehen. Sie nahm den Hut wieder ab und setzte ihm ein Glas Rotwein mit Zwieback vor. Sie schien ganz ausgeglichener Stimmung zu sein, weder besonders aufgekratzt noch besonders schweigsam. Sie erkundigte sich nach uns, allerdings nicht sehr eingehend, und wollte hauptsächlich wissen, ob es für die Kinder auch Kirschen gäbe. Da war sie ganz wie immer. Die Stube war natürlich peinlich sauber, und sie sah gesund aus.

Das einzige, was auf ihr neues Leben hindeutete, war, daß sie nicht mit meinem Vater auf den Gottesacker gehen wollte, das Grab ihres Mannes zu besuchen. »Du kannst allein hingehen«, sagte sie beiläufig, »es ist das dritte von links in der elften Reihe. Ich muß noch wohin.«

Der Buchdrucker erklärte nachher, daß sie wahrscheinlich zu ihrem Flickschuster mußte. Er klagte sehr.

»Ich sitze hier in diesen Löchern mit den Meinen und habe nur noch fünf Stunden Arbeit und schlecht bezahlte, dazu macht mir mein Asthma wieder zu schaffen, und das Haus in der Hauptstraße steht leer.«

Mein Vater hatte im Gasthof ein Zimmer genommen, aber erwartete, daß er zum Wohnen doch von seiner Mutter eingeladen werden würde, wenigstens pro forma, aber sie sprach nicht davon. Und sogar, als das Haus voll gewesen war, hatte sie immer etwas dagegen gehabt, daß er nicht bei ihnen wohnte und dazu das Geld für das Hotel ausgab!

Aber sie schien mit ihrem Familienleben abgeschlossen zu haben und neue Wege zu gehen, jetzt, wo ihr Leben sich neigte. Mein Vater, der eine gute Portion Humor besaß, fand sie »ganz munter« und sagte meinem Onkel, er solle die alte Frau machen lassen, was sie wolle.

Aber was wollte sie?

Das nächste, was berichtet wurde, war, daß sie eine Bregg bestellt hatte und nach einem Ausflugsort gefahren war, an einem gewöhnlichen Donnerstag.

Eine Bregg war ein großes, hochrädriges Pferdegefährt mit Plätzen für ganze Familien. Einige wenige Male, wenn wir Enkelkinder zu Besuch gekommen waren, hatte Großvater die Bregg gemietet. Großmutter war immer zu Hause geblieben. Sie hatte es mit einer wegwerfenden Handbewegung abgelehnt mitzukommen.

110 Und nach der Bregg kam die Reise nach K., einer größeren Stadt, etwa zwei Eisenbahnstunden entfernt. Dort war ein Pferderennen, und zu dem Pferderennen fuhr meine Großmutter.
Der Buchdrucker war jetzt durch und durch alarmiert. Er wollte einen Arzt hinzugezogen haben. Mein Vater schüttelte den Kopf, als er den Brief las,
115 lehnte aber die Hinzuziehung eines Arztes ab.
Nach K. war meine Großmutter nicht allein gefahren. Sie hatte ein junges Mädchen mitgenommen, eine halb Schwachsinnige, wie der Buchdrucker schrieb, das Küchenmädchen des Gasthofs, in dem die Greisin jeden zweiten Tag speiste.
120 Dieser »Krüppel« spielte von jetzt an eine Rolle.
Mein Großmutter schien einen Narren an ihr gefressen zu haben. Sie nahm sie mit ins Kino und zum Flickschuster, der sich übrigens als Sozialdemokrat herausgestellt hatte, und es ging das Gerücht, daß die beiden Frauen bei einem Glas Rotwein in der Küche Karten spielten.
125 »Sie hat dem Krüppel jetzt einen Hut gekauft mit Rosen drauf«, schrieb der Buchdrucker verzweifelt. »Und unsere Anna hat kein Kommunionkleid!«
Die Briefe meines Onkels wurden ganz hysterisch, handelten nur von der »unwürdigen Aufführung unserer lieben Mutter« und gaben sonst nichts mehr her. Das Weitere habe ich von meinem Vater.
130 Der Gastwirt hatte ihm mit Augenzwinkern zugeraunt: »Frau B. amüsiert sich ja jetzt, wie man hört.«
In Wirklichkeit lebte meine Großmutter auch diese letzten Jahre keinesfalls üppig. Wenn sie nicht im Gasthof aß, nahm sie meist nur ein wenig Eierspeise zu sich, etwas Kaffee und vor allem ihren geliebten Zwieback. Dafür
135 leistete sie sich einen billigen Rotwein, von dem sie zu allen Mahlzeiten ein kleines Glas trank. Das Haus hielt sie sehr rein, und nicht nur die Schlafstube und die Küche, die sie benutzte. Jedoch nahm sie darauf ohne Wissen ihrer Kinder eine Hypothek auf. Es kam niemals heraus, was sie mit dem Geld machte. Sie scheint es dem Flickschuster gegeben zu haben. Er zog
140 nach ihrem Tod in eine andere Stadt und soll dort ein größeres Geschäft für Maßschuhe eröffnet haben.
Genau betrachtet lebte sie hintereinander zwei Leben. Das eine, erste, als Tochter, als Frau und als Mutter und das zweite einfach als Frau B., eine alleinstehende Person ohne Verpflichtungen und mit bescheidenen, aber
145 ausreichenden Mitteln. Das erste Leben dauerte etwa sechs Jahrzehnte, das zweite nicht mehr als zwei Jahre.
Mein Vater brachte in Erfahrung, daß sie im letzten halben Jahr sich gewisse Freiheiten gestattete, die normale Leute gar nicht kennen. So konnte sie im Sommer früh um drei Uhr aufstehen und durch die leeren
150 Straßen des Städtchens spazieren, das sie so für sich ganz allein hatte. Und den Pfarrer, der sie besuchen kam, um der alten Frau in ihrer Vereinsamung Gesellschaft zu leisten, lud sie, wie allgemein behauptet wurde, ins Kino ein!

Sie war keinesweg vereinsamt. Bei dem Flickschuster verkehrten anschei-
155 nend lauter lustige Leute, und es wurde viel erzählt. Sie hatte dort immer
eine Flasche ihres eigenen Rotweins stehen, und daraus trank sie ihr Gläs-
chen, während die anderen erzählten und über die würdigen Autoritäten der
Stadt loszogen. Dieser Rotwein blieb für sie reserviert, jedoch brachte sie mitunter der Gesellschaft stärkere Getränke mit.
160 Sie starb ganz unvermittelt an einem Herbstnachmittag in ihrem Schlafzimmer, aber nicht im Bett, sondern auf dem Holzstuhl am Fenster. Sie hatte den
»Krüppel« für den Abend ins Kino eingeladen, und so war das Mädchen bei
ihr, als sie starb. Sie war vierundsiebzig Jahre alt.
Ich habe eine Fotografie von ihr gesehen, die sie auf dem Totenbett zeigt und
165 die für die Kinder angefertigt worden war.
Man sieht ein winziges Gesichtchen mit vielen Falten und einen schmallip-
pigen, aber breiten Mund. Viel Kleines, aber nichts Kleinliches. Sie hatte die
langen Jahre der Knechtschaft und die kurzen Jahre der Freiheit ausgekostet
und das Brot des Lebens aufgezehrt bis auf den letzten Brosamen.

Tipp ▪ Wie erstellt man eine Charakteristik?

Beim Erstellen einer Charakteristik kann es sinnvoll sein, in folgenden Arbeitsschritten vorzugehen:

1) Man sammelt zuerst Material, d.h. man liest den Text gründlich und markiert
dabei (z. B. auf einer Kopie) Textstellen, in denen über die zu charakterisierende Person wichtige Aussagen gemacht werden, oder man schreibt die
Informationen in Stichworten heraus.

2) Im zweiten Schritt wertet man das gesammelte Material aus.

Es ist hilfreich die ersten beiden Arbeitsschritte jeweils unter bestimmten
Gesichtspunkten vorzunehmen, z. B.:
– Äußeres der Person, besondere Lebensumstände,
– auffällige Verhaltensweisen,
– Gedanken und Aussagen anderer Figuren über die zu charakterisierende
Person,
– Haltung des Autors gegenüber der Person.

3) Im dritten Schritt formuliert man aus dem gesammelten Material und den
dazu gefundenen Erklärungen eine zusammenhängende Darstellung, die
Charakteristik.

3 Erarbeite nun eine Charakteristik der Frau B. aus der Geschichte
Die unwürdige Greisin.
Gehe dabei entsprechend den folgenden Arbeitsschritten vor.

1. Schritt: Materialsammlung

- **Äußeres, besondere Lebensumstände**
  In Zeile 6 f. heißt es: »Sie war eine kleine magere Frau mit lebhaften Eidechsenaugen, aber langsamer Sprechweise.«
  a) Hier stellt der Autor zwei äußere Merkmale der Frau B. dar. Schreibe diese und weitere Informationen, die in dem Text über das Äußere der Frau B. und ihre besonderen Lebensumstände enthalten sind, in Stichworten heraus.

- **Auffällige Verhaltensweisen**
  In Zeile 16 f. heißt es: »Aber die Greisin verhielt sich abweisend zu den Vorschlägen …«
  b) Hier zeigt die Greisin deutlich ein für sie ungewöhnliches Verhalten. Suche weitere Textstellen, in denen ihr Verhalten von den Erwartungen der Familie abweicht. Lege dazu eine Tabelle an, in der du ihr Verhalten vor und nach dem Tod ihres Mannes einander gegenüberstellst.

- **Gedanken und Aussagen anderer**
  In Zeile 123 f. wird folgende Äußerung des Gastwirts wiedergegeben: »Frau B. amüsiert sich ja jetzt, wie man hört.«
  c) Suche weitere Textstellen, die deutlich machen, was andere Personen über die Frau sagen und denken.
  Berücksichtige dabei besonders die Einstellung des Erzählers.

- **Haltung des Autors**
  In diesem Text findet man einen direkten Hinweis auf die Einstellung des Autors nur in der Überschrift.
  d) Suche diesen direkten Hinweis.

2. Schritt: Materialauswertung

- **Äußeres, besondere Lebensumstände**
  e) Was sagt die Textstelle in Zeile 6/7 über das Wesen der Frau aus? Werte weitere Angaben über das Äußere aus.
  Inwiefern ist Frau B. geprägt worden durch die Lebensumstände vor dem Tod ihres Mannes?

- **Auffällige Verhaltensweisen**
  f) Finde Erklärungen für das auffällige Verhalten der Frau nach dem Tod ihres Mannes, indem du ihre früheren Verhaltensweisen mit den späteren vergleichst.

- **Gedanken und Aussagen anderer**

  g) Welche Einschätzung spiegelt sich in der Aussage des Gastwirts wider? Vergleiche damit die Aussagen anderer Personen.

- **Haltung des Autors**

  h) Welche Einstellung des Autors lässt sich der Überschrift entnehmen? Was ist mit »unwürdige Greisin« gemeint? Ist sie wirklich »unwürdig«?

3. Schritt: Zusammenhängende Darstellung

Im Folgenden findest du zwei Möglichkeiten für den Anfang einer Charakteristik.

Der Erzähler der Geschichte »Die unwürdige Greisin«, ein entfernt von der Großmutter lebendes Enkelkind, beendet die Geschichte mit folgendem Satz: »Sie hatte die langen Jahre der Knechtschaft und die kurzen Jahre der Freiheit ausgekostet und das Brot des Lebens aufgezehrt bis auf den letzten Brosamen.« Mit den langen Jahren der Knechtschaft meint er ihr Leben als Tochter, Hausfrau und Mutter, und mit den kurzen Jahren der Freiheit meint er die zwei Jahre, in denen Frau B. nur noch ihren eigenen Interessen nachgegangen ist. Die Veränderung der Frau B. beginnt mit dem Tod ihres Mannes. Sie zeigt sich an vielen Verhaltensweisen, z. B. ...

Der jüngste Sohn der Frau B. berichtet in den Briefen an seinen Bruder von der »unwürdigen Aufführung unserer lieben Mutter« und kritisiert damit das »zweite Leben« der Frau B. heftig, während ihr auswärts lebendes Enkelkind eher Verständnis für das nach dem Tod des Großvaters veränderte Leben der Großmutter entwickelt. Um festzustellen, welche Auffassung dem Charakter der Frau B. eher gerecht wird, soll diese literarische Figur hier näher betrachtet werden.

   i) Beschreibe, wie die beiden Autoren bei der Formulierung ihrer Einleitungen vorgegangen sind.
   j) Schreibe nun selbst eine Einleitung, indem du mit der Beschreibung des Äußeren und der Lebensumstände beginnst.
   k) Setze die Charakteristik fort.

4 Lies die folgende Charakteristik, die sich auf die Figur des Kommissars Bärlach aus dem Roman *Der Richter und sein Henker* von Friedrich Dürrenmatt bezieht.

Kommissar Hans Bärlach ist eine der Hauptfiguren in Dürrenmatts Roman »Der Richter und sein Henker«, dessen Handlung im November 1948 in der Schweiz spielt. Er hat in dem Roman die Aufgabe, den Mord an dem Polizeioffizier Schmied aufzuklären.

Zum Zeitpunkt der Handlung ist Bärlach über 60 Jahre alt und lebt in seiner Heimatstadt Bern, in die er nach längeren Auslandsaufenthalten in Konstantinopel und Frankfurt 1933 zurückgekehrt ist. Seitdem bewohnt er allein ein Haus am Fluss Aare, dessen Haustür er gewöhnlich unverschlossen lässt. Angehörige und enge Freunde scheint er nicht zu haben, lediglich zu seinem Hausarzt Dr. Hungertobel besteht aus Schultagen ein Vertrauensverhältnis.

Äußerlich wirkt Bärlach unauffällig, doch hat er einige Eigenheiten. So liebt er es, Zigarren zu rauchen, Wein zu trinken und gut und üppig zu essen, obwohl er schwer magenkrank ist und dies nicht dürfte. Nur ungern lässt er sich mit dem Auto chauffieren, wobei er hohe Geschwindigkeiten hasst, sonst geht er zu Fuß.

Er ist ein mutiger Mensch und hat wenig Respekt vor Vorgesetzten. Das wird durch verschiedene Tatsachen deutlich, z. B. dadurch, dass er während seiner Tätigkeit in Frankfurt im Jahre 1933 einem hohen Beamten der NS-Regierung eine Ohrfeige gegeben hat, oder dadurch, dass er auch später nie mit Kritik an seinem Vorgesetzten, Dr. Lutz, zurückhält.

Bezüglich der Methoden der Verbrechensbekämpfung hat er ganz andere Vorstellungen als sein Vorgesetzter Dr. Lutz, der in New York die modernen wissenschaftlichen Methoden kennen und schätzen gelernt hat. Bärlach verzichtet auf aufwendige technische Hilfsmittel und benutzt nur kühl und berechnend seinen eigenen Verstand um der Gerechtigkeit zu dienen. Hierbei handelt er unkonventionell und nicht immer mit ganz legalen Methoden, was der Auftrag, den Schmied für Bärlach ausführen sollte, erkennen lässt.

Auf Grund seiner Menschenkenntnis und eines gewissen schauspielerischen Talents gelingt es ihm oft, überzeugend so zu tun, als wisse er von nichts und sich so zu tarnen. Der Besuch bei Frau Schönler zeigt, wie er vermeidet, lügen zu müssen, indem er doppeldeutige Antworten gibt. Während des Besuchs beim Schriftsteller werden Bärlachs psychologische Fähigkeiten erkennbar, da er der anfänglichen Überlegenheit des Schriftstellers trotzt und diesen im Verlauf des Gesprächs mit seinen eigenen Methoden schlägt.

Seine unbändigen Kräfte und Möglichkeiten tarnt Bärlach durch Hinweise auf seine schwere Erkrankung, sodass seine Gegner ihn unterschätzen. Er bezeichnet sich selbst als »einen alten Kater, der gern Mäuse frißt« (S. 21). Wie gut dieser Vergleich zutrifft, wird deutlich im Spiel des Kommissars mit Tschanz, den er erst Beweise liefern lässt, um ihm anschließend Fallen zu stellen und so als Werkzeug für seine Ziele zu auszunutzen. Von einem bestimmten Zeitpunkt an duzt Bärlach Tschanz unvermittelt, wodurch seine Geringschätzung für seinen Assistenten deutlich wird.

Im Gegensatz zu seinem alten Gegenspieler Gastmann, den er wegen seiner Straftaten überführen will, vertritt er die Auffassung, dass Verbrechen sich

45 nicht lohnten, weil sie gewöhnlich durch Zufälle aufgeklärt würden. Gastmann formuliert diese Auffassung in einem Gespräch mit Bärlach folgendermaßen: »Ein Verbrechen zu begehen, nanntest du eine Dummheit, weil es unmöglich sei, mit Menschen wie mit Schachfiguren zu operieren.« (S. 67). Mit der biederen Redlichkeit, die hinter dieser Auffassung steht, hat er den
50 jungen Gastmann 40 Jahre zuvor geradezu dazu herausgefordert, vor seinen Augen einen Mord zu begehen.
Bärlachs Hauptziel in seinem weiteren Leben ist es geworden, Gastmann dieses Verbrechen nachzuweisen und ihn der Tat zu überführen. Zu diesem Zweck benutzt er Tschanz entgegen seiner früheren Theorie wie eine Schach-
55 figur. Das Erreichen dieses Ziels verfolgt er mit einer solchen Verbissenheit, dass in seinem Leben kaum noch Platz für andere Dinge bleibt, noch nicht einmal für die Bekämpfung seiner eigenen Krankheit. Dieses Verhalten macht ihn zu einem einsamen Menschen, wie es auch sein alter Schulfreund Dr. Hungertobel empfindet, als Bärlach ihm »in ferner, kalter Einsamkeit«
60 gegenübersitzt.
Der Autor lässt Bärlach als zwielichtige Figur erscheinen: Einerseits lässt er ihn für die Gerechtigkeit kämpfen, andererseits zeigt er auf, dass dieser selbst ernannte Richter in seinem Kampf für die Gerechtigkeit unlautere Methoden benutzt und deswegen sein Ziel nicht erreichen kann. Wie fragwürdig ihm
65 die Rolle des Richters erscheint, wird schon dadurch deutlich, dass er ihm im Titel einen Henker an die Seite stellt.

5 a) Gib in Stichworten die Gliederung der Charakteristik wieder.
b) Zeige auf, an welchen Stellen der Schüler seine charakterisierenden Aussagen belegt.
c) An drei Stellen (Z. 37, Z. 48, Z. 59) sind Zitate in den Text eingebaut. Welchem Zweck dienen sie?

Tipp ▪ Hinweise für das Schreiben einer Charakteristik

Beim Schreiben einer Charakteristik ist Folgendes zu beachten:
1) Einzelne Beobachtungen sollten nicht nur aufzählend aneinander gereiht, sondern in Themenkomplexen miteinander verknüpft werden.

2) Beim Schreiben sollte man sich nicht zu sehr an die Formulierungen des Autors anlehnen.

3) Zitate sollte man nur aufnehmen, wenn sie in besonderer Weise Aussagen oder Schlussfolgerungen belegen.

4) Man sollte keine ausführliche Inhaltsangabe schreiben, sondern die Rahmenhandlung nur andeuten und immer wieder auf die zu charakterisierende Person beziehen.

2.3 Vorgangsbeschreibung

Was tun bei Verbrennungen?

Durch ausgedehnte Brandwunden verliert der Körper große Mengen Gewebsflüssigkeit mit Salzen. Dieser Flüssigkeitsverlust führt, ähnlich wie ein stärkerer Blutverlust, zum Schock. Dabei wirkt der Verbrennungsschmerz verstärkend. Durch Wundinfektion kommt es zu Eiterungen und zu verzögerter Wundheilung.

Maßnahmen

- Kleiderbrände sofort löschen:
  Brennende Personen in jedem Fall aufhalten. Mit Wasser übergießen/in Wasser eintauchen oder in Wolldecken hüllen.
  Flammen mit Tüchern ersticken oder Betroffenen auf dem Boden wälzen.
  Bei Einsatz von Feuerlöschern diese nicht auf das Gesicht richten.
- Bei Verbrühungen Kleidung möglichst rasch entfernen.
- Bei Verbrennungen an Armen und Beinen Kaltwasseranwendung.
  Dazu:
  Gliedmaßen sofort in kaltes Wasser eintauchen oder unter fließendes Wasser halten, bis der Schmerz nachlässt (mindestens 15 Minuten).
- Bei Verbrennungen am Körperstamm keine Wasseranwendung, da der Kälteschock den Zustand des Betroffenen verschlimmert.
- Schockbekämpfung.
- Keimfreie Bedeckung der Brandwunden mit Brandwundenverbandpäckchen, mit Brandwundenverbandtüchern, mit Metalline-Tüchern, notfalls auch mit frischen Leinentüchern.
- Wärmeerhaltung durch Zudecken mit einer Decke, dabei Druck vermeiden.
- Schluckweise Salzwasser zu trinken geben, jedoch nicht bei:
  – Bewusstseinsstörungen,
  – Schock,
  – Gesichtsverbrennungen,
  – Verletzungen im Magen-Darm-Bereich,
  – Übelkeit.
- Ständige Überprüfung der vitalen Funktionen:
  – Bewusstsein,
  – Puls,
  – Atmung (insbesondere bei Unfällen mit elektrischem Strom).
- Evtl. Atemspende.
- Grundsätzliches Verbot der Anwendung von Hausmitteln.
- Notruf.

(Aus: Leitfaden des DRK zur ersten Hilfe)

1 Welche Absicht wird mit dem Text verfolgt?
2 An wen wendet er sich?
3 Ist er für dich verständlich?
4 Durch welche sprachlichen und drucktechnischen Mittel wurde versucht diese Anweisung übersichtlich und schnell erfassbar zu gestalten?
5 Vollziehe die Gliederung der Anweisung nach und mache dir klar, warum sie in der angegebenen Reihenfolge erfolgt.
6 Formuliere die stichwortartigen Anweisungen des Abschnitts »Maßnahmen« aus. Vergleicht eure Lösungen.

Man findet **Vorgangsbeschreibungen** in vielen verschiedenen Bereichen des Lebens, z. B. als Gebrauchsanweisung, Versuchsbeschreibung, Bastelanleitung und Koch- oder Backrezept. Damit die Darstellung für den Adressaten nachvollziehbar ist, muss sie folgerichtig aufgebaut und übersichtlich gegliedert sein.

Die sprachliche Darstellung richtet sich nach dem zu beschreibenden Sachverhalt, der Absicht des Verfassers und dem angesprochenen Adressaten. Sie sollte in jedem Fall präzise sein. Deswegen ist es sinnvoll, die für den jeweiligen Bereich nötigen Fachausdrücke zu verwenden und besonders auf die Wahl von treffenden Verben zu achten.

Eine Vorgangsbeschreibung wird im Präsens geschrieben, weil in ihr – anders als im Bericht – nicht ein einmaliges Ereignis dargestellt wird, sondern weil in ihr wiederholbare Vorgänge beschrieben werden.

Eine Vorgangsbeschreibung kann stichwortartig erfolgen, häufig jedoch wird sie ausformuliert. In diesem Fall spielt die Auswahl der Konjunktionen eine wichtige Rolle, weil sie Abfolge und Verknüpfung der Vorgänge verdeutlichen, z. B.
1) **Gleichzeitigkeit:** *während, zugleich, indem, inzwischen...*
2) **zeitliches Nacheinander:** *nachdem, danach, daraufhin, anschließend...*
3) **inhaltliche Verknüpfungen:** *weil, indem, deswegen, daher...*

Es gibt unterschiedliche sprachliche Darstellungsformen, z. B.
– Formulierungen mit *man*: *Man nehme ein Liter Milch...*
– Formulierungen mit *du* oder *wir*: *Wir bereiten rechtzeitig eine Zeichnung vor...*
– Imperativ: *Nimm einen Bogen Papier...*
– Infinitivkonstruktionen: *Pulver in Wasser umrühren...*

Die einmal gewählte sprachliche Darstellungsform sollte möglichst während der gesamten Vorgangsbeschreibung eingehalten werden.

1 a) Schreibe aus dem Dialog die Informationen in Stichworten heraus, die für eine Bedienungsanleitung zu einem Kartentelefon wichtig sein könnten.
   b) Fertige eine solche Bedienungsanleitung für das Schülerbrett an.

Wie bedient man ein Kartentelefon?

Tobias und Marion, die beiden Schülersprecher einer Realschule, unterhalten sich in der großen Pause.

M.: Du, Tobias, hast du schon gehört, dass man jetzt an der Telefonzelle vor der Schule nur noch mit Karten telefonieren kann?
T.: Nein, habe ich noch nicht, glaube ich aber nicht, denn woher sollen Schüler eine solche Karte bekommen?

M.: Doch, das stimmt, ich habe mich selbst davon überzeugt und mir auch schon eine Karte bei der Post gekauft.

T.: Und woher wissen die jüngeren Schüler, wie sie damit umzugehen haben?

M.: Ja, etwas anders als bisher ist das schon. In der Telefonzelle selbst findest du nämlich kaum Erklärungen angebracht. Wenn man den Hörer abnimmt, erscheint der Hinweis »Karte ganz einschieben«. Nachdem man das getan hat, kann man sehen, wie viel Guthaben man auf der Karte noch zur Verfügung hat. Danach erhält man die Aufforderung »wählen«. Die Nummer, die du gewählt hast, wird auch gleich angezeigt. Während du sprichst, kannst du sehen, wie viel Geld du verbraucht hast.

Nachdem ich aufgelegt hatte, konnte ich feststellen, wie viel Geld ich verbraucht hatte, weil der Restbetrag auf dem Display angezeigt wurde. Nach dem Auflegen des Hörers kommt die Karte mit einem Piepton wieder aus dem Gerät.

T.: Das klingt ganz schön umständlich.

M.: So schwierig ist es aber gar nicht, wenn man es erst einmal gemacht hat.

T.: Ich fände es ganz gut, wenn wir eine Bedienungsanleitung für die anderen am Schülerbrett aushängen könnten.

M.: Das ist eine gute Idee.

2 Schreibe auf Grund der folgenden Angaben das Rezept so auf, dass man den Kuchen nachbacken kann. Beachte, dass er aus den drei Bestandteilen Boden, Belag und Guss besteht und zweimal gebacken wird. Am besten gehst du so vor:
  – Liste zuerst die Zutaten für den Boden, dann die für den Belag und anschließend die für den Guss getrennt untereinander auf.
  – Beschreibe dann die Zubereitung und das Backen des Bodens.
  – Im Anschluss daran folgt die Darstellung, wie und womit der Boden belegt wird.
  – Die Zubereitung des Gusses wird im nächsten Abschnitt dargelegt.
  – Anschließend erläuterst du noch den Backvorgang und den Umgang mit dem fertig gebackenen Kuchen.

Nachdem Claudia ein neues Rezept für eine Sauerkirschtorte ausprobiert hat, gibt sie es abends Sebastian, der mit ihr zusammen einen Hauswirtschaftskurs besucht, am Telefon durch. Das hört sich folgendermaßen an:

»Also, warte mal, du brauchst 175 g Mehl, 1 Glas Sauerkirschen, 2 Esslöffel gemahlene Mandeln, 1 Ei, 1 Teelöffel Speisestärke, 2 Päckchen Vanillinzucker, 1 Prise Salz, 100 g Margarine, etwas Speisestärke, 1 Becher saure Sahne, 1 Becher Crème fraîche, 80 g Zucker, 3 Eigelb, etwas Zitronensaft und noch mal ein bisschen Zucker.

Für den Teig musst du Mehl, Margarine, Ei, Zucker, Salz und Vanillinzucker verkneten, sodass das Ganze ein Mürbeteig wird. Dann musst du ihn

mindestens 30 Min. in den Kühlschrank stellen. Von der Teigmasse musst du den größten Teil auf dem Boden einer 26 cm großen Springform ausrollen und mit dem Rest eine Rolle für den Rand formen. Dann musst du ihn ca. 15 Min. bei 200° backen.
In der Zeit kannst du den Guss vorbereiten: dazu einfach saure Sahne, Crème fraîche, Eigelb, Vanillinzucker, den restlichen Zucker, Zitronensaft und Speisestärke miteinander verrühren.
Übrigens, die Sauerkirschen lässt du die ganze Zeit abtropfen.
Nachdem der Teig vorgebacken ist, streust du die Mandeln auf den Boden und legst die abgetropften Sauerkirschen darauf. Anschließend gießt du den fertigen Guss darüber, schiebst das Ganze noch einmal in den Backofen und lässt es noch einmal bei 200° ca. 40 Min. backen. Nach dem Backen löst du den Kuchen aus der Form und lässt ihn erkalten.«

3 Überlege, welche Fachausdrücke aus dem Bereich des Backens verwendet werden müssen, und erkläre sie.

4 Erkläre, evtl. unter Zuhilfenahme von entsprechenden Nachschlagewerken, folgende Fachausdrücke aus Kochrezepten: *blanchieren, abschrecken, dünsten, pochieren, tranchieren, überbacken*…

5 Schreibe dein Lieblingsrezept auf.

2.4 Inhaltsangabe

a) Inhaltsangabe eines literarischen Textes

Inhaltsangabe zu „Ein Versager"

Die Kurzgeschichte „Ein Versager" stammt von Karin Bolte und ist 1977 veröffentlicht worden. Ihre Handlung spielt in der Gegenwart in einem nicht näher benannten Ort. Die Geschichte wird aus der Sicht einer Schülerin namens Renate erzählt und handelt davon, wie Renate einen großen Erfolg auf einem Sportfest erringt und dabei den vorsichtigen Annäherungsversuch des Gymnasiasten Paul zurückweist und ihn tief kränkt.

Renate erzählt von den Mühen des Trainings vor einem großen Sportwettkampf, an dem sie für ihren Verein als Leichtathletin teilnehmen soll. Nachdem ihr Trainer sie vor einem Probelauf provoziert hat, läuft sie besonders schnell, ist hinterher aber sehr erschöpft. In dieser Situation nähert sich ihr Paul, der neu an den Ort gezogen ist, und leiht ihr seine Jacke, damit sie sich nicht erkältet.
Bei dem Sportwettkampf zwischen zehn Vereinen ist Renates Verein besonders erfolgreich und Renate wird Erste im Fünfkampf. Nahezu alle Mitglieder des Vereines befinden sich in Siegerstimmung, nur Paul nicht, denn er ist nicht erfolgreich gewesen und fühlt sich deswegen niedergeschlagen. Als er Trost bei Renate sucht, bezeichnet sie ihn als Versager, was ihn so sehr trifft, dass er danach nie wieder zum Training kommt und auch Renate nicht wiedersieht.

1 Woher kennst du solche oder ähnliche Texte? In welcher Absicht werden sie geschrieben?
2 Welche Aufgaben haben die zwei Teile der Inhaltsangabe jeweils?
3 Welche Informationen werden im ersten Teil gegeben?
4 Inhaltsangaben sind keine erzählenden, sondern beschreibende Texte. Woran merkst du das bei diesem Beispiel?
5 Vergleiche die Inhaltsangabe mit der Erzählung *Ein Versager* auf Seite 275.

Die **Inhaltsangabe** ist eine Form der **Beschreibung**, in der zumeist der Inhalt eines literarischen Textes knapp und sachlich zusammengefasst wird. Die Zeitform ist – wie bei allen Beschreibungen – das Präsens.

Unterschiedliche Formen von Inhaltsangaben findet man in Buchprospekten, Büchereikatalogen, als Klappentexte von Büchern, als Buchkritiken in Zeitungen, Romanführern oder anderen literarischen Lexika.

In der Schule werden Inhaltsangaben häufig für Buchreferate angefertigt oder als Grundlage für die weitere Arbeit mit Texten verwendet. Auch von Theateraufführungen und Filmen werden Inhaltsangaben geschrieben. Für diese schulischen Zwecke empfiehlt sich der folgende Aufbau:

Der **erste Teil** enthält die wichtigsten Angaben über die Textvorlage. Er informiert über: Textsorte, Autor, Titel, Zeit der Entstehung des Textes. Außerdem werden in ihm die Hauptpersonen sowie Ort und Zeit des Geschehens angegeben. Man kann diesen ersten Teil mit einem Kernsatz abschließen, der zusammenfasst, worum es in diesem Text geht (Thematik).

Im **zweiten Teil** wird der Leser über die Grundzüge der Handlung informiert. Der Inhalt wird nicht nacherzählt, sondern zusammenfassend beschrieben. Dabei ist Folgendes zu beachten:
– Man schreibt immer in der 3. Person, auch wenn die Textvorlage aus einer anderen Perspektive geschrieben worden ist.
– Um das Geschehen gestrafft darstellen zu können, muss man manchmal die vorgegebene Handlungsabfolge verändern.
– Man verzichtet auf die Erwähnung von Einzelheiten.
– Man verwendet bei der Wiedergabe von Dialogen indirekte Rede oder fasst deren Inhalt knapp zusammen.

1 Am Beispiel des folgenden Textes soll eine Inhaltsangabe erarbeitet werden. Lies den Text zunächst gründlich durch. Um mit dem Text arbeiten zu können solltest du den Text kopieren.

Das Brot
Wolfgang Borchert

Plötzlich wachte sie auf. Es war halb drei. Sie überlegte, warum sie aufgewacht war. Ach so! In der Küche hatte jemand gegen einen Stuhl gestoßen. Sie horchte nach der Küche. Es war still. Es war zu still, und als sie mit der Hand über das Bett neben sich fuhr, fand sie es leer. Das war es, was es so besonders still gemacht hatte: sein Atem fehlte. Sie stand auf und tappte durch die dunkle Wohnung zur Küche. In der Küche trafen sie sich. Die Uhr war halb drei. Sie sah etwas Weißes am Küchenschrank stehen. Sie machte Licht. Sie standen sich im Hemd gegenüber. Nachts. Um halb drei. In der Küche.

nachts

wichtig:
Frau – Mann

Auf dem Küchentisch stand der Brotteller. <u>Sie sah, dass er</u> <u>sich Brot abgeschnitten hatte</u>. Das Messer lag noch neben dem Teller. Und auf der Decke lagen Brotkrümel. Wenn sie abends zu Bett gingen, machte sie immer das Tischtuch sauber. Jeden Abend. Aber nun lagen Krümel auf dem Tuch. Und das Messer lag da. Sie fühlte, wie die Kälte der Fliesen langsam an ihr hoch kroch. Und sie sah von dem Teller weg.

»<u>Ich dachte, hier wäre was</u>«, sagte er und sah in der Küche umher.

»Ich habe auch was gehört«, antwortete sie, und dabei fand sie, dass er nachts im Hemd doch schon recht alt aussah. So alt wie er war. Dreiundsechzig. Tagsüber sah er manchmal jünger aus. Sie sieht doch schon alt aus, dachte er, im Hemd sieht sie doch ziemlich alt aus. Aber das liegt vielleicht an den Haaren. Bei den Frauen liegt das nachts immer an den Haaren. Die machen dann auf einmal so alt.

»Du hättest Schuhe anziehen sollen. So barfuß auf den kalten Fliesen. Du erkältest dich noch.«

Sie sah ihn nicht an, weil sie nicht ertragen konnte, dass er log. Dass er log, nachdem sie neununddreißig Jahre verheiratet waren.

»Ich dachte, hier wäre was«, sagte er noch einmal und sah wieder so sinnlos von einer Ecke in die andere, »ich hörte hier was. Da dachte ich, hier wäre was.«

»Ich hab auch was gehört. Aber es war wohl nichts.« Sie stellte den Teller vom Tisch und schnippte die Krümel von der Decke.

»Nein, es war wohl nichts«, echote er unsicher.

Sie kam ihm zu Hilfe: »Komm man. Das war wohl draußen. Komm man zu Bett. Du erkältest dich noch. Auf den kalten Fliesen.«

Er sah zum Fenster hin. »Ja, das muss wohl draußen gewesen sein. Ich dachte, es wäre hier.«

Sie hob die Hand zum Lichtschalter. Ich muss das Licht jetzt ausmachen, sonst muss ich nach dem Teller sehen, dachte sie. Ich darf doch nicht nach dem Teller sehen.

»Komm man«, sagte sie und machte das Licht aus, »das war wohl draußen. Die Dachrinne schlägt immer bei Wind gegen die Wand. Es war sicher die Dachrinne. Bei Wind klappert sie immer.«

Sie tappten beide über den dunklen Korridor zum Schlafzimmer. Ihre nackten Füße platschten auf den Fußboden.

»Wind ist ja«, meinte er. »Wind war schon die ganze Nacht.«

Brot: zentrale Bedeutung

Lüge

Als sie im Bett lagen, sagte sie: »Ja, Wind war schon die ganze Nacht. Es war wohl die Dachrinne.«
»Ja, ich dachte, es wäre in der Küche. Es war wohl die Dachrinne.« Er sagte das, als ob er schon halb im Schlaf wäre.
Aber sie merkte, wie unecht seine Stimme klang, wenn er log. »Es ist kalt«, sagte sie und gähnte leise, »ich krieche unter die Decke. Gute Nacht.«
»Nacht«, antwortete er und noch: »ja, kalt ist es schon ganz schön.«
Dann war es still. Nach vielen Minuten hörte sie, dass er leise und vorsichtig kaute. Sie atmete absichtlich tief und regelmäßig, damit er nicht merken sollte, dass sie noch wach war. Aber sein Kauen war so regelmäßig, dass sie davon langsam einschlief.
Als er am nächsten Abend nach Hause kam, schob sie ihm vier Scheiben Brot hin. Sonst hatte er immer nur drei essen können.
»Du kannst ruhig vier essen«, sagte sie und ging von der Lampe weg. »Ich kann dieses Brot nicht so recht vertragen. Iss du man eine mehr. Ich vertrage es nicht so gut.«
Sie sah, wie er sich tief über den Teller beugte. Er sah nicht auf. In diesem Augenblick tat er ihr Leid.
»Du kannst doch nicht nur zwei Scheiben essen«, sagte er auf seinen Teller.
»Doch. Abends vertrag ich das Brot nicht gut. Iss man. Iss man.«
Erst nach einer Weile setzte sie sich unter die Lampe an den Tisch.

Informationen zum Autor:
Wolfgang Borchert, geboren 1921 in Hamburg, von Beruf Buchhändler und Schauspieler. 1941 eingezogen an die Ostfront, wegen Kritik am nationalsozialistischen Regime acht Monate Militärhaft, danach zur »Bewährung« zurück an die Ostfront, Entlassung aus dem Militärdienst wegen angegriffener Gesundheit, danach in Hamburg als Regieassistent, Schriftsteller und Kabarettist tätig. 1947 während eines Kuraufenthalts in der Schweiz an seinen schweren Erkrankungen verstorben.

Tipp ▪ **Erarbeitung einer Inhaltsangabe zu einem literarischen Text**

1. Arbeitsschritt: Lesen und Kennenlernen des Textes
Neben dem erstmaligen Lesen und Unterstreichen unbekannter Begriffe gehört dazu auch das Klären von unbekannten Begriffen und das Sammeln oder Lesen von Informationen über die Autorin oder über den Autor.

2. Arbeitsschritt: Markieren wichtiger Textstellen
Der Text wird zum zweiten Mal gründlich gelesen. Dabei werden zu folgenden Fragen die wichtigsten Stellen im Text markiert und durch Randbemerkungen ergänzt, sodass eine Materialsammlung für die Inhaltsangabe entsteht.
a) Zu welcher Zeit und an welchem Ort findet die Handlung statt?
b) Welche Personen sind von zentraler Bedeutung?
c) Welche Handlungsschritte lassen sich unterscheiden?

3. Arbeitsschritt: Ordnen der markierten und notierten Stellen
Welche der markierten Stellen und Notizen sind für den ersten und welche sind für den zweiten Teil von Bedeutung?
Material für den ersten Teil:
– Angaben über den Titel, den Autor, die Textsorte und Entstehungszeit des Textes,
– Angaben über die Hauptpersonen und über Ort und Zeit des Geschehens. Material für den zweiten Teil: die wichtigsten Handlungsschritte.

4. Arbeitsschritt: Aufschreiben der Inhaltsangabe
a) Man schreibt die Angaben für den ersten Teil der Inhaltsangabe zusammen.
b) Man beschreibt für den zweiten Teil den Handlungsablauf in gestraffter Form im Präsens. Dabei erzählt man nicht Zug um Zug nach, sondern gibt einen umfassenden Überblick; diese Darstellung muss sich daher auch nicht an der im Text vorgegebenen Abfolge der Handlung orientieren.
c) Abschließend kann in einem Kernsatz der inhaltliche Schwerpunkt der Geschichte, d.h. ihre Thematik, formuliert werden. Im Allgemeinen schließt dieser Satz den ersten Teil der Inhaltsangabe ab. Da er schon einen Schritt zur Interpretation der Geschichte darstellt, kann er auch am Ende der Inhaltsangabe stehen.

2 Du hast die Kurzgeschichte *Das Brot* schon das erste Mal gelesen. Lies auch die *Informationen über den Autor*. Welche Informationen über Borchert scheinen dir für die Inhaltsangabe wichtig? Schreibe sie heraus.

3 a) Die ersten beiden Absätze des Textes *Das Brot* auf Seite 270/271 sind schon mit Markierungen und Randbemerkungen versehen. Erscheinen auch dir diese Textstellen wichtig?
b) Kennzeichne nun für die weiteren Absätze, was für den Verlauf der Handlung und für das Verständnis wichtig ist. Dazu gehören nicht nur der äußere Handlungsverlauf, sondern auch Motive, Gefühle und Einstellungen der Personen.

4 Kennzeichne nun (z.B. am Rand deiner Kopie), welche Notizen und welche markierten Stellen du im ersten Teil und welche du im zweiten Teil deiner Inhaltsangabe verwenden willst.

5 a) Im ersten Teil der Inhaltsangabe beschreibst du die Personen sowie Ort und Zeit der Handlung. Warum ist der folgende Formulierungsvorschlag unbefriedigend?

> Die Geschichte spielt eines Nachts um halb drei Uhr in Küche und Schlafzimmer einer Wohnung.

b) In diesem Teil kannst du auch Informationen über den Autor einfließen lassen.
Vermutungen über bestimmte Zusammenhänge zwischen dem Text und den biografischen Daten werden durch Begriffe wie *möglicherweise* oder *wahrscheinlich* gekennzeichnet.
Erarbeite einen Formulierungsvorschlag für den ersten Teil der Inhaltsangabe, in dem du Informationen über den Autor einfließen lässt.

6 Dies sind nun zwei Formulierungsvorschläge für den Anfang des zweiten Teils. Welche Formulierung ist für eine Inhaltsangabe besser? Begründe deine Entscheidung.

> Eine Frau wacht eines Nachts von einem Geräusch auf, das ihr Mann in der Küche verursacht hat. Sie geht in die Küche und findet ihn dort am Küchenschrank stehen.
>
> Eine Frau wacht um halb drei Uhr nachts auf und überlegt, warum sie aufgewacht ist. Sie stellt fest, dass in der Küche ein Geräusch gewesen ist und dass das Bett neben ihr leer ist. Um in der Küche nachzusehen, steht sie auf und sieht dort, nachdem sie das Licht angeschaltet hat, ihren Mann.

7 Man könnte den Anfang des Dialogs zwischen Mann und Frau wiedergeben, indem man Aussagen durch Verben zusammenfasst. Wäge gegeneinander ab:

1) Der Mann versucht die unangenehme Situation zu überspielen.
2) Der Mann ist seiner Frau gegenüber nicht offen.
3) Der Mann versucht die Frau von dem eigentlichen Problem abzulenken.
4) Der Mann versucht sich herauszureden, als seine Frau ihn in der Küche überrascht.

8 Dieselbe Textpassage könnte man auch durch Verwendung indirekter Rede wiedergeben, z. B. so:

In dem Gespräch, das die beiden dann führen, gibt der Mann vor, er
sei aufgestanden, weil er ein Geräusch gehört habe.

    a) Woran erkennt man hier die indirekte Rede?
    b) In welchem Tempus ist wiedergegeben worden, was vor dem Aufstehen
    der Frau geschehen ist?

9 Vergleiche die beiden Formulierungsvorschläge, die das Ende der Geschichte
   wiedergeben. Welcher fasst besser zusammen?

Am nächsten Abend gibt die Frau ihm statt drei Scheiben Brot vier
Scheiben und sagt, dass er eine Scheibe Brot mehr essen könne. Er wirft
jedoch ein, dass sie nicht nur zwei Scheiben Brot essen könne. Aber sie
beruhigt sein schlechtes Gewissen, indem sie sagt, dass sie das Brot nicht
gut vertrage.

Am nächsten Abend bietet die Frau ihrem Mann an, er könne eine
Scheibe Brot mehr essen, weil sie es doch nicht vertrage. Ihr Mann
ist beschämt, findet aber immer noch keine Worte um sein Verhalten
in der Nacht zuvor zu erklären.

10 Vergleiche folgende Formulierungsvorschläge für den Kernsatz im ersten
    Teil, in dem die Thematik der Geschichte wiedergegeben werden soll:

1) Ein älteres Ehepaar belügt sich nach 39 Ehejahren zum ersten Mal.
2) Durch äußere Not wird das Vertrauensverhältnis zwei lange miteinander
   verheirateter Ehepartner gefährdet.
3) In dieser Geschichte wird deutlich, dass Hunger die Moral zerstören kann.
4) Diese Geschichte zeigt, dass ein Mann mehr zu essen braucht als eine Frau.

Ein Versager
Karin Bolte

Kurz vor dem Sportfest hatten wir jeden Tag Training. Jeden lieben langen
Tag. Es fing echt an uns anzuöden. Natürlich wollten wir gewinnen. Klar
doch. Aber auch nicht wieder so gerne, dass wir uns nun zu Tode schinden
wollten. Aber immer wieder: Starts üben für die Sprints. Immer wieder:
5 Absprung vom Brett üben für den Weitsprung. »Los! Dalli! Bewegt euch!«,
brüllte Jacobsen.

Ich versuchte gerade mich in der Menge unsichtbar zu machen, aber da hatte er mich schon gesehen. »Renate, los, komm her!« Diese Stimme! Widerwillig ging ich rüber zu ihm. Ich wusste schon, was jetzt kommen würde. Ich bin am Start nicht schnell genug. Bevor ich mitkriege, dass der Startschuss losgegangen ist, sind die anderen schon halb angekommen. Und auf der kurzen Distanz ist das nicht wieder einzuholen.

Richtig: »Na los, an den Start«, sagte Jacobsen.

Ich hockte mich an die Startblöcke. Und prompt brüllte Jacobsen: »Hintern hoch! Oder willst du Eier legen?«

Ich hörte Doris kichern und hatte plötzlich eine irre Wut. Ich nahm den Kopf hoch und den Hintern auch und als der Startschuss kam, rannte ich wie besessen die volle Distanz.

Als ich zu den anderen zurückkam, war Jacobsen echt erschlagen. Er stotterte was von tadelloser Zeit und Raketenstart und wenn-ich-wollte-könnte-ich-ja und so'n Zeug. Ich fror wie ein Schneider und zitterte und irgendjemand legte mir eine Trainingsjacke über. »Danke«, sagte ich leise und zog die Jacke enger. Hundertprozentig würde ich mir hier 'ne Lungenentzündung holen.

»Erkälte dich nicht«, sagte eine Stimme neben mir.

Ich sah auf. Da stand ein Junge, den ich noch nie hier gesehen hatte, mager, blond, groß.

Er war ein Neuer, einer vom Gymnasium. Er ist neu hierher gezogen und hat früher schon im Verein mitgemacht. Paul heißt er.

Ich hab Doris mit seiner Jacke zu ihm rübergeschickt. Ich hätte sie ihm ja auch alleine bringen können, aber ich wusste nicht, was ich sagen sollte.

Und dann war das Sportfest.

Zehn Vereine waren insgesamt da, ein Riesentrubel! Und wir kamen ganz groß raus. Unser Verein holte den Ersten in der 4 x 100-m-Staffel und auch in der 4 x 400 m. Klaus-Dieter war Sieger beim Kugelstoßen und wir hatten auch noch 'ne Menge anderer Plätze. Ich übrigens auch: Ich war Erste im Fünfkampf der Mädchen geworden. In meiner Altersgruppe muss man sich da schon ziemlich plagen. Jacobsen ließ es sich nicht nehmen, mich mitten auf dem Platz abzuküssen, obwohl ich das nicht leiden kann. Und das Fernsehen war dabei und ich war zu Hause auf dem Fernseher in Großaufnahme zu sehen. Kommentar: Das junge Talent, sehr vielversprechend, berechtigt zu größten Hoffnungen.

Na, wie gesagt, unser Verein war Spitze und alle waren halbtot vor Freude. Bloß Paul nicht. Er hatte keinen Platz gemacht. Nicht, dass er nicht gut war. Im Gegenteil, wenn er loslegte, dann wackelte es. Aber er hat keine Nerven. Er bleibt nicht ruhig und verpatzt dann alles. Da kann man nichts machen. Solche Leute gibt es, haben Talent, aber sind doch Versager. Er hat's ziemlich schwer genommen. Ganz weiß war er im Gesicht und hat immer so beiseite gestanden, wenn die anderen brüllten und sich auf die Schultern hauten. Zu mir ist er gekommen und hat gesagt: »Na, herzlichen Glückwunsch. Du bist wohl ein Ass, was? Im Gegensatz zu mir.«

Ehrlich, was sollte man darauf sagen? Ich bin sowieso nicht so gut im Reden, mir fällt nie was Passendes ein. Da hab ich dann genuschelt: »Mach dir nix draus. Alles Training und viel Glück. Du schaffst es noch.«
Von da an hatte ich ihn an den Hacken. Abends war nämlich noch ein Fest
55 für alle. Große Reden wurden geschwungen. Dann gab es Sekt. Ich war richtig zehn Zentimeter über dem Fußboden und war überhaupt die Größte.
Und dann war da Paul mit seiner Bitterleidensmiene. Sagte dauernd so idiotisches Zeug wie: dem Sieger Eichenlaub und dem Verlierer die Schmach und so. Dauernd. Sogar ich kriegte mit, dass er getröstet werden wollte. Aber ich woll-
60 te feiern und hatte gute Laune. Da hab ich ihm eben gesagt, dass es Versager gibt wie ihn. Und dass man dabei nichts machen kann, auch nicht viel mit Training. Er sollte bloß aufhören darüber zu jammern, es wär doch nichts dran zu ändern. Weg war er. Ehrlich. Ich war richtig verblüfft, so schnell war er weg. Na, wir haben noch ganz dufte gefeiert, bis früh morgens.
65 Jetzt trainiere ich weiter. Wenn man nicht am Ball bleibt, wird es nichts, das ist nun mal so beim Leistungssport. Ich träum mal von einer deutschen Meisterschaft. Vielleicht auch mal mehr.
Paul haben wir übrigens nie wieder gesehen. Er ist auch nicht mehr zum Training gekommen, ist ganz aus dem Verein raus.
70 Eigentlich schade, denn sogar Jacobsen sagt, dass er Talent hat.

b) Inhaltsangabe von Sachtexten

Bei der **Inhaltsangabe von Sachtexten** geht es darum, die Informationen des Textes knapp zusammenzufassen. Häufig wird sie in der Schule als Grundlage für eine textgebundene Erörterung oder eine Diskussion benutzt. Für die Inhaltsangabe eines Sachtextes gelten folgende Merkmale:

1. **Der erste Teil** sollte Informationen geben über Textsorte (Zeitungstext, Kommentar, Reportage, Reisebericht, Interview), Autor, Titel, Angabe der Fundstelle und des Erscheinungsdatums, Sachgebiet.
Die Thematik (Worum geht es in diesem Text?) wird in einem Kernsatz am Schluss des ersten Teils zusammengefasst.

2. **Im zweiten Teil** werden die wichtigsten Informationen des Textes wiedergegeben. Dabei ist darauf zu achten, dass logische Zusammenhänge nicht verloren gehen. Der Inhalt des Textes sollte möglichst in eigenen Worten formuliert werden. Das schließt nicht die Verwendung von Fachbegriffen, jedoch die wörtliche Übernahme längerer Textpassagen aus.
Bei einigen Sachtexten ist neben der Textinformation auch die Meinung des Verfassers zu erkennen. Beides muss voneinander unterschieden werden.

Die knappe Darstellung erfolgt im Präsens.

1 Am Beispiel des folgenden Textes soll eine Inhaltsangabe zu einem Sachtext erarbeitet werden. Lies den Text gründlich durch. Um mit dem Text arbeiten zu können, solltest du ihn kopieren.

───Torpor – scheinbarer Tod aus Sparsamkeit───
Das Überlebenskonzept der Chile-Kolibris / Aktive Steuerung der Körpertemperatur

1 Das Leben im Hochgebirge ist beschwerlich. Charakteristisch für diesen Lebensraum ist eine feuchtkalte Witterung mit heftigen Temperaturwechseln im Tagesverlauf, das Nahrungsangebot für Pflanzen und Tiere ist knapp. Auch die südamerikanischen Anden sind keine Ausnahme und doch leben hier die Vögel, denen man Widerstandsfähigkeit am wenigsten zutraut – Kolibris. Einige dieser Winzlinge mit der Körpergröße einer Hummel bringen nur zwei Gramm auf die Waage und haben damit keine guten Aussichten eine Winternacht mit Temperaturen unter dem Gefrierpunkt oder ein Tropengewitter mit strömendem Regen zu überstehen. Die kleinen Warmblüter verlieren über ihre im Verhältnis zum Körpervolumen große Oberfläche viel Wärme-Energie.

2 Gegen den drohenden Kältetod kann nur zweierlei helfen: bessere Isolierung oder Drosselung der Wärmeproduktion. Schon im vergangenen Jahrhundert sahen Südamerikaforscher, dass die Vögel die zweite Möglichkeit nutzen und ihren »inneren Ofen abstellen« um weniger Wärme zu verlieren: »Tote« Kolibris, die sich schon kalt anfühlten, wachten in den Hosentaschen der Forscher wieder auf, gefangene Tiere aber fielen nachts plötzlich in Starre und reagierten nicht einmal mehr auf Berührung. Dieser Lethargiezustand, »Torpor« genannt, kann für die kleinen Vögel gefährlich werden, da sie dann auf Feinde oder auf Unwetter nicht mehr schnell reagieren können. (...)

3 Die Dauer der Lethargie ist variabel; Außentemperatur und Verfassung jedes Vogels spielen dabei eine Rolle.
Schlaf und Torpor sind gut voneinander zu unterscheiden. Im Schlaf benötigen die Chile-Kolibris etwa halb so viel Energie wie am Tag. Während des Torpors dagegen geht der Sauerstoffverbrauch so stark zurück, dass

südamerikanisches Hochgebirge mit feuchtkaltem Wetter und großen Temperaturunterschieden zwischen Tag und Nacht

Problem:
großer Wärmeverlust wegen zu großer Oberfläche bei geringem Körpervolumen
2 Möglichkeiten, um Problem zu lösen:
a) bessere Isolierung
b) Verringerung der Wärmeerzeugung

zu b): Lethargiezustand „Torpor"
Gefahren dabei: zu geringes Reaktionsvermögen

man die Tiere für tot halten kann. Mit einer Körpertemperatur von 18 Grad Celsius statt der üblichen 41 Grad bringen es die Chile-Kolibris auf eine Energieersparnis von 98 Prozent. Dies macht verständlich, dass die Tiere auch in gutem Ernährungszustand »ohne Not« in Torpor fallen, um ihre Fettdepots zu schonen, und dafür offensichtlich selbst Gefahren in Kauf nehmen. (...)

Es müssen also gute Gründe dafür sprechen, dass die Kolibris diesen Zustand immer wieder ansteuern – und zwar »bewusst«.

4 Ausgehend vom Sauerstoffverbrauch berechnen die Biologen den Energiebedarf der Vögel in Kalorien oder Joule pro Gramm Körpergewicht und Stunde. Diese Größe ändert sich im Verlauf des Tages: Während des Tages müssen die kleinen Tiere ihren hohen Wärmeverlust durch einen hohen Stoffwechsel ausgleichen und fressen fast ständig. Relativ gesehen verbrauchen sie etwa 80-mal so viel Energie wie der Mensch. (...)

5 Was aber unterscheidet einen ausgekühlten, torpiden Kolibri von einer Schlange oder einer Eidechse in Kältestarre? Auch auf diese Frage liefern Untersuchungen eine Antwort: Der Vogel stellt seine Körpertemperatur aktiv ein. Er kann in Torpor fallen, muss es aber nicht. Und er kann am frühen Morgen auch seine Fettreserven mobilisieren und den Körper wieder aufheizen – schon Stunden bevor es hell wird und ohne Veränderung der Außentemperatur, während die Reptilien noch unbeweglich auf wärmende Sonnenstrahlen warten.

Torpor als geniales Rezept für Temperaturregulation und Energiehaushalt – warum wird das nicht auch von anderen Tieren genutzt? Tatsächlich zeigen außer den Kolibris auch afrikanische Mausvögel und die Spitzmäuse als kleinste Säugetiere Torpor. Für einen Menschen ginge die Rechnung freilich nicht auf: Wegen des günstigeren Verhältnisses von Oberfläche und Volumen setzt ein Organismus dieser Größe in Ruhe pro Gramm Körpergewicht schon so wenig Energie um wie ein Kolibri im Torpor und könnte entsprechend weniger einsparen. Sein Körper müsste aber genauso auskühlen und sich wieder erwärmen wie der des Vogels. Für jede morgendliche »Wiederbelebung« bräuchte ein Mensch dann mehr Energie, als er selbst in wochenlangem Torpor »auf die hohe Kante legen« könnte.

Elke Schleucher

Tipp ▪ Wie erarbeitet man eine Inhaltsangabe zu einem Sachtext?

Für die Erarbeitung einer Inhaltsangabe empfehlen sich folgende Arbeitsschritte:

1. Arbeitsschritt: Lesen und Verstehen des Textes
Worum geht es in diesem Text? Worüber gibt er Informationen und welche Zusammenhänge erklärt er? Diese Fragen sollte man nach dem ersten Durchlesen des Textes beantworten können. Da Sachtexte häufig Fremd- und Fachwörter enthalten, markierst du diese beim Lesen oder schreibst sie heraus und klärst anschließend deren Bedeutung mit Hilfe von Nachschlagewerken.

2. Arbeitsschritt: Markieren wichtiger Textstellen
Der Text wird zum zweiten Mal gründlich gelesen. Dabei werden jene Stellen markiert oder herausgeschrieben, die besonders wichtig sind und die in der Inhaltsangabe berücksichtigt werden sollen. Am besten geht man so vor, dass man Abschnitt für Abschnitt solche Wörter oder Stellen sucht, die die wichtigsten Informationen enthalten. Diese **Schlüsselwörter** oder **Schlüsselstellen** werden farbig markiert oder stichwortartig herausgeschrieben. Es ist hilfreich, die Absätze durchzunummerieren, der Text wird dadurch übersichtlicher.

3. Arbeitsschritt: Ordnen der markierten und notierten Stellen
Für den ersten Teil der Inhaltsangabe werden folgende Informationen zusammengetragen:
– Angaben über den Titel, den Autor, Textsorte und Fundort des Textes, } *Einleit.*
– Angaben über das Sachgebiet und die Thematik des Textes.   *satz*
Für den zweiten Teil werden alle Textstellen und Notizen, die die wichtigsten Gedanken des Textes enthalten, gesammelt und geordnet.

4. Arbeitsschritt: Aufschreiben der Inhaltsangabe
a) Man schreibt die Angaben für den ersten Teil der Inhaltsangabe auf.
b) Im zweiten Teil wird der im Text beschriebene Sachverhalt zusammenfassend dargestellt, d.h., es werden nur die wichtigsten Schritte der Gedankenführung wiedergegeben. Dies geschieht mit eigenen Worten. Nur kurze, besonders bedeutsame Stellen des Textes werden wörtlich zitiert und durch Anführungszeichen gekennzeichnet.
Da die Mitschüler zumeist über einen geringeren Wissensstand in diesem Fachgebiet verfügen, müssen die wichtigsten Fachbegriffe erklärt werden.
c) Es kann hilfreich sein, den **Kernsatz** (Angabe der Thematik) für den Schluss des ersten Teils erst zu formulieren, nachdem man den zweiten Teil geschrieben hat: Auf Grund der genauen Darstellung des Inhalts im zweiten Teil fällt es leichter, die Thematik des Textes in einem Satz zusammenzufassen. Manchmal geben die Überschriften nützliche Hinweise für die Formulierung des Kernsatzes.

2 a) Überlege, ob es für das Verständnis des Textes notwendig ist, das Wort *Torpor* nachzuschlagen.
b) Wo schlägt man am besten die folgenden Wörter nach: *Depot, Organismus, Lethargie*?
c) Was versteht man unter *Stoffwechsel*? In welchem Nachschlagewerk könnte man eine Erklärung dafür finden?
d) Die ersten beiden Absätze des Textes *Torpor – scheinbarer Tod aus Sparsamkeit* sind schon mit einigen Markierungen und Randbemerkungen versehen worden. Erscheinen dir die unterstrichenen Textstellen ebenfalls wichtig? Begründe deine Einschätzung.
e) Das Wort *Torpor* ist ein **Schlüsselwort**. Verfolge, wo und wie es im Text weiterhin gebraucht oder durch andere Ausdrücke ersetzt wird.
f) Kennzeichne nun für die folgenden Absätze, was für das Verständnis des dargestellten Sachverhaltes wichtig ist. Beachte dabei besonders die Schlussfolgerung am Ende der Darstellung.

3 Kennzeichne nun (z. B. am Rand deiner Kopie), welche Textstellen du im ersten und welche du im zweiten Teil der Inhaltsangabe verwenden willst.

4 Mache einen Formulierungsvorschlag für den ersten Teil (ohne den Kernsatz).

5 Formuliere nun anhand der von dir gefundenen Schlüsselwörter und der von dir gemachten Markierungen und stichwortartigen Aufzeichnungen eine Zusammenfassung des im Text ausführlich dargestellten Sachverhalts.
Du könntest z. B. den hier vorgegebenen Anfang fortsetzen:

Im Sachtext ... von Elke ... aus dem ... geht es um ...

In den südamerikanischen Anden mit feuchtkaltem Wetter und großen Temperaturunterschieden zwischen Tag und Nacht leben Kolibris, das sind kleine, besonders widerstandsfähige Vögel. Ihr Problem ist, dass sie einen großen Wärmeverlust haben, weil sie eine zu große Oberfläche im Verhältnis zu ihrem Körpervolumen haben, denn teilweise werden sie nur bis zu zwei Gramm schwer. ...

PRÄSENS!

6 Fahre nun fort und zeige auf, wie die Kolibris der Gefahr des Erfrierens entgehen, welche anderen Gefahren sie dabei auf sich nehmen und welche Unterschiede zwischen Torpor und Schlaf bestehen. Um die Gedankenführung der Verfasserin zu verdeutlichen kann es hilfreich sein, Formulierungen wie die folgenden zu verwenden:
Die Verfasserin zieht daraus den Schluss, dass ...
Die Autorin wirft die Frage auf ...
Elke Schleucher folgert daraus, dass ...

7 Berücksichtige für die Formulierung des Kernsatzes im ersten Teil die Überschriften des Originalartikels. In welcher wird der Sachverhalt schon recht präzise, wenn auch in verkürztem Satzbau, formuliert?

2.5 Bericht

Unfallbericht — Keine Schuldanerkenntnis, sondern eine Wiedergabe des Unfallhergangs zur schnelleren Schadenregulierung. Von beiden Fahrzeuglenkern auszufüllen

1. Tag des Unfalles / Uhrzeit	12.06.19 / 8:00
2. Ort	Andersstraße / Parkplatz Andersch.
3. Verletzte?	☒ ja, Name und Anschrift angeben
4. Andere Sachschäden als an den Fahrzeugen A und B	☒ nein
5. Zeugen	Sibylle Rook, Gernotstr. 101, 30559 Hannover

Fahrzeug A: Bei der Württembergischen versichert
- 6. Versicherungsnehmer: Moritz Frantz, Heimchenstr. 7a, 30419 Hannover
- 8. Versicherungsgesellschaft: Württembergische Versicherung AG, 70163 Stuttgart, Tel. 01 30/42 77 · Fax 01 80/3 24 28 28
- 9. Fahrzeuglenker: Name Frantz, Vorname Moritz, Adresse Heimchenstr. 7a

Fahrzeug B: Unfallgegner
- 6. Versicherungsnehmer: Annette Pol, Sieberstr. 6, 30456 Hannover
- 7. Fahrzeug: Marke, Typ Golf D, Amtl. Kennzeichen H-AY 1075
- 9. Fahrzeuglenker: Name Pol, Vorname Annette, Adresse Sieberstr. 6

12. Bitte Zutreffendes ankreuzen

A		B
	1 Fahrzeug war abgestellt 1	
	2 fuhr an 2	
	3 hielt an 3	
	4 fuhr aus Grundstück oder Feldweg aus 4	
	5 bog in Grundstück oder Feldweg ein 5	☒
	6 bog in einen Kreisverkehr ein 6	
	7 fuhr im Kreisverkehr 7	
	8 fuhr auf 8	
	9 fuhr in gleicher Richtung, aber in einer anderen Spur 9	
	10 wechselte die Spur 10	
	11 überholte 11	
	12 bog rechts ab 12	☒
	13 bog links ab 13	
	14 fuhr rückwärts 14	
	15 fuhr in die Gegenfahrbahn 15	
	16 kam von rechts 16	☒
	17 beachtete Vorfahrtszeichen nicht 17	

Anzahl der angekreuzten Felder

10. Bezeichnen Sie durch einen Pfeil den Punkt des Zusammenstoßes

13. Unfallskizze — Bezeichnen Sie: 1. Straßen 2. Richtung der Fahrzeuge A und B 3. Ihre Position im Moment des Zusammenstoßes 4. Straßenschilder 5. Straßennamen

11. Sichtbare Schäden

14. Bemerkungen

15. Unterschrift der Fahrzeuglenker A B

Nach Unterschrift und Trennung der Blätter nichts mehr ändern!

1 Das Formular wurde von dem Schüler Moritz Frantz ausgefüllt. Er hatte vor der Schule mit seinem Mofa einen Unfall. Von seiner Versicherung war er aufgefordert worden diesen Unfallbericht anzufertigen.
Welche Abschnitte des Berichtsformulars geben jeweils auf die folgenden Fragen Antwort?
1) Wer war an dem Unfall beteiligt?
2) Wo hat sich der Unfall ereignet?
3) Wann hat sich der Unfall ereignet?
4) Wie ist es zu dem Unfall gekommen?
5) Was passierte bei dem Unfall?
6) Warum ist es zu dem Unfall gekommen?

2 Wozu benötigt die Versicherung wohl die gewünschte Unfallskizze?

3 Wer hat deiner Meinung an dem Unfall Schuld?

In einem **Bericht** informiert der Schreiber seine Leser über ein zurückliegendes Ereignis, an dem er selbst teilgehabt hat. Daher stehen Berichte im Präteritum. Solche Berichte sind oft Grundlage für Entscheidungen.

Die Informationen müssen daher
– sachlich (d. h. ohne persönliche Eindrücke und Wertungen),
– genau (zeitlich geordnet und mit allen wichtigen Einzelheiten),
– zutreffend (dem tatsächlichen Hergang entsprechend)
abgefasst werden.

Umfang und äußere Form des Berichts sind vom Verwendungszweck abhängig. Dabei werden die sprachlichen Äußerungen oft durch Tabellen und Skizzen ergänzt. Für viele Berichte im privaten und beruflichen Alltag gibt es Formulare, die für Vollständigkeit und Genauigkeit der Informationen sorgen sollen. In solche Formulare werden sprachliche Angaben nur sehr knapp eingetragen, an vielen Stellen genügt das Ankreuzen vorgegebener Auskünfte.

1 Moritz' Vater, der von der alleinigen Schuld seines Sohnes nicht überzeugt ist, schaltet einen Rechtsanwalt ein. Der Rechtsanwalt möchte sich ein genaues Bild von dem Unfallhergang machen und fordert deshalb Moritz auf, einen ausführlichen schriftlichen Bericht zu verfassen.
Nutze die Informationen aus den Eintragungen ins Formular und setze den folgenden Bericht fort:

Am 12. Juni fuhr ich, Moritz Frantz, morgens ...

2 An welchen zusätzlichen Informationen zu dem Unfall könnte der Rechtsanwalt interessiert sein?
Formuliere Fragen, die er Moritz nach dem Lesen seines Berichtes stellen könnte.

3 Wie würdest du folgende Passage in Moritz' Bericht beurteilen?

(...) Die rechte Fahrbahnseite war mit parkenden Autos zugestellt, auch in der Straßenbiegung. Darunter war auch der Dienstwagen unseres Nachbarn Schulte, ein roter Passat-Kombi, den man wegen seiner großen Firmenaufschrift schon von weitem erkennt.
Ich konnte die abknickende Straße nur schlecht einsehen. Auf der linken Straßenseite waren viele Schüler vor dem Schulgelände. Darüber ärgerte ich mich und rief: „Runter von der Straße!" Aber sie kümmerten sich überhaupt nicht darum, einer zeigte mir sogar einen Vogel. (...)

4 Olaf hat einen Bericht über einen Unfall in einer Sportstunde für die zuständige Versicherung geschrieben. Prüfe mit Hilfe von Fragen (Wer? Wo? Wann? Wie? Was? Warum?), welche Informationen in Olafs Bericht fehlen, die für die Versicherung wichtig sein könnten.

Wir haben Volleyball bei Herrn Müller gespielt. Ich habe einen harten Aufschlag von Ralf annehmen wollen und den Ball genau auf den Mittelfinger der rechten Hand bekommen. Danach hatte ich Schmerzen in der Hand. Ich ging in die Toilette und hielt den Finger unter das laufende kalte Wasser. Aber der Schmerz ließ nicht nach. Nachher hat Herr Müller mich zum Arzt geschickt.

5 Was hältst du von folgendem Auszug aus einem Bericht? Überprüfe die Reihenfolge der Informationen, die Verwendung fachsprachlicher Ausdrücke und die »Sachlichkeit« der Darstellung.

(...) Der Ball war sehr hart geschlagen. Ralf war nämlich gerade mit Aufschlag dran. Und der liebt Sprungaufschläge. Ich merkte sofort, dass mein Mittelfinger etwas abbekommen hatte. Das habe ich auch dem Doktor beim Röntgen gleich gesagt.
Ich hätte den Aufschlag baggernd und nicht pritschend annehmen sollen. Aber was soll's, ich kriegte ihn voll auf den ausgestreckten Finger. Das tat vielleicht weh und der Finger schwoll auch noch sehr schnell an. Verstaucht! wie der Doktor nachher feststellte. (...)

6 Was stört den Leser an dem folgenden Arbeitsbericht, den ein Schüler einer 9. Realschulklasse für seine Praktikumsmappe geschrieben hat? Überarbeite den Text. Denke dabei daran, für wen und zu welchem Zweck er geschrieben worden ist.

Heute begann mein Arbeitstag um 8.45 Uhr. Ich musste in der ersten Stunde hunderte von Spiegeleiern braten. Dann füllte ich Quark in kleine Schälchen und garnierte ihn dann mit Mandarinen und Weintrauben. Um 10.30 Uhr habe ich dann Vanillepudding hergestellt. Nach der Pause *Warum* musste ich Sahne schlagen und sie dann auf den Quark mit Früchten spritzen. Dann habe ich mit einem Arbeitskollegen Karottensalat gemacht, der mit einer Soße serviert wurde. Dann konnte ich meinen Arbeitsplatz aufräumen und musste auch noch die Speisekammer ordentlich machen. Ich habe dann den Müll noch hinausgetragen und dann konnte ich gehen. *Warum?*

7 Schreibe einen Bericht für eure Schülerzeitung oder für die Lokalseite eurer Tageszeitung, in dem du wahlweise auf ein besonderes Ereignis deiner Schule (Schulfest, Wandertag, Theateraufführung, Sportwettkampf, Projekttage) oder deiner Wohngemeinde (Stadtteilfest, Vereinsfest, Ortsjubiläum …) eingehst.
Achte darauf, dass du sachlich berichtest und nicht stattdessen spannend erzählst. Wenn du das Ereignis persönlich kommentieren willst, dann streue deine Bemerkungen nicht in den Bericht ein, sondern füge deinem Bericht am Ende einen besonderen Kommentarteil an.

2.6 Das Protokoll

Die Klasse 10 b hat 250 Euro bei einem Wettbewerb gewonnen. Nachdem die Lehrerin dieses der Klasse mitgeteilt hat, entwickelt sich eine lebhafte Diskussion darüber, wie dieses Geld verwendet werden soll. Die Lehrerin bittet den Schüler Philipp zu protokollieren. Hier ist ein Auszug aus seinem Protokoll:

In der Klasse 10 b wurde darüber beraten, wie die 250 Euro, die die Klasse gewonnen hat, zu verwenden seien. Es wurden vier verschiedene Vorschläge gemacht, die jeweils die Zustimmung Einzelner fanden:
1. Das Geld soll jetzt noch nicht ausgegeben, sondern aufbewahrt werden. Damit könnten am Ende des Jahres die Abschlussfeierlichkeiten finanziert werden (Vorschlag: Ann Sophie).
2. Es soll dazu verwendet werden, einen eintägigen Ausflug, z. B. nach Bremen oder Hamburg, zu machen. (Vorschlag: Frau Kunze)
3. Die ganze Klasse soll davon beim Italiener essen gehen. (Vorschlag: Kathrin)
4. Es soll davon ein Campingwochenende an einem nahe gelegenen See finanziert werden. (Vorschlag: Michael)

Zu einer Einigung kam es noch nicht.

1 Überlege, warum die Lehrkraft einen Schüler gebeten hat zu protokollieren.
2 Welche Aufgaben hatte Philipp beim Verfassen dieses Berichts zu erfüllen?
3 Kennst du andere Ereignisse und Geschehen, die in einem Protokoll festgehalten werden?

Protokolle werden von Diskussionen, Konferenzen, Sitzungen, Unterrichtsstunden u. Ä. geschrieben. Sie dienen dazu, Inhalte und Beschlüsse dieser Veranstaltungen nachlesbar zu machen, sodass Anwesende eine Erinnerungsstütze haben und Nichtanwesende nachträglich informiert werden.
Vielfach sind Protokolle Dokumente über wichtige Entscheidungen. Deswegen werden sie bei regelmäßig stattfindenden Veranstaltungen (z. B. Jahreshauptversammlungen von Vereinen, Vorstandssitzungen) bei der nächsten Zusammenkunft genehmigt.

Ein Protokoll soll knapp und präzise sein. Es ist daher notwendig, einzelne Redebeiträge zusammenzufassen und Unwichtiges wegzulassen.

Der Protokollant ist verantwortlich für die sachliche, korrekte Berichterstattung und er unterzeichnet daher auch das Protokoll. Er darf keine persönliche Stellungnahme abgeben.

Man unterscheidet zwei Protokollarten:
Ein **Ergebnisprotokoll** hält nur die Ergebnisse der Veranstaltung – oft sind dies Beschlüsse – fest und wird in der Regel im Präsens geschrieben.

Ein **Verlaufsprotokoll** soll detaillierter als ein Ergebnisprotokoll über eine Veranstaltung informieren. Es enthält deshalb nicht nur die Ergebnisse, sondern gibt auch den Verlauf wieder. Es hat daher stark berichtenden Charakter und wird in der Regel im Präteritum geschrieben.

Ein Protokoll hat einen festen formalen Rahmen. Seine äußere Form wird weitgehend durch seine jeweilige Funktion bestimmt (Protokoll einer Vereinsversammlung, einer Konferenz). Der **Protokollkopf** enthält Angaben über die Anwesenden, den Zweck der Zusammenkunft, die Tagesordnung, Ort und Zeitpunkt der Veranstaltung. Ein Protokoll sollte übersichtlich gegliedert sein. Das Protokoll schließt mit der Unterschrift des verantwortlichen Berichterstatters.

Beispiel:
Protokoll der Vorstandssitzung der Volksbühne Hameln

Ort der Veranstaltung:	Rattenfängerhaus, Hameln
Zeitpunkt:	7. Sept. 1996, 20.00–21.45 Uhr
Anwesende:	Bernd Bauer, Julia Bernd, Birgit Deiters, Antje Holzmann, Peter Weiss
Leitung:	Bernd Bauer
Protokollführerin:	Julia Bernd
Tagesordnung:	1. Begrüßung, Genehmigung der Tagesordnung
	2. Verlesung und Genehmigung des Protokolls der letzten Vorstandssitzung
	3. Rückblick auf die vergangene Spielzeit
	4. Werbemaßnahmen für Jugendliche
	5. Verschiedenes

zu TOP 1: Der Vorsitzende Bernd Bauer begrüßt die Anwesenden. Die Tagesordnung wird einstimmig angenommen.

zu TOP 2: ...

Hameln, 10. September 1996

Protokollführerin: *Julia Bernd*

1 Im Folgenden findest du einen Auszug aus dem Protokoll einer Gesamtkonferenz einer Schule, zuerst als Ergebnis- dann als Verlaufsprotokoll. Vergleiche und benenne Vor- und Nachteile der beiden Protokollarten.

Ergebnisprotokoll

zu TOP 7: Projektwoche
Es wird der Antrag gestellt, in diesem oder im folgenden Schuljahr eine Projektwoche durchzuführen. Die Abstimmung ergibt:
  5 Stimmen für Projektwoche im laufenden Schuljahr,
11 Stimmen für Projektwoche im folgenden Schuljahr,
  5 Enthaltungen.
Es wird vereinbart noch einmal eine Befragung der Schülerinnen und Schüler bezüglich der gewünschten Themen durchzuführen.

Verlaufsprotokoll

zu TOP 7: Projektwoche
Der Schülersprecher stellte das Ergebnis einer Schülerbefragung zur Durchführung einer Projektwoche vor. Die Befragung erfolgte zu den von einigen Schülerinnen und Schülern vorgeschlagenen Themenbereichen Drogen, Kunst – Kultur, Minderheiten.

Die Resonanz sei gering gewesen, allerdings sei die Befragung auch nur in vier Klassen durchgeführt worden. Eine anschließende Schülerdiskussion habe kein klares Votum für eine Projektwoche ergeben.
An die Berichterstattung schloss sich eine ausführliche Aussprache an, in der u. a. vorgeschlagen wurde, eine verbesserte und gezielte Befragung zur Themensuche durchzuführen und das Interesse der Schülerinnen und Schüler durch bestimmte Einzelvorhaben aus den Fach- und Kenntnisbereichen der Lehrerinnen und Lehrer zu wecken. Außerdem wurde beantragt, wegen des geringen Interesses der Schülerinnen und Schüler die Projektwoche erst im folgenden Schuljahr durchzuführen.

Die Abstimmung darüber, ob im laufenden oder im folgenden Schuljahr eine Projektwoche durchgeführt werden soll, ergab
  5 Stimmen für eine Projektwoche im laufenden,
11 Stimmen für eine Projektwoche im folgenden Schuljahr
bei 5 Enthaltungen.
Anschließend wurde vereinbart noch einmal eine Befragung der Schüler bezüglich der gewünschten Themen durchzuführen.

2 Nachfolgend findest du die Tonbandmitschrift einer Schülerratssitzung. Anhand dieser Tonbandmitschrift kannst du sowohl die Form des Ergebnisprotokolls als auch die Form des Verlaufsprotokolls üben.
Lies zunächst die Tonbandmitschrift durch.

Jill: Hiermit eröffne ich die Schülerratssitzung. Bitte tragt euch in die Anwesenheitsliste ein. Da ich 12 Anwesende zähle, sind wohl alle Klassen vertreten. Zwei Themen möchten Thomas und ich gern mit euch besprechen:
1. Wollen wir in jedem Schuljahr einen gemeinsamen Schulausflug machen?
2. Wollen wir die Pausenmusik nicht wie bisher zweimal wöchentlich, sondern jeden Tag hören?
Lasst uns zuerst den ersten Punkt behandeln.
Anja (Kl. 8a): Das finde ich toll, wenn die ganze Schule einmal zusammen einen Ausflug machen würde. Dann könnte ich da nämlich mit meiner Freundin aus der Klasse 9a zusammen sein.
Thorsten (Kl. 10c): Und es hätte auch den Vorteil, dass man sich nach Interessen aufteilen könnte. Wenn man z. B. einen Wintersporttag machen würde, dann könnten einige Ski laufen, andere wandern, die dritte Gruppe Eis laufen, die vierte Gruppe rodeln usw. Dann müsste man nicht immer das machen, was alle aus der Klasse machen.
Tina (Kl. 7c): Aber dann wäre man bestimmt auch nicht mit seinem Klassenlehrer oder seiner Klassenlehrerin zusammen. Das wäre doch auch schade.
Julia (Kl. 7a): Außerdem käme man gegen die Großen bestimmt nicht an.
Benjamin (Kl. 9b): Aber das wäre bestimmt eine ganz tolle Stimmung, wenn alle zusammen in einem Zug fahren würden oder so.
Nick (Kl. 10b): Na ja, und wahrscheinlich würde einem der Tag auch von den anderen Wandertagen abgezogen.
Jill: Will noch jemand etwas dazu sagen? – Wenn das nicht der Fall ist, stelle ich jetzt den Antrag, darüber abzustimmen, ob die Schüler auf der Konferenz einen gemeinsamen Ausflug aller Klassen beantragen sollen oder nicht.
(Thomas zählt: 4 dafür, 7 dagegen, 1 Enthaltung.)
Jill: Dann kommen wir zum nächsten Tagesordnungspunkt: Wollen wir die Pausenmusik auf dem Innenhof jetzt in allen Pausen und nicht nur an zwei Wochentagen hören?
Tina: Das wäre prima, aber ob die Lehrer da mitspielen?
Thomas: Das können wir jetzt einmal weglassen, wir müssen das sowieso erst in der Konferenz beantragen.
Jill: Ich finde, man sollte jeden Tag Pausenmusik hören dürfen, da ist doch nichts dabei. Das hebt doch die Laune.
Thorsten: Und wer sucht die Musik aus?
Jill: Da könnte ja jede Klasse eine Woche für das Programm sorgen.
Thorsten: Na ja, das ginge.
Thomas: Ich lasse jetzt darüber abstimmen, ob die Pausenmusik jeden Tag laufen soll.

Jill: Alle dafür. – Gut, das wäre von uns aus alles. Wollt ihr noch etwas diskutieren?
Julia: Dieses Mal nicht, weil es gerade gegongt hat, aber vielleicht nächstes Mal. Da könnten wir vielleicht über das Schulfest sprechen.
Jill: O. K. – Wir treffen uns dann in 14 Tagen wieder.

Tipp ▪ **Was sollte man vor dem Schreiben des Protokolls bedenken?**

Während der Veranstaltung muss der Protokollant Notizen machen, die zu einem späteren Zeitpunkt ausformuliert werden. Er sollte vorher wissen, ob ein Verlaufsprotokoll (evtl. sogar mit Angabe der Redner) erwartet wird oder ob er sich auf ein Ergebnisprotokoll beschränken kann, denn danach richtet sich der Umfang seiner Notizen. Sowohl für ein Ergebnis- als auch für ein Verlaufsprotokoll ist es hilfreich, dass man sein DIN-A4-Blatt beim Mitschreiben großzügig einteilt.

Möglichst bald nach der Veranstaltung sollte man sich an das Schreiben des Protokolls begeben, weil man sich dann besser erinnert als später. Die Reinschrift sollte nach Möglichkeit mit Schreibmaschine oder Computer angefertigt oder in gut lesbarer Handschrift geschrieben werden. Ein Protokoll ist ein Dokument und sollte daher möglichst sauber und fehlerfrei verfasst werden.

Für ein **Ergebnisprotokoll** reicht es, wenn die notwendigen Angaben (Ort, Zeitpunkt der Veranstaltung, Teilnehmer) im Protokollkopf aufgeführt sind, die Tagesordnung angegeben wird und Anträge und Abstimmungsergebnisse präzise wiedergegeben werden. Am Schluss darf der Protokollant seine Unterschrift nicht vergessen.

Zusätzlich zu den im Ergebnisprotokoll festgehaltenen Sachverhalten soll im **Verlaufsprotokoll** noch der Ablauf der Veranstaltung deutlich werden, d. h.
1. die wichtigsten zu den Sachverhalten genannten Argumente und Gegenargumente der Gesprächsteilnehmer sollen festgehalten werden,
2. die Redebeiträge sollen richtig eingeordnet werden,
3. Zäsuren (Einschnitte) im Gesprächsverlauf sollen auch im Protokoll deutlich werden.

Das bedeutet, dass für ein Verlaufsprotokoll während der Veranstaltung mehr mitgeschrieben werden muss als für ein Ergebnisprotokoll. Bei einer kontroversen Diskussion kann es auch sinnvoll sein, die Namen der Redner zu notieren.

Vor der Niederschrift sollte man die stichwortartige Mitschrift daraufhin überprüfen, ob sie zu viele unwichtige oder detaillierte Stichpunkte enthält oder ob man Wesentliches vergessen hat. In diesen Fällen streicht oder ergänzt man die Mitschrift.

Beim Schreiben des Protokolls sollte man den Verlauf gestrafft darstellen. Beiträge werden nicht wörtlich, sondern in indirekter Rede oder durch charakterisierende Verben wiedergegeben, z. B. *sie widersprach, er zog daraus den Schluss* ... Ähnliche Beiträge sollten zusammengefasst werden, z. B. *mehrere Redner vertraten die Auffassung, dass* .... Man sollte versuchen, einzelne Beiträge durch Konjunktionen oder andere überleitende Formulierungen miteinander zu verknüpfen, z. B. *Daraufhin entgegnete Frau M ...; Einen weiteren Gesichtspunkt brachte Herr X. ein, indem er darauf hinwies, dass ...*

3 Fertige ein Ergebnisprotokoll der Schülerratssitzung von Seite 289 an. Ergänze den fehlenden Protokollkopf (vgl. S. 287) frei.

4 Im Folgenden ist der Anfang des Verlaufsprotokolls der Schülerratssitzung vorgegeben. Setze es zu Tagesordnungspunkt 2 fort.

Jill eröffnete die Sitzung, indem sie die beiden Tagesordnungspunkte nannte:
1. Soll in jedem Schuljahr ein gemeinsamer Schulausflug gemacht werden?
2. Soll die Pausenmusik jeden Tag gespielt werden?

<u>zu TOP 1</u>: In der Diskussion über einen gemeinsamen Schulausflug wurden verschiedene Standpunkte deutlich. Die Befürworter eines gemeinsamen Schulausflugs wiesen darauf hin, dass man an einem solchen Tag mit Freunden aus anderen Klassen zusammen sein könnte. Außerdem könnte man sich nach Interessengruppen aufteilen und es käme bei einer solchen Veranstaltung bestimmt eine gute Stimmung auf.
Von den Gegnern des Vorschlags wurde angeführt, dass die Schüler wahrscheinlich nicht vom Klassenlehrer betreut würden und dass sich die jüngeren Schüler in den gemischten Gruppen gegenüber den älteren nicht durchsetzen könnten. Hinzu käme, dass den Klassen dieser Wandertag von den anderen wahrscheinlich abgezogen würde.
Die Abstimmung über den Tagesordnungspunkt 1 ergab, dass von den Schülervertretern kein gemeinsamer Schulausflug gewünscht wurde
(4 Stimmen dafür, 7 Stimmen dagegen, 1 Enthaltung).

5 Häufig ist es für ein Protokoll notwendig, dass man einzelne Aussagen durch Verben näher kennzeichnet. Wähle aus der Liste Verben aus um die Redeabsicht der Sprecher in den folgenden Dialogausschnitten zu verdeutlichen. Bilde mit ihnen Sätze, die in einem Verlaufsprotokoll stehen könnten. Manchmal gibt es mehrere Möglichkeiten.

widersprechen	beantragen	sich anschließen
vorwerfen	kritisieren	erwähnen
sich äußern	darlegen	unterrichten
antworten	vortragen	wiederholen
argumentieren	entgegnen	bestätigen
sich einsetzen	zustimmen	diskutieren
erwidern	fragen	bemerken
gestehen	sich erkundigen	darstellen
wünschen	bitten	bezweifeln
referieren	informieren	ablehnen
reden	einwenden	unterstützen

1) Christian: »Wenn du mich nun schon angesprochen hast, Janna, so kann ich nur sagen, dass ich lieber einen Radausflug als eine Wanderung machen würde.«
2) Franziska: »Ich wünsche mir, dass die Radwege hier in der Stadt besser ausgebaut werden.«
3) Christina: »Michaels Vorschlag finde ich nicht gut, weil er dabei von falschen Voraussetzungen ausgegangen ist. Im Gegenteil meine ich, dass man dieses Problem anders lösen müsste.«
4) Annette: »Ich kann nur sagen, dass Dorothee völlig recht hat.«
5) Ann Kathrin: »Ich werde euch jetzt einige grundlegende Dinge zum Thema »Die Stellung der Frau im antiken Rom« sagen.«
6) Frau B.: »Leider muss ich euch mitteilen, dass ihr am 25. noch eine Arbeit über das antike Rom schreiben müsst.«
7) Bastian: »Müssen wir für die Arbeit auch die Eroberungen Cäsars wiederholen?«
8) Stefan: »Ich finde das nicht in Ordnung, dass jeder Abend der Klassenfahrt schon verplant ist.«

6 Bei dem folgenden Text handelt es sich um ein Beispiel für ein Unterrichtsprotokoll.

Protokoll

Anwesende: Frau Meyer, Kl. 9a außer Anja Klein
Fach: Geschichte
Datum: 12. Februar ..., 3. Unterrichtsstunde
Thema: Industrialisierung in England

Frau Meyer eröffnete die Unterrichtsstunde, indem sie die <u>Voraussetzungen</u> für die frühe Industrialisierung in England wiederholen ließ. Folgende Voraussetzungen wurden genannt:

- einerseits Entstehung einer Schicht von Wohlhabenden, andererseits Entstehung einer Schicht von Besitzlosen,
- erhöhte Wollproduktion durch Nutzung des Landes als Weideland für Schafe (Einhegungen),
- Erfindungen,
- Leistungsgedanke im Calvinismus,
- Wirtschaftsliberalismus,
- Insellage.

Anhand des Modells einer <u>Dampfmaschine</u>, die 1769 von James Watt in England erfunden wurde, wurde ihre Funktionsweise erklärt (s. Physikbuch S. 105). Die Dampfmaschine bewirkte tief greifende Veränderungen im Transportwesen und bei der Produktion von Waren. Durch ihren Einsatz konnte die menschliche Arbeitskraft weitgehend ersetzt werden, und es konnte darüber hinaus wesentlich mehr produziert werden als vorher. Deswegen spricht man von der „<u>Industriellen Revolution</u>".

Durch die Nutzung der Dampfkraft als Antriebskraft in Eisenbahn und Schiffen konnten die Waren in großen Mengen sicherer und schneller <u>transportiert</u> werden als bisher, es konnten neue Märkte erschlossen werden und die Preise konnten niedriger gehalten werden als bisher.

Die Auswirkungen des Einsatzes der Dampfmaschine bei der <u>Produktion von Waren</u> wurde anhand von Dias erläutert. Wenige Menschen, besonders Frauen, manchmal auch Kinder bedienten große Maschinen in Fabriken. Sie hatten dort unter schlechten Arbeitsbedingungen wie starker Lärmbelästigung und viel Schmutz zu leiden.

Die <u>soziale Lage</u> der Arbeiterschaft in England soll in der nächsten Stunde näher erläutert werden. Zur <u>Vorbereitung</u> sollen die Schüler die Quelle „Ein Arbeiterquartier in Manchester" (Geschichtsbuch S. 84) durchlesen.

14.2. ... *Jutta Wrede*

    a) Inwiefern unterscheidet sich ein solches Unterrichtsprotokoll von einem Konferenzprotokoll? Wozu dient es?
    b) Wie ist das Protokoll gegliedert?
    c) Die Vorgaben im Protokollkopf sind im Vergleich zu den auf Seite 287 gemachten Vorgaben verändert. Warum ist das wohl sinnvoll?
    d) Warum kann die Wiedergabe des Stundenanfangs stichwortartig erfolgen?

Tipp ▪ **Wie schreibt man ein Unterrichtsprotokoll?**

Ein **Unterrichtsprotokoll** dient häufig zur Wiederholung, besonders zur Vorbereitung auf Klassenarbeiten. Für die Schüler, die während der Unterrichtsstunde anwesend waren, sollen durch das Protokoll die vermittelten Kenntnisse zu dem behandelten Thema festgehalten werden. Auch für die Schüler, die gefehlt haben, sollen die Verlaufsschritte, Ergebnisse und Einsichten der Unterrichtsstunde deutlich werden. Abgesehen davon kann die Lehrkraft anhand des Protokolls feststellen, ob der Protokollant den Unterrichtsstoff verstanden hat oder nicht.

Im Kopf des Unterrichtsprotokolls kann auf die Angabe des Ortes und die Auflistung aller Anwesenden verzichtet werden. Wichtig sind jedoch die Angabe des Unterrichtsfachs, der fehlenden Schüler und Schülerinnen und des Themas der Stunde.

Um den Mitschülern das Nacharbeiten des Stoffes zu erleichtern, ist es sinnvoll, eine Gliederung nach sachlichen Gesichtspunkten vorzunehmen. Das kann z. B. durch Absätze oder Unterstreichungen geschehen.

Wiederholungen des Unterrichtsstoffes können kürzer als neue Themen und teilweise auch stichwortartig dargestellt werden. Hier bietet sich eine Auflistung mit Hilfe von Spiegelstrichen an.

Es wird nur ausnahmsweise nötig sein, die Namen einzelner Schüler im darstellenden Teil zu nennen, z. B. wenn einer ein Referat hält.

2.7 Leserbrief (Appell und Argumentation)

Platz für 15 Reiheneigenheime
Zum Artikel »Jelzins Versprechen …«

Seit vielen Jahren bin ich Abonnent Ihrer Zeitung und ebenso lange ärgere ich mich über die Fehler in Ihrem Blatt. Der Aufmacher »Jelzins Versprechen: Die Wolga-Republik« hat mich umgeworfen. Ist doch darin allen Ernstes ausgeführt, dass Jelzin ein 6000 Quadratmeter … großes Areal anbietet, eine Fläche also, die etwa für den Bau von 15 Einfamilien-Reihenhäusern reichen könnte.

Ich gehe natürlich davon aus, dass von einer ganz anderen Größenordnung die Rede war, dass hier eine Fehlleistung der KN-Redaktion vorliegt. Das dürfen Sie Ihren Lesern nun wirklich nicht bieten!

Gerhard Schubert, Kiel

Anmerkung der Redaktion: Jelzin sprach von einer 6000 Quadratkilometer umfassenden Fläche.

Armee mit Wehrpflichtigen ist überholt

»FDP-Politiker wollen eine Armee von Freiwilligen«, Handelsblatt Nr. 138.

Die FDP-Bundestagsabgeordneten Otto und Koppelin fordern die Umwandlung unserer Bundeswehr von einer Armee mit Wehrpflicht in eine Freiwilligen-Armee. Daraufhin beeilt sich Graf Lambsdorff mit der Feststellung, dies sei nicht die Meinung der FDP, richtig müsse es heißen: »Zwei Bundestagsabgeordnete haben gesagt.«

Schade! Da äußern zwei Abgeordnete, was viele Freie Demokraten und vor allem Junge Liberale denken, aber anstatt die Diskussion innerhalb und außerhalb der Partei anzuregen, tritt Lambsdorff auf die Bremse. Dabei spricht alles für die Umwandlung.

Geben wir doch endlich zu, eine Wehrpflichtigen-Armee war seit der Französischen Revolution bis in unsere Zeit durchaus sinnvoll, weil die These »Wird ein Land angegriffen, müssen es alle Bürger verteidigen« richtig war. Die immer noch fortschreitende Waffentechnik erfordert aber den hochausgebildeten Profi. Die USA und England haben die Zeichen der Zeit längst erkannt, in anderen Ländern wird über die Einführung einer Armee von freiwilligen Berufs- und Zeitsoldaten nachgedacht.

Diese Regelung hätte einen weiteren unschätzbaren Vorteil. Unsere jungen Männer wären mit ihrer beruflichen Ausbildung oder ihrem Studium ein Jahr früher fertig bzw. müssten ihre Berufslaufbahn nicht für ein Jahr unterbrechen. Damit wären sie ihren gleichaltrigen Konkurrenten aus den anderen EG-Ländern beim Start des europäischen Binnenmarktes zeitlich etwas näher gekommen.

Horst Stuhlmann, Auenwald

1 Welche Absicht verfolgt der Verfasser des ersten Leserbriefes?
2 An wen wendet sich der Briefschreiber: an die Zeitungsredaktion, an die Zeitungsleser, an beide?
3 Zu welchem Zweck hat die Redaktion diesen Brief wohl abgedruckt?
4 Aus welchen Gründen veröffentlichen Zeitungen überhaupt Leserbriefe?
5 Worum geht es in dem zweiten Leserbrief?
6 Worauf bezieht sich der Briefschreiber?
7 Welche Meinung vertritt er in der strittigen Frage? Mit welchen Argumenten begründet er seine Meinung?

In einem **Leserbrief** bezieht sich der Leser einer Zeitung oder Zeitschrift auf einen dort erschienenen Artikel und nimmt zu dessen Inhalt persönlich Stellung. Dabei kann er auf Missstände hinweisen (Redaktion oder Öffentlichkeit) und zu deren Beseitigung auffordern (**appellieren**).

Häufig äußert er sich zu einem in der Öffentlichkeit umstrittenen Thema, vertritt eine eigene Meinung, mit der er anderen zustimmt oder ihnen widerspricht. Er sollte seine Meinung und seine Behauptungen (Thesen) mit Argumenten begründen (**argumentieren**).

Auch wenn bei der Argumentation die persönlichen Interessen des Briefschreibers eine wichtige Rolle spielen, sollten die Argumente sachbezogen, verständlich und überzeugend sein.

In einer ausführlichen Begründung für **Thesen** (Behauptungen, Meinungen) werden die **Argumente** durch **Belege** gestützt. Belege können sein: eigene Erfahrungen, Expertenäußerungen, Statistiken... Als Belege können auch **Beispiele** dienen.

These:	*Die allgemeine Wehrpflicht sollte in Deutschland abgeschafft werden.*
Argument:	*Denn sie ist historisch überholt.*
Beleg 1:	*Die komplizierte Waffentechnik erfordert heute den hochausgebildeten Berufssoldaten.*
Beleg 2 (Beispiel):	*Die USA und England haben längst Freiwilligenarmeen.*

1 Eine Leserbrief-These könnte lauten: *Fahrräder sollten bei der Zulassungsstelle für Fahrzeuge angemeldet werden und ein Nummernschild bekommen.* Prüfe, ob die folgenden Argumente stark oder schwach sind:

1) Ohne Nummernschilder sind Fahrradfahrer bei Verstößen gegen die Straßenverkehrsordnung oft nicht zu identifizieren.
2) Mit Nummernschildern werden Fahrräder nicht mehr so leicht verwechselt.

3) Dann werden weniger Fahrräder gestohlen.
4) Es gibt zu viele Verkehrsrowdys auf Fahrrädern.
5) So werden Arbeitsplätze in den Zulassungsstellen geschaffen.
6) Man kann schnell erkennen, wem ein gestohlenes Fahrrad gehört.
7) Man kann den Besitzer eines Fahrrads ermitteln, das schon längere Zeit an demselben Platz steht.
8) Mit Nummernschildern haben es Versicherungen leichter, Diebstähle aufzunehmen.

2 Ordne im Folgenden jeweilige These, zugehöriges Argument, Beleg und Beispiel einander zu.

Thesen:
I) Das Straßennetz in Stadt und Land muss ausgebaut werden.
II) In städtischen Wohngebieten sollte überall eine Geschwindigkeitsbegrenzung von 30 km/h eingeführt werden.
III) Zentren größerer Städte sollten für den Verkehr von Privatfahrzeugen gesperrt werden.

Argumente:
A) Die Menschen in der Stadt werden auf diese Weise vor Abgasen, Lärm und Unfallgefahren geschützt.
B) Bei höherer Geschwindigkeit kommt es zu häufigen und schweren Unfällen mit Fußgängern.
C) Die bestehenden Straßen sind bei dem stark gestiegenen Individualverkehr nicht mehr ausreichend.

Belege:
1) Das bestätigen uns die ständigen Staus.
2) In verkehrsberuhigten Zonen sind die Unfälle nachweislich erheblich zurückgegangen.
3) Größere Fußgängerzonen werden von der Bevölkerung sehr geschätzt.

Beispiele als Belege:
a) Die Stadt Oslo hat als eine der ersten Städte diese Maßnahme ergriffen.
b) An der Kreuzung Schillerstraße/Hebbelweg hat es früher viele Unfälle gegeben, seit Einführung des Tempolimits keinen mehr.
c) In der Rushhour benötige ich für die acht Kilometer von der Arbeitsstelle zur Wohnung oft 45 Minuten Fahrzeit.

3 Schreibe einen Leserbrief, in dem du dich auf den folgenden abgedruckten Zeitungsartikel beziehst. Überlege vorher: Was ist hier umstritten? Welche Argumente können in der Auseinandersetzung eine Rolle spielen? Welchen Standpunkt nimmst du ein?

Protest zeigt Wirkung:

Hallenbäder sollen sonntags wieder öffnen

Der anhaltende Protest der Bevölkerung gegen die Schwimmhallen-Politik der Stadt zeigt Wirkung: Nun sollen die Schwimmhallen doch wieder an den Wochenenden geöffnet werden. Die SPD-Fraktion hat gestern im Magistrat durchgesetzt, dass ein neues Konzept für die Schwimmhallen erarbeitet wird. Motto: Einsparung ja, aber nicht am Wochenende.

200 000 Euro, so hatte die SPD-Ratsmehrheit beschlossen, müssen in diesem Jahr bei den Schwimmhallen eingespart werden. Und sie folgte dem Vorschlag, den Sportdezernent Günter Schmidt-Brodersen auf Grund der Sparbeschlüsse erarbeitet hatte. Danach sind die Schwimmhallen seit vergangenem Wochenende sonnabends ab 13 Uhr und sonn-/feiertags gänzlich geschlossen.

Das jetzige Konzept, so meinte gestern Lutz Kühlmorgen (SPD), habe sich als untauglich erwiesen: »Von der Schließung an den Wochenenden sind vor allem Ältere, Behinderte und viele Familien mit Kindern betroffen.«

Deshalb müsse der Sportdezernent nach anderen »sozialverträglichen« Einsparungsmöglichkeiten suchen. Und die SPD-Fraktionsvorsitzende legte die Eckpunkte für die Suche fest: Öffnung der Schwimmhallen an Sonnabenden, Sonn- und Feiertagen.

Sportdezernent Günter Schmidt-Brodersen kündigte gestern mehrere Alternativvorschläge für die Schwimmhallen an.

Eine Möglichkeit wäre, so Schmidt-Brodersen, an einem Wochentag die Hallen nachmittags für die Öffentlichkeit zu schließen: »Dann hätten wir an diesem Tag also nur die Frühbadestunde, anschließend vormittags Schulschwimmen und abends Vereinsschwimmen.« Grundsätzlich seien 200 000 Euro aber nur über das Personal, das heißt über die Öffnungszeiten, einzusparen. »Wenn wir allerdings, wie vorgesehen, in diesem Bereich eine weitere Million Mark einsparen sollen, ist das nicht mehr ohne die Schließung von ganzen Schwimmhallen zu machen.«

Die CDU lehnt grundsätzlich jede Kürzung der Öffnungszeiten von Schwimmhallen ab. Auch die Grünen finden Kürzungen in diesem Bereich bürgerfeindlich. Sie wollen daher in der nächsten Ratsversammlung (20. Februar) die Aufhebung des Schwimmhallen-Ratsbeschlusses beantragen. Bis dahin werden die Schwimmhallen wohl am Wochenende noch geschlossen bleiben. (stü)

Tipp ▪ Wie schreibt man einen Leserbrief?

– Gib zunächst an, auf welchen Zeitungsartikel du dich beziehst (Titel, Verfasser, Ausgabe der Zeitung).
– Fasse dich kurz, sonst kürzt die Redaktion.
– Formuliere selbst eine ansprechende Überschrift; überlasse das nicht der Redaktion.
– Setze deine stärksten Argumente an den Schluss.
– Vergiss nicht Namen und Anschrift sowie handschriftliche Unterzeichnung. Anonyme Leserbriefe werden nicht veröffentlicht.

2.8 Erörterung

Macht Fernsehen aggressiv?

Pro und Contra in einer Open-end-Diskussion

Diskussionsleiter: Das Fernsehen ist voller Gewalt. Die täglichen Nachrichtensendungen zeigen Bilder von Kriegsschauplätzen, Terrorakten, gewalttätigen Auseinandersetzungen; in Kriminal- und Westernfilmen greifen Helden und Verbrecher in den meisten Fällen zu Gewalt, um ein Problem erfolgreich zu lösen. Übertragungen von Sportveranstaltungen, besonders von Mannschaftswettkämpfen, halten grobe Unsportlichkeiten in Großaufnahmen fest, die mehrfach wiederholt werden. Selbst Filme für Kinder und Jugendliche sind nicht frei von aggressiven Szenen.

Professor A.: Medienwissenschaftler haben die einzelnen Sendungen untersucht und die Häufigkeit von Aggressionen ausgezählt, mit folgendem Ergebnis: Über 400 Gewalttaten oder Verbrechen wurden im Verlauf einer Woche in einem Programm gezeigt. Wenn ein Kind oder ein Jugendlicher ein bis zwei Stunden pro Tag fernsieht, so wird er schon in einem Jahr Zeuge von zigtausend brutalen Handlungen. Wer Tag für Tag und Jahr für Jahr diese Menge an Schlägereien, Verbrechen, Morden sieht, wird notwendigerweise selbst stark davon beeinflusst, er wird aggressiver, als er vorher war. Ursache davon ist das Fernsehen.

Professor B.: Darf deshalb Gewalt im Fernsehen nicht mehr vorkommen? Unsere Welt ist voller Konflikte. Tag für Tag setzen Menschen im Alltag und in der Politik Gewalt als Mittel ein, um etwas zu erreichen. Soll das verschwiegen werden? Soll das Fernsehen etwa nur Wissen vermitteln, z. B. in Fortbildungsprogrammen, oder nur eine friedliche und heile Welt zeigen?
   Zudem schauen die meisten Leute Krimis und Western nicht wegen der Brutalität, sondern wegen des Nervenkitzels an. Ich behaupte also: Wer zahlreiche Gewaltakte im Fernsehen sieht, wird dadurch nicht aggressiv. Er kann beim Zuschauen seine negativen Impulse abreagieren und verarbeiten. Wer einen Mörder sieht, wird doch nicht selbst zum Mörder.

1 Was versteht man unter *aggressiv* und *Aggression*?
2 Was beabsichtigt der Diskussionsleiter mit seinem einführenden Beitrag?
3 Welche Standpunkte nehmen die beiden Diskussionsteilnehmer ein?
   Wo tun sie das? Wie begründen sie ihre Standpunkte?
4 Welchen Standpunkt vertrittst du?
   Mit welchen Argumenten kannst du deinen Standpunkt begründen?

Ähnlich wie bei einer mündlichen Argumentation entwickelt man in einer schriftlichen **Erörterung** Gedanken zu einem strittigen Problem oder Sachverhalt und begründet ausführlich den eigenen Standpunkt, indem man Argumente vorträgt, sie belegt und Beispiele anführt (These, Argument, Beleg, Beispiel siehe Leserbrief S. 296).

Das **Thema** einer Erörterung ist oft schon als Frage formuliert. Die **Themafrage** ist entweder eine **Entscheidungsfrage**, die man mit ja oder nein beantworten kann (*Macht Fernsehen aggressiv?*) oder eine **Ergänzungsfrage**, die mit einem Fragewort (*warum, weshalb, welche, was, wer, wie ...?*) eingeleitet wird (*Warum macht Fernsehen aggressiv?*). Wenn das Thema noch nicht als Frage formuliert ist (*Fernsehen und Aggression*), muss man die Themafrage selbst formulieren und sich für die eine oder andere Frageform entscheiden. Die Themafrage muss in der Erörterung beantwortet werden.

Je nach Art der Themafrage unterscheidet man zwei Grundformen der Erörterung:
1) Entscheidungsfragen fordern zu einer Entscheidung heraus, die durch sorgfältiges Abwägen von Für und Wider, von Vorteilen und Nachteilen in einer **kontroversen Darstellung** (auch »**dialektisch**« genannt) begründet werden muss (*Nehmen Aggressionen in unserer Gesellschaft zu? Was spricht für, was gegen eine solche Annahme?*).
2) Ergänzungsfragen fordern die Klärung eines Sachverhalts oder Problems und erlauben dabei eine lineare, **steigernde Darstellung**. Dabei werden einzelne Gesichtspunkte und Argumente nacheinander aufgeführt, die wichtigsten zum Schluss (*Warum nehmen Aggressionen in unserer Gesellschaft zu? Erstens weil ..., zweitens ...*).

1 Worum geht es bei den folgenden Erörterungsthemen? Prüfe, ob es sich jeweils um eine Entscheidungsfrage oder eine Ergänzungsfrage handelt:

1) Sollen Lehrerinnen und Lehrer in der Schule rauchen dürfen?
2) Was erwartest du von einer guten Tageszeitung?
3) Hältst du es für richtig, dass Ausländer in Deutschland nicht wahlberechtigt sind?
4) Warum haben so viele Menschen ein Haustier?
5) Wie erklärst du dir die ständig steigende Zahl von Laden- oder Kaufhausdiebstählen?

2 Formuliere die folgenden offenen Themen in Entscheidungsfragen oder Ergänzungsfragen um:

1) Leistungssport oder Breitensport
2) Mann und Frau in Familie und Beruf
3) Alkoholkonsum Jugendlicher
4) Ausländerfeindlichkeit

a) Erörterung: steigernde Darstellung

1 »Pkws – Pkw-Fahrer«: Was wird durch diese Bild-Gegenüberstellung zum Ausdruck gebracht?
2 Formuliere Ergänzungsfragen als Themafragen für eine Erörterung, die durch die beiden Fotos angeregt werden.

In einer **Erörterung mit steigernder Darstellung** wird ein Problem oder Sachverhalt entfaltet. Die dabei zu beantwortende **Themafrage** ist immer eine **Ergänzungsfrage**.

Für den Aufbau einer steigernden Erörterung gilt, dass die einzelnen Gesichtspunkte in einer bestimmten Form angeordnet werden: zuerst die weniger gewichtigen, dann die entscheidenden Gesichtspunkte. So sind die Chancen am größten, das Leseinteresse bis zum Schluss aufrechtzuerhalten.

Bei der Anfertigung einer Erörterung sollte man folgendermaßen vorgehen:
1) Thema wählen und erschließen,
2) Stoffsammlung anlegen,
3) Stoffsammlung ordnen,
4) Gliederung entwickeln,
5) Text verfassen,
6) Text überarbeiten und Reinschrift anfertigen.

Tipp ▪ **Wie bereitet man eine Erörterung vor?**

Der erste Arbeitsschritt stellt die **Erschließung des Themas** dar: Um welches Problem geht es? Wie lautet die Themafrage, die beantwortet werden muss? Damit das Thema umfassend behandelt wird, empfiehlt es sich, weitere Fragen zur Erschließung des Themas zu entwickeln.

Der zweite Arbeitsschritt ist das **Anlegen einer Stoffsammlung**. Man notiert alle Gedanken zum Thema in Stichworten oder Stichwortsätzen. Dabei ist es sinnvoll für jeden Gedanken eine neue Zeile zu verwenden und Platz für späteres Nummerieren und Ordnen zu lassen.

Der dritte Arbeitsschritt besteht in einer **übersichtlichen Ordnung des Stoffes**. Dabei sind einzelne Gesichtspunkte und Gedanken nach übergeordneten Punkten zusammenzufassen; dies geschieht durch die Formulierung geeigneter Oberbegriffe.

Bei Stichwörtern, die man keinem Oberbegriff zuordnen kann, muss überlegt werden, ob sie wegfallen können oder durch weitere Gesichtspunkte ergänzt werden müssen.

1 Thema: *Das Auto trägt stark zur Gefährdung unserer natürlichen Umwelt bei. Überlege, was man dagegen tun kann.*
Welche der folgenden Fragen ist bei diesem Thema die Themafrage?

1) Ist unsere natürliche Umwelt durch das Auto gefährdet?
2) Was hältst du vom Schutz der Umwelt gegen Autoverkehr?
3) Was kann man gegen die Gefährdung unserer natürlichen Umwelt durch das Auto tun?
4) Warum ist Umweltschutz erforderlich?
5) Wer sollte sich für den Erhalt unserer natürlichen Umwelt einsetzen?
6) Inwiefern gefährdet das Auto unsere Umwelt?

2 a) Wie beurteilst du die folgenden Erschließungsfragen zum Thema?
   b) Findest du weitere Erschließungsfragen?

1) Wer kann etwas gegen die Gefährdung der Umwelt durch Autos tun (der Staat, der Einzelne, ich)?
2) In welchen Bereichen ist die Umwelt durch das Auto besonders gefährdet?
3) Mit welchen Mitteln kann man sich für die Erhaltung der Umwelt einsetzen?

3 Lege für den zweiten Arbeitsschritt eine Stoffsammlung zum Thema an.

4 Prüfe bei der folgenden Stoffsammlung, ob alle Stichwörter zum Thema gehören.

1) Keine neuen Straßen bauen
2) Katalysatoren einbauen
3) Kfz-Steuern erhöhen
4) Innenstädte für Autoverkehr sperren

5) Benzinpreis heraufsetzen
6) Zahl der Geschwindigkeitsbegrenzungen erhöhen
7) Raser und andere Verkehrsrowdys schärfer bestrafen
8) Attraktivität des öffentlichen Nahverkehrs erhöhen
9) Private Autowäsche verbieten
10) Radfahrwege bauen
11) Umweltbewusstsein entwickeln und verbreiten
12) Elektroautos bauen
13) Schadstoffarme Waschmittel verwenden
14) Tempolimit auf Autobahnen einführen
15) Erwerb von Führerscheinen erschweren
16) Autokauf von Garage oder eigenem Stellplatz abhängig machen
17) Autofreie Sonntage verordnen
18) Gemeinsames Fahren von Kollegen zum Arbeitsplatz organisieren
19) Fußgängerzonen einrichten
20) Fahrbahnverengungen vornehmen
21) Fahrbahnschwellen bauen

5 a) Der dritte Arbeitsschritt sieht die übersichtliche Ordnung des Stoffes vor. Welche Stichwörter der Stoffsammlung kannst du folgenden beiden übergeordneten Gesichtspunkten zuordnen?

– Verordnete Fahrbeschränkungen
– Verteuerung des Autofahrens

b) Suche weitere übergeordnete Gesichtspunkte und ordne ihnen Stichwörter zu.

Tipp ▪ **Wie gliedert man eine Erörterung und was sollte man beim Schreiben beachten?**

Als vierter Arbeitsschritt ergibt sich die **Gliederung** der Erörterung. Sie besteht in der Regel aus drei Teilen: **Einleitung**, **Hauptteil** und **Schluss**.

Besonders wichtig ist die Feingliederung des Hauptteils. Dabei macht man sich die Ordnung der Stoffsammlung zu Nutze und geht in einer sich steigernden Argumentation vom weniger Wichtigen zum Wichtigen.

Der fünfte Arbeitsschritt besteht aus dem **Verfassen** der Erörterung. Zuerst muss man sich Gedanken über die **Einleitung** machen. Sie soll kurz sein, rasch zum Thema hinführen und mit der zu erörternden Frage bekannt machen, sie aber noch nicht beantworten. Man kann beginnen
– mit der Erläuterung eines Schlüsselbegriffs der Themafrage
  (*Was bedeutet »Gefährdung der natürlichen Umwelt«?*),

– mit einem aktuellen Anlass (persönliches Erlebnis, Meldung, Zeitungsnotiz),
– mit einem passenden Zitat oder einer verbreiteten Meinung,
– mit einem historischen Rückblick
(*Seit wann sieht man unsere Umwelt in Gefahr?*).

Beim Verfassen des **Hauptteils** müssen Thesen (Behauptungen, Meinungen und Wertungen) möglichst überzeugend mit Argumenten begründet werden. Argumente wirken überzeugend durch Belege, d. h., wenn sie sich auf bekannte Tatsachen, unbestrittene Fakten und Zahlen, Zitate von Fachleuten beziehen. Auch Beispiele können recht anschauliche Belege sein.

Der **Schluss** der Erörterung kann bestehen aus
– einer Zusammenfassung (*Aus alldem ergibt sich ...*),
– einem persönlichen Wunsch oder einer persönlichen Befürchtung
(*Wir wollen hoffen ...*),
– einem Ausblick auf die Zukunft (*Ich nehme an, dass in Zukunft ...*),
– einer Anknüpfung an die Einleitung, ohne dass diese wiederholt wird
(*Wenn es richtig ist, was ich in der Einleitung geschrieben habe, dann ...*).

6 a) Welcher der folgenden Vorschläge zur Gliederung des Hauptteils sagt dir mehr zu?
b) Vielleicht bevorzugst du eine dritte Möglichkeit... Schreibe sie auf.

Vorschlag A
1. Was kann der Staat gegen die Umweltbelastung durch das Auto tun?
2. Was können die einzelnen Bürger tun?
3. Was kann ich selbst tun?
4. Welche Interessenkonflikte sind bei den Schutzmaßnahmen zu erwarten?
5. Wie schätze ich die Chancen für einen effektiven Schutz der Umwelt ein?

Vorschlag B
1. Zahl der fahrenden Autos reduzieren
2. Geschwindigkeit verringern
3. Schadstoffausstoß begrenzen oder ganz vermeiden
4. Zukünftige Alternativen zum Auto entwickeln
5. Umweltbewusstsein entwickeln und Umwelterziehung betreiben

7 Bei der Feingliederung des Hauptteils sollen die übergeordneten Gesichtspunkte weiter untergliedert sein.
Prüfe und ergänze den folgenden Vorschlag:

1. Zahl der fahrenden Autos reduzieren
   a) Erwerb von Führerscheinen reduzieren
   b) Autofreie Sonntage verordnen
   c) Benzinpreis heraufsetzen
   ...

2. Geschwindigkeit verringern
   a) Geschwindigkeitsbegrenzungen vermehren
   b) Fahrbahnverengungen vornehmen
   ...

8 Welche der folgenden Sätze hältst du als Einleitungssätze für geeignet, welche nicht?

1) Vielfach wird heute die Meinung vertreten, die Menschheit sei dabei, sich ihr eigenes Grab zu schaufeln.
2) Die Stadt Oslo hat vor einigen Jahren den inneren Stadtbezirk für den individuellen Autoverkehr gesperrt.
3) Der Staat soll die Kfz-Steuern erhöhen!
4) Vor unserer Garageneinfahrt parken ständig fremde Fahrzeuge.
5) Die Stadtratsfraktion der »Grünen« hat vor einigen Wochen den Ausbau des Netzes an Radwegen beantragt.
6) Die Erfindung des Automobils wurde lange Zeit als ein Segen für die Menschen angesehen.
7) Unsere Wirtschaft braucht ein gut ausgebautes Straßennetz für den Güterverkehr.
8) Unsere Nachbarn brauchen eigentlich gar kein Auto.
9) Wo ist die gute alte Straßenbahn geblieben?
10) Meine Schwester hat gerade ihren Führerschein gemacht.
11) Zum Wochenende sollen wieder die Benzinpreise erhöht werden.

9 Ordne dir geeignet erscheinende Einleitungssätze den im obigen Tipp genannten Möglichkeiten für Einleitungen zu.

10 Was hältst du von den folgenden ausformulierten Einleitungen? Berücksichtige die im Tipp genannten Gesichtspunkte.

1) In der letzten Zeit wurde schon viel gegen die Gefährdung der Umwelt durch das Auto getan. Heute fahren fast nur noch Autos mit Katalysator, die auch steuerbegünstigt sind. Alte Autos werden dagegen hoch besteuert und deshalb auch immer weniger. Auch versucht man, weniger Straßen zu bauen, um die Umwelt zu entlasten. Dies sind einige Argumente.

2) Seit vielen Jahren ist das Thema behandelt worden. Aber nie ist man zu einem Entschluss gekommen. Die Problematik wird in dieser Erörterung bearbeitet.

3) Das Auto trägt stark zur Umweltverschmutzung bei. Was man dagegen tun kann, wird in der folgenden Erörterung erläutert.

4) Täglich erhalten wir durch Fernsehen, Rundfunk und Zeitung die Nachricht, dass unsere Umwelt stark verschmutzt und in ihrer Existenz gefährdet ist. Auch die Abgase unserer Autos sind daran nicht unbeteiligt. Daher stellt sich die Frage, was wir dagegen tun können.

11 a) Grenze bei folgendem Textauszug These, Argument und Beleg gegeneinander ab.
 b) Welche Form des Belegs wurde hier gewählt?

Eine Begrenzung der Höchstgeschwindigkeit auf Autobahnen auf 130 km/h wird von vielen Seiten gefordert. Sie wäre ein erheblicher Gewinn an Lebensqualität. Einerseits ginge die Zahl der schweren Unfälle zurück, zum anderen sänken Benzinverbrauch und Abgasausstoß. So lehren Erfahrungen in anderen europäischen Ländern wie etwa Dänemark, dass der Mensch letztlich sich selbst schützt, wenn er der Versuchung zum Schnellfahren widersteht.

12 Hier findest du verschiedene Thesen. Begründe sie. Suche nach Belegen.

1) Auf die Fahrbahn gestellte Blumenkübel schützen die Anwohner vor dem Autoverkehr.
2) Demonstrationen und Bürgerinitiativen können zur Verkehrsberuhigung beitragen.
3) Kostenlose Benutzung öffentlicher Verkehrsmittel in der Stadt ist gesamtgesellschaftlich die preiswertere Lösung.
4) Steigende Benzinpreise sorgen dafür, dass viele Autos in der Garage bleiben.
5) Schienenverkehr ist der umweltschonendste Verkehr.
6) Höhere Steuern bewirken, dass das Zweitauto für viele nicht mehr bezahlbar ist.

13 Das Verhältnis zwischen Thesen, Argumenten und Belegen lässt sich durch Überleitungen und Verknüpfungen klar zum Ausdruck bringen. Es kann
 – begründend (*weil, denn, schließlich, nämlich...*),
 – einschränkend (*zwar... aber, obgleich, trotzdem...*),
 – schlussfolgernd (*deshalb..., daher...*),
 – vergleichend (*einerseits – andererseits*) sein.
 Fülle die Lücken in den folgenden Sätzen.

1) Breite Straßen müssen zurückgebaut werden, ❓ sie sonst zum Rasen verleiten.
2) ❓ die Fahrbahnen verengt worden sind, hat die Lärm- und Abgasbelästigung durch Autos z. T. noch zugenommen.
3) ❓ werden immer neue Landschaftsschutzgebiete eingerichtet, ❓ nimmt der Flächenverbrauch durch den Straßenbau zu.
4) Durch innerörtlichen Verkehr sind Kinder auf dem Schulweg besonders gefährdet. ❓ werden in der Nähe von Schulen Warnschilder aufgestellt und Schülerlotsen eingesetzt.
5) Drei-Wege-Katalysatoren sind gesetzlich vorgeschrieben. So soll ❓ wenigstens bei Neuwagen der Schadstoffausstoß im Abgas verringert werden.
6) Auf vielen Straßen ist bereits eine Höchstgeschwindigkeit von 30 km/h vorgeschrieben. ❓ fahren dort viele Fahrer eher 40 oder 50 km/h.
7) Autos werden technologisch zwar immer weiter entwickelt, ❓ die Suche nach Alternativen zum Verbrennungsmotor wird vernachlässigt.

14 Es gibt unterschiedliche Möglichkeiten zwei selbstständige Sätze miteinander zu verbinden:

1) *Das Autowaschen auf der Straße ist untersagt. Reinigungsmittel und Schmutz sollen nicht in die Regenwasserkanalisation geraten.*
2) *Das Autowaschen auf der Straße ist untersagt, denn Reinigungsmittel und Schmutz sollen nicht in die Regenwasserkanalisation geraten.*
3) *Das Autowaschen auf der Straße ist untersagt, weil Reinigungsmittel und Schmutz nicht in die Regenwasserkanalisation geraten sollen.*
4) *Damit Reinigungsmittel und Schmutz nicht in die Regenwasserkanalisation geraten, ist das Autowaschen auf der Straße untersagt.*
5) *Das Autowaschen auf der Straße ist untersagt, sodass Reinigungsmittel und Schmutz nicht in die Regenwasserkanalisation geraten können.*

Prüfe bei den folgenden Satzpaaren, mit welchen Konjunktionen du die Sätze verknüpfen kannst.

1) Die Zahl der geschwindigkeitsbegrenzenden Verkehrsschilder wächst ständig. Die Missachtung solcher Verkehrsschilder nimmt auch zu.
2) Elektromotoren schonen die Umwelt mehr als Verbrennungsmotoren. Es gibt wenige Autos mit Elektromotoren.

15 Für welche der im Tipp auf S. 304 angegebenen Möglichkeiten fällt dir ein kurzer Schluss zum Thema »Gefährdung der Umwelt durch das Auto« ein?

16 Untersuche die folgenden Schlussteile. Runden sie die Erörterung ab? Sind sie nichts sagend? Bringen sie die eigene Meinung des Verfassers zum Ausdruck?

1) Zusammenfassend lässt sich sagen: Der Schutz der Umwelt wird heute im Allgemeinen für nötig gehalten.
2) Insgesamt komme ich zu dem Ergebnis, dass bereits manches für den Umweltschutz getan wird, meiner Meinung nach aber noch viel zu wenig. Wir müssen unsere Anstrengungen in dieser Hinsicht steigern.
3) Ich stimme denjenigen zu, die sagen: Für den Zusammenbruch unserer natürlichen Umwelt ist es kurz vor zwölf! Wenn jetzt nicht sofort Entscheidendes getan wird, ist es zu spät.

Tipp ▪ **Wie überarbeitet man eine Erörterung?**

Der letzte Arbeitsschritt besteht in der kritischen Durchsicht des erarbeiteten Textes nach folgenden Gesichtspunkten:

1) **Inhalt:**
– Ist der Aufbau folgerichtig?
– Sind die Argumente durch Belege und Beispiele begründet?

2) **Formulierungen und Satzbau:**
– Sind die Sätze vollständig?
– Treten vermeidbare »Schachtelsätze« auf?
– Welche Formulierungen lassen sich noch präzisieren?

3) **Rechtschreib- und Zeichensetzungsfehler**
– Sind die Wörter richtig geschrieben?
– Sind die Kommas und Satzzeichen richtig gesetzt?
– Treten schwer lesbare oder missverständliche Sätze auf, bei denen ein Komma eine Lesehilfe wäre?

Mit der Reinschrift ist der Text abgeschlossen.

17 Wähle eines der folgenden Themen und schreibe eine Erörterung in steigernder Darstellung:

1) Warum gibt es immer noch so viele Verkehrstote?
2) Wovon hängt das Gelingen einer Klassenfahrt ab?
3) Der internationale Schüleraustausch sollte mehr gefördert werden.
4) Wie kann man Behinderte in die Gesellschaft integrieren?
5) Welche Ursachen gibt es für das Ansteigen des Alkoholkonsums bei Jugendlichen?
6) Warum gibt es eine immer größere Gewaltbereitschaft bei Jugendlichen?

18 Überarbeite das folgende Beispiel für eine Erörterung. Beachte dabei auch die Eintragungen und Randbemerkungen des Lehrers.

3) Das Auto trägt stark zur Gefährdung der natürlichen Umwelt bei. Überlege, was man dagegen tun kann.

<u>Gliederung</u>

<u>A: Einleitung</u>

<u>B: Hauptteil</u>

<u>I. verschiedene Fortbewegungsmöglichkeiten</u>

1) Fahrgemeinschaften 3) Fahrrad
2) Park & Ride 4) zu Fuß

<u>II. Öffentliche Verkehrsmittel</u>

1) Busse
2) Bahnen
3) Zug
4) Flugzeug

<u>III. Maßnahmen zur Verbesserung</u>

1) Fahrpreise bei öffentlichen Verkehrsmitteln senken
2) Fahrpläne verbessern
3) mehr öffentliche Verkehrsmittel einsetzen

<u>C: Schluss</u>

Es fahren heutzutage viel zu viele Autos auf den Straßen der Welt. Sie tragen mit dazu bei, dass unsere Umwelt nach und nach <u>kaputt geht</u>!   A
Kohlendioxid ist mit einer <u>der Zerstörer des Ozonloches</u> und jede <u>2</u>. Familie auf dieser Welt hat so einen »<u>Zerstörer</u>«. } unklar!
Obwohl es verschiedene Möglichkeiten gibt sich fortzubewegen, gibt es noch sehr viele Menschen, die diese Alternativen nicht nutzen. So könnten zum Beispiel vier Personen aus derselben Firma sich zusammentun und eine Fahrgemeinschaft bilden!
Denn ein Auto mit 4 Personen belastet die Umwelt nicht so schwer, als 4 Autos mit je 1 Person.

Wer aber keine Kollegen, oder Sonstiges, bei sich im Umkreis wohnen hat, sollte es mit dem Park & Ride Service versuchen. Da kann man mit dem Auto hinfahren, es dort abstellen und mit dem Bus weiterfahren.

Die sportlichen Leute können natürlich auch mit dem Fahrrad fahren oder zu Fuß gehen, wenn der Weg nicht weit ist. Das ist umweltfreundlich, man kann nicht im Stau stecken bleiben und bleibt fit!
Die Personen, die jedoch gemütlich zur Arbeit kommen wollen, sollten die öffentlichen Verkehrsmittel benutzen! Busse fahren in großen Städten haufenweise, Bahnen finden sich auch immer und weite Strecken kann man mit dem Zug oder mit dem Flugzeug gemütlicher zurücklegen als mit dem Auto auf den ständig vollen Autobahnen.
Es sollten aber trotzdem ein paar Maßnahmen getroffen werden, die dazu beitragen, dass die Autofahrer mehr ihr Auto stehen lassen und damit die Umwelt schonen!
Z.B. sollte man die Fahrpreise senken und nicht ständig erhöhen. Kommt jemand von außerhalb, muss er z.B. 5 Euro ausgeben, um in die Stadt und zurück zu fahren. Das kann sich ein Schüler nicht mehr als 1 mal in der Woche leisten! Zu alledem kommt noch dazu, dass Busse außerhalb der Stadt nicht regelmäßig fahren!
Am Wochenende ist es am schlimmsten, da fahren fast überhaupt keine, vor allen Dingen abends kommt man nicht nach Hause, darum sollte man den Fahrplan verbessern!
Der letzte Punkt ist, dass mehr Verkehrsmittel eingesetzt werden sollten, denn in überfüllten Bussen, Bahnen oder Zügen, macht das Fahren keinen Spaß!

Es muss aber von beiden Seiten etwas getan werden! Von der Seite der Regierung und von der Seite der Autofahrer! Verbessert die Regierung die öffentlichen Verkehrsmittel, sollten die Autofahrer den nächsten Schritt machen und mit öffentlichen Verkehrsmitteln fahren! Vielleicht können wir mit mehr Verständnis für die Umwelt das Auto stehen lassen um sie zu schützen und zu erhalten, denn ohne sie können wir nicht leben!

b) Erörterung: kontroverse (dialektische) Darstellung

Thema: Viele Eltern erwarten von ihren Kindern, dass sie sich in Kleidung und Frisur nach ihnen richten. Viele Jugendliche bestehen auf ihrem eigenen Geschmack.

1 Formuliere eine Entscheidungsfrage, mit deren Hilfe man die Vor- und Nachteile, das Für und Wider einander klar gegenüberstellen kann.

In einer **Erörterung mit kontroverser oder dialektischer Darstellung** entwickelt man Gedanken zu einem strittigen Problem oder Sachverhalt und begründet den eigenen Standpunkt. Die dabei zu beantwortende **Themafrage** (siehe S. 300) ist immer eine **Entscheidungsfrage**.

Für den **Aufbau** einer kontroversen Erörterung gilt, dass vor der persönlichen Stellungnahme des Verfassers ein ausführliches und sorgfältiges Abwägen des Für und Wider, des Pro und Kontra einer Entscheidung, der Vor- und Nachteile eines Sachverhalts notwendig ist.

Dabei gibt es zwei Möglichkeiten:
Man kann zunächst alle Argumente vortragen, die für eine bestimmte These sprechen, danach alle, die dagegen sprechen, um schließlich in einem dritten Teil bei Abwägung des Für und Wider, der Vor- und Nachteile, zu einem eigenen Urteil zu kommen. Dieses eigene Urteil kann sich stark an das vorher entwickelte Pro anlehnen oder an das Kontra oder auch einen Kompromiss darstellen.

- **Einleitung**
- **These**
  (Pro-Argument 1, Beleg/Beispiel; Pro-Argument 2, Beleg/Beispiel; …)
- **Gegenthese**
  (Kontra-Argument 1, Beleg/Beispiel; Kontra-Argument 2, Beleg/Beispiel; …)
- **Abwägung von Pro und Kontra und eigenes Urteil**
- **Schluss**

Die zweite Möglichkeit, die anspruchsvollere und schwierigere, besteht darin, einer inhaltlichen Ordnung zu folgen, indem man zu jedem Oberbegriff sofort These und Gegenthese entwickelt, Argumente pro und kontra abwägt.

- **Einleitung**

- **Oberbegriff 1**
  These   **Gegenthese**
  Pro-Argument 1   Beleg/Beispiel   Kontra-Argument 1   Beleg/Beispiel
  Pro-Argument 2   Beleg/Beispiel   Kontra-Argument 2   Beleg/Beispiel
  ...   ...

- **Oberbegriff 2**
  These   **Gegenthese**
  Pro-Argument 1   Beleg/Beispiel   Kontra-Argument 1   Beleg/Beispiel
  Pro-Argument 2   Beleg/Beispiel   Kontra-Argument 2   Beleg/Beispiel
  ...   ...

- **Oberbegriff 3**
  ...

- **Zusammenfassende Abwägung und eigenes Urteil**

- **Schluss**

Bei der Anfertigung einer Erörterung mit kontroverser Darstellung sollte man wie bei der steigernden Darstellung (siehe S. 301/302) mehrere Arbeitsschritte unterscheiden:
1. Thema wählen und erschließen,
2. Stoffsammlung anlegen,
3. Stoffsammlung ordnen (Oberbegriffe finden, Thesen und Gegenthesen formulieren), Argumente und Belege zuordnen,
4. Gliederung entwickeln (Abfolge von Thesen und Gegenthese festlegen),
5. Text verfassen,
6. Text überarbeiten und Reinschrift anfertigen.

1 Es gibt in Familien, in der Schule, im Freundeskreis viele kontrovers diskutierte Themen. Formuliere zu folgenden Themen die Themafragen.

1) Anschluss an das Kabelfernsehen
2) Verantwortung für Ordnung und Sauberkeit im eigenen Zimmer
3) Begrenzung des abendlichen Ausgangs
4) Abschreiben bei Klassenarbeiten und Leistungstests
5) Mitgliedschaft in Vereinen und Klubs

2 Welches Für und Wider steht hinter folgenden Entscheidungsfragen? Schreibe Argumente auf.

1) Ist der Führerschein auf Probe sinnvoll?
2) Sollten Jugendliche sich mit Erreichen der Volljährigkeit eine eigene Wohnung suchen?
3) Können Eltern von ihren Kindern erwarten, dass sie regelmäßig bei der Hausarbeit helfen?
4) Sollte man im Winter die Straßen mit Salz streuen?
5) Ordnungsliebe – eine Tugend oder ein Laster?
6) Sollten Eltern von ihren Kindern, die in der Ausbildung sind, aber noch zu Hause wohnen, eine Abgabe einfordern?

3 *Ist Koedukation (Gemeinschaftsunterricht) von Mädchen und Jungen noch die beste Unterrichtsform?*
Ergänze die folgende Stoffsammlung und ordne die Gesichtspunkte nach »Vorteilen der Koedukation« und »Nachteilen der Koedukation«.

1) Mädchen erzielen in reinen Mädchenklassen bessere Leistungen, besonders in den naturwissenschaftlichen Fächern.
2) Jungen und Mädchen lernen sich besser kennen.
3) Schule sollte nicht lebensfremd sein.
4) Der getrennte Sportunterricht hat sich bewährt.
5) Lehrer und Lehrerinnen bevorzugen nicht selten das eine oder das andere Geschlecht im Unterricht.
6) Reine Jungen- oder Mädchenklassen entwickeln ein stärkeres Gemeinschaftsgefühl.
7) Die Vielfalt der Anschauungen und Meinungen ist größer.
8) Mädchen müssen lernen sich zu behaupten.

4 *Sollte man den modernen Hochleistungssport abschaffen?*
   a) Sammle Argumente pro und kontra.
   b) Ordne die Argumente nach inhaltlichen Oberbegriffen, z. B.
   Gesundheitsgefährdung, Leistungsstreben, Vermarktung, Völkerverständigung.
   c) Formuliere zu den Oberbegriffen Thesen und Gegenthesen, z. B.
   Völkerverständigung:
   1) Hochleistungssport dient dem Frieden.
   2) Hochleistungssport dient nicht dem Frieden.
   Verfahre so auch mit den anderen Oberbegriffen.
   d) Begründe eine These oder Gegenthese mit Argumenten, z. B.:
   Hochleistungssport dient nicht dem Weltfrieden.
   Bei den Zuschauern fördern sportliche Länderkämpfe den Nationalismus und aggressives Verhalten.

e) Welche These/Gegenthese zur Themafrage kann man mit den beiden folgenden Argumenten begründen? Ergänze Belege für beide Argumente.
1) *Die Verführung ist groß Leistungsgrenzen durch Einnahme von Medikamenten zu überwinden.*
2) *Weil der Mensch heute an Bewegungsmangel leidet, benötigt er Vorbilder für eigene körperliche Betätigung im Sport.*

5 Das Reisen Jugendlicher »per Anhalter« ist umstritten.
Was hältst du vom Trampen? Formuliere zunächst die Themafrage. Untersuche dann die folgenden beiden Gliederungsvorschläge.

A Einleitung
Jugendliche haben heute viele Möglichkeiten zu reisen.

B Hauptteil
1. *Das Trampen hat Vorteile.*
   a) Man kann mit wenig Geld reisen.
   b) Man überwindet schnell große Entfernungen.
   c) Man lernt viele fremde Menschen kennen.
   d) Trampen ist stets ein Abenteuer.
2. *Das Trampen hat Nachteile.*
   a) Anhalter müssen manchmal lange warten, bis sie mitgenommen werden.
   b) Trampen grenzt an Bettelei.
   c) Die Fahrtüchtigkeit der Autofahrer lässt sich nicht voraussahen.
   d) Man ist, besonders als Mädchen, unbekannten Menschen ausgeliefert.
3. *Ich selbst trampe nie.*

C Schluss
Man sollte das Reisen mit der Eisenbahn für Jugendliche in den Ferien noch billiger machen.

A Einleitung
Reiselust als Zeichen unserer Zeit

B Hauptteil
1. *Unfallrisiko*
   a) Straßenverkehrsdichte in Ferienzeit
   b) Fahrtüchtigkeit unbekannter Fahrer
   c) Verkehrssicherheit der Fahrzeuge
   d) Risiken bei anderen Verkehrsmitteln

2. *Billiges Reisen*
   a) Nähe zur Bettelei
   b) Reisen auch ohne viel Geld
3. *Begegnung mit vielen Menschen*
   a) Gefahr krimineller Handlungen
   b) Erweiterung der Menschenkenntnis
   c) Kennenlernen fremder Gewohnheiten, Meinungen, Erfahrungen
4. *Trampen als Abenteuer*
   a) Faszination von Freiheit und Ungebundenheit
   b) Reiz der Gefahr
   c) Gemeinschaft der Globetrotter

C Schluss
Tramper als »Alternative« oder »Drop-outs«?

Tipp ▪ **Wo steht die eigene Meinung?**

Die **eigene Meinung des Verfassers** muss bei einer kontroversen Erörterung klar herausgestellt und gut begründet sein. Sie ist wichtiger Bestandteil der Erörterung und sollte deshalb in der Regel am Ende des Hauptteils stehen (nicht im Schlussteil, in dem aber Folgerungen und Konsequenzen aus der eigenen Meinung gezogen werden können).

Bei einem Aufbau des Hauptteils nach Pro, Kontra und eigener Meinung empfiehlt es sich, mit den Thesen und Argumenten dafür zu beginnen, wenn man selbst dagegen ist, aber mit den Thesen und Argumenten dagegen zu beginnen, wenn man selbst dafür ist:

1. Pro	1. Kontra
2. Kontra	2. Pro
3. Selbst dagegen	3. Selbst dafür

6 Entscheide dich für eines der folgenden Themen und verfasse eine Erörterung.

1) Sollte man den Autoführerschein schon mit sechzehn Jahren erwerben können?
2) Sollen Frauen zur Bundeswehr eingezogen werden?
3) Sollte man das Abbrennen von Feuerwerkskörpern zu Silvester verbieten?
4) Was spricht für, was gegen das »Jobben« von Schülerinnen und Schülern?
5) Das Leben in der Stadt oder auf dem Land bietet unterschiedliche Lebensqualitäten.

2.9 Besondere Zweckformen: Bewerbung und Lebenslauf

a) Bewerbung

1 Anke Mucher
Breiter Weg 40
31785 Hameln
Tel.: (0 51 51) 12 34 56

2 Hameln, 10. September ...

3 Handelsbank
Personalabteilung
Am Markt 1

31785 Hameln

4 Bewerbung um einen Ausbildungsplatz als Bankkauffrau zum 1. August ...

5 Sehr geehrte Damen und Herren,

6 auf Ihre Anzeige in der Deister- und Weserzeitung vom 2. September ... hin bewerbe ich mich um einen Ausbildungsplatz als Bankkauffrau zum 1. August ...

7 Zurzeit besuche ich die 10. Klasse der Theodor-Heuss-Realschule in Hameln, die ich voraussichtlich im Juni des nächsten Jahres mit dem Realschulabschluss verlassen werde.

8 Durch ein dreiwöchiges Betriebspraktikum, das ich im Frühjahr dieses Jahres bei der Nordbank in Hameln absolviert habe, ist mein Interesse an dem Beruf der Bankkauffrau noch verstärkt worden. Inzwischen habe ich mich beim Arbeitsamt genau über die Aufgaben und Tätigkeiten einer Bankkauffrau informiert und dabei festgestellt, dass mir in diesem Beruf die Möglichkeit gegeben wird, mein Interesse für Mathematik und wirtschaftliche Zusammenhänge weiterzuverfolgen.

9 Über eine Einladung zu einem Vorstellungsgespräch würde ich mich sehr freuen.

10 Meinen Lebenslauf mit Lichtbild sowie Kopien meiner beiden letzten Zeugnisse füge ich bei.

11 Mit freundlichen Grüßen

Anke Mucher

12 Anlagen
Lebenslauf mit Foto
2 Zeugniskopien

1 Im Folgenden sind die einzelnen Angaben, die in einem Bewerbungsschreiben enthalten sein sollen, in ihrer Reihenfolge vertauscht. Stelle die richtige Reihenfolge mit Hilfe des vorgegebenen Beispiels her.

– Betreff (verkürzte, aber präzise Formulierung des Anliegens)
– Verweis auf die beigefügten Anlagen
– derzeitiger Schulbesuch und voraussichtlicher Schulabschluss
– Vor- und Nachname, vollständige Adresse und – wenn vorhanden – Telefonnummer des Absenders
– Begründung für die Bewerbung und Hinweis auf Vorinformationen und gegebenenfalls besondere Interessen, jedoch hier nicht nur formelhafte Wendungen
– Auflistung der Anlagen
– Ort und Ausstellungsdatum des Briefes
– Grußformel mit Unterschrift
– Adresse der Firma, wenn bekannt unter Angabe des Ansprechpartners
– Anlass der Bewerbung, z. B. Zeitungsanzeige, Vermittlung durch das Arbeitsamt, Hinweise von Bekannten usw.
– Anrede, falls Ansprechpartner bekannt: mit dem Namen
– Bitte um Einladung

Durch die **schriftliche Bewerbung** und den **Lebenslauf** wird eine erste Kontaktaufnahme zwischen dem Bewerber und einem möglichen Arbeitgeber hergestellt. Beide Schreiben ergänzen einander. Für ihren inhaltlichen Aufbau und die äußere Form haben sich bestimmte Vorschriften herausgebildet, die es dem Leser erleichtern, dem Schreiben rasch die für ihn wichtigen Informationen zu entnehmen. Diese Vorschriften sollten beim Schreiben beachtet werden.

Mit der **schriftlichen Bewerbung** gibt man eine Art Visitenkarte seiner Person ab. Es handelt sich um einen Text, durch den man z. B. einen Personalchef für sich gewinnen will. Man muss versuchen sich positiv darzustellen, ohne sich anzubiedern und ohne zu übertreiben. Am besten gelingt das, wenn man sich um eine sachliche Darstellung bemüht, dabei seinen eigenen Wunsch deutlich vorträgt, sich gut informiert zeigt und auf bestimmte Interessen, besondere Erfahrungen und ungewöhnliche Kenntnisse hinweist.

Das **Bewerbungsschreiben** sollte nicht länger als eine Seite sein. In ihm sollten die einzelnen Blöcke, wie Absender, Adresse, Betreff, Anrede usw. deutlich voneinander abgesetzt sein (siehe dazu das Muster auf S. 316), sodass sich der Leser leicht orientieren kann. Auch der zusammenhängende Text des Schreibens sollte durch Leerzeilen in einzelne Absätze unterteilt werden.

Wichtig ist, dass man fehlerfrei und ohne Korrekturen schreibt.

1 Würdest du folgende Formulierungen in einem Bewerbungsschreiben verwenden?

1) Ein Onkel, der auch in Ihrem Betrieb arbeitet, sagt auch, dass ich zum ... geeignet sei.
2) Durch mein Betriebspraktikum, das ich in der Firma xy im Frühjahr vergangenen Jahres absolviert habe, habe ich Einblick in den Beruf des/der ... bekommen.
3) Trotz meiner guten schulischen Leistungen möchte ich nicht die gymnasiale Oberstufe besuchen, sondern gleich eine Ausbildung in einem Betrieb beginnen.
4) Wie mir bekannt wurde, stellen Sie Auszubildende ein und ...
5) Ich möchte gern etwas tun, bei dem ich auch eigene Ideen einbringen kann.
6) Ich bin zuverlässig, z. B. bin ich in der Schule nur selten zu spät gekommen.
7) Selbstverständlich erledige ich jede anfallende Arbeit ...
8) Meine Eltern wollten schon immer, dass ich diesen Beruf ergreife.
9) Ich wäre für Ihre Firma ein großer Gewinn, denn ...
10) Besonders gefällt mir an dem Beruf, dass man einerseits mit Menschen Umgang hat und andererseits schriftliche Verwaltungsarbeit erledigen muss.

2 Suche in einer Tageszeitung eine dich interessierende Stellenanzeige und formuliere ein Bewerbungsschreiben.

b) Lebenslauf

Anke Mucher
Breiter Weg 40
31789 Hameln

Lebenslauf

Am 25. Mai ... wurde ich als Tochter des Fernmeldetechnikers Hans Mucher und seiner Ehefrau Elke in Hannover geboren. Ich habe noch einen jüngeren Bruder, der zurzeit zur Grundschule geht.

Im August ... wurde ich in die Grundschule an der Klütstraße in Hameln eingeschult, die ich ... verließ um auf die zweijährige Orientierungsstufe West in Hameln zu gehen. Seit ... besuche ich die Theodor-Heuss-Realschule in Hameln, in der ich mich zurzeit in der 9. Klasse befinde. Ich hoffe die Realschule im Juni ... mit dem Realschulabschluss verlassen zu können. Meine Lieblingsfächer sind Mathematik, Arbeit/Wirtschaft und Deutsch.

Durch die Teilnahme an einem Schreibmaschinenkurs in der Schule habe ich Grundkenntnisse im Schreibmaschinenschreiben erworben. Zusätzlich besuche ich einen Computerkursus an der Volkshochschule.

Hameln, den 10. September ...

1 Jens Höfer
   Friedrichstr. 115
   31832 Springe

2 **Lebenslauf**

3 Name: Jens Höfer
4 Geburtsdatum: 07. Juni ...
5 Geburtsort: Göttingen
(6) Religion: evangelisch
(7) Staatsangehörigkeit: deutsch   *Nationalität*
8 Eltern: Friedrich Höfer, Koch
                             Anna Höfer, Hausfrau
(9) Geschwister: eine jüngere Schwester,
                             einen älteren Bruder
(10) Familienstand: ledig
11 Schulbildung: ...–... Grundschule Hinter der Burg in Springe
                             ...–... Orientierungsstufe Süd in Springe
                             ...–... Heinrich-Göbel-Realschule in Springe
12 Schulabschluss: ... Realschulabschluss
(13) Lieblingsfächer: Deutsch, Erdkunde
14 Berufsausbildung: 1. August ...– 30. Juli ... Ausbildung zum Reiseverkehrskaufmann in der Firma Uhu-Reisen in Göttingen
15 Wehrdienst: 1. Oktober ...– 31. Dezember ... in Hildesheim und Stadtoldendorf
16 Besondere Kenntnisse: Lkw-Führerschein

17 Springe, den 5. Januar ...

18

1 Versetze dich in die Rolle eines Personalleiters.
Welchen Vorteil bietet die ausformulierte Form des Lebenslaufes, welchen Nachteil hat sie?
Welchen Vorteil bietet die tabellarische Form des Lebenslaufes, welchen Nachteil hat sie?
2 Der tabellarische Lebenslauf enthält einige Informationen, die man nicht unbedingt geben muss. Die Erläuterungsnummern dieser Informationen sind in Klammern gesetzt. Überlege, in welcher Bewerbungssituation es sinnvoll sein kann, diese Angaben zu machen.

Der **Lebenslauf** ist neben dem Bewerbungsschreiben und dem Zeugnis eine wichtige Grundlage für die von den Firmen oder Behörden zu treffende Entscheidung. Er enthält einen Überblick von Lebensdaten und einen Hinweis auf besondere Fähigkeiten und Kenntnisse. Bei Erwachsenen müssen genaue Angaben über Berufstätigkeit und andere Beschäftigungsverhältnisse gegeben werden. Wichtig ist, dass der Lebenslauf lückenlos dargestellt ist, d. h., dass keine längeren Zeiträume ungeklärt bleiben.

Heute setzt sich der **tabellarische Lebenslauf** zunehmend durch, gelegentlich wird aber auch noch der mit **ausformulierten** Sätzen verlangt. Wenn die Firmen ausdrücklich handgeschriebene Lebensläufe verlangen, sollte man dieser Forderung nachkommen.

Bei der Gestaltung des tabellarischen Lebenslaufes ist darauf zu achten, dass in zwei Spalten (siehe Muster auf S. 319) geschrieben wird. Häufig wird ein Passfoto rechts oben auf den Lebenslauf geklebt; das muss von vornherein bei der Raumeinteilung des Blattes bedacht werden.

Folgende Angaben sollten in einem Lebenslauf gemacht werden:
1) Name und Adresse: oben links (Lebensläufe werden häufig ohne das dazugehörige Bewerbungsschreiben zur Beurteilung weitergereicht).
2) Überschrift: Lebenslauf
3) Name: Rufname und sämtliche andere Vornamen – wenn vorhanden
4) Geburtsdatum
5) Geburtsort (evtl. auch 4 und 5 in einer Zeile)
6) Angabe der Religionszugehörigkeit: im Ermessen des Verfassers oder der Verfasserin
7) Angabe der Staatsangehörigkeit: bei direkter Nachfrage oder anderer als deutscher Staatsangehörigkeit notwendig
8) Namen der Eltern/Berufsangabe der Eltern: freigestellt (Ist nur ein Elternteil erziehungsberechtigt oder zuständig, kann das unter dem Stichwort »Erziehungsberechtigte(r):« oder »Vater:« bzw. »Mutter:« ausgedrückt werden.)
9) Angabe der Geschwister: bei Schülerinnen und Schülern üblich, später nicht

10) Familienstand: bei Erwachsenen ebenso Angabe der Kinder, wenn vorhanden
11) Schulbildung
12) Schulabschluss oder voraussichtlicher Schulabschluss
13) Lieblingsfächer: bei Schülerinnen und Schülern üblich, später nicht mehr
14) Berufsausbildung und Berufstätigkeit: genaue Angabe über Dauer und Ort der Ausbildung oder Tätigkeit (Firma)
15) Bei männlichen Bewerbern: Angabe des Wehr- oder Ersatzdienstes
16) Hinweis auf besondere Kenntnisse oder Fähigkeiten
17) Ort, Datum
18) Unterschrift

Sowohl für Lebenslauf als auch für Bewerbung gelten folgende allgemeine Anforderungen:
– nicht zu dünnes, weißes Papier im Format DIN A4 verwenden (weder liniert/kariert noch gelocht),
– das Papier nur auf einer Seite beschreiben,
– an allen vier Kanten einen deutlichen Rand lassen (links 3–4 cm, sonst 2–3 cm),
– deutlich, ohne Fehler und Korrekturen mit Maschine (Computer) oder sauber mit der Hand schreiben. *Arial (Schriftart) 10 Schriftgröße*

1 Schreibe auf Grund dieser Informationen deinen Lebenslauf in tabellarischer Form.

2.10 Das Referat

1 In welchen Situationen werden Referate gehalten?
2 Welche Aufgaben haben Referate?

Ein **Referat** ist die mündliche oder schriftliche Darstellung von Informationen zu einem Thema. Sowohl in der Schule als auch im Berufsleben spielt diese Art der Vermittlung von Sachinformationen eine große Rolle. Häufig ist ein Referat die Grundlage für die Diskussion eines bestimmten Themas.

Das Referat wird anhand **verschiedener Informationsquellen** (Texte, Karten, Bilder, Statistiken, Tondokumente, Fernsehaufzeichnungen) erarbeitet. In der Regel wird es mündlich vorgetragen. Um dem Zuhörer das Verständnis zu erleichtern, sollte das Referat
– klar gegliedert sein,
– sprachlich verständlich sein,
– anschaulich (mit Hilfe von Bildern, Wandkarten, Zeichnungen, Informationsblättern o. Ä.) vorgetragen werden.

Ein Referent hat fünf Aufgaben zu erfüllen. Er muss
– das Thema erschließen,
– Informationsquellen ausfindig machen,
– die Informationsquellen auswerten,
– die Informationen zusammenstellen und gliedern,
– das Referat halten.

1 Stell dir vor, du sollst im Fach Geschichte ein Referat zum Thema »Olympische Spiele in der Antike« halten. Wie gehst du am besten vor?

Tipp • **Wie bereitet man ein Referat vor?**

Der erste Arbeitsschritt besteht in der **Erschließung des Themas**. Dazu ist es hilfreich, das Thema gegenüber ähnlichen oder umfassenderen Themen abzugrenzen und jene Fragen zusammenzustellen, die durch das Referat beantwortet werden sollen.

Im zweiten Arbeitsschritt gilt es, sich geeignete **Informationsquellen** zu **beschaffen**. Neben Büchern kann man auch andere Medien wie Bilder, Landkarten o. Ä. benutzen. Es empfiehlt sich, zuerst allgemeine Nachschlagewerke zu nutzen und sich dann immer speziellere Informationsquellen zu suchen. Dazu bieten sich die Schülerbücherei und die öffentlichen Bibliotheken an.

Der dritte Arbeitsschritt besteht darin, die **Informationsquellen zu erschließen und auszuwerten**. Hilfreich ist es, sich von den Materialien Kopien anzufertigen. So ist es möglich, »mit dem Bleistift zu lesen«, d.h. wichtige Textstellen zu markieren und Randbemerkungen zu machen (siehe S. 279). Hat man einen längeren Text, den man nicht kopieren kann oder will, empfiehlt es sich, ein **Exzerpt** zum Thema (siehe Seite 279) anzufertigen, indem man sich stichwortartig die wesentlichen Informationen notiert. Bei der Bearbeitung der Materialien sollte man immer wieder den anfangs erstellten Fragenkatalog überprüfen und diesen ergänzen, wenn man neue Erkenntnisse gewonnen hat.

2 Um sich ein Thema zu erschließen ist es sinnvoll, alle Fragen zu sammeln, die durch das Referat beantwortet werden sollen. Ergänze den folgenden Katalog:
– *Was waren Olympische Spiele in der Antike?*
– *Seit wann gibt es Olympische Spiele?*
– *Wo fanden sie statt?*
– *Warum wurden sie durchgeführt?*
…

3 Überlege, in welchen Sachgebieten der Bücherei du Literatur über die Olympischen Spiele finden kannst.

4 Welche anderen Medien außer Büchern könntest du nutzen und wie könntest du sie beschaffen?

5 Der folgende Text stammt aus einem Nachschlagewerk, das in allen Bibliotheken zu finden ist. Solch ein Lexikontext ist nicht immer einfach zu lesen, da er zahlreiche Fremdwörter und eine Fülle von Informationen und Hinweisen enthält. Achte beim Durchlesen auf Hinweise zu Begriffen, die man in demselben Lexikon nachschlagen kann.
Woran erkennt man das?

Olympische Spiele, sportl. Wettkämpfe im alten Griechenland, die im 19. Jahrh. neu belebt wurden.

DIE OLYMPISCHEN SPIELE IM ALTERTUM

Die O.S. des Altertums, Festspiele mit athletischen und reiterlichen Wettkämpfen (→ Agon), fanden alle vier Jahre *(Olympiade)* im heiligen Bezirk von Olympia statt. Ihre Anfänge lagen in kultischen Spielen, die kretische Einflüsse erkennen lassen und auf die Frühzeit der Achaier zurückweisen. – Mit dem Sieg des Koroibos aus Elis 776 v. Chr. beginnen die historisch belegten Siegerlisten.

Während der ersten 13 Olympiaden war ein einziger Wettkampf üblich, der Lauf über eine Stadionlänge (192 m). Nach L. DREES dauerten die O.S. urspr. nur einen Tag mit dem Stadionlauf, später drei Tage und nach 472 v. Chr. fünf Tage. Nur freie und unbescholtene Männer griech. Herkunft durften teilnehmen, Frauen waren (auch als Zuschauer) ausgeschlossen. Die Kampfrichter hießen → Hellanodiken. – Das Zeremoniell stand im Zeichen kult. Gebräuche. Den Siegern wurde ein Ölzweig überreicht, der in ihren Heimatstädten auf dem Altar des Stadtgottes geopfert wurde. Die Heimatorte ehrten ihre Sieger *(Olympioniken)* mit Geldgeschenken, Steuerfreiheit, Standbildern und Siegesliedern. Die Athleten mussten sich verpflichten, sich zehn Monate lang auf die O.S. vorzubereiten.

Es gab höchstens 18 Agone (Disziplinen). Die wichtigsten Wettbewerbe waren: der Stadionlauf; seit 724 v. Chr. der Doppellauf *(Diaulos)* über zwei Stadionlängen; seit 720 v. Chr. der Langlauf *(Dolichos)* über 24 Stadionlängen (4 608 m); seit 520 v. Chr. der Waffenlauf *(Hoplitodromos)* für Vollgerüstete. 708 v. Chr. wurden der Fünfkampf (→ Pentathlon) und der Ringkampf eingeführt, im 7. Jahrh. v. Chr. kamen der Faustkampf, der Allkampf (→ Pankration), das Wagenrennen der Viergespanne über 14 km und das Pferderennen hinzu.

Zu den Olympiasiegern der Antike zählen vor allem der Ringer MILON VON KROTON, der Boxer THEAGENES VON THASOS, die Familie des DIAGORAS VON RHODOS und der Läufer LEONIDAS VON RHODOS.

Der Niedergang der O.S. begann im 4. Jahrh. v. Chr., als die kult. Elemente mehr und mehr in den Hintergrund traten. Das Berufsathletentum wurde korrumpiert. Bestechungsfälle traten auf, die Wettkämpfe wurden zum Nervenkitzel, so durch das gewalttätige Pankration der Knaben. Nach der Unterwerfung Griechenlands durch die Römer (2. Jahrh. v. Chr.) konnten auch römische Bürger an den O.S. teilnehmen. 67 n. Chr. kam Kaiser NERO zu einem erschwindelten Sieg im Wagenrennen. Die O.S., deren Austragung zwischen 277 und 369 n. Chr. fraglich ist, fanden im Verbot von THEODOSIUS I. (393 n. Chr.) ihr Ende. O.S. wurden allerdings noch bis 520 in Seleukia ausgetragen, wo 54 n. Chr. die Elier die Durchführung gestatteten. Diese Spiele wurden von Kaiser JUSTIN I. untersagt.

6 Der Fachbegriff *Olympioniken* ist schräg gedruckt und in Klammern gesetzt, weil er direkt vorher erklärt worden ist. Suche in dem Lexikonartikel weitere Begriffe, die drucktechnisch genauso hervorgehoben sind, und deren Erklärungen.

7 Warum sind bestimmte Begriffe gesperrt gedruckt, z. B. N i e d e r g a n g? Welche Hilfe bieten sie dem Leser?

8 Welche Fremdwörter im Text verstehst du nicht, sodass du sie zusätzlich nachschlagen musst?

9 Der folgende Text stammt aus einem Jugendfachlexikon. Vergleiche ihn mit dem ersten Lexikonartikel auf Seite 324. Welche neuen Informationen hast du bekommen?

Olympische Spiele Im Westen der südgriechischen Halbinsel Peloponnes, in der Landschaft Elis, liegt eine alte Kultstätte des Zeus, Olympia, die sich bis in die Zeit der ▶ Mykenischen Kultur zurückverfolgen lässt. Vor den Olympischen Spielen, die zu Ehren von Zeus stattfanden, wurden bereits im 2. Jt. v. Chr. von den Achäern unter dem Einfluss Kretas Leichenspiele zu Ehren des Pelops veranstaltet. Den Kult des Zeus hatten zu Beginn des 1. Jt.s neu eingewanderte Griechen mitgebracht, der sportliche Wettkampf galt als kultische Handlung. Die Spiele fanden alle vier Jahre statt, nach ihnen richtete sich die griechische Zeitrechnung. Den Zeitraum zwischen den Spielen nannte man **Olympiade**, doch schon in der Antike verwendete man diese Bezeichnung auch für die Spiele selbst, während denen Landfrieden herrschte. Die Olympischen Spiele waren ein einigendes Band, das die Griechen des gesamten Mittelmeer- und Schwarzmeerraumes zusammenhielt. Vor und nach den Spielen fanden zu Ehren der Zeusgattin **Hera** die **Heräen** statt, – Laufwettbewerbe für Mädchen. An den Spielen des Zeus durften weder Unfreie noch Frauen aktiv oder als Zuschauer teilnehmen. Anfangs fand nur ein Wettlauf über 192 Meter an einem bestimmten Tag statt, später dauerten die Spiele bis zu fünf Tagen mit maximal 18 Wettbewerben (Lauf-, Wurf- und Sprungwettkämpfe, Faustkampf, Ringen, Wagenrennen und Mehrkämpfe). Für die Jahre 776 v. Chr. bis 221/22 n. Chr. kennen wir die Namen der Sieger. Sie erhielten als Preis einen Kranz aus Zweigen des heiligen Ölbaums beim Zeustempel und später noch einen Palmzweig, außerdem von ihrer Heimatstadt Steuerfreiheit, Geschenke, Statuen und auch andere Auszeichnungen. Im Hellenismus verkamen die Spiele zur Propagandaschau rivalisierender Herrscher, und 394 n. Chr. verbot Kaiser **Theodosius** sie schließlich aus religiösen Gründen. –

10 Der folgende Text stammt aus einem Geschichtsbuch.
   a) Wodurch unterscheidet sich dieser Text von den Lexikonauszügen auf den Seiten 324 und 325?
   b) Welche Vor- und Nachteile für das Referat bietet eine solche Informationsquelle?

Kimon siegt in Olympia. Ein Lebensbild

Es war der erste Vollmond nach der Sommersonnenwende des Jahres 420 vor Christus – der erste Tag der 90. Olympischen Spiele in Hellas. Von allen Küsten waren die Hellenen im weiten Wiesental von Olympia zusammengeströmt: Wettkämpfer, Zuschauer, Abgesandte aller griechischen Stadtstaaten.

Herolde riefen das Volk in den heiligen Bezirk mit den Tempeln, um dem Göttervater Zeus am großen Altar zu opfern, auf dem schon das olympische Feuer brannte. Davor erhob sich die Halle des Zeustempels, aus einheimischem Muschelkalk erbaut, von mächtigen Säulen umgeben. Scheu und ehrfürchtig spähten die Hellenen in das geheimnisvolle Dunkel des Innenraums; da leuchtete das etwa 12 m hohe, aus Gold und Elfenbein gefügte Götterbild des thronenden Zeus. Rings um den Tempel waren Gruppen und Reihen von Standbildern aufgestellt: Götter, Sagenhelden und Wettkampfsieger – Denkmal an Denkmal aus Marmor und Metall. Zur Rechten stand das älteste Heiligtum des Tempelbezirks, der Göttermutter Hera geweiht, noch aus Lehmziegeln erbaut, die Säulen teilweise aus Holz. Auf einer Terrasse sah man dreizehn Schatzhäuser, in denen Ehrengeschenke der einzelnen Stadtstaaten aufbewahrt wurden. Olympia war ein einzigartiger Festplatz.

Am großen Zeusaltar hatten Mädchen einen weißen Opferstier mit Kränzen und Bändern geschmückt. Nun erhob das Volk schweigend die Arme, Flötenmusik erscholl und ein Chor sang: »Zeus, nimm die Gabe gnädig an! Segne uns und unser Fest!«

Ein Tempelpriester trat vor, mit wuchtigem Schlag traf er den Stier, sodass dieser jäh zusammenbrach. Feierlich tönten die Klänge der Musik während des Opfers. – Dann übergaben die Festgesandtschaften, die mit Pferden und Wagen eingezogen waren, die Ehrengeschenke ihrer Städte für den Göttervater: kostbare Statuen aus Bronze oder Marmor und prunkvolle Gewänder.

Inzwischen hatten sich die Kämpfer versammelt und schworen, dass sie sich gewissenhaft und den Vorschriften gemäß während der letzten zehn Monate auf den Kampf vorbereitet hätten. Sie gelobten, die Regeln zu achten und den Spruch der Richter anzuerkennen. Dann losten die zehn Richter die einzelnen Kampfpaare aus. Diese Vorbereitungen währten den ganzen Tag, erst am nächsten Morgen begannen die Wettkämpfe.

11 Überprüfe, inwieweit die auf Seite 323, Übung 2 gestellten Fragen durch die drei Texte zu den Olympischen Spielen beantwortet sind. Bist du auf neue Fragen gestoßen, die in diesem Referat beantwortet werden sollten?

12 Auch unter Jugendbüchern findet man Bücher, die sich mit der Olympiade beschäftigen. Fertige aus dem folgenden Jugendbuchauszug ein Exzerpt an, indem du in Stichworten dir wichtig erscheinende Informationen herausschreibst.

Am letzten Tag der Spiele bekränzte man die Olympioniken (so nannte man die Sieger) mit Zweigen, die von einem Knaben, dessen beide Eltern noch am Leben sein mussten, mit einem goldenen Messer vom heiligen Ölbaum geschnitten worden waren. Der Sieger erhielt außerdem das Recht, sein Standbild im heiligen Hain von Olympia zu errichten. Bei ihrer Rückkehr in die Heimat wurden die Sieger mit großen Ehren empfangen und man feierte tagelang. Für den Rest seines Lebens hatte der Olympionike ausgesorgt, denn Steuern brauchte er nicht mehr zu zahlen, er wurde auf Staatskosten verpflegt, erhielt einen Ehrenplatz im Theater sowie Sach- und Geldspenden. Selbst im Krieg hatte er Vorrechte. Spartanische Olympiasieger zum Beispiel »durften« in vorderster Front an der Seite ihres Königs kämpfen. Wenn Olympioniken gefangen genommen wurden, ließ man sie des Öfteren nur auf Grund ihres Olympiasieges sofort – ohne Lösegeld – frei. Man muss dazu wissen, dass in der Antike der Kriegsgefangene eigentlich automatisch Sklave wurde.

Als Schule der Olympiasieger galt 100 Jahre lang der Stadtstaat Kroton (heute Crotone, in Süditalien gelegen). Von 588 bis 488 tauchten immer wieder die Namen von Wettkämpfern aus diesem Ort in den Siegerlisten auf. Ring- und Faustkämpfe in Olympia und anderen Wettkampfarten waren zeitweilig eine alleinige Angelegenheit von Athleten aus Kroton.

Die Siege der Krotoniaten hatten einen besonderen Grund: Sie waren auf den Einfluss der Pythagoreer zurückzuführen, einer auf philosophischem und politischem Gebiet tätigen Sekte in Großgriechenland (heute Unteritalien). Systematisch verrichteten die Anhänger dieser Bewegung gymnastische Übungen. Die olympischen Disziplinen pflegten sie, um die Jugendlichen abzuhärten und für den Dienst im Staat tauglich zu machen. Mit dem stetigen Üben verbanden sie eine neue Diät, die auf Fleischkost basierte. Unter Aufsicht und Anleitung von Olympiasiegern entstanden Schulen für Ring- und Faustkampf. Kroton wurde zum ersten Sportleistungszentrum in der Antike.

(Aus: Edwin Klein: Olympia)

13 Die Abbildung auf der folgenden Seite zeigt eine Rekonstruktion der Anlage von Olympia. Der heilige Bezirk mit den Tempeln ist umzäunt. Der Pfeil weist auf den großen Altar des Zeus, davor steht der Tempel des Zeus, halblinks dahinter der Tempel der Hera. Die kleinen dicht gedrängten Gebäude hinten am Waldesrand sind die Schatzhäuser. Rechts oben im Bild ist das Stadion zu sehen. Links und unterhalb der Abgrenzung befinden sich Gästehäuser, Trainingsstätten und Bäder.
Welche neue Informationen erhält man durch diese Abbildung und deren Erläuterung?

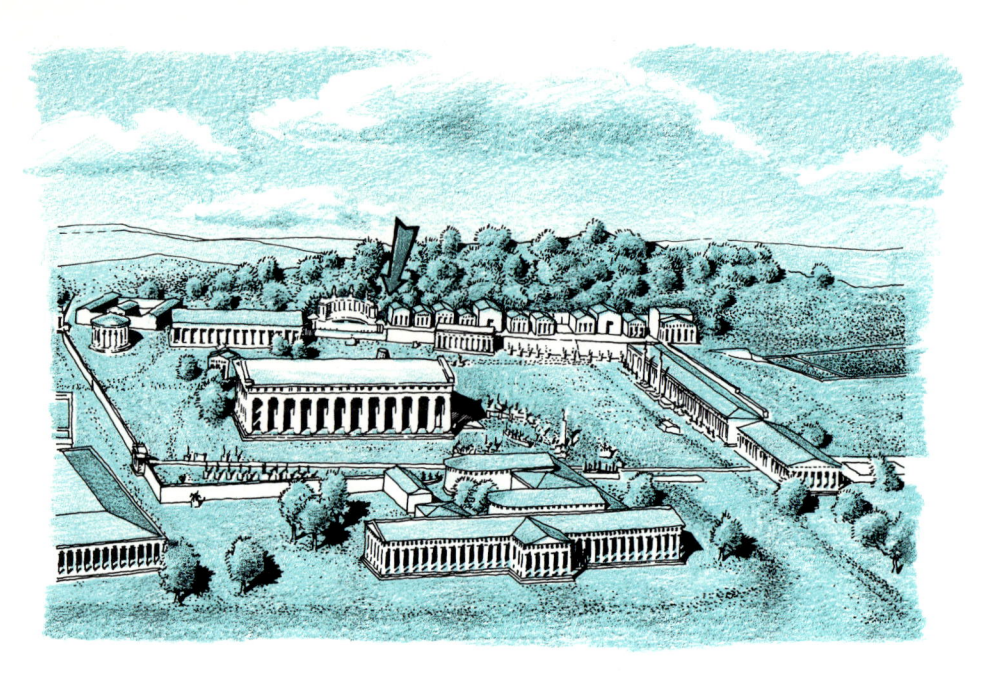

14 Um den dritten Arbeitsschritt, die Auswertung der Informationsquellen, abzuschließen, solltest du überprüfen, zu welchen der eingangs gestellten Fragen du genug Informationen gesammelt hast und zu welchen du noch weiteres Material beschaffen musst.

Tipp ▪ Wie gestaltet man ein Referat?

Nach der Auswertung der Informationsquellen müssen die erarbeiteten Informationen im vierten Arbeitsschritt für das Referat zusammengestellt und gegliedert werden. Dies geschieht in drei Teilschritten:

1. Die Informationen werden den eingangs gestellten (und möglicherweise schon erweiterten) Fragestellungen zugeordnet und ergeben die Gliederungspunkte. An Stelle der Fragestellungen kann man auch stichwortartige Überschriften wählen, z. B. Ursprung und Idee der Olympischen Spiele, Ablauf der Spiele …

2. Anschließend ist zu entscheiden, welche Informationen in das Referat aufgenommen werden sollen. Dabei spielen folgende Überlegungen eine Rolle:
   – Wie viel Vortragszeit steht zur Verfügung?
   – Was dürfte die Zuhörer besonders interessieren, was weniger?
   – Über welches Vorwissen zum Thema verfügen die Zuhörer? Was kann als bekannt vorausgesetzt werden? Welche Informationen müssen zur Darstellung kommen, damit alle wichtigen Gliederungspunkte verständlich sind?

3. Zum Abschluss entwickelt man die Gliederung, in der die Abfolge der Gliederungspunkte festgelegt wird. Dabei ist darauf zu achten, dass man mit dem Einstieg das Interesse der Zuhörer weckt und dass danach die Gliederungspunkte sinnvoll aufeinander folgen.

Für den mündlichen Vortrag überträgt man diese Gliederung auf ein DIN-A4-Blatt und ergänzt die Gliederungspunkte durch weitere Stichwörter. Damit man den Überblick nicht verliert, sollten diese Konzeptblätter übersichtlich geschrieben und durchnummeriert sein.

Muss das Referat schriftlich vorgelegt werden, so werden die Gliederungspunkte und deren Stichwörter ausformuliert und sauber – am besten mit Computer oder Schreibmaschine – geschrieben. Auch hier sollte die Gliederung durch die äußere Einteilung (z. B. Überschriften) deutlich werden.

15 Hier findest du einen Gliederungsvorschlag für das Referat. Wie gefällt er dir? Möglicherweise hast du einen ganz anderen Vorschlag?

(Einleitung)
1. Ursprung und Idee der Olympischen Spiele
2. Rahmenbedingungen für Teilnehmer und Zuschauer
3. Ablauf der Spiele
4. Wettbewerbe
5. Belohnung der Sieger
6. Niedergang der Olympischen Spiele in der der Antike

16 a) Ordne nun stichwortartig die Informationen zu Gliederungspunkt 1 der hier vorgeschlagenen Gliederung zu. Beispiel:

- Schon im 2. Jahrtausend v. Chr. kultische Veranstaltungen zu Ehren des sagenhaften Herrschers Pelops auf der nach ihm benannten südgriechischen Halbinsel, zunächst ohne sportliche Wettkämpfe.
- Im Laufe der Zeit kamen auch sportliche Wettkämpfe hinzu.
- Seit dem 1. Jahrtausend unter dem Einfluss griechischer Einwanderer fanden Spiele zu Ehren von Zeus statt.
- Seit 776 v. Chr. Siegerlisten, damit Beginn der offiziellen Zählung. Idee: friedlicher Wettkampf aller griechischen Stämme mit einigender Wirkung.

b) Stelle auch für die anderen Gliederungspunkte in gleicher Weise die Informationen zusammen.

17 a) Was hältst du von folgenden Vorschlägen für einen Einstieg in das Referat?

> Ich halte heute ein Referat über die Olympischen Spiele in der Antike. Damit ihr wisst, wo diese stattfanden, möchte ich euch mit Hilfe der Wandkarte zuerst einiges über den Austragungsort Olympia sagen.
>
> Ihr wisst wahrscheinlich schon einiges über die Olympischen Spiele in der Antike, weil ihr den Comic „Asterix bei den Olympischen Spielen" gelesen habt. Vieles von dem, was darin dargestellt wird, ist tatsächlich so gewesen, so z.B. die Tatsache, dass Frauen nicht an den Olympischen Spielen teilnehmen durften.
>
> Waren die Olympischen Spiele Ausdruck einer ersten Friedensbewegung der Welt? Die Olympischen Spiele in der Antike waren zuerst panhellenische Spiele, d.h. sie wurden für alle griechischen Stämme, später auch für andere eroberte, veranstaltet. Friede musste während dieses Festes zu Ehren des Zeus gewährleistet sein.

b) Mache selbst einen weiteren Vorschlag.

18 a) Welche Materialien könnte man zur Veranschaulichung der Ausführungen einsetzen?
b) Zu welchem Zweck könnte man ein Bild wie dieses einsetzen? Wie müsste es dargeboten werden?

Die Weitspringer verwendeten »Halteren« (Sprunggewichte).

19 Bereite das Referat zu dem Thema »Olympische Spiele in der Antike« mit Hilfe eines Stichwortkonzepts vor. Das Referat soll in deiner Klasse gehalten werden und nicht länger als 15 Minuten dauern.

Tipp ▪ **Was man beim Vortrag eines Referates beachten sollte**

Bevor der Referent sein Referat vorträgt, überlegt er sich, wie er dem Zuhörer das Verständnis erleichtern kann. Es gibt verschiedene Arten **schriftlicher Verständnishilfen**, z. B.
– die Darstellung der Gliederung auf einem Umdruck oder einer Folie;
– die Auflistung wichtiger Fragen, die im Referat behandelt werden;
– die Erklärung von Schlüsselbegriffen;
– eine Zusammenfassung der wichtigsten Aussagen in Form von Thesen.
Meistens ist es günstig, diese Hilfen vor Beginn des Referats auszuteilen, damit die Zuhörer nicht zu viel mitschreiben müssen und noch Ergänzungen und Anmerkungen während des Vortrags machen können.

Bei einem stichwortartig vorbereiteten Referat muss man den Text frei formulieren können. Den **Vortrag des Referats** sollte man zu Hause üben, evt. mit Hilfe einer Tonkassette. Während des Übens sollte man sein Referat noch einmal bearbeiten, indem man z. B. wichtige Punkte in seinem Konzept farbig markiert, sodass sie einem beim Vortrag als Orientierungspunkte dienen können. Passagen, bei denen es auf eine genaue Formulierung ankommt, können vorher schriftlich fixiert werden. Es empfiehlt sich, im Konzept deutlich zu kennzeichnen, an welcher Stelle man ein Medium (Tafel, Wandkarte, Bild, Folie o. Ä.) verwenden will.

Die **Medien** sollten vor Beginn des Referats aufgebaut sein. Zu Beginn des Vortrags kann man das Thema noch einmal deutlich nennen, evt. auch an die Tafel schreiben.

Es ist wichtig, beim Vortrag langsam, deutlich, akzentuiert und mit Pausen zu sprechen. Durch Blicke zu seinen Zuhörern versucht man in Kontakt zu bleiben.

20 Übe den Vortrag des Referats.

Tipp ▪ **Wie zitiert man richtig?**

Werden beim mündlichen Vortrag Aussagen anderer Personen zu dem Sachgebiet wörtlich übernommen, so muss angekündigt werden, dass man aus einem anderen Werk zitiert. Es ist sinnvoll, hier kurz den Autor und den Titel des Werks zu nennen, aus dem zitiert wird, z. B.:

»*Ich zitiere jetzt aus dem Buch ›Olympia‹ von Edwin Klein, erschienen 1992 im Tessloff-Verlag.*«

Als Verständnishilfe für die Zuhörer sollte man die zitierte Literatur im Voraus schriftlich festhalten.

Hier ein Beispiel für ein Zitat in einem schriftlich ausformulierten Referat:
»Olympia ist ein heiliger Ort. Wer es wagt, die Stätte mit bewaffneter Hand zu betreten, wird als Gottesfrevler gebrandmarkt.« (Inschrift auf einem eisernen Diskus im Heratempel in Olympia, zitiert nach Klein, Edwin: Olympia, S. 7)

Zitiert man in einem schriftlichen Referat, so muss das Zitat durch Anführungszeichen gekennzeichnet sein und es muss eine Literatur- und Seitenangabe in Klammern folgen. Außerdem sollte sich am Ende des Referates ein Verzeichnis der verwendeten Literatur befinden, das in alphabetischer Reihenfolge der Verfassernamen angelegt wird.

Im Literaturverzeichnis müssen die Quellenangaben vollständig erscheinen, z. B. so:

Nachname,	Vorname:	Titel
Klein,	*Edwin:*	*Olympia. Vom Altertum bis zur Neuzeit.*

Ort:	Verlag	Erscheinungsjahr.	(evt. Reihe)
Nürnberg:	*Tessloff*	*1992.*	*(WAS IST WAS, Band 93)*

Register

A

Abkürzung   36, **115–117**, 155
Ableitung   **140–142**, 145
Abstraktum   32, 36
Abtönungspartikel   72
Adjektiv   10, 12, **51–56**, 59, 98, 103, 105, 113, 208, 210
  – attributiver Gebrauch   52, 55, 186
  – prädikativer Gebrauch   52
  – adverbialer Gebrauch   52, 55
Adverb   11, 12, **57–59**, 72, 97, 100, 109, 186, 194, 217
  – kausales   57
  – lokales   57
  – modales   57, 72
  – temporales   57, 68
Adverbialbestimmung   179, **180–185**, 186
  – der Art und Weise (modale)   171, 181
  – der Bedingung (konditionale)   171, 181
  – der Einräumung (konzessive)   171, 181
  – der Folge (konsekutive)   171, 181
  – des Grundes (kausale)   171, 181
  – des Ortes (lokale)   171, 181
  – der Zeit (temporale)   68, 181
  – des Zwecks (finale)   171, 181
Adverbialsatz   195
Akkusativ   **38**, 61
Akkusativobjekt   29, 171, 177, 186
Aktiv   14, **28–31**
Anordnungsübungen   **240–241**
Anrede   **215–216**
Anredepronomen   **111–112**
Antonyme   **129–130**
Appell   296
Apposition   186
Argument   296, 298
Artikel   11, 12, **49–50**, 100
  – bestimmter   49, 50, 233
  – unbestimmter   49, 233
Attribut   169, 171, **185–190**
  – nachgestelltes   186, **211–214**
  – vorangestelltes   186
Attributsatz   196

Aufforderung   75
Aufforderungsfeld   **75–76**
Aufforderungssatz   165, 206
Aufzählung   **208–211**, 218, 219
Ausdrucksfeld   **67–76**
Ausdrucksweise
  – adjektivische   67
  – nominale   67
  – verbale   67
Ausruf   47, 216
Aussageabsicht   166
Aussagesatz   76, 165, 206

B

Bedeutung   77, 119
Bedeutungsähnlichkeit → Synonym
  → Wortfeld
Bedeutungsgleichheit → Synonym
Bedeutungswandel   155
Begleitsatz   225
Beifügung → Attribut
Beleg   296
Bericht   **282–285**
Berufssprache   **148**
Beschreibung
  – Gegenstandsbeschreibung   **251–253**
  – Charakteristik   **254–264**
  – Vorgangsbeschreibung   **265–268**
  – Inhaltsangabe   **269–281**
Bestimmungswort   138
Bewerbung   **316–318**
Bewerbungsschreiben   317
Bindewort → Konjunktion
Buchstabenwort → Initialwort

C

Charakteristik   **254–264**
  – Materialsammlung   260, 261
  – Materialauswertung   260, 261
  – zusammenhängende Darstellung   260, 262
Charaktermerkmale   255

D

Dativ **38**, 61, 63
Dativobjekt 171, 177
Datumsangabe 212
Deklination 38, 117
Demonstrativpronomen **45–46**
Dialekt 148, 151
Direkte Rede 25, **225–226**
Direkte Aussage **254**
Doppelkonsonant 83

E

Eigenname 40, 108, 112–114
Einführungssatz → Begleitsatz
Eingeschobener Nebensatz 220
Einleitung 303, 311
Einzahl → Singular
Ellipse 167
Entscheidungsfrage 165, 300
Ergänzungsübungen **241–242**, 300
Ergänzungsfrage 165, 300, 301
Ergebnisprotokoll 287, 290
Erörterung **299–315**
  – Gliederung **303–304**, **311–312**
  – kontroverse (dialektische) Darstellung 300, **311–315**
  – steigernde Darstellung 300, **301–310**
Ersatzprobe 184
Ersetzungsübungen **243–245**
Erweiterter Infinitiv mit zu **202**
Erweiterung → Attribut
Exzerpt 279, 323

F

Fachsprache **148**
Fall → Kasus
Femininum 34
Frage 25, 75, 76,
Frageadverb 57
Fragefürwort → Interrogativpronomen
Frageprobe 184
Fragesatz 165, 196, 206
Fremdwort 89–90, **133–136**, 155
  – Genuszuordnung 35
Fürwort → Pronomen
Futur I 14, 16, **17**, 68, 76
Futur II 14, 16, **17**, 68

G

Gegenstandsbeschreibung **251–253**
Gegenthese 311
Gegenwart → Zeitstufe → Präsens
Gegenwort → Antonym
Genitiv **38**, 40, 61
Genitivattribut 180, 186, 188
Genitivobjekt 171, 177, 180, 188
Genus 33, **34–35**, 155
Genus verbi 14, **28–31**
Getrenntschreibung **91–103**
Gleichzeitigkeit 265
Gliedsatz → Nebensatz
Geschlecht
  – grammatisches → Genus
  – natürliches 34
Großschreibung 32, **104–117**
Grundform → Infinitiv
Grundwort 77, 103, 138
Grundwortart 10
Grundzahl → Kardinalzahl
Gruppensprache **148–153**

H

Hauptsatz 191, 192, 195, 200, 220
Hauptteil 304
Hinweisendes Fürwort
  → Demonstrativpronomen
Höflichkeitsanrede 43, 111
Homonymie 121

I

Imperativ 14, 22, 75, 266
Indefinitpronomen 48
Indikativ 14, **21–22**
Indirekte Hinweise 254
Indirekte Rede 25, **226**, 270, 291
Infinitiv 14, 76, 77
  – erweiterter 76, **202–205**
Infinitivkonstruktion 266
Informationsdichte 248
Informationsquellen 322–323
  – Beschaffung 323
  – Erschließung/Auswertung 323
Inhaltliche Verknüpfung 265
Inhaltsangabe **269–281**, 276
  – eines literarischen Textes **269–277**
  – von Sachtexten **277–281**

Inhaltswort   10
Initialwort   115, 117, 155
Interjektion   11
Interrogativpronomen   47

K

Kardinalzahl   52
Kasus   33, **37–40**, 61
Kausale Adverbien   57
Kernsatz   270, 280
Kleinschreibung   **104–117**
Kohärenz   243
Komma → Zeichensetzung
Komma im Satzgefüge   218
Komma in Satzreihen   215
Komparativ   52
Kompositum → Zusammensetzung
Kongruenz   164
Kongruenzprobe   174
Konjugation   14
Konjunktion   11, 12, **64–66**, 100, 109, 194, 217, 218, 220, 266
  – mehrgliedrige   64
  – nebenordnende   64, 217
  – temporale   68
  – unterordnende   64, 220
Konjunktionalsatz   196, 199
Konjunktiv   14
Konjunktiv I   **21–22**, 25, 226
Konjunktiv II   **21–22**, 25
Konkretum   32
Kurzwort   115, 116, 117, 155

L

Ländername   102
Längezeichen   81
Langvokal   81
Lebenslauf   317, **319–321**
  – ausformulierter   320
  – tabellarischer   320
Lehnwort   **133–136**
Leserbrief   **295–298**
Lesesituation   **237–240**
Lückenlosigkeit   241

M

Maskulinum   34
Mehrdeutigkeit   **121–122**

Mehrzahl → Plural
Metapher   **123–125**
  – verblasste   123
  – aus einem Wort   123
  – aus mehreren Wörtern   123
  – Redewendung   123
  – Sprichwort   123
Modalfeld   **72–75**
Modalverb   72, 75
Modus   14, **20–25**, 72
Modus in indirekter Rede   **25–28**
Mundart → Dialekt

N

Name   158
Namenkunde   **158–161**
Nebensatz   68, 186, 191, 192, 195, 196, 200, 203, 204, 220
  – Adverbialsatz   195
  – Attributsatz   196
  – eingeschobener   197, 220, 221
  – Indirekter Fragesatz   196
  – Konjunktionalsatz   196, 199
  – nachgestellter   197, 220, 221
  – Objektsatz   195
  – Relativsatz   196, 199
  – Subjektsatz   195
  – uneingeleiteter   200, 223
  – vorangestellter   196, 220
Neutrum   34
Nomen   10, 12, **32–40**, 188
Nominalisierung   **105–109**
Nominativ   **38**, 172
Numerale   11
Numerus   14, 33, **36–37**, 164

O

Oberbegriff   **131–132**, 312
Objekt   **177–180**
Objektsatz   195
Ordinalzahl   52
Ordnungszahl → Ordinalzahl
Ortsname   103

P

Partizip   68, 96, 98, 105
Partizip I   68. 186, 204
Partizip II   29, 76, 186, 204

Partizipialkonstruktion   202–205
Passiv   14, **28–31**, 76
   – Vorgangspassiv   29
   – Zustandspassiv   29
Perfekt   14, 16, 17, 68
Personalpronomen   **42–43**, 111
Personenname   40, **158–159**
   – Vorname   158, 159
   – Familienname   158, 159
   – Rufname   158
Plural   14, 33, **36**
Plusquamperfekt   16, 17
Polysemie → Mehrdeutigkeit
Positiv   52
Possessivpronomen   **44–45**, 111
Prädikat   164, 171, 172, **174–176**, 188
   – einteiliges   175
   – mehrteiliges   175
Prädikativ   175
Prädikativer Rahmen → Verbklammer
Präfix   143
Präfixbildung   **142–144**, 145
Präposition   11, 12, 38, **60–63**, 97, 100, 109
   – kausale   60
   – lokale   60
   – modale   60
   – temporale   60
Präpositionales Attribut   179, 186, 189
Präpositionales Objekt   178, 171, 179, 184, 189
Präsens   16, 17, 251, 255, 266, 269, 277
Präteritum   14, 16, 17, 283
Pronomen   11, 12, **41–48**, 100, 186
   – als Stellvertreter   41
   – als Begleiter   41
Protokoll   **286–294**
   – Ergebnisprotokoll   287, 290
   – Verlaufsprotokoll   287, 290
   – Unterrichtsprotokoll   294
Protokollkopf   287

R

Rechtschreibung   **77–117**, 155
Rede
   – direkte   25
   – indirekte   25
Redeteil   225

Referat   **322–332**
   – Gliederung   328–329
   – Vortrag   331
Reflexivpronomen   **43–44**
Relativpronomen   **46–47**, 220
Relativsatz   46, 47, 196, 197, 199, 220
Rufname   158, 159

S

S-Laut   **84–86**
   – stimmhafter   84
   – stimmloser   84
Satz   164
Satzanfänge   **104**
Satzart   **164–168**, 206
Satzgefüge   70, 191, **195–202**, 220
Satzglieder   **168–190**, 195
Satzgliedteile   169–190
Satzreihe   191, **194–195**, 217
Satzschlusszeichen   205
Satzverbindung → Satzreihe
Schluss   304, 311
Schlüsselstelle   279
Schlüsselwort   279
Schreibsituation   **237–240**
Silbenwort   116, 117
Singular   14, 33, **36**
Soziolekt → Gruppensprache
Sprachbezeichnung   107
Sprachgeschichte   **154–157**
Sprachkritik   156
Sprachliche Zeichen   119
Sprachzeichen und Bedeutung   **118–120**
Stammwort   140, 143, 145
Standardsprache   **148**
Starke Verben   **18**
Steigernde Darstellung   **299**, 300
Steigerungsstufen   52
Stellvertreter   41
Straßennamen   **102–103**
Subjekt   29, 38, 164, **172–174**, 175, 186
Subjektsatz   195
Suffix   36, 140
Superlativ   52
Synonym   **126–128**

T

Tätigkeitsverb   14
Temporalfeld   **68–71**
Temporalsatz   70
Tempus   14, **16–20**, 68, 72
Tempusform   14
Textsorte   231
Thema   231, 233, 238, 246, 300
– erfassen und entfalten   245–248
– Erschließung   323
Themafrage   300, 301, 311
– Entscheidungsfrage   300, 311
– Ergänzungsfrage   300, 301
Thematik   270, 280
These   296, 311
Titel   108, 113

U

Überschrift   104
Übertragene Bedeutung → Metapher
Umlaut   36, 140
Umstandsbestimmung → Adverbialbestimmung
Umstandswort → Adverb
Umstellprobe   169, 174
Unbestimmtes Fürwort
   → Indefinitpronomen
Unregelmäßige Verben   **18**
Unterbegriff   **131–132**
Unterordnende Konjunktion   **64**
Untersuchen von Texten   **230–250**
Unterrichtsprotokoll   **294**

V

Verb   10, 11, **13–31**, 97
– modales   72, 75
– starkes   18
– schwaches   18, 22
– trennbar zusammengesetztes   93, 94
– unregelmäßiges   18
– untrennbar zusammengesetztes   93, 94
Verbform
– einfache   16
– zusammengesetzte   16, 93
– finite   14, 164, 165, 192, 200, 220
Verbklammer   175
Verfassen von Texten   **251–332**
Verfasser   231

Vergangenheit → Zeitstufe → Präteritum
   → Perfekt
Verhältniswort → Präposition
Verkürzte Sätze → Ellipsen
Verkürzungsübungen   **248–250**
Verlaufsprotokoll   287, 290
Verwandte Wörter   **87–88**
Vokal
– langer   81
– kurzer   83
Vorgangsbeschreibung   **265–268**
Vorgangspassiv   29
Vorgangsverb   14

W

Weglassprobe   174
Wortarten   **10–66**
Wortbildung   **137–144**
Wortfamilie   87, 88, **145–147**
Wortfeld   126
Wortgruppe   91, 93, 98
Wortschatz   155
Wortstamm   87, 140, 145
Wunschsatz   165

Z

Zahladjektiv   48, 52, 54, 108
– bestimmt   52
– unbestimmt   48, 52, 108
Zahlwort → Numerale
Zeichensetzung   155, **206–228**
Zeitangaben   110
Zeitform → Tempus
Zeitstufe   14, 68
Zitat   228, 255, 331–332
Zukunft → Zeitstufe → Futur
Zusammenschreibung   **91–103**
Zusammensetzung   77, 83, 91, 93, 98, **137–139**, 145
Zustandspassiv   29
Zustandsverb   14

Quellenverzeichnis

Texte

S. 10: Schiller, Friedrich: Das Lied von der Glocke; in: Sämtliche Werke, Carl Hanser Verlag, München 1958
S. 13: Weißenborn, Theodor: Der Sprung ins Ungewisse; Klett Verlag, Stuttgart 1992
S. 15: Storm, Theodor: Die Stadt; Sämtliche Werke in zwei Bänden, Winkler Verlag, München 1967
S. 16: Canetti, Elias: Die gerettete Zunge, Geschichte einer Jugend; Carl Hanser Verlag, München 1977
S. 20: Goetz, Curt: Das Haus in Montevideo oder Traugotts Versuchung
S. 20: »Der Bundeskanzler hat ...«; in: Frankfurter Rundschau vom 17.5.1992, Frankfurt 1992
S. 20: Brecht, Bertold: Der Rauch; Gesammelte Werke in 20 Bänden, Band 10, Hg. von Hauptmann, Elisabeth, Suhrkamp Verlag, Frankfurt am Main 1967
S. 21: Calvino, Italo/Kröber, Burkhart (Übers.): Wenn ein Reisender in einer Winternacht; Hanser Verlag, München 1986
S. 23: Davidis, Henriette: Praktisches Kochbuch für die gewöhnliche und ferne Küche; Vielhagen und Klasing, Bielefeld und Leipzig 1988
S. 23: Bichsel, Peter: San Salvador, 12. Auflage; in: Eigentlich möchte Frau Blum den Milchmann kennenlernen, Suhrkamp, Frankfurt 1978
S. 26: Praxis Geschichte, Friedrich Verlag, Velber 1985
S. 26: Dürrenmatt, Friedrich: Der Verdacht; Rowohlt, Reinbek bei Hamburg 1953
S. 28: Aktiv-Passiv (Genus verbi); in: Frankfurter Rundschau vom 22.5.1993
S. 32: Novak, Helga M.: Schlittenfahren; in: Novak, Geselliges Beisammensein
S. 32: Strittmatter, Erwin: Die blaue Nachtigall; Aufbau Verlag, Berlin/Weimar 1972
S. 33: Niedersächsisches Kultusministerium: Die Arbeit in den Jahrgängen 7 bis 10, Erscheinungsjahr 1991
S. 36: Kästner, Erich: Als ich ein kleiner Junge war; 12. Auflage, Atrium-Verlag, Zürich 1969
S. 37: »Notizen zu Hannover«; in: VIF Gourmet Journal 7, Globus Verlag, München 1990
S. 38: Lessing, Gotthold Ephraim: Der Löwe mit dem Esel; in: Wölfel, Kurt (Hg.): Geschichten, Fabeln, Dramen, Insel Verlag, Frankfurt am Main 1982
S. 42: Kästner, Erich: Das fliegende Klassenzimmer; Atrium Verlag, Zürich
S. 43: Borchert, Wolfgang: Die Küchenuhr; in: Draußen vor der Tür und ausgewählte Erzählungen; Rowohlt, Reinbek bei Hamburg 1966
S. 48: Kafka, Franz: Heimkehr; Fischer Verlag, Frankfurt am Main 1961
S. 49: Neue Säugetierart entdeckt; in: Frankfurter Rundschau vom 18.7.1992, Frankfurt 1992

S. 53:   Böll, Heinrich: Aschermittwoch; in: Du fährst zu oft nach Heidelberg
         und andere Erzählungen, Verlag Lamuv, Bornheim-Merten
S. 59:   Kunert, Günter: Lieferung frei Haus; in: Tagträume,
         Hanser Verlag, München 1964
S. 60:   Loriot: Großer Ratgeber; Diogenes Verlag, Zürich 1968
S. 62:   Reitz, Hans: Eine Geschichte vom Rotkäppchen; in: Thaddäus Troll:
         Rotkäppchen auf Amtsdeutsch, dtv, München 1985
S. 65:   »Hart genug, wenn man...«; in: Frankfurter Rundschau vom 10.11.1992,
         Frankfurt 1992
S. 69:   Goethe, Johann Wolfgang: Die Leiden des jungen Werther;
         Insel-Verlag, Frankfurt am Main 1982
S. 70:   Grass, Günter: Das Treffen in Telgte; Werksausgabe Band VI,
         Steidl Verlag, Hallwang/Salzburg 1977
S. 82:   Fühmann, Franz: Am Schneesee; in: Die dampfenden Hälse im Turm von Babel,
         Kinderbuch, Berlin 1983
S. 84:   Ein Blick hinter die Kulissen im Buckingham-Palast;
         in: Sächsische Zeitung vom 26.10.1992,
         Dresdner Druck- und Verlagshaus
S. 87:   Karl Valentin: Geburt; in: Sämtliche Werke, 8 Bände,
         hrsg. von Bachmeier, Helmut und Faust, Manfred,
         Piper Verlag, München 1992
S. 87:   Prof. Dr. Ulrich, Winfried: Sprachbuch Deutsch 9,
         Westermann Schulbuchverlag GmbH, Braunschweig 1987
S. 88:   Prof. Dr. Ulrich, Winfried: Sprachbuch Deutsch 7,
         Westermann Schulbuchverlag GmbH, Braunschweig 1995
S. 88:   Prof. Dr. Ulrich, Winfried: Sprachbuch Deutsch 7/8,
         Westermann Schulbuchverlag GmbH, Braunschweig 1987
S. 89:   Bruckner, Dietmar: Reise in die Kindheit; in: Deister- und Weserzeitung
         vom 23.1.1993, Tageszeitung für das Weserbergland, Niemeyer 1993
S. 104: Böll, Heinrich: Irisches Tagebuch, Kiwi, Köln 1957
S. 105: »In langsameren Zeiten...«, Zimmer, Dieter; in: Die Zeit Nr. 45
         vom 3. November 1989
S. 107: Prof. Dr. Birkenfeld, Wolfgang: Die Reise in die Vergangenheit, Band 2,
         Ausgabe für Realschulen in Niedersachsen,
         Westermann Schulbuchverlag GmbH, Braunschweig 1995
S. 111: de Lagarde, France: Die Bewerbung; in: Wir Frauen '97, Pahl-Rugenstein,
         Köln 1979
S. 112: O'Henry/Schumacher, Theo (Übers.): Das Geschenk der Weisen;
         Walter Olten, Homberg 1994
S. 112: Isegrimm und Meister Petz; in: Süddeutsche Zeitung vom 2.4.1992
S. 118: Hayakawa, Samuel: Sprache im Denken und Handeln, Allgemeinsemantik;
         Schwarz, Günther (Hg.), Darmstätter Blätter 1993
S. 123: Fuchs, Günter Bruno: Ein Esel beschimpft eine Lehrerin;
         in: Neue Rundschau 82, Neue Rundschau 1971
S. 124: von Strauß und Torney, Lulu: Löwenzahn; in: Neue Balladen und Lieder,
         Diederichs Verlag, Jena und Düsseldorf
S. 126: Frielinghaus-Heuss, Hanna: Der Unterschied; in: Heuss-Anekdoten,
         Bechtle-Verlag, München 1994

S. 128:	Blanke, G. H.: Einführung in die germanistische Analyse; Hueber Verlag, München 1973
S. 129:	Fried, Erich: Maßnahmen; aus: Erich Fried, Anfechtungen, Klaus Wagenbach, Berlin 1967
S. 136:	»Telekommunikation...«, Biegler, Christine; in: Hannoversche Allgemeine Zeitung vom 24.7.1993
S. 140:	Werner, Anneliese: Betrachte beim Kaufe vom Liege und Leuchte; in: Süddeutsche Zeitung vom 14.4.1972
S. 140:	Prof. Dr. Ulrich, Winfried: Sprachbuch Deutsch 6, Hauptschule Baden-Württemberg, Westermann Schulbuchverlag GmbH, Braunschweig 1994
S. 141:	Prof. Dr. Ulrich, Winfried: Sprachbuch Deutsch 6, Hauptschule Baden-Württemberg, Westermann Schulbuchverlag GmbH, Braunschweig 1994
S. 142:	Prof. Dr. Ulrich, Winfried: Sprachbuch Deutsch 7, Gymnasium, Westermann Schulbuchverlag GmbH, Braunschweig 1994
S. 142:	Prof. Dr. Ulrich, Winfried: Sprachbuch Deutsch 8, Hauptschule, Westermann Schulbuchverlag GmbH, Braunschweig 1987
S. 145:	Peter, Brigitte: Mahlen und mahlen; in: Linguistik für Deutsche, aus: Am Montag fängt die Woche an, Beltz Verlag, Weinheim 1973
S. 147:	Prof. Dr. Ulrich, Winfried: Sprachbuch Deutsch 5, Hauptschule, Westermann Schulbuchverlag GmbH, Braunschweig 1984
S. 147:	Prof. Dr. Ulrich, Winfried: Sprachbuch Deutsch 7, Gymnasium, Westermann Schulbuchverlag GmbH, Braunschweig 1994
S. 148:	»Gesprächsfetzen von der Cebit...«, Möllers, Ralph: Deutsch fur Power-User; in: PC-Professionell, Ziff Verlag GmbH, München 1992
S. 150:	Froschkönig 1984; in: Brigitte 6/84, Gruner und Jahr AG und Co., Hamburg 1984
S. 154:	Luther, Martin: Vom Kranich und Wolffe; in: Luthers Werke in Auswahl, Band 4, Hg. Olmen, Otto, Verlag de Gruyter, Berlin 1959
S. 169:	»Die Postkarriere«; aus: Alles Unsinn. Deutsche Ulk- und Scherzdichtung von ehedem bis momentan, Eulenspiegel Verlag, Berlin 1969
S. 170:	»Wasser transportiert im...«; in: Sächsischer Bote vom 26.8.1992, Dresden 1992
S. 170:	»Bald ist Banane...«; in: Berliner Morgenpost vom 20.11.1991, Ullstein, Berlin 1991
S. 173:	»Wie Kartenhäuser fallen in...«; in: Sächsische Zeitung vom 22./23.8.1992, Dresdner Druck- und Verlagshaus
S. 173:	»Im Winter zieht in...«; in: Sächsische Zeitung vom 31.11.1990, Dresdner Druck- und Verlagshaus
S. 174:	»Aus dem Polizeibericht...«; in: Sächsische Zeitung vom 31.12.1992, Dresdner Druck- und Verlagshaus
S. 176:	»Jeder Kraftfahrer kennt sie, die...«; in: Sächsischer Bote vom 26.8.1992, Dresdner Druck- und Verlagshaus
S. 178:	Brecht, Bertold: Werksausgabe, Gesammelte Werke 8, Gedichte, 2. Auflage, Suhrkamp, Frankfurt am Main 1967

S. 178:	»Raue Sitten«; in: Dresdner Neueste Nachrichten vom 30.10.1992, Verlag Dresdner Neueste Nachrichten
S. 180:	»Japanische Wissenschaftler haben…«; in: Sächsische Zeitung vom 8.11.1992, Dresdner Druck- und Verlagshaus
S. 183:	»Weihnachtspost«; in: Dresdner Neueste Nachrichten vom 27.11.1992, Verlag Dresdner Neueste Nachrichten
S. 183:	»Vor rund 2500 Jahren…«; in: Sächsische Zeitung vom 5./6.12.1992, Dresdner Druck- und Verlagshaus
S. 187:	»Ein Mathematikprofessor war…«; in: Dresdner Neueste Nachrichten vom 16.2.1993, Verlag Dresdner Neueste Nachrichten
S. 188:	»Jazz oder nie«; in: Sächsische Zeitung vom 23.2.1992, Dresdner Druck- und Verlagshaus
S. 189:	»Viele erinnern sich des…«; in: Sächsische Zeitung vom 5.2.1993, Dresdner Druck- und Verlagshaus
S. 189:	»Zehn Stunden dauerte…«; in: Sächsische Zeitung vom 31.12.1992, Dresdner Druck- und Verlagshaus
S. 192:	»Die Geldkeller auf dem Löbauer Berg»; in: Dresdner Neueste Nachrichten vom 6./7.2.1992
S. 193:	»Man kann es sich eigentlich…«; in: Sächsische Zeitung vom 4.2.1992, Dresdner Druck- und Verlagshaus
S. 194:	Hoff, Peter: Dackel fing Junkie; in: Das große Buch zum Polizeiruf 110; Polizeiruf 110, 4/1992, Eulenspiegel-Das Neue Berlin, Berlin 1996
S. 194:	»Der 14.9.1891 war…«; in: Sächsische Zeitung vom 27.5.1991, Dresdner Druck- und Verlagshaus
S. 195:	Äsop: Der Löwe und die Maus; in: Vogel und Fisch, Ein Buch Fabeln, Buchnerg, Bamberg 1961
S. 198:	»Obwohl Sachsen eine Vielzahl…«; in: Sächsische Zeitung vom 16.11.1990, Dresdner Druck- und Verlagshaus
S. 200:	Physik für die Sek. I, Teilbereich 1.1., Cornelsen, Berlin 1991
S. 202:	Xianyi piau: Zwei Arten eine Gans zuzubereiten; in: Altchinesische Fabeln, Reclam, Leipzig 1972
S. 204:	Ai Wu: Am Fluss; in: Der Tempel in der Schlucht, Volk und Wissen, Berlin 1989
S. 205:	Ai Wu: Am Fluss; in: Der Tempel in der Schlucht, Volk und Wissen, Berlin 1989
S. 208:	Stengel, H.G.: Die Wortspielwiese, Kinderbuchverlag, Berlin 1979
S. 209:	Kästner, Erich: Der Kinderturner; in: Als ich ein kleiner Junge war, Atrium Verlag, Zürich 1957
S. 209:	»Tanzen ist Honig für Körper und Geist«; in: Dresdner Stadtkurier vom 11.9.1991
S. 211:	»Kogi Takada, japanischer Motorrad-Rennfahrer…«; in: Wochenpost Nr. 36, 38. Woche, Berlin 1991
S. 212:	Heckmann, Hermann: Dresden, Verlag Weidlich, Würzburg 1990
S. 213:	Ai Wu: Der Tempel in der Schlucht; Volk und Wissen, Berlin 1989
S. 215:	Goethe, Johann Wolfgang: Erlkönig; in: Die schönsten Gedichte, Manfred Pawlak Verlagsgesellschaft, Hersching 1989
S. 216:	Goethe, Johann Wolfgang: Der Zauberlehrling; in: Die schönsten Gedichte, Manfred Pawlak Verlagsgesellschaft, Hersching 1989

S. 217:   Strittmatter, E.: Das fehlende Verbum;
          in: E. Strittmatter: Wahre Geschichten aller Ard(t),
          Aufbau-Verlag, Berlin und Weimar 1982
S. 218:   »Das Warmlaufen des ...«; in: Geld sparen mit Pfiff,
          Naturalis Verlag, München, Köln 1989
S. 218:   »Radfahren ist gesund ...«; in: Dresdner Stadtkurier vom 9.10.1991
S. 219:   »Der Apfel ist ein ...«; in: Sächsische Zeitung vom 26./27.10.1991,
          Dresdner Druck- und Verlagshaus
S. 220:   »Carreras sucht Taxifahrer«; in: Sächsische Zeitung vom 19.2.1992,
          Dresdner Druck- und Verlagshaus
S. 221:   Buscha, Annerose und Joachim: Wortspielereien: Anekdoten aus Literatur,
          Musik und bildender Kunst, Bibliographisches Institut, Leipzig 1986
S. 223:   »Wette verloren: Schulrektor musste Schwein küssen«:
          in: Berliner Morgenpost vom 23.2.1992, Ullstein, Berlin
S. 223:   Lehrbuch der Klasse 9, Cornelsen, Berlin 1988
S. 223:   Levi Strauss – der Vater der Bluejeans;
          in: Sächsische Zeitung vom Wochenende, 4.10.1991,
          Dresdner Druck- und Verlagshaus
S. 224:   Ching Lie Chow, Renat Orth-Guttmann (Übers.): Die Perlen des Buddha,
          Ullstein, Frankfurt am Main/Berlin 1989
S. 225:   Buscha, Annerose und Joachim: Wortspielereien,
          Bibliographisches Institut, Leipzig 1986
S. 227:   Tolstoi, Leo: Die drei Söhne; in: Alle sind Brüder,
          Velmede, Hamburg 1988
S. 227:   Kazner, Johann Friedrich August: Die Wächter;
          in: Die Bienen und der Bär,
          Max-Hueber-Verlag, Ismaning
S. 228:   »Dass weder Autostau ...«; in: Sächsische Zeitung vom 10.10.1991,
          Dresdner Druck- und Verlagshaus
S. 228:   von Ebner-Eschenbach, Marie: Ein wahrer Freund.
          Für Freunde bei jeder Gelegenheit, 2. Auflage,
          Ehrenwirt, München 1989
S. 228:   Benjamin, Walter: Der Autor als Produzent; in: Lesezeichen.
          Schriften zur deutschsprachigen Literatur,
          Reclam, Leipzig 1970
S. 230:   Clemens, Otto: Vom Hunde im Wasser; in: Luthers Werke, Band 4,
          De Gruyter, Berlin 1959
S. 230:   »Hund«; Dudenredaktion: Duden, Dt. Universalwörterbuch,
          Dudenverlag, Mannheim 1989
S. 233:   Äsop: Aufgehobene Gemeinschaft;
          in: Gasse, Horst (Hg.): Schöne Fabeln
          des Altertums, Reclam, Leipzig 1968
S. 233:   Tolstoi, Leo N.: »Ein russischer Bauer ...«; aus: Sprachbuch Deutsch 5,
          Westermann Schulbuchverlag, Braunschweig
S. 234:   Fischer, Hingst, Sticker: Erdkundliches Lehrbuch
          zum Diercke Weltatlas, Afrika,
          Westermann Schulbuchverlag, Braunschweig 1966
S. 235:   Der Axtdieb; in: Klett Lesebuch C 6, Klett Verlag, Stuttgart 1967

S. 236:	Borchert, Wolfgang: Nachts schlafen die Ratten doch, Bahners, Klaus/ Poppe, Reiner/Eversberg, Gerd (Hg.), Rowohlt, Reinbek 1992
S. 241:	Meid, Volker: »Der griechische Philosoph...«; in: Hauptfach: Lernen, R. Piper Verlag, München 1983
S. 241:	Meid, Volker: »Guiseppe Verdi ging in...«; in: Hauptfach: Lernen, R. Piper Verlag, München 1983
S. 241:	Drews, Kai Uwe: Wehrdienst künftig auch bei der Polizei?; in: Kieler Nachrichten vom 11.9.1993, Kiel 1993
S. 242:	Elonegger, Erwin und Diem, Walter: Das große Ravensburger Spielbuch; Otto Maier, Ravensburg 1974
S. 245:	Grass, Günter: Gesammelte Gedichte, Steidl, Allersberg 1971
S. 245:	Clemens, Otto: Vom Frosch und der Maus; in: Luthers Werke, Band 4, De Gruyter, Berlin 1959
S. 245:	Gehrts, Barbara (Hrsg.): Maus und Frosch; in: Wer ist der König der Tiere? Fabeln aus aller Welt, Loewes Verlag, Bayreuth 1973
S. 246:	Hebel, Johann Peter: Der kluge Richter und andere Geschichten; Reclam, Leipzig 1973
S. 248:	Frey, Ulrich H.: Lexikon der treffenden Anekdoten, Ott, Thun 1983
S. 248:	von Ebner-Eschenbach, Marie: Das Blatt; in: Gehrts, B. (Hg.): Wer ist der König der Tiere? Fabeln aus aller Welt, Loewes Verlag, Bayreuth 1973
S. 249:	»Supereisberg in der Antarktis...«; in: Kieler Nachrichten vom 7.11.1987
S. 250:	»Das schnelle Fährschiff...«; aus: Sprachbuch Deutsch 7, Westermann Schulbuchverlag, Braunschweig
S. 250:	»Die japanische Regierung...«; in: dpa-Meldung vom 28.11.1987, Frankfurt am Main
S. 254:	Penndorf, Gudrun, Goscinny (Hg.): Asterix und die Goten, Ehapa Verlag GmbH, Stuttgart 1970
S. 256:	Brecht, Bertold: Die unwürdige Greisin. Und andere Geschichten; Suhrkamp, Frankfurt 1990
S. 270:	Borchert, Wolfgang: Das Brot; in: Das Gesamtwerk, Rowohlt Verlag, Reinbek 1993
S. 275:	Bolte, Karin: Ein Versager; in: Wie Alfred berühmt wurde, Geschichten; Beltz, Weinheim 1993
S. 278:	Schleucher, Elke: Torpor – scheinbarer Tod aus Sparsamkeit; in: Frankfurter Allgemeine Zeitung vom 20.5.1987, Frankfurt 1987
S. 295:	Platz für 15 Reiheneigenheime; in: Kieler Nachrichten vom 7.12.1991
S. 295:	Stuhlmann, Horst: Armee mit Wehrpflichtigen ist überholt; in: Handelsblatt Nr. 191 vom 4./5.10.1991
S. 298:	Stüben, Heike: Protest zeigt Wirkung; in: Kieler Nachrichten vom 11.2.1992, Kiel 1992
S. 299:	Lesebuch Deutsch 9, Ausgabe 2: Macht Fernsehen agressiv? Westermann Schulbuchverlag GmbH, Braunschweig 1988
S. 324:	Olympische Spiele; in: Der große Brockhaus, Brockhaus, 17. Auflage, Leipzig 1971
S. 325:	Pleticha, Heinrich: Geschichtslexikon. Kompaktwissen für Schüler und junge Erwachsene; Cornelsen, Frankfurt am Main 1991
S. 327:	Klein, Edwin: Olympia. Vom Altertum bis zur Neuzeit; in: Was ist was, Bd. 93, Tessloff, Nürnberg 1993

Abbildungen

S. 11:   *Peanuts* PIB, Copenhagen
S. 39:   *Pferdedenkmal* Landeshauptstadt Hannover, Historisches Museum
S. 44:   *Mädchen im Bett* Marie Marcks, Heidelberg
S. 60:   *Beschäftigung mit Zimmerpflanzen* aus: Loriots Großer Ratgeber
         © 1968 by Diogenes Verlag AG, Zürich
S. 75:   *Mädchen mit Geige sitzt auf dem Sofa* Marie Marcks, Heidelberg
S. 78:   Unser Wortschatz, Westermann Schulbuchverlag 1997, S. 42
S. 79:   DUDEN: Die deutsche Rechtschreibung,
         Dudenverlag Mannheim 1996, S. 168
S. 102: *Stadtplan* Northeim Touristik e.V., Northeim
S. 111: *Arzt und Patient* Herr Rabenau, Klettgau
S. 121: *Zwei Männer am Schreibtisch* Winfried Ulrich:
         Der Witz im Deutschunterricht, S. 182
S. 133: *Lehrer vor der Tafel* Peter Butschkow, Langenhorn
S. 137   *Ehepaar am Tisch* Winfried Ulrich:
         Der Witz im Deutschunterricht, S. 190
S. 147   *Rad schlagendes Mädchen* Bildarchiv Superbild, Grünwald/München
S. 153   *Comic* Chlodwig Poth, Frankfurt am Main
S. 249: *Fährschiff Finnjet, Insel Okinotorishima* 2 Bilder: dpa, Fankfurt am Main
S. 251: *Armbanduhren* Digital-Armbanduhr: IFA-Bilderteam,
         alle anderen: Syndication Zeitschriften, Hamburg
S. 281: *Unfallbericht* Württembergische Versicherung, Braunschweig
S. 300: *Autofahrer/Autos* Picture Press, Hamburg
S. 310: *Cartoon* Wolfgang Baaske (Foto: Erich Rauschenbach), München
S. 318: *Bewerbungsfotos* Privatfotos